Hauptschüler als Bildungsverlierer?

Pädagogische Psychologie und Entwicklungspsychologie

herausgegeben von Detlef H. Rost

Editorial

Pädagogische Psychologie und Entwicklungspsychologie sind seit jeher zwei miteinander eng verzahnte Teildisziplinen der Psychologie. Beide haben einen festen Platz im Rahmen der Psychologenausbildung: Pädagogische Psychologie als wichtiges Anwendungsfach im zweiten Studienabschnitt, Entwicklungspsychologie als bedeutsames Grundlagenfach in der ersten und als Forschungsvertiefung in der zweiten Studienphase. Neue Zielsetzungen, neue thematische Schwerpunkte und Fragestellungen sowie umfassendere Forschungsansätze und ein erweitertes Methodenspektrum haben zu einer weiteren Annäherung beider Fächer geführt und sie nicht nur für Studierende, sondern auch für die wissenschaftliche Forschung zunehmend attraktiver werden lassen. „Pädagogische Psychologie und Entwicklungspsychologie" nimmt dies auf, fördert die Rezeption einschlägiger guter und interessanter Forschungsarbeiten, stimuliert die theoretische, empirische und methodische Entfaltung beider Fächer und gibt fruchtbare Impulse zu ihrer Weiterentwicklung einerseits und zu ihrer gegenseitigen Annäherung andererseits.

Der Beirat der Reihe „Pädagogische Psychologie und Entwicklungspsychologie" repräsentiert ein breites Spektrum entwicklungspsychologischen und pädagogisch-psychologischen Denkens und setzt Akzente, indem er auf Forschungsarbeiten aufmerksam macht, die den wissenschaftlichen Diskussionsprozess beleben können. Es ist selbstverständlich, dass zur Sicherung des Qualitätsstandards dieser Reihe jedes Manuskript – wie bei Begutachtungsverfahren in anerkannten wissenschaftlichen Zeitschriften – einem Auswahlverfahren unterzogen wird („peer review"). Nur qualitätsvolle Arbeiten werden der zunehmenden Bedeutung der Pädagogischen Psychologie und Entwicklungspsychologie für die Sozialisation und Lebensbewältigung von Individuen und Gruppen in einer immer komplexer werdenden Umwelt gerecht.

Michel Knigge

Hauptschüler als Bildungsverlierer?

Eine Studie zu Stigma und selbstbezogenem Wissen bei einer gesellschaftlichen Problemgruppe

Cl. ✓

Waxmann 2009
Münster / New York / München / Berlin

Bibliografische Informationen der Deutschen Nationalbibliothek
Die Deutsche Nationalbibliothek verzeichnet diese Publikation in der Deutschen Nationalbibliografie; detaillierte bibliografische Daten sind im Internet über http://dnb.d-nb.de abrufbar.

Pädagogische Psychologie und Entwicklungspsychologie; Bd. 70
herausgegeben von Prof. Dr. Detlef H. Rost
Philipps-Universität Marburg
Fon: 0 64 21 / 2 82 17 27
Fax: 0 64 21 / 2 82 39 10
E-Mail: rost@mailer.uni-marburg.de

ISSN 1430-2977
ISBN 978-3-8309-2089-2

Postfach 8603, D-48046 Münster

www.waxmann.com
info@waxmann.com

Umschlaggestaltung: Pleßmann Kommunikationsdesign, Ascheberg
Satz: Da-TeX Gerd Blumenstein, Leipzig
Druck: Hubert & Co., Göttingen
Gedruckt auf alterungsbeständigem Papier, säurefrei gemäß ISO 9706

„*The fact that distinguishes the human from the animal is that the self becomes an object to the organism itself*“
(Mead, 1927 (1982), S. 147).

Danksagung

Ich danke Bettina Hannover, dass sie mir die Möglichkeit gab, an ihrem Lehrstuhl weitestgehend selbstbestimmt mein eigenes Dissertationsthema entwickeln und bearbeiten zu dürfen. Bei allen Schwierigkeiten, die damit verbunden waren, bin ich mir im Klaren darüber, dass es sich dabei auch um ein großes Privileg handelt. Ich danke Olaf Köller für die Übernahme des Zweitgutachtens. Dieter Kleiber, Herbert Scheithauer und Edith Braun sei für ihre selbstverständliche Bereitschaft, in meiner Promotionskommission mitzuwirken, gedankt. Außer Bettina Hannover möchte ich folgenden Menschen in alphabetischer Reihenfolge für ihre wichtigen Anmerkungen der einen oder anderen Art zu meiner Arbeit danken: Edith Braun, Karin Haarnagel, Anna Knigge, Ariane Krieg und Gabriel Nagy. Für immer wieder benötigte Erledigung von Dateneingaben danke ich vor allem Monika Gibler und Ariane Krieg. Für die Durchführung von großen Teilen der Datenerhebungen und Dateneingabe von Studie 4 danke ich Karolin Bachmann, Kati Burock, Ariane Krieg, Melanie Pfüller und den Studierenden des Seminars „Stereotype, Vorurteile und Identitätsentwicklung“. Für „kleinere“ Unterstützungen danke ich Julia Holle, Patrick Hönsch, Olaf Köller, Melanie Rau, Sigrun Schirner, Lena Schützler, Ulrich Trautwein, Lisa Warner und Rainer Watermann. Nicht zuletzt danke ich dem Fachbereich Erziehungswissenschaften und Psychologie der Freien Universität Berlin, der Senatsverwaltung Berlin für Bildung, Jugend und Sport und den beteiligten Schulen, Lehrern und Schülern für die Unterstützung unseres Forschungsprojektes. Vor allem für die Schulen bedeuten solche Untersuchungen immer eine Zusatzbelastung. Ich hoffe, dass sich der geleistete Aufwand letztlich für alle beteiligten Personen und Institutionen in irgendeiner Weise lohnen wird.

INHALT

Zusammenfassung

Etwa ein Viertel der Schülerschaft der Sekundarstufe I in Deutschland sind Hauptschüler[1] (vgl. auch Leschinsky, 2003; Zenke, 1998). Trotz dieses bedeutsamen Anteils wird bei größeren Forschungsprojekten wie PISA auf diese Schulform meist kein Schwerpunktinteresse gelegt (Bohl et al., 2003). Auch auf Grund dieser Randposition im Forschungsinteresse sind einige wichtige Fragen bezüglich der Hauptschule bisher nach Ansicht des Autors nicht hinreichend geklärt. Eine solche Frage ist, ob das bisherige Wissen über die psychosozialen Konsequenzen der Zuweisung zu einer Hauptschule für die Schüler die damit verbundenen psychologischen Prozesse hinreichend abbildet.

In den Medien und auch in der wissenschaftlichen Literatur taucht immer wieder die Annahme auf, dass Hauptschüler durch ihre Schultypzugehörigkeit bezogen auf ihr Selbstwissen psychosozial negative Konsequenzen im Sinne einer Stigmatisierung erfahren (z. B. Schümer, 2004). Die gegenwärtige Befundlage in der pädagogischen Psychologie widerspricht jedoch dieser Annahme. Bei der dort bisher vorherrschenden Untersuchung von ich-bezogenen – d. h. personalen – Begabungsüberzeugungen profitieren Hauptschüler von der Zuweisung zur Hauptschule (z. B. Köller, 2004). Die aus diesem als „Fischteicheffekt" bekanntem Phänomen entstandene Perspektive, dass leistungsschwache Schüler von der Zuweisung zu einer leistungsschwachen Gruppe psychosozial vor allem profitieren, soll in der vorliegenden Arbeit theoretisch und empirisch ergänzt werden. Das Ziel dabei ist es, zu zeigen, dass auch die erstgenannte Annahme negativer psychosozialer Konsequenzen der Identität als Hauptschüler berechtigt ist.

Im Sinne von John Turner et al. (1987) wird in der vorliegenden Arbeit von einer personalen und einer kollektiven (sozialen) Identität als zwei parallel existierenden Ebenen eines Identitätssystems ausgegangen. Demzufolge müssen bei der Untersuchung von selbstbezogenen Kognitionen von Schülern zusätzlich zu den personalen auch die kollektiven Kognitionen beachtet werden. Die Idee dabei ist, dass sich auf der kollektiven Ebene selbstbezogener Kognitionen größere Unterschiede zwischen verschiedenen Schulen und Schultypen zeigen lassen als auf der personalen Ebene. In der pädagogisch-psychologischen Forschung neu ist dabei vor allem der Ansatz, das kollektive Selbstwissen nicht nur als Prädiktor personalen Selbstwissens, sondern als gleichberechtigte unabhängige Variable zu betrachten, die u. a. einen eigenständigen Einfluss auf die schulbezogene Motivation nimmt. Es wird angenommen, dass die kollektiven selbstbezogenen Kognitionen

1 In der vorliegenden Arbeit wird die generisch maskuline Form stellvertretend für beide Geschlechter verwendet. Auf die jeweilige Nennung beider Genera wird zu Gunsten der besseren Lesbarkeit verzichtet. Auf das in der Originaldissertationsschrift verwendete „große Binnen-I" wird auf Wunsch von Verlag und Herausgeber verzichtet.

negative Konsequenzen für die Motivation und die Bildungsaspirationen von Hauptschülern haben.

Der Fokus auf kollektivem Selbstwissen ist dabei als Ergänzung und nicht als Alternativmodell zur Betrachtung von akademischen Selbstkonzepten zu sehen. Während die Einschätzung des akademischen Selbstkonzepts auf personaler Ebene im Kontrast zur eigenen Gruppe stattfindet (Fischteicheffekt), bezieht sich die Einschätzung der öffentlichen kollektiven Identität auf die zugeschriebenen Eigenschaften der eigenen Gruppe. In der vorliegenden Arbeit steht daher im Vordergrund, wie Hauptschüler das allgemeine Stereotyp über Hauptschüler sehen. Es wird angenommen, dass die überwiegend negative Valenz dieser Sichtweise als ein Stigma ungünstig auf die Motivation und die Aspirationen der Hauptschüler wirkt. Erstens wird die Hyothese aufgestellt, dass die Motivation, sich in der Schule zu engagieren, umso niedriger ausfällt, je negativer die kollektive Identität des eigenen Schultyps wahrgenommen wird. Zweitens werden Vermeidungstendenzen von Settings mit erhöhter Stigmatisierungsgefahr – vor allem sind dies höhere Schulen – erwartet.

Zunächst wird in den ersten zwei Studien mit einem teilweise qualitativen Vorgehen ein Instrument zur Erfassung der öffentlichen kollektiven Identität von Schultypen entwickelt. Dabei wird gezeigt, dass die öffentliche kollektive Identität von Hauptschülern wie angenommen eine vom personalen akademischen Selbstkonzept relativ unabhängige Identitätsfacette darstellt, die in ihrer Negativität stigmatisierende Qualität besitzt.

In einer dritten Studie werden die stereotypen Einstellungen von Lehrkräften gegenüber Hauptschülern und Zusammenhänge mit der Einstellung gegenüber Schulsozialarbeit an Hauptschulen untersucht. Diese Überzeugungen werden mit den Schülerdaten aus Studie 2 explorativ in Beziehung gesetzt.

In der größer angelegten Studie 4 (N=1278) wird mit einem querschnittlich korrelativen Vorgehen gezeigt, dass die öffentliche kollektive Identität von Hauptschülern negative Zusammenhänge mit der schulbezogenen Motivation aufweist. Dieser Zusammenhang ist unabhängig vom Migrationsstatus und der Jahrgangsstufe vorhanden. Über diesen Effekt hinaus zeigen sich Zusammenhänge mit den Bildungsaspirationen, die nicht durch das akademische Selbstkonzept und die Leistung erklärt werden können.

1 Die Forschungsfrage

Wie wir uns selber sehen, hat großen Einfluss auf unser Leben. Nach allgemein geteilter Ansicht ist eine positive Selbstsicht wichtig, um Erfolg und Zufriedenheit zu erlangen. Kinder und Jugendliche sollen daher dabei unterstützt werden, ein hohes Selbstvertrauen und ein gutes Selbstwertgefühl zu entwickeln. Pädagogen und Psychologen sehen die Schule als eine wichtige Instanz bei der Entwicklung solcher selbstbezogenen Kognitionen an. In Deutschland werden die Schüler nach der Grundschule nach dem Kriterium ihrer Leistungsfähigkeit auf verschiedene Schultypen aufgeteilt. Es gibt eine wissenschaftliche Auseinandersetzung darüber, welche Konsequenzen diese Mehrgliedrigkeit des Schulwesens für die psychosoziale Entwicklung von Schülerinnen und Schülern hat. Die zwei entgegengesetzten Positionen dabei sind folgende: Auf der einen Seite wird die Zuweisung zu einem unteren Schultyp als Schutz vor selbstwertschädigenden Vergleichen mit deutlich leistungsstärkeren Mitschülern gesehen, so dass sie zum Aufbau eines positiven Selbstbildes beiträgt. Auf der anderen Seite wird insbesondere die Zuweisung auf die Hauptschule als mit einer Stigmatisierung der Betroffenen einhergehend gesehen, die dem Ziel des Aufbaus einer positiven Identität entgegensteht.

Fragt man Schüler danach, wie sehr sie sich wertschätzen und für wie begabt sie sich halten, so bekommt man Belege für die erste Sichtweise: Schüler der niedrigeren Schulytpen haben im Mittel keine oder nur schwach niedrigere Ausprägungen bei Fragen zu ihrem personalen Selbstwert und ihren Begabungsselbstkonzepten als solche des Gymnasiums. Dieses Phänomen ist als Fischteicheffekt bekannt, da es darauf hindeutet, dass Schüler sich vorrangig mit ihren unmittelbaren Mitschülern – ihrem Fischteich – vergleichen. Gleichzeitig zeigen objektive Leistungstestergebnisse deutliche Mittelwertsunterschiede zwischen verschiedenen Schulytpen (z. B. Köller, 2004). So werden Hauptschüler vor Vergleichen mit sehr viel leistungsstärkeren Schülern „geschützt“. Die Stigmatisierungsthese erscheint nach diesen Befunden nicht gerechtfertigt zu sein. In der pädagogischen Forschung in Deutschland ist die Ansicht daher zurzeit weit verbreitet, dass Hauptschülern durch ihre Zuweisung zur Hauptschule psychosozial vor allem positive Konsequenzen erfahren.

Die vorliegende Arbeit will diese Perspektive ergänzen, indem argumentiert wird, dass sich Stigmatisierungseffekte bei Hauptschülern auf der kollektiven Identitätsebene[2] nachweisen lassen. Selbstbezogene Kognitionen sind nicht nur das Wissen über das, was uns als Individuum einzigartig macht. Auch das Wissen über unsere Gruppenzugehörigkeiten und die eigenen und fremden Bewertungen dieser Gruppen gehört zu unserem Selbstkonzept dazu. Einige Wissenschaftler meinen sogar, wir können erst in Abgrenzung von dieser kollektiven Identität

2 Es wird mit Rückgriff auf Richard Ashmore, Kay Deaux und Tracy McLaughlin Volpe (2004) das Adjektiv „kollektiv“ anstatt des geläufigeren „sozial“ verwendet. Es wird darauf später näher eingegangen.

eine personale Identität entwickeln (Taylor, Bougie & Caouette, 2003). Folgt man dieser Annahme, so ist zu erwarten, dass über verschiedene Gruppen hinweg die mittleren kollektiven Identitäten stärker als die mittleren personalen Identitäten variieren. Tatsächlich ist also der Fischteicheffekt problemlos in diese Sichtweise integrierbar. Hinzu kommt, dass davon ausgegangen wird, dass die Schüler der verschiedenen Schultypen wissen, wie es um die Reputation ihres Schultyps bestellt ist, so dass sich hier Unterschiede in der kollektiven Schultypidentiät finden lassen. Diese selbstbezogenen kollektiven Kognitionen nehmen – so die Annahme dieser Arbeit – zusätzlich zu den bekannten Effekten des akademischen Selbstkonzepts Einfluss auf die Motivation und Bildungsaspirationen und darüber vermittelt auch auf die Leistungsentwicklung.

Der für Hauptschüler positive Fischteicheffekt kann nicht erklären, warum Hauptschüler ein niedrigeres schulbezogenes Engagement als Gymnasiasten aufweisen. So haben Hauptschüler mehr Fehlzeiten (z. B. Wissinger & Rademacker, 2003) und sind auch sonst in der Schule weniger engagiert als Gymnasiasten (z. B. Fink, 2003; Kanders, Rösner & Rolff, 1996; Ulich, 1998). Auch der Befund, dass von zwei eingangs gleich leistungsfähigen Schülern der Leistungszuwachs auf dem Gymnasium besser ist als auf der Hauptschule, erscheint kontra die bekannten positiven Konsequenzen des akademischen Selbstkonzepts im Sinne des Fischteicheffekts (Baumert & Köller, 1998; vgl. auch Hosenfeld, Köller & Baumert, 1999; Köller & Baumert, 2002). Möglicherweise kann die Betrachtung selbstbezogener kollektiver Kognitionen dieses kontraindizierte Spannungsfeld zwischen Fischteicheffekt und Motivations- und Leistungsentwicklung zumindest teilweise auflösen.

Genauer werden in dieser Arbeit zunächst ausführliche Belege für die Annahme einer kollektiven parallel zur personalen Identität vorgestellt. Im empirischen Teil wird dann anhand teilstandardisierter Befragungen von Berliner Haupt- und Grundschülern ein Messinstrument zur Erfassung des wahrgenommenen Fremdstereotyps der Eigengruppe erstellt und auf seine Dimensionalität hin überprüft. In weiteren querschnittlichen Studien wird gezeigt, wie diese kollektiven Überzeugungen über das akademische Selbstkonzept hinaus einen Erklärungsbeitrag für Motivation und Bildungsaspirationen liefern. Des Weiteren werden Lehrer zu ihren stereotypen Einstellungen gegenüber Hauptschülern befragt und Zusammenhänge mit Ausprägung und Folgen der kollektiven selbstbezogenen Kognitionen untersucht.

Im folgenden Kapitel 2 wird der Forschungsstand mit Theorien und Befunden zu den Themen Selbstkonzept-, Identitäts-, Stereotypen- und Stigmaforschung referiert. Das Kapitel endet mit der Integration in einem Forschungsmodell, das beim folgenden empirischen Teil wegweisend ist. In Kapitel 3 werden dann die empirischen Studien berichtet. In Studie 1 werden die Ergebnisse der teilstandardisierten Befragung berichtet, bei der Hauptschüler und Grundschüler mit Gymnasial- und Hauptschulempfehlungen kurz vor dem Übergang beantworten sollten, was sie denken, was die Leute von typischen Hauptschülern bzw. Gymnasiasten denken. Die daraus entwickelten Semantischen Differentiale werden in Studie 2 einer Stichprobe von Hauptschülern der siebten und achten Jahrgangsstufe zweier Hauptschulen vorgelegt und auf ihre Dimensionalität hin überprüft. Es ergeben sich zunächst zwei Faktoren, ein Stigma- und ein Kompensationsfaktor. Es werden einige Zusammenhänge dieser Faktoren, z. B. mit dem akademischen Selbstkonzept, berichtet. In Studie 3 wird ein Schwenk auf Lehrer an Hauptschulen unternommen, um ihre expliziten und impliziten stereotypen Einstellungen gegenüber Hauptschülern zu untersuchen. Studie 4 ist eine größer angelegte Untersuchung der siebten und neunten Jahrgänge an 15 Hauptschulen und 2 Gymnasien in Berlin. Die Dimensionalität des erfragten kollektiven Selbstwissens wird hier erneut überprüft, und es ergeben sich vier anstatt zwei Faktoren: drei Stigmafaktoren bezogen auf Leistung, Motivation und Soziales und wieder der Kompensationsfaktor. Auch in Studie 4 werden explizite Lehrereinstellungen erhoben. Sie werden mit den Schülerdaten in Beziehung gesetzt. In Kapitel 4 werden die Ergebnisse aller Studien zusammengefasst und diskutiert. Kapitel 5 gibt einen Ausblick, was nach Ansicht des Autors die weiteren Forschungsschritte sein müssen, um die Beschaffenheit und die Rolle kollektiver Anteile selbstbezogener Kognitionen bei Schülern besser zu verstehen.

2 Selbstkonzept- und Vorurteilsforschung

Die Forschung zum Selbstkonzept und zu Vorurteilen, Stereotypen und Stigmatisierung soll im Folgenden zur Betrachtung von psychosozialen Konsequenzen von schulischen Leistungsgruppierungen integriert werden. Dies ist bisher weder in der psychologischen noch in der pädagogischen Forschung geschehen. Die Theorie der Selbstkategorisierung (vgl. auch Tajfel & Turner, 1986; Turner et al., 1987) und die Arbeiten zum dynamischen Selbst (Hannover, 1997; Markus & Wurf, 1987) sind dabei als das sozialkognitive Fundament zu betrachten. Letztere öffnen den Blick auf das Selbst als eine aus vielen – sich teilweise auch widersprechenden – Facetten bestehenden flexiblen Struktur. Die Theorie der Selbstkategorisierung liefert die konkrete Referenz dafür, dass die kollektive und die idiosynkratische Facette dabei separat betrachtet werden sollten. Es wird gezeigt, dass die Mitgliedschaft in Gruppen für Individuen bedeutsam ist und dass es zu kurz greift, wenn man diese kollektive Dimension bei der Betrachtung des Selbstbildes des Einzelnen ausklammert. Dies ist in der bisherigen Fokussierung in der pädagogisch-psychologischen Forschung auf personale Variablen, die dem Fischteicheffekt unterliegen, geschehen. Der Überzeugung folgend, dass das kollektive Selbstwissen diese Perspektive sinnvoll erweitern kann, werden in der vorliegenden Arbeit selbstbezogene Kognitionen, die die Mitgliedschaft in der Gruppe der Hauptschülern betreffen, und ihre Konsequenzen untersucht.

Bei der Betrachtung von gruppenbezogenen Kognitionen spielen Stereotype und Vorurteile augenscheinlich eine zentrale Rolle. Sie haben spätestens seit den siebziger Jahren ihren festen Platz im Kanon der sozialpsychologischen Forschung. Dabei war jedoch vorrangig der stereotypisierende Beurteiler Gegenstand des Interesses. Die Perspektive der von Stereotypen Betroffenen wird erst seit den neunziger Jahren verstärkt in den Fokus der Aufmerksamkeit gerückt (Leyens & Schadron, 1994). So verweisen Jennifer Crocker, Brenda Major und Claude Steele (1998) explizit auf die Notwendigkeit, die Forschung zu Konsequenzen von Stigmatisierung für akademische Leistungen zu intensivieren. Die vorliegende Arbeit folgt diesem Aufruf, indem sie sich zum Ziel macht, das Erleben von Stigma bei Hauptschülern messbar zu machen und Effekte auf ihre Motivation und Bildungsaspirationen zu untersuchen. Dabei wird davon ausgegangen, dass neben der beim Fischteicheffekt berücksichtigten idiosynkratischen Facette auch eine kollektive Facette für des Selbst von Hauptschülern bedeutsam ist (vgl. z. B. Taylor et al., 2003).

Der Aufbau des theoretischen Teils gliedert sich wie folgt: Zunächst werden in Abschnitt 2.1 ausgewählte Theorien zum Selbstkonzept dargestellt, wobei mit den aus psychologischer Perspektive frühesten Arbeiten begonnen wird, um dann über die Ansätze, die ein kollektives Selbst explizit thematisieren, zu den heute in der pädagogisch-psychologischen Forschung dominierenden rein personalen Selbstkonzeptmodellen zu kommen. Dort werden dann die Befunde zum Fischteicheffekt genauer berichtet, die vorhin schon angedeutet wurden. In Abschnitt 2.2 werden anschließend neuere Befunde und Überlegungen zur Integration von personalem und kollektivem Selbstwissen berichtet. Darauf aufbauend wird in Abschnitt 2.3 Forschung zu Stereotypen und Stigmatisierung erläutert. Um alle bis dahin berichteten Punkte in einen größeren Zusammenhang stellen zu können, werden in Abschnitt 2.4 dann allgemeine Modelle zur Entwicklung von Selbstwissen und zu akademischen Entscheidungen dargelegt. In Abschnitt 2.5 schließlich werden die für die Betrachtung selbstbezogener Kognitionen von Hauptschülern zentralen Annahmen der Theorien und Befunde gebündelt zusammengefasst und daraus ein Forschungsmodell und die genaue Fragestellung abgeleitet.

2.1 Theorien und Befunde zum Selbstkonzept

Barbara Moschner und Oliver Dickhäuser (2006, S. 685) definieren Selbstkonzept folgendermaßen: „Unter ‚Selbstkonzept' (engl. ‚self-concept') versteht man das mentale Modell einer Person über ihre Fähigkeiten und Eigenschaften." Diese Definition ist aus gutem Grund sehr allgemein gehalten. In einem früheren Beitrag stellt Moschner (1998) die Heterogenität und Vielfalt der unterschiedlichen Modelle zum Selbst und den theoretischen Akzentuierungen fest. Es herrscht ein „oftmals mangelnde[r] Konsens über den Bedeutungsgehalt einzelner Konzeptionen". Die Vielfalt der Begriffe bezeichnet sie als „babylonische Sprachverwirrung". Zur groben Orientierung kann eine grundlegende Trennung in Selbstbeschreibungen und Selbstbewertungen vorgenommen werden. „Der Begriff Selbstkonzept wird im Sinne dieser Trennung als deklaratives Konzept verstanden" (S. 460).

Die Beschaffenheit des Selbstkonzepts wird lange und vielfältig diskutiert (vgl. z. B. Baumeister, 1999; Byrne, 1984, 1996; Byrne & Shavelson, 1986; Greve, 2000; Hannover, 1997; Hannover, Pöhlmann, Roeder, Springer & Kühnen, 2005; Hattie, 1992; Markus & Wurf, 1987; Marsh, 1990c; Marsh & Shavelson, 1985; Shavelson, Hubner & Stanton, 1976). Die Theorien unterscheiden sich dabei sowohl in ihren Annahmen bezüglich der zu betrachtenden Inhalte, der Struktur und der Prozessmerkmale des Selbst als auch darin, welche Forschungsmethoden bei ihrer Untersuchung verwendet wurden. Die Palette reicht von frühen theoretischen psychologischen (James, 1890 (1950)-a, 1892) und soziologischen Arbeiten (Cooley, 1902 (1964); Mead, 1914, 1934 (1955)) bis hin zu den in der heutigen psychologischen Forschung vorherrschenden empirischen Paradigmen der korrelativen (z. B. Marsh, 1990c) und experimentellen Forschung (z. B. Hannover, 1997).

Für den folgenden kurzen Überblick wurden die Meilensteine ausgesucht, die bei der Betrachtung von selbstbezogenen Kognitionen von Hauptschülern als bedeutsam erachtet werden. Der historischen Entwicklung folgend wird mit einer kurzen Skizze der ersten sozialpsychologischen Selbsttheorie von William James begonnen. Darauf aufbauend folgen die soziologischen Ansätze des symbolischen Interaktionismus. Weiter wird dann die Theorie des dynamischen Selbst von Hazel Markus und Elissa Wurf (1987) sowie deren empirische Überprüfung und Weiterentwicklung von Bettina Hannover (1997) skizziert. Mit der dann folgenden Theorie der Selbstkategorisierung und der Theorie der sozialen Identität haben Henri Tajfel und John Turner (1986; 1987) als erste in jüngerer Zeit einen Fokus auf die kollektive Dimension von Identität im Sinne von Gruppenzugehörigkeit gelegt. Darauf aufbauend werden neuere Arbeiten zu kollektiver Identität und kollektivem Selbstwert und dem Zusammenspiel mit dem personalen Selbst berichtet. Nicht fehlen darf in einer Arbeit über Selbstkonzept und Schule das hierarchische Modell des Selbstkonzepts von Herbert Marsh und Richard Shavelson (vgl. Marsh, 1990c). Dieser bezüglich der Anzahl an Studien und Größe der Stichproben elaborierteste Ansatz steht am Ende, da so am besten deutlich zu machen ist, was die zuvor dargestellten Sichtweisen zu seiner Erweiterung beitragen können.

2.1.1 Frühe psychologische und soziologische Arbeiten zum Selbst

Zum Ende des 19. Jahrhunderts trennte William James (1890 (1950)-a) in den „Principles of Psychology" als Erster das Selbst in zwei Entitäten, das „I" und das „Me". George Herbert Mead (1914; 1934 (1955)), der zeitweise am Institut von James arbeitete und bei ihm lebte, legte später eine soziologische Analyse des Selbst mit der gleichen Einteilung vor. Letzteres Paradigma ist heute weitläufig unter der Bezeichnung „symbolischer Interaktionismus" bekannt. Dies wurde auch maßgeblich von Charles Horton Cooley (1902 (1964)) geprägt, der die kollektive Komponente des Selbst sehr deutlich hervorhob. Die Überlegungen dieser drei Theoretiker können als das Fundament der modernen Betrachtung des Selbst gelten, die bis heute große Bedeutsamkeit besitzen. Sie sollen hier in einer ersten Annäherung an das Thema kurz skizziert werden.

2.1.1.1 Die Arbeiten von William James

William James gilt als der Begründer der Psychologie des Selbst. In seiner Vorlesungsreihe „The Principles of Psychology" (James, 1890 (1950)-a, 1890 (1950)-b, 1892) unterscheidet er zunächst zwischen zwei Bestandteilen des Bewusstseins einer Person, dem „Me" und dem „I":

> "The consciousness of Self involves a stream of thought, each part of which as 'I' can 1) remember those which went before, and know the things they knew; and 2) emphasize and care paramountly for certain ones among them as '*me*', and *appropriate to these* the rest" (James, 1890 (1950)-a, S. 400).

Das *I* ist die wissende und handelnde Instanz, während das *Me* die Repräsentation des Wissens über das Selbst darstellt. James (1890 (1950)-a, S. 291) nennt Letzteres auch das „Empirical Self". Darin wird deutlich, dass Selbstwissen seiner Ansicht nach auf Erfahrungen beruht. In neuerer Ausdrucksweise ist das *Me* das Selbstkonzept, das eine Person hat (Hannover, 1997). James (1890 (1950)-a) gliedert es in drei Facetten: das materielle Selbst, das soziale Selbst und das spirituelle Selbst. Ersteres umfasst das Selbstkonzept des Aussehens sowie das Wissen über Besitztümer. Letzteres bezieht sich auf Persönlichkeitseigenschaften, Einstellungen und Fähigkeiten. Dieses ist der Teil des Selbstkonzepts, auf den sich die Forschung zum Fischteicheffekt vorrangig bezieht. Für die vorliegende Arbeit ist außer dem spirituellen Selbst vor allem das soziale Selbst von besonderer Wichtigkeit. James (1890 (1950)-a) beschreibt, dass dieser soziale Teil des Me alle Reaktionen von anderen Menschen repräsentiert. Dadurch gibt es im Gegensatz zum materiellen und spirituellen Selbst, die jeweils nur einmal vorhanden sind, mehrere soziale Selbste in einer Person. Bis hin zu so viele wie es Personen gibt, die ein Bild von der betroffenen Person haben:

> "Properly speaking, *a man has as many social selves as there are individuals who recognize him* and carry an image of him in their mind. But as the individuals who carry the images fall naturally into classes, we may practically say that he has as many different social selves as there are distinct *groups* of persons about whose opinion he cares" (James, 1890 (1950)-a, S. 294).

Bereits in dieser ersten psychologischen Konzeption des Selbst ist expliziert, dass das, was andere über uns denken, ein zentraler Teil unseres Selbstkonzepts ist. Eine kollektive Komponente von Selbstwissen – also die eigenen Gruppenmitgliedschaften betreffend – wird zwar nicht explizit angesprochen. Im Einschluss von Gruppen als relevante Beurteiler wird aber deutlich, dass schon James (1890 (1950)-a) kollektive Prozesse bei der Ausbildung des Selbstkonzepts als bedeutsam ansah.

2.1.1.2 Die Theorien des symbolischen Interaktionismus

Die soziologischen symbolischen Interaktionisten, allen voran Charles Horton Cooley (1902 (1964)), griffen die Ideen zum Selbstkonzept von James (1890 (1950)-a) auf und beschäftigten sich eingehender mit der Frage, wie die Sicht auf die eigene Person beschaffen ist und wie sie mit Rückmeldungen aus der Umwelt zusammenhängt. Cooley unterteilt dabei in mehrere Ichs und verzichtet auf die explizite Einführung eines Me. Tatsächlich sind aber einige Ichs als Äquivalente zum Me im James'schen Sinne zu sehen. Für die vorliegende Arbeit sind seine Konstrukte des „looking glass I" und dem „Group Self or We" besonders zentral. Ersteres lässt sich mit dem Begriff Spiegel-Ich übersetzen. Analog zu den Social

Selves bei James (1890 (1950)-a) bringt er mit diesem Namen zum Ausdruck, dass seiner Ansicht nach das, was wir über uns denken, darüber vermittelt ist, was andere uns über uns zurückmelden. Neu hingegen ist seine Einführung des We. Dieses Gruppenselbst beinhaltet das Wissen über Vergleiche der eigenen Gruppen mit anderen Gruppen. Anders als James (1890 (1950)-a) vertritt Cooley (1902 (1964)) damit explizit die Idee einer Trennung in personale und kollektive Anteile selbstbezogener Kognitionen – das *I* und das *We*. Beide sind eigenständige Einheiten, die unterschiedliche Informationen beinhalten und Verhalten beeinflussen.

Heute bekannter sind die Arbeiten von George Herbert Mead (1914; 1934 (1955)). Er benennt zwei wesentliche Instanzen des Subjekts, das handelnde *I* und die Vorstellung davon, was der generalisierte Andere über die eigene Person denkt, das *Me*. Die Parallele zu James (1890 (1950)-a) ist offensichtlich. Das *I* ist das handelnde Subjekt, das Informationen verarbeitet. Das *Me* ist das gespeicherte Wissen über die eigene Person, das vorrangig durch Rückmeldungen aus der Umwelt zustande kommt. Mead (1914; 1934 (1955)) bezieht die kollektive Komponente nicht explizit in seine Erwägungen mit ein. Da sich nachfolgende Forschung zum symbolischen Interaktionismus vor allem auf ihn bezieht, beschränkt sie sich im Allgemeinen auf personale Selbstkonzepte (vgl. z. B. Felson, 1993; Shrauger & Schoeneman, 1999). Wie an der Theorie von Cooley (1902 (1964)) zu erkennen ist, ist dies keineswegs den grundlegenden Annahmen der Theorie geschuldet (in Abschnitt 2.1.3 wird noch einmal kurz auf mögliche Ursachen hierfür eingegangen). Zusammenfassend lässt sich sagen, dass unser Selbstkonzept sich nach allgemein symbolisch-interaktionistischer Perspektive daran orientiert, was wir annehmen, was andere über uns denken. Dies gilt sowohl für personale als auch für kollektive Aspekte unseres Selbstwissens.

2.1.2 Die Theorie des dynamischen Selbst

Sowohl James als auch die symbolischen Interaktionisten zeigen in ihren Konzeptionen des Selbst erste Ansätze dazu, das Selbstkonzept als flexibel und situationssensibel zu sehen (Hannover, 1997). Die grundlegende Idee, dass verschiedene soziale Selbste parallel existieren, wie sie insbesondere bei James (1890 (1950)-a) und bei Cooley (1902 (1964)) zu finden ist, hat in jüngerer Zeit wieder verstärkt Beachtung gefunden. Hazel Markus und Elissa Wurf (1987) legten mit ihrer Arbeit zum dynamischen Selbst einen Entwurf vor, in dem das Selbst keine statische Einfaltigkeit ist. Das Selbst ist demnach eine Wissensstruktur. Es besteht ihrer Ansicht nach aus Selbstschemata, die nach den gleichen Prinzipien funktionieren wie andere Schemata auch:

> "Self-schemata are cognitive generalizations about the self, derived from past experience, that organize and guide the processing of self-related in-

> formation contained in the individual's social experiences. Self-schemata [...] represent patterns of behavior that have been observed repeatedly, to the point where a framework is generated that allows one to make inferences from scant information or to quickly streamline and interpret complex sequences of events" (Markus, 1977).

Selbstwissen ist also keineswegs passives Wissen. Das Selbstkonzept beeinflusst die Verarbeitung neuer Informationen. Hinzu kommt die Annahme, dass Teilmengen des Selbstwissens (Selbstkonstrukte) situational und chronisch unterschiedlich gut zugänglich sind. Die aktuelle Relevanz in einer Situation und die allgemeine Häufigkeit der Nutzung bestimmen die Verfügbarkeit eines Selbstkonstrukts. Je häufiger ein Selbstkonstrukt situational aktiviert wird, umso höher wird auch seine chronische Zugänglichkeit. Die in einem Moment aktivierte Konfiguration von Selbstkonstrukten nennen Markus und Wurf (1987) das „working self". Chronisch höher zugängliche Selbstkonstrukte sind mit höherer Wahrscheinlichkeit Teil des *working self* als weniger elaborierte. Ein Modell über die Wechselwirkungen von Selbstwissen und Informationsverarbeitung haben Bettina Hannover, Claudia Pöhlmann, Ute Roeder, Anne Springer und Ulrich Kühnen (2005) vorgelegt. Ihr semantisches-prozedurales Interface des Selbst (SPI) erklärt, wie eine independente versus interdependente Selbstkonstruktion und die Verarbeitung von Informationen zusammenspielen (vgl. auch Hannover & Kühnen, 2002). So führt beispielsweise die Aktivierung von interdependentem Selbstwissen sowohl zu einer höheren Zugänglichkeit dieses Wissens als auch zu einer stärker kontextabhängigen Verarbeitung (vgl. z. B. Schmidthals, 2005).

Zusammenfassend lässt sich sagen: Das Selbst umfasst viele verschiedene Facetten. Diese Facetten sind in unterschiedlichem Maße zugänglich. Dabei spielt sowohl die Situation als auch die persönliche Geschichte eine Rolle. Je häufiger ein Konstrukt situational aktiviert wurde, desto höher ist seine chronische Zugänglichkeit. Diese Überlegungen sollen später wieder aufgegriffen werden.

2.1.3 Die Theorien der Selbstkategorisierung und der sozialen Identität

Die in Abschnitt 2.1.1.2 angesprochene Vernachlässigung der kollektiven Komponente des Selbstkonzepts durch Mead (1927 (1982)) hielt bis in die sechziger Jahre an. Dieses Phänomen bezeichnen Turner et al. (1987, S. 17) als „new individualism". Als Begründer einer strikten Psychologie des Individuums benennen sie Floyd Allport. Dieser schreibt 1924:

> "There is no psychology of groups which is not essentially and entirely a psychology of individuals; it is part of the psychology of the individual, whose

behaviour it studies in relation to that sector of his environment comprised by his fellows" (Allport, 1924, zitiert nach Turner et al., 1987, S. 10f.).

Aus heutiger Sicht ist diese Aussage kein Widerspruch zur Annahme kollektiven selbstbezogenen Wissens, denn natürlich ist die wissende Instanz das Individuum, jedoch bezieht sich das Wissen auf kollektive – also gruppenbezogene – Inhalte. Vermutlich da die Konzepte zu Allports Zeiten, die sich mit kollektiver Psychologie befassten (z. B. Le Bon, 1910), tatsächlich das Individuum vernachlässigten und sehr bildlich und damit ungenau waren, mussten sie von dem in den zwanziger und dreißiger Jahren erstarkenden behaviouristischen Forschungsparadigma vollkommen abgelehnt werden.

Henri Tajfel et al. (1971) beschäftigten sich als Erste wieder intensiv mit der Bedeutsamkeit von Gruppen für das Denken, Fühlen und Verhalten von Menschen. Auch wenn die Theorie der sozialen Identität (Tajfel & Turner, 1986) chronologisch älter ist als die Theorie der Selbstkategorisierung (Turner et al., 1987), soll hier mit Letzterer begonnen werden. Letztere ist eine genuin psychologische Theorie, da sie Annahmen darüber aufstellt, welche inneren Prozesse im Zusammenhang mit Gruppen bei Menschen ablaufen. Die Theorie der sozialen Identität in ihren Anfängen hingegen kann eher als eine Sammlung von Phänomenen gesehen werden, die sich mit Hilfe der Theorie der Selbstkategorisierung erklären lassen (Turner et al., 1987). Heute werden beide Bezeichnungen weitgehend synonym verwendet, wobei die Theorie der sozialen Identität weitaus häufiger genannt wird, aber beide gemeint sind.

2.1.3.1 Die Theorie der Selbstkategorisierung

Die Theorie der Selbstkategorisierung geht zunächst davon aus, dass Menschen sich sowohl dispositional als auch von Situation zu Situation unterschiedlich verhalten. Eine wichtige Unterscheidung dabei ist die, ob der Maßstab, der dem aktuellen Verhalten zu Grunde liegt, ein intergruppaler oder ein interpersonaler ist. John Turner et al. (1987) bezeichnen Verhalten als intergruppal, wenn gruppenbezogene Selbstkonstrukte aktiviert sind und die Interaktion bestimmen und als interpersonal, wenn personale Selbstkonstrukte aktiviert sind (vgl. auch Abschnitt 2.1.2). Stellen wir uns als Beispiel zwei Schüler vor: Heiko und Peer. Heiko geht auf die Hauptschule. Peer besucht ein Gymnasium. Die beiden kennen sich aus dem Kindergarten und sind befreundet. Wenn Peer und Heiko sich nachmittags zum Fußballspielen treffen, spielt ihre schulische Gruppenzugehörigkeit keine Rolle. Ihre personale Identität ist aktiviert, denn sie treffen sich schon seit langer Zeit, und wenn keine besonderen Ereignisse stattfinden, ist ihr Verhalten interpersonal, d. h., es beruht auf den individuellen Erfahrungen, die die beiden miteinander gemacht haben. Wenn wir uns nun eine Situation vorstellen, in der die beiden sich in einem Fußballturnier ihrer Schulen begegnen, werden sie sich vermutlich nicht so freundlich begegnen wie sonst. In dieser Situation ist das intergruppale Wissen bei beiden aktiviert. Die Theorie der Selbstkategorisierung erklärt, wie intergruppales Verhalten psychologisch funktioniert und lässt so Schlusfolgerungen zu, was die soziale Zugehörigkeit für die Identität von Personen bedeutet.

Turner et al. (1987, S. 44–49) nehmen an, dass das Selbstkonzept ein Set von kognitiven Repräsentationen ist. Dieses Set besteht aus unterschiedlichen Komponenten, die relativ unabhängig voneinander operieren und durch passende Person-Situation-Interaktionen aktiviert werden (vgl. auch Hannover, 1997, oder Abschnitt 2.1.2). Auch verschiedene Selbstkategorisierungen sind Teil dieses kognitiven Sets. Unter einer Selbstkategorisierung ist zu verstehen, wenn die eigene Person in ihren Eigenschaften kognitiv mit einer Klasse von Reizen – also einer spezifischen Personengruppe wie z. B. Hauptschülern – gleich gesetzt wird. Ist eine Selbstkategorisierung aktiviert, so überschätzt die Person die Ähnlichkeiten zu dieser Kategorie inklusiven und die Unterschiedlichkeiten zu ihr exklusiven Personen. Selbstkategorisierungen sind hierarchisch geordnet, wenn Kategorien auf höheren Ebenen existieren, die niedrigere Ebenen einschließen. Turner et al. unterscheiden grob drei Ebenen, auf denen Personen soziale Unterscheidungen zur Selbstbeschreibung vornehmen können: Auf der höchsten Ebene können verschiedene Spezies, also z. B. Menschen versus Tiere, unterschieden werden. Auf der mittleren Ebene kategorisiert das Individuum sich in konkrete Gruppenmitgliedschaften; darunter fällt für Schüler auch die Zugehörigkeit zu einer bestimmten Schule und Klasse. Auf der untersten personalen Ebene definiert das Individuum seine Einzigartigkeit in Unterscheidung zu den anderen Individuen. Zum Beispiel kann sich eine Schülerin als ‚Klassenbeste' selbstkategorisieren. Turner et al. (1987, S. 45) benennen die Ebenen als „‚human', ‚social' and ‚personal' identity respectively, based on inter-species, intergroup (i.e., intra-species) and interpersonal (i.e., intragroup) comparisons between oneself and others". Bezüglich der Bedeutsamkeit der verschiedenen Ebenen äußern sie sich wie folgt:

> "More importantly, personal self-categorizations are not regarded here as having any privileged status in defining the self. They do not represent the 'true' individual self which in some way invests the other levels with their significance. The self-concept in social psychology is usually equated with the personal self, but it is fundamental to our assumption that this is incorrect and that the personal self reflects only one level of abstraction of self-categorization, of which more inclusive levels are just as valid and in some conditions more important" (Turner et al., 1987, S. 46).

Selbstkategorisierungen oberhalb der personalen Ebene finden statt, wenn die Situation eine höhere Inklusionsebene nahelegt. Beim Beispiel von Heiko und Peer ist das Turnier ihrer Schulen gegeneinander ein solcher Reiz. Die personale Identität tritt in den Hintergrund, weil durch die Situtation, dass viele Klassenkameraden von beiden anwesend sind und sich die beiden als Kontrahenten in verschiedenen Manschaften auf dem Fußballplatz gegenüberstehen, die kollektive (soziale) Identität der Schule aktiviert wird. Turner et al. (1987, S. 46f.) beschreiben folgende Bedingungen, die zu einer Selbstkategorisierung oberhalb der personalen Ebene führen:

1.) Ob eine Selbstkategorisierung vorgenommen wird, ist das Ergebnis eines Meta-Kontrasts. Darunter ist zu verstehen, dass die betroffene Person in der Situation (unwillkürlich) einschätzt, wie ähnlich die anwesenden Individuen einer potentiell zu aktivierenden Kategorie untereinander sind und wie unterschiedlich sie von einer anderen potentiell zu aktivierenden Vergleichskategorie sind. Es wird die Selbstkategorisierung aktiviert, die einen starken Kontrast ergibt.
2.) Vergleiche zwischen Kategorien finden auf den Dimensionen statt, die ihre Gemeinsamkeiten auf der nächsthöheren Ebene ausmachen.
3.) Welche Selbstkategorisierungsebene aktiviert ist, bestimmt, inwieweit Personen als Individuen oder als austauschbare Teile einer gleichförmigen Masse gesehen werden (Depersonalisierung).
4.) Die Aktivierung einer Selbstkategorisierungsebene hemmt die Aktivierung höherer oder niedrigerer Ebenen.

Die Salienz[3] einer Kategorie ergibt sich nach Turner et al. (1987, S. 126ff.) aus „accessibility x fit". Zum einen bestimmt die chronische Verfügbarkeit (accessibility) einer Selbstkategorisierung die Salienz. Zusätzlich muss jedoch auch eine Relevanz der Selbstkategorisierung (fit) in der Situation gegeben sein. Die Situation muss also einen Bezug zu Merkmalen haben, die die Selbstkategorisierung ausmachen. Erhöhte Salienz einer Selbstkategorisierung führt zu verstärkten stereotypen depersonalisierten Selbstwahrnehmungen auf den diese Gruppenmitgliedschaft betreffenden Merkmalsdimensionen („self-stereotyping"). Für die Autoren ist der Prozess der Depersonalisierung der zentrale Prozess, um Intergruppenphänomene zu erklären. Ein Beispiel für eine Situation, in der die Selbstkategorisierung nach der Zugehörigkeit zu einem Schultyp wahrscheinlicher wird, sind Überlegungen zur weiteren Bildungs- und Karriereplanung. Schultypen sind eng mit Zertifikaten verbunden, die wiederum bestimmte Berufschancen ermöglichen oder nicht. Daher ist es sinnvoll anzunehmen, dass das Nachdenken über den Erwerb von Zertifikaten und die Ausübung von Berufen die Relevanz der Schultypzugehörigkeit erhöht. Diese Annahme wird später in der Ableitung der konkreten Hypothesen in Abschnitt 2.5 eine Rolle spielen.

Grundsätzlich nehmen Turner et al. (1987, S. 49f.) eine bipolare Dimension an, auf der sich die Salienz von personaler und kollektiver Identität abbilden lässt. Dabei

3 Salienz bezeichnet die Stärke der aktuellen Aktivierung eines kognitiven Schemas (vgl. z. B. Bargh, 1997).

gehen sie davon aus, dass die Ausprägung dieser Dimension die meiste Zeit in der Mitte liegt. Das bedeutet, dass personale und kollektive Kognitionen im Allgemeinen parallel ablaufen. Die selbstbezogenen Kognitonen auf den verschiedenen Ebenen sind dabei prinzipiell nicht unterschiedlich bedeutsam für die Selbstbeschreibung einer Person. Es ist für Personen bedeutsam, welchen Gruppen sie sich zugehörig fühlen und wie sie diese Gruppen selbst bewerten und bewertet sehen, ebenso ist es wichtig, welche personalen Eigenschaften sie sich zuschreiben, also z. B. welche Fähigkeiten sie bei sich im Unterschied von ihren Gruppenmitgliedern annehmen. Erst im Zusammenspiel ergeben beide Seiten des Kontinuums personal-kollektiv das ganze Bild der Selbstbeschreibung einer Person.

2.1.3.2 Die Theorie der sozialen Identität

Die Theorie der sozialen Identität (Tajfel, 1978; Tajfel & Turner, 1979, 1986) postuliert als erste explizit, dass das Selbstkonzept einer Person nicht ausschließlich darüber definiert ist, wie sie sich von anderen unterscheidet, sondern dass es auch maßgebliche Teile beinhaltet, die sich auf die Zugehörigkeit zu anderen Menschen beziehen. So definiert Henri Tajfel (1978, S. 63) soziale Identität als „that part of an individual's self concept which derives from his knowledge of his membership of a social group (or groups) together with the value and emotional significance attached to that membership".

Nach der Theorie der sozialen Identität (Tajfel & Turner, 1986) lässt sich die Psychologie der (eigenen) Gruppenmitgliedschaft auf drei Dimensionen beschreiben:

1.) kognitive Dimension:	Eine Person muss um die Existenz einer Gruppe wissen, damit diese psychologische Bedeutsamkeit erlangt.
2.) evaluative Dimension:	Eine Gruppenmitgliedschaft kann positiv oder negativ bewertet werden.
3.) emotionale Dimension:	Mit dem Wissen um eine Gruppenmitgliedschaft sind Gefühle verbunden, z. B. Scham oder Stolz.

Die Konfiguration der drei Dimensionen korrespondiert damit, wie stark eine Person mit einer Gruppe identifiziert ist. Dabei beschränkt sich die soziale Identität[4] einer Person nicht auf eine Mitgliedschaft, sondern sie definiert sich im Zusammenspiel der verschiedenen Gruppenzugehörigkeiten, die eine Person aufweist.

Die Theorie wurde entwickelt, um damit Befunde erklären zu können, die zeigten, dass die zufällige Zuweisung einer Gruppenidentität ausreicht, um bei

4 In diesem Abschnitt wird das Attribut „sozial" verwendet, weil es im Zusammenhang mit Tajfel einen feststehenden Terminus darstellt. Dennoch ist auch hier sozial inhaltlich mit kollektiv gleichzusetzen.

Verteilungsaufgaben eine Bevorzugung von Mitgliedern der Eigengruppe (*Ingroup Bias*) zu erzeugen (Tajfel & Turner, 1979). Besonders verblüffend sind dabei zwei Punkte: Erstens müssen die Personen, die von den Zuteilungen profitieren, der verteilenden Person nicht bekannt sein. Zweitens ist eine Vorgeschichte als Gruppe nicht notwendig, um den Effekt einer Bevorzugung der Eigengruppe zu erzeugen. Es reicht das Wissen um die geteilte – wohlgemerkt arbiträre – Gruppenmitgliedschaft. Dieses Phänomen wurde unter dem Begriff *Paradigma minimaler Gruppen* bekannt (für einen anschaulichen einführenden Überblick zu dieser Forschung vgl. Turner et al., 1987). Da das Minimalgruppenparadigma für die vorliegende Arbeit keine unmittelbare Wichtigkeit besitzt, soll dieser kurze Querverweis genügen. Er ist sinnvoll, weil dieses Paradigma wie kaum ein anderer Forschungszweig das Postulat von Tajfel und Turner (1986) nachvollziehbar macht, dass die soziale Identität eine eigene Entität des Selbstkonzepts einer Person ist, die zum Teil sogar unabhängig von persönlichen Interaktionserfahrungen funktioniert.

Amelie Mummendey und Sabine Otten (2002, S. 100) fassen die Kernelemente der Theorie der sozialen Identität folgendermaßen zusammen:

> „Das Herzstück der SIT [(Social Identity Theory)] konzentriert sich in der folgenden Grundannahme: Soziale Vergleiche zwischen Gruppen, die für die Bewertung der sozialen Identität von Bedeutung sind, drängen in die Richtung auf eine Distinktheit der eigenen Gruppe […] von der anderen, fremden Gruppe […] mit dem Ziel, eine positive Selbstbewertung im Sinne dieser sozialen Identität zu ermöglichen. Die SIT verknüpft also vier theoretische Konzepte, soziale Kategorisierung, soziale Identität, sozialer Vergleich und soziale Distinktheit, zu dem folgenden funktionalen Modell: Über den Prozess der sozialen Kategorisierung teilen Individuen ihre soziale Welt auf der Grundlage von Merkmals- und Wertdimensionen in soziale Kategorien oder Gruppen ein."

Menschen wollen demnach Gruppen angehören, die positiv distinkt von anderen Gruppen sind. Positive Distinktheit der Eigengruppe kann unter anderem durch eine Höherbewertung der Eigengruppe oder durch eine Abwertung der Fremdgruppe erreicht werden. Beide Strategien entsprechen dem oben genannten Ingroup Bias. Dieser erfolgt insbesondere dann, wenn 1.) Personen mit ihrer Gruppe identifiziert sind, 2.) die Situation einen Intergruppenvergleich auf einer für die Gruppe relevanten Dimension möglich macht und 3.) eine dafür relevante Vergleichsgruppe zur Verfügung steht. Grundsätzlich variieren die Strategien, die angewandt werden, um positive Distinktheit der Eigengruppe zu erlangen, mit folgenden Merkmalen der Intergruppenrelation: Stabilität, Permeabilität und Legitimität. So wird eine Situation mit geringer Stabilität und geringer Legitimität zu Versuchen führen, die Statusrelation zwischen den Gruppen zu Gunsten der Eigengruppe zu verändern bzw. zu stabilisieren. Stabile und legitime Umstände führen bei gleichzeitiger Permeabilität zu Aufwärtsmobilität. Insgesamt stehen die Strategien Mobilität,

Kreativität und Wettbewerb zur Verfügung. Die Konfiguration der wahrgenommen Situation bestimmt, welche Strategie zum Erreichen positiver Distinktheit gewählt wird (Blanz, Mummendey, Mielke & Klink, 1998b; vgl. auch Otten, Mummendey & Blanz, 1996; Tajfel & Turner, 1986). Diese als Identitätsmanagement bezeichneten Strategien werden in Abschnitt 2.1.3.4 näher erläutert.

Es sei hier festgehalten, dass die Forschung zur Eigengruppenbevorzugung im Paradigma minimaler Gruppen ein starker Beleg für die Bedeutsamkeit der sozialen (kollektiven) Identität ist. Darüber hinaus liefert die Theorie der sozialen Identität einen Rahmen, mit dem sich individuelle Verhaltensvorhersagen machen lassen, wie eine Person unter bestimmten Bedingungen eine positiv distinkte soziale Identität anstreben wird.

2.1.3.3 Chronische Bedeutsamkeit personaler und kollektiver Selbstfacetten

Personen unterscheiden sich unabhängig von situationalen Einflüssen auch dispositional dahingehend, ob persönliche, kollektive oder beide Anteile besonders wichtig für die Definition der eigenen Person sind. Michelle Nario Redmond, Monica Biernat, Scott Eidelman und Debra Palenske (2004) haben ein neues Instrument dafür bereitgestellt. Die Social and Personal Identities Scale umfasst 16 Items (vgl. Tabelle 2.1), die jeweils zur Hälfte die Ausprägung der allgemeinen personalen

Tabelle 2.1: Items der Social and Personal Identities Scale (Nario Redmond et al., 2004, S. 149)

Personale Identität	Soziale Identität
My rebelliousness.	The similarity I share with others in my group(s).
My need to be completely distinct an unique from everyone else.	My family nationality or nationalities.
My creativity.	The membership I have in various groups.
My sense of being different from others.	The places where I have lived.
My complete individuality.	My sense of belonging to my own racial group.
My boldness.	My gender group.
My nonconformity.	The color of my skin.
My sense of independence from others.	My being a citizen of my country.

und sozialen Identität messen. Dabei lautet die Instruktion an die Probanden, dass sie in einem Likert-Skalen-Format angeben sollen, wie wichtig ihnen die jeweils angegebenen Aspekte bei der Selbstbeschreibung ihrer Person sind.

Auf Seiten der personalen Identität ist anzugeben, wie wichtig Dispositionen, die die Unterschiedlichkeit von anderen Individuen betonen, zur Selbstbeschreibung sind. Die Bedeutung der sozialen Identität wird in gleicher Art daran gemessen, für wie wichtig Eigenschaften, die die Zugehörigkeit zu sozialen Kategorien betreffen, zur Selbstbeschreibung eingestuft werden. Das Konzept erscheint intuitiv ähnlich dem von Hazel Markus und Shinobu Kityama (1991) aus der interkulturellen Forschung in die Psychologie eingeführten Konzept, dass Personen sich darin unterscheiden, wie interdependent oder independent sie ihr Selbstkonzept konstruieren (vgl. auch Hannover, 2005, bzw. Abschnitt 2.1.2). Eine Selbstkonstruktion ist relativ *independent,* wenn sich eine Person vermehrt durch Merkmale selbst definiert, die die eigene Einzigartigkeit und Unterschiedlichkeit von anderen Personen hervorheben (z. B. „Ich bin sehr gut in Mathematik"). Relativ *interdependent* ist eine Selbstkonstruktion, die sich vor allem durch soziale Beziehungen und Gruppenzugehörigkeiten definiert (z. B. „Ich gehe auf die XYZ-Schule"). Mit dem Zusatz „relativ" soll hier deutlich gemacht werden, dass jede Person beide Arten von Selbstbeschreibungen vornimmt. Jedoch gibt es dispositionale Unterschiede in der relativen Gewichtung der einen oder andern Art von Selbstwissen (für einen Überblick vgl. Hannover, 1997).

Theodore Singelis (1994) entwickelte ein Instrument, um diese Selbstkonstruktionen messbar zu machen. Dieses umfasst zwei Skalen, um die Ausgeprägtheit interdependenter und independenter Selbstkonstruktion jeweils einzeln zu messen. Beide Selbstkonstruktionen existieren dabei, ähnlich wie in der eben vorgestellten Skala, über Personen hinweg unabhängig voneinander. Die 24 Items der Singelis-Skala sind in ihrer deutschen Übersetzung (Hannover, Kühnen & Birkner, 2000) in Tabelle 2.2 abgebildet.

Um anstatt die zwei Skalen zu einem Wert zu verrechnen, den man als Maß der relativen Independenz (oder bei negativer Ausprägung Interdependenz) verwenden kann, z-standardisieren Bettina Hannover, Norbert Birkner und Claudia Pöhlmann (2006) zunächst einzeln die independente und die interdependente Skala. Dann ziehen sie den Z-Wert für Interdependez vom Z-Wert für Independenz ab. So erhalten sie einen Wert für die relative Ausprägung der Independenz pro Person. Die Verwendung dieses einen Wertes ist handlicher als die Verwendung beider Skalen. Zusätzlich sind in ihm Antworttendenzen im Sinne z. B. einer Neigung zu Extremantworten bereinigt, die bei Verwendung der Einzelskalen zum Tragen kämen.

Die beiden Subskalen der Singelis-Skala (1994) und der Personal-and-Social-Identity-Scale korrelieren miteinander (Nario Redmond et al., 2004). Wenn man die Aussagen der beiden Instrumente vergleicht, so ist die empirische Konvergenz auf Grund der inhaltlichen Validität gut nachvollziehbar. Insbesondere auf der Seite der personalen Identität bzw. des independenten Selbstkonzepts sind einige Items

Tabelle 2.2: Items der Singelis-Skala in deutscher Übersetzung (Hannover et al., 2000)

Independentes Selbstkonzept	Interdependentes Selbstkonzept
Ich sage lieber offen „Nein", als zu riskieren, missverstanden zu werden.	Ich habe Respekt vor den Autoritätspersonen, mit denen ich Kontakt habe.
Es ist für mich kein Problem, in einem Seminar das Wort zu ergreifen.	Es ist mir wichtig, in der Gruppe, in der ich bin, die Harmonie aufrechtzuerhalten.
Es ist mir wichtig, eine lebhafte Phantasie zu haben.	Meine Zufriedenheit ist abhängig von der Zufriedenheit der Personen um mich herum.
Ich fühle mich wohl, wenn ich durch ein Lob oder eine Belohnung hervorgehoben werde.	Ich würde im Bus meinem/r Professor/in meinen Platz anbieten.
Ich bin zu Hause und in der Uni dieselbe Person.	Ich achte bescheidene Menschen.
Stets für mich selbst sorgen zu können, ist mir sehr wichtig.	Ich bin bereit, meine eigenen Interessen zu Gunsten der Gruppe, in der ich bin, zu opfern.
Ich verhalte mich immer gleich, egal mit wem ich zusammen bin.	Meine Beziehungen zu anderen sind mir wichtiger als mein eigenes Vorankommen.
Ich mag es, einzigartig und in vielerlei Hinsicht von anderen verschieden zu sein.	Bei der Ausbildungs-/Karriereplanung sollte ich den Rat meiner Eltern einbeziehen.
Das, was meine persönliche Identität unabhängig von Anderen ausmacht, ist mir sehr wichtig.	Es ist mir wichtig, von der Gruppe getroffene Entscheidungen zu respektieren.
Ich schätze es über alles, richtig gesund zu sein.	Ich werde in einer Gruppe bleiben, wenn sie mich braucht, auch wenn ich in der Gruppe nicht glücklich bin.
Ich bin offen und ehrlich gegenüber Personen, die ich gerade kennengelernt habe.	Wenn mein Bruder oder meine Schwester versagen, fühle ich mich verantwortlich.
Ich fühle mich wohl dabei, Personen zu duzen, kurz nachdem ich sie kennen gelernt habe, selbst wenn sie viel älter sind.	Selbst wenn ich in einer Gruppe ganz anderer Meinung bin, vermeide ich eine Auseinandersetzung.

sinngemäß nahezu deckungsgleich: Z. B. „Ich mag es, einzigartig und in vielerlei Hinsicht von anderen verschieden zu sein" und „My need to be completely distinct an unique from everyone else"; oder „Es ist mir wichtig, eine lebhafte Phantasie zu haben" und „My creativity". Auf der Seite der sozialen Identität bzw. des interdependenten Selbstkonstrukts ist die Sache etwas weniger eindeutig. Ähnlichkeiten sind aber auch hier auszumachen. So z. B.: „Ich bin bereit, meine eigenen Interessen zu Gunsten der Gruppe, in der ich bin, zu opfern" und „The membership I have in various groups". Ein Unterschied in der interdependenten respektive sozialen Subskala ist dahingehend auszumachen, dass die Interdependenz-Skala stark auf Aufbau und Erhalt einer positiven Befindlichkeit bei der Gruppe, der man angehört, abzielt, während die Social-Identity-Scale direkt die Bedeutsamkeit verschiedener sozialer Kategorisierungen für die eigene Selbstbeschreibung abfragt.

Für die vorliegende Arbeit erscheint die dispositionale Unterschiedlichkeit zwischen Schülern, ob sie sich eher interdependent (bzw. sozial) oder eher independent (bzw. personal) selbst konstruieren, als eine möglicherweise bedeutsame Eigenschaft. Es ist möglich, dass gruppenbezogene Kognitionen bei stärker interdependenten Personen ausgeprägter sind oder auch einfach eine andere Bedeutung haben, als dies bei independenten Personen der Fall ist.

2.1.3.4 Eine Taxonomie zum Identitätsmanagement

Es wurde gezeigt, dass Menschen nach einer positiven Distinktheit ihrer kollektiven Identität streben. Es stellt sich die Frage, welche Möglichkeiten Personen zur Verbesserung ihrer kollektiven Identität zur Verfügung stehen. Und wie lassen sich diese Strategien inhaltlich sinnvoll gruppieren? Dieser Frage gehen Mathias Blanz, Amelie Mummendey, Rosemarie Mielke und Andreas Klink (1998a) nach. Sie leiten zunächst in einer Revision der Theorien der sozialen Identität (Tajfel & Turner, 1986, vgl. auch Abschnitt 2.1.3.2) und der sozialen Vergleiche (Festinger, 1954, vgl. auch Abschnitt 2.1.4.2) mögliche Strategien zur Erhöhung der positiven Distinktheit der eigenen kollektiven Identität ab. Dann gliedern sie diese nach zwei Dimensionen. Die erste Dimension bezieht sich darauf, ob das Ziel der Veränderung die Reputation des betroffenen Kollektivs oder des Individuums ist. Die zweite Dimension gibt an, ob die Strategie kognitiv oder verhaltensorientiert ist. Es ergibt sich ein 2x2-Felder-Schema, in das sich die abgeleiteten Strategien einordnen lassen. Dieses Schema ist in Tabelle 2.3 wiedergegeben.

Als erste Strategie nennen Blanz et al. (1998a) die individuelle Mobilität. Damit ist gemeint, dass die betroffene Person versucht, ihre statusniedrigere Gruppe zu verlassen und Mitglied der statushöheren Gruppe zu werden. Diese Strategie wird nach Donald Taylor und David McKirnan (1984) stets vor allen anderen Strategien auf ihre Möglichkeit hin überprüft und bei gegebener Möglichkeit umgesetzt. Möglich ist dieses Verhalten bei gegebener Permeabilität. Die zweite Vorgehensweise, die Assimilation, ist der individuellen Mobilität recht ähnlich. Sie zeichnet sich dadurch aus, dass die statusniedrigere Gruppe der statushöheren Gruppe so ähnlich wird, dass sie mit dieser verschmilzt, weil die Möglichkeit zur Differenzierung schwindet (entsprechend der Annahme der Herstellung eines Metakontrastes von Turner et al. (1987); siehe Abschnitt 2.1.3.1). Blanz et al. (1998a) ordnen diese Strategie sowohl bei den individuellen als auch bei den kollektiven verhaltensorientierten Strategien ein. Als Referenz dazu führen sie zum einen Tajfel (1978) an, der es als Ziel dieser Strategie sieht, dass tatsächlich die gesamte statusniedrigere Gruppe in der statushöheren Gruppe aufgeht, womit es eine kollektive Strategie wäre. Auf der anderen Seite halten Michael Hogg und Dominic Abrams (1988) das nicht für das kennzeichnende Merkmal der Assimilationsstrategie, da in den meisten Fällen nicht alle Betroffenen in der statushöheren Gruppe aufgehen können. Vielmehr glauben sie, dass es darauf ankommt, inwieweit das Individuum diesen Umstand für sich und seine Umgebung glaubhaft machen kann. In gewisser Weise ist die Strategie dann der individuellen Mobilität sehr ähnlich.

Tabelle 2.3: Die ursprüngliche 2x2-Taxonomie zum Identitätsmanagement nach Blanz, Mummendey, Mielke und Klink (1998a, S. 700)

	Target of change	
Response mode	**Individual**	**Collective**
Behavioural	1. Individual mobility 2a. Assimilation	4. Social competition 5. Realistic competition 2b. Assimilation
Cognitive	3. Individualization	6. Re-evaluation of comparison dimension 7. New comparsion dimension 8. Superordinate re-categorization 9. Subordinate re-categorization 10. New comparison group 11. Temporal comparison 12. Comparison with standard

Als letzte individuelle Strategie nennen Blanz et al. (1998a) die Individualisierung. Dabei handelt es sich um eine kognitive Strategie. Sie funktioniert so, dass eine Person sich dadurch von ihrer Gruppenmitgliedschaft distanziert, dass sie ihre Einzigartigkeit als Individuum betont, das in keine Kategorie passt. In der Gruppe der verhaltensorientierten kollektiven Strategien finden sich neben der bereits erläuterten Assimilation der realistische und der soziale Wettbewerb. Ein realistischer Wettbewerb findet statt, wenn die statusniedrigere Gruppe der statushöheren Gruppe die Ressourcen, die ihren höheren Status ausmachen, streitig macht, um so die Statusrelation zu verändern. Beim sozialen Wettbewerb wird ebenfalls um eine höhere Bewertung der Eigengruppe geworben, jedoch ohne einen expliziten Bezug zu den statusrelevanten Ressourcen.

Kognitive Strategien mit dem Ziel der Verbesserung der Sicht auf das Kollektiv stellen die am häufigsten besetzte Zelle dar. Sie beginnen mit der Neubewertung der alten bzw. der Wahl einer neuen Vergleichsdimension, um die Reputation der Eigengruppe gegenüber dem alten Standard zu erhöhen. So können Hauptschüler sich denken, dass sie zwar schlechter in Mathe sind als Gymnasiasten, dass Hauptschüler aber viel lustiger sind. Die nächsten zwei Strategien sind Rekategorisierungen. Sie können entweder auf einer höheren oder auf einer niedrigeren Ebene vorgenommen werden. Hauptschüler können sich als Schüler allgemein kategorisieren. Oder auf einer niedrigeren Ebene kann die Kategorienzugehörigkeit auf die Zugehörigkeit zur XYZ-Schule umgedeutet werden, unabhängig davon, welcher Schulart diese angehört. Die letzten drei genannten Strategien beziehen sich auf die Manipulation der Vergleichsgröße (sie sind die aus der Theorie sozialer Vergleiche abgeleitet). So kann ein Abwärtsvergleich mit einer Gruppe mit noch niedrigerem Status vorgenommen werden. Oder es kann ganz auf den Außenvergleich verzichtet werden und stattdessen die intraindividuelle Entwicklung oder ein externer Standard als Referenz herangezogen werden.

Blanz et al. (1998a) überprüften in einem nächsten Schritt, ob die von ihnen gewählte 2x2-Taxonomie auch empirisch Sinn macht. Auf der Basis der vorgestellten Strategien erstellten die Autoren für die Strategien eins bis vier jeweils vier Items, für Strategie fünf zwei Items und für die übrigen Strategien den jeweils größten Differenzscore aus zwei bis vier Items. Diese Instrumente legten sie einer Stichprobe von 560 Personen aus den Neuen Bundesländern vor, um ihre Faktorstruktur zu überprüfen. Dabei wählten sie nur die 517 Probanden aus, die der Annahme der Forscher entsprechend die Ostdeutschen als eine gegenüber den Westdeutschen benachteiligte Gruppe ansahen. In einer mehrschrittigen explorativen faktorenanalytischen Strategie kommen Blanz et al. (1998a) auf eine fünffaktorielle Struktur, in der sich die abgeleiteten Strategien abbilden lassen. Diese fünf Faktoren nennen sie folgendermaßen:

1.) Änderung der Selbstkategorisierung
2.) Veränderung der Statusrelation
3.) Wechsel der Vergleichsdimension
4.) Wechsel der Gruppenmitgliedschaft
5.) Kognitive Wechsel des Vergleichsobjektes

Dabei weist Faktor 2 mit den Faktoren 4 und 5 kleine positive Zusammenhänge auf. Die übrigen Faktoren sind nach Signifikanz und Effektstärke unkorreliert. Werden jedoch nur die ersten zehn Strategien in die Analysen einbezogen, so ergibt sich eine vierfaktorielle Struktur, die der eben vorgestellten Taxonomie in Tabelle 2.3 entspricht. Diese zehn Strategien sind aus der Theorie der sozialen Identität abgeleitet. Innerhalb dieses Theoriegebäudes scheint die Ursprungstaxonomie ein gutes Einteilungsinstrument darzustellen. Auf Grund der Ergebnisse der Gesamtstrategien jedoch modifizieren die Autoren ihre ursprünglich angenommene Taxonomie. Sie erweitern die Dimension des „Target of change" in „Change of comparison parameters". Statt nur zu berücksichtigen, ob das Ziel der Veränderung das Individuum oder das Kollektiv ist, unterscheiden sie nun danach, ob sich die Ingroup, die Outgroup oder beide verändern. Es ergeben sich drei anstatt bisher zwei Stufen. Tabelle 2.4 zeigt die revidierte Taxonomie. In der Übersicht sind die gefundenen Faktoren als Kategorien mit den dazugehörigen Identitätsmanagementstrategien wiedergegeben. Zur Vervollständigung ist eine sechste Kategorie, die verhaltensbezogene Veränderung des Vergleichsobjektes, hinzugesetzt.

Tabelle 2.4: Die revidierte 3x2-Taxonomie zum Identitätsmanagement nach Blanz, Mummendey, Mielke und Klink (1998a, S. 722)

	Change of comparison parameters		
Response mode	**Ingroup unchanged / outgroup unchanged**	**Ingroup unchanged / outgroup changed**	**Ingroup changed / outgroup changed**
Behavioural	*Change of Status Relation* 4. Social competition 5. Realistic compet.	*Behavioural Change of Comparison Object*	*Change of Group Membership* 1. Individual mobility 2. Assimilation
Cognitive	*Change of Comp. Dimension* 6. Re-evaluation of comparison dimen. 7. New comp. dimen.	*Cognitive Change of Comparison Object* 10. New comparision group 11. Temporal comp. 12. Comp. with stand.	*Change of Categorization* 3. Individualization 8. Superordinate re-categorization 9. Subord. re-categor.

Die Strategien, die aus der Perspektive der handelnden Person die Eigengruppe verändern, stehen in der dritten Spalte. Die Strategien, die die Wahrnehmung der Person dessen verändern, was als Außengruppe zu verstehen ist, stehen in Spalte zwei und drei. Entsprechend fallen die Kombinationen aus. Die Trennung in verhaltensorientierte und kognitive Strategien bleibt unverändert wie in der 2x2-Taxonomie bestehen.

Was bedeuten die berichteten Überlegungen bei der Betrachtung der kollektiven Identität von Hauptschülern? Möglicher Weise ist die schultypbezogene Intergruppensituation für sie in ganz besonderem Maße salient. Sie haben die akademische Outgroup, die Gymnasiasten, in Form ihrer Lehrer permanent vor

Augen und sind gleichzeitig von ihr abhängig, zumindest was die eigene akademische Laufbahn angeht. Hinzu kommt, dass spätestens mit nahendem Abschluss Informationen über Zertfikate und Berufsmöglichkeiten – und damit der Intergruppenvergleich – relevant werden. Bezüglich der Merkmale der Statusrelation zwischen den Schultypen kann der niedrigere Status der Hauptschule gegenüber der Realschule und dem Gymnasium als stabil angesehen werden. Auch die Gruppengrenzen nach oben sind weitestgehend impermeabel. Es kommen zwar Schüler vor allem aus Realschulen auf die Hauptschule hinzu, jedoch verlassen nur in den seltensten Fällen Klassenkameraden die Hauptschule, um auf eine Realschule zu gehen (vgl. Cortina & Trommer, 2003; Rekus & Ladenthin, 1998). Die Zahlen diesbezüglich schwanken mit den herangezogenen Quellen, aber man kann von einer Relation von zehn und mehr zu eins ausgehen (Bohl, 2003). Das bedeutet, dass auf zehn Schüler, die während der Sekundarstufe I von höheren Schulen auf die Hauptschule kommen, maximal ein Schüler auf eine Realschule aufsteigt. Annahmen zur wahrgenommenen Legitimität sind etwas schwieriger zu machen. Die Mehrzahl der Schüler sollte ihre Mitgliedschaft an der Hauptschule als legitim wahrnehmen. Schließlich folgt der Status von Hauptschülern offiziell dem „meritokratischen Prinzip", der Zuteilung nach der Leistungsfähigkeit, und ist damit zumindest dem gesellschaftlichen Bewusstsein nach objektiv gerechtfertigt (Solga, 2005, siehe Abschnitt 2.3.5). Es sei hier aber erwähnt, dass dieses Prinzip faktisch nur bedingt umgesetzt wird (Baumert, 2002; Bos, 2003, 2004; Leschinsky & Cortina, 2003; Prenzel et al., 2004; Schwippert, Bos & Lankes, 2003). Dennoch ist davon auszugehen, dass das Gros der Schüler die Mitgliedschaft in der Hauptschule als gesellschaftlich legitimierten Umstand wahrnimmt.

Eine solch verzwickte Situation, Mitglied der stabil statusniedrigeren Gruppe mit nach oben undurchlässigen Grenzen bei hoher Legitimität dieser Gruppenzuweisung zu sein, muss nach der Theorie der sozialen Identität zu psychologischen Umdeutungen führen, um eine positiv distinkte kollektive Identität zu bewahren. Verhaltensbezogene Strategien haben auf Grund der Strukturmerkmale der Statusrelation wenig Aussicht auf Erfolg. Daher sind kognitve Strategien sehr wahrscheinlich. Bei den zu erwartenden Wechseln der Vergleichsdimensionen und Vergleichsgruppen wird eine möglichst große Distianz zu akademischen Inhalten hergestellt werden. Zum Aufbau einer positiven kollektiven Distinkheit sind Hauptschüler auf Grund der Stabilität, Legitimität und Impermeabilität ihrer Gruppenzugehörigkeit bei den wenig Leistungsfähigen genötigt, sich in ihrer eigenen Gruppendefinition von akademischen Inhalten weg zu orientieren, da die Inferiorität in diesem Bereich unabänderlich festgeschrieben scheint. Es ist zu erwarten, dass solche Umdeutungen die zentrale Identitätsmanagementstrategie sind. Trotz faktisch schlechter Möglichkeiten zur Aufwärtsmobilität können Hauptschüler natürlich dennoch den Wunsch entwickeln, höhere Schulen besuchen zu wollen. Dies ist nach den dargestellten Überlegungen sogar überaus wahrscheinlich. Ein solcher Wunsch wird jedoch in den meisten Fällen bis zum Ende der Regelschulzeit frustriert werden. Wenn der

Wunsch bis dahin Bestand hat, kann er nach dem Ende der Zeit auf der Hauptschule umgesetzt werden. Als unmittelbare während der Hauptschulzeit anzunehmende Identitätsmanagementstrategie bleibt hier festzuhalten, dass die Besonderheiten der kollektiven akademischen Identität von Hauptschülern Tendenzen zur Abkehr von akademischen Inhalten wahrscheinlich machen.

2.1.4 Das Selbstkonzept sensu Marsh und der Fischteicheffekt

Bisher wurden in dieser Arbeit zunächst historische Ansätze zum Selbstkonzept vorgestellt. Dabei wurde herausgehoben, dass schon früh die Betrachtung einer kollektiven Komponente des Selbstwissens verloren ging. Mit der Theorie der sozialen Identität (Tajfel & Turner, 1979) wurde sie wieder eingeführt. Trotz großer Forschungsaktivität zu diesem Thema innerhalb der Sozialpsychologie und der Proklamation einer ebenso großen Bedeutung des Kollektiven wie des Personalen für die Identität einer Person insbesondere durch Turner et al. (1987) wird mit dem Begriff Selbstkonzept in der gegenwärtigen pädagogischen Forschung meistens das hierarchische Modell von Herbert Marsh (1990c) assoziiert, in dem zumindest explizit keine kollektive Dimension vorgesehen ist.

Das Selbstkonzept ist demnach als eine hierarchisch angeordnete Struktur mit akademischen und nicht-akademischen Teilbereichen zu verstehen. Es bezieht sich ausschließlich auf personale Ich-Aussagen. Items zur Messung kollektiven selbstbezogenen Wissens sind in der Regel nicht vorgesehen (vgl. aber Marsh, Kong & Hau, 2000, siehe auch Abschnitt 2.1.4.8).[5] Der Fischteicheffekt benennt das Phänomen, dass sich die Mittelwerte akademischer Selbstkonzepte über verschiedene Gruppen hinweg nur wenig unterscheiden. Auf Grund dieses Effekts wurden bezüglich der psychosozialen Konsequenzen von Leistungsgruppierungen positive Effekte für leistungsschwache und negative für leistungsstarke Schüler angenommen. Um diese vor dem Hintergrund der bis jetzt beschriebenen Theorien eigenartig anmutende Schlussfolgerung zu diskutieren, sollen jetzt die einzelnen Aspekte des Selbstkonzeptmodells sensu Marsh in folgender Reihenholge besprochen werden:

Im nächsten Abschnitt 2.1.4.1 wird zunächst das Modell in seinem Aufbau allgemein vorgestellt. Dann wird die Theorie der sozialen Vergleiche von Festinger erläutert, da diese im Allgemeinen zur Erklärung des Fischteicheffektes

5 Der Einfluss von Gruppenmitgliedschaften ist in diesem Paradigma bisher nur als Regressionspfad der Reputation der eigenen Leistungsgruppe auf die personalen Selbstkonzeptaussagen modelliert worden. Die dabei gezeigten „Basking-in-reflected-Glory-Effekte", also Effekte dieser Reputation auf das akademische Selbstkonzept, sind jedoch vor allem bei getrennten Schulen deutlich schwächer als der Fischteicheffekt (Köller, 2004; Trautwein, Köller, Lüdtke & Baumert, 2005, siehe auch Abschnitt 2.1.4.8).

herangezogen wird (Abschnitt 2.1.4.2). Es folgt eine Einführung in übliche Messungen akademischer Selbstkonzepte (Abschnitt 2.1.4.3) und in den resultierenden Fischteicheffekt (Abschnitt 2.1.4.4). Spezieller wird im Anschluss die Forschung zu diesem Thema in Deutschland mit seinem gegliederten Schulsystem referiert (Abschnitt 2.1.4.5), um schließlich das Kapitel mit wechselseitigen Effekten auf Schulleistungen (Abschnitt 2.1.4.6) und die bereits angesprochenen Arbeiten zu „Basking-in-reflected-glory-Effekten" zu schließen (Abschnitt 2.1.4.7).

2.1.4.1 Das hierarchische Selbstkonzeptmodell von Shavelson und Marsh

Richard Shavelson, Judith Hubner und George Stanton (1976) beschreiben zuerst ein multidimensionales hierarchisches Modell, wonach sich das Selbstkonzept einer Person in zwei Faktoren höherer Ordnung aufspalten lässt, erstens in den Faktor „allgemeines akademisches Selbstkonzept (general academic self-concept)" und einen „nicht-akademisches Selbstkonzept (non-academic self-concept)". Der deutlich überwiegende Teil der Forschung zum Shavelson/Marsh-Modell bezieht sich dabei auf die akademische Selbstkonzeptkomponente. Die spezifischen akademischen Selbstkonzepte, die sich an den allgemein üblichen Schulfächern orientieren, z. B. das Selbstkonzept in Mathematik, konnten jedoch durch einen globalen Faktor akademisches Selbstkonzept nicht hinreichend erklärt werden. So wurde eine Revision des Modells entwickelt (Marsh & Shavelson, 1985), in der das akademische Selbstkonzept in zwei Faktoren niedrigerer Ordnung geteilt wurde: ein akademisches mathematisches Selbstkonzept und ein akademisches verbales Selbstkonzept, die den spezifischen Selbstkonzepten übergeordnet sind. Abbildung 2.1 zeigt eine Veranschaulichung dieses Modells. Zur Erklärung der Beziehungen der Selbstkonzepte in den „Kernfächern (core subjects)" sind diese zwei Faktoren als hinreichend anzusehen (vgl. Marsh, 1990c).

Marsh (1990c) vermutet, dass einige Domänen (Fächer) des akademischen Selbstkonzepts nicht vollständig durch diese beiden Faktoren erklärt werden könnten. Er untersuchte dazu männliche australische Schüler der fünften bis zehnten Klasse an einer katholischen Jungenschule in Sydney. Wie erwartet fand er, dass nicht alle schulfachbezogenen spezifischen akademischen Selbstkonzepte mit den zwei Faktoren höherer Ordnung erklärt werden können, z. B. nicht die von Sport, Kunst und Musik. Sportliche und musisch-künstlerische Selbstkonzepte üben aber auch keinen nennenswerten Einfluss auf den mathematischen oder verbalen akademischen Selbstkonzeptfaktor höherer Ordnung aus. Dies entspricht der ursprünglichen Annahme von Shavelson et al. (1976), dass die Kernfächer-Selbstkonzepte einen stärkeren Zusammenhang mit dem allgemeinen akademischen Selbstkonzept (was in der Revision zwei allgemeine akademische Selbstkonzepte sind) aufweisen als andere spezifische Selbstkonzepte. Im hier vorgestellten Kernmodell finden diese Facetten daher auch keine weitere Beachtung.

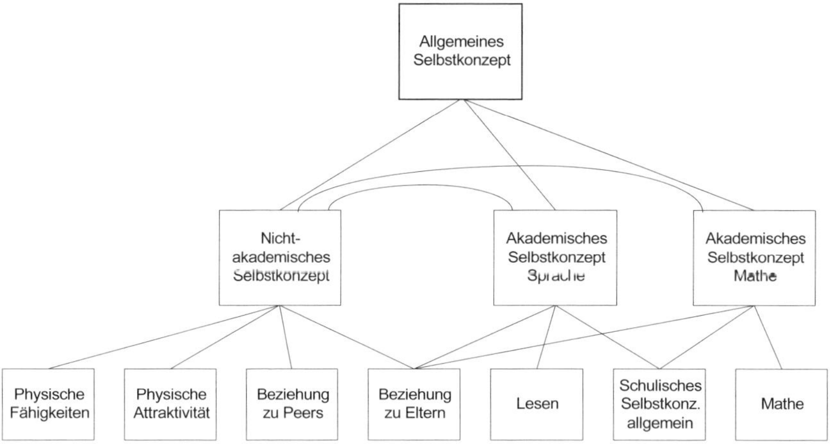

Abbildung 2.1: Veranschaulichung der Struktur des Selbstkonzepts nach der Revision von Marsh und Shavelson (aus Byrne & Shavelson, 1986, S. 476, Übersetzung durch den Autor)

Die Struktur des dargestellten Selbstkonzeptsmodells ist in einer Fülle von internationalen Studien überprüft worden (vgl. z. B. Marsh, 1990b; Marsh, Craven & McInerney, 2005). Zusammenfassend lässt sich festhalten, dass die innere Gültigkeit des Modells nicht in Frage zu stellen ist. Mindestens das personale akademische Selbstwissen kann in der beschriebenen Art und Weise empirisch sinnvoll gegliedert werden. Allerdings bleibt die Frage nach dem Platz und der Funktion kollektiven Selbstwissens in dem Modell unbeantwortet.

2.1.4.2 Die Theorie sozialer Vergleiche von Festinger

Das eben dargestellte Modell sensu Marsh beschreibt anschaulich die Struktur personalen selbstbezogenen Wissens. Es gibt jedoch keine Auskunft über die psychologischen Prozesse, wie Wissen über uns selbst zustande kommt. Im Zusammenhang mit dem Modell sensu Marsh wird dafür im Allgemeinen die Theorie der sozialen Vergleiche von Leon Festinger (1954) heran gezogen. Auf Grund der relativen Genauigkeit ihrer Aussagen bietet sie historisch als Erste die Möglichkeit ihrer Überprüfung. Wie Menschen sich bei der Suche nach Informationen über sich in Bezug zu anderen Menschen setzen, war historisch bis zum Erscheinen von Festingers Theorie laut Wagner (1999) vor allem durch die Theorie der relativen Deprivation von Samuel Stouffer et al. (1949; zitiert nach Wagner, 1999) beschrieben worden. Letztere Theorie wurde ex post zur Erklärung von gefundenen negativeren Einstellungen gegenüber der Wehrpflicht von verheirateten im Vergleich zu unverheirateten Wehrpflichtigen herangezogen. Der Befund wurde dabei so erklärt, dass sowohl die Präsenz der unverheirateten Kameraden als auch das Wissen über die nicht eingezogenen verheirateten Männer ein Gefühl relativer Deprivation der eigenen Person auslösen würde, welches sich durch besagte Bezugsgruppen erklären ließe. Diese sehr vagen Annahmen mit allgemeinem Geltungsanspruch finden mit Festingers Theorie einen wertvollen Ersatz. Festinger (1954, S. 117–134) stellt neun Hypothesen auf, warum, wann und wie soziale Vergleiche zur Einschätzung der eigenen Fähigkeiten und Meinungen vorgenommen werden.

In den *Hypothesen I–IV* ist der Kern der Theorie formuliert: *I.* Personen haben einen Trieb, sich bezüglich ihrer Meinungen und Fähigkeiten einzuschätzen. *II.* Wenn objektive Maßstäbe nicht vorhanden sind, wird für diese Einschätzung der soziale Vergleich herangezogen. *III.* Je ähnlicher eine andere Person ist, umso eher wird sie als Vergleichsobjekt gewählt. *IV.* Bei Fähigkeiten gibt es eine Tendenz zum Aufwärtsvergleich, die sich so erklärt, dass Personen im Allgemeinen ihre Fähigkeiten verbessern wollen. Die nächsten *Hypothesen V–IX* sind spezifischere Annahmen: *V.* Fähigkeiten unterliegen im Gegensatz zu Meinungen weniger der eigenen Kontrolle. *VI.* Vergleiche, deren Fortsetzung zu kontinuierlich schlechten Ergebnissen für die Eigenbewertung führen, rufen Ablehnung hervor und werden bei Möglichkeit gemieden. *VII.* Wenn sich aus welchem Grund auch immer die Relevanz einer Gruppe als Referenzgruppe erhöht, dann steigt auch der Druck zur Konformität mit den Standards dieser Gruppe. Festinger (1954) ergänzt, dass dieser Druck umso stärker ist, je attraktiver die Referenzgruppe ist. *VIII.* Jedoch nimmt dieser Druck wiederum umso mehr ab, je unähnlicher die möglichen Vergleichspersonen in Bezug auf andere Merkmale sind, die mit den Unterschieden in den Fähigkeiten oder Meinungen korrespondieren. *IX.* Schließlich gibt Festinger (1954, S. 126–128) drei Handlungsweisen an, wie mit dem Druck zur Konformität umgegangen werden kann: Man kann sich selbst verändern, die anderen verändern oder seinen Referenzrahmen neu adjustieren, so dass die Subjekte, die ein Diskrepanzerleben verursachen, aus dem Vergleich ausgeschlossen werden bzw. ein neuer Vergleichsmaßstab herangezogen wird, auf dem keine negative Diskrepanz besteht (vgl. auch die Parallele zum Identitätsmanagement in Abschnitt 2.1.3.4). Diese drei Optionen werden nicht immer zu gleichen Teilen angewandt. Personen, die in ihrer Meinung oder Fähigkeit in hohem Maße mit der Mehrheit übereinstimmen, werden eher Druck auf die diskrepanten Personen ausüben, sich zu verändern, anstatt selber ihre Position zu verändern oder ihren Referenzrahmen anzupassen.

Die Annahmen Festingers (1954) sollen hier kurz zusammengefasst und dann im Hinblick auf akademische Selbstkonzepte und kollektive Facetten der Identität bei Hauptschülern diskutiert werden. Zunächst expliziert Festinger (1954) den Geltungsbereich seiner Theorie auf die Selbsteinschätzung von Fähigkeiten und Meinungen einer Person. Zum Vergleich werden möglichst ähnliche Personen mit tendenziell höherer Leistungsfähigkeit bevorzugt. Dabei benennt Festinger Gruppenmitgliedschaften explizit als mögliches Kriterium für diesen Vergleich. Grundsätzlich gibt es einen Druck zur Konformität, sich an die gewählte Vergleichsgröße anzupassen. Wenn jedoch die Möglichkeit zur Angleichung an einen neuen Vergleichsstandard fehlt, wird dieser Vergleich vermieden. Eigentlich kann jede Gruppe oder Person zum Vergleichsstandard werden, wenn ihre Relevanz für die vergleichende Person steigt. Allerdings ist der Druck zur Konformität nur dann hoch, wenn diese Person oder Gruppe wiederum eine gewisse Ähnlichkeit zur vergleichenden Person besitzt. Wenn Druck zur Konformität besteht, kann dieser durch eigene Anpassung, Druck auf andere zur Anpassung und Umdeutungen reduziert werden.

Die Anwendung von Festingers (1954) Theorie zur Erklärung der Genese akademischer Selbstkonzepte ist auf Grund ihrer genannten Gültigkeit für Fähigkeitseinschätzungen konsequent. Das Postulat von einem rein personalen Selbstkonzept rechtfertigt die Theorie jedoch nicht. Ein expliziter Verweis von Festinger (1954) auf eine Einschätzung kollektiven Selbstwissens ist zwar in der Tat nicht zu finden, allerdings wird das Vorhandensein kollektiven Selbstwissens implizit in der Bestimmung des Vergleichsobjektes angenommen, bei der auch Gruppen als Vergleichsmaßstab gewählt werden können. Eine Person oder Gruppe wird als Vergleichsmodell abgelehnt, wenn sie der eigenen Person inklusive ihrer Gruppenmitgliedschaften zu unähnlich ist oder wenn der Vergleich mit ihr auf Dauer selbstwertschädigende Konsequenzen haben würde. Die Bestimmung dieser Qualitäten setzt ein Bewusstsein über die Eigenschaften meiner und der potentiellen Vergleichsgruppen voraus. Also kann man sagen, dass Festinger (1954) selbst implizit eine kollektive Identität bei Personen annimmt, die entscheidend dazu beiträgt, welche Vergleichsobjekte sie zur Einschätzung ihrer personalen Identität heranziehen. Die Untersuchung kollektiven Selbstwissens erscheint vor diesem Hintergrund auch unmittelbar aus der zu seiner Begründung herangezogenen Theorie der sozialen Vergleiche (Festinger, 1954) eine wichtige Ergänzung des Selbstkonzeptmodells sensu Marsh (1990c) zu sein.

2.1.4.3 Messung von akademischen Selbstkonzepten

Es wurde schon mehrfach erwähnt, dass akademische Selbstkonzepte im Allgemeinen so gemessen werden, dass die befragte Person Ich-Aussagen zustimmt oder sie ablehnt. In diesem Abschnitt sollen nun ein paar Beispiele von Items zur Messung akademischer Selbstkonzepte genannt und kurz besprochen werden. Dabei wird mit zwei Beispielen für mathematikspezifische Selbstkonzeptmessungen begonnen um dann zu Maßen für das globale akademische Selbstkonzept zu kommen. Diese Reihenfolge entspricht gleichzeitig auch der historischen Entwicklung der Instrumente. Zur Messung des akademischen Selbstkonzepts im Fach Mathematik berichtet z. B. Olaf Köller (2004, vgl. auch Abschnitt 2.1.4.6) u. a. folgende Items:

- Obwohl ich mir bestimmt Mühe gebe, fällt mir Mathematik schwerer als vielen meiner Mitschülerinnen und Mitschüler.
- Mathematik würde ich lieber machen, wenn das Fach nicht so schwer wäre.

Das erste Item fordert die Schüler explizit zum sozialen Vergleich mit den Mitschülern auf. Das zweite Item tut dies nicht, ebenso wenig die anderen von Köller (2004) verwendeten Items. Bei ihnen handelt es sich um allgemeine Selbsteinschätzungen der mathematischen Fähigkeiten. Es handelt sich hierbei um ein frühes und damit noch wenig elaboriertes Messinstrument.

Ein international sehr bekanntes und häufig eingesetztes Instrument zur Messung von akademischen und nicht-akademischen Selbstkonzeptfacetten ist der in verschiedenen Versionen für drei Altersstufen vorliegende Self-Description-Questionnaire (SDQ) von Marsh und Mitarbeitern (1988; 1984). Susanne Schilling, Jörn Sparfeldt, Detlef Rost und Grete Nickels (2004) übersetzten Teile des SDQ II ins Deutsche. Itembeispiele für Mathematik und das allgemeine schulische Selbstkonzept sind:

- Mathematik ist eines meiner besten Fächer.
- Ich benötige oft Hilfe in Mathematik.
- Wenn ich mich richtig anstrengen würde, könnte ich einer der besten Schüler in meiner Klasse sein.
- In den meisten Fächern bekomme ich schlechte Noten.

Im ersten Item ist hier der internale, im dritten Item der externale Bezugsrahmen explizit angesprochen. Insgesamt ist das Verhältnis von Items, die einen internalen, einen externalen oder keinen Vergleich fordern, ausgewogen. Die Skala trennt nicht in Items, die diese Vergleiche fordern, und solche, die es nicht tun.

In der deutschen Kurzfassung des SDQ III von Andrea Schwanzer (2002) gibt es eine Skala mit vier Items zum Selbstkonzept intellektueller Fähigkeiten:

- Bei vielen Aufgaben bin ich mir schon im Voraus sicher, dass ich sie nicht lösen kann, weil ich dafür nicht begabt bin.
- Ich wollte, ich wäre so intelligent wie die anderen.
- Häufig denke ich, ich bin nicht so klug wie die anderen.
- Verglichen mit anderen bin ich nicht so begabt.

Hier ist ein starker Aufforderungscharakter zum sozialen Vergleich auszumachen. Drei von vier Items betonen explizit den externalen Vergleich. Allerdings ist eine Bezugsgruppe nicht vorgegeben. Dies hat auch damit zu tun, dass dieses Instrument vor allem zum Einsatz bei Jugendlichen und jungen Erwachsenen entwickelt worden ist, bei denen eine einzelne für alle geltende Bezugsgruppe wie die Schulklasse nicht ausgemacht werden kann.

In jüngerer Zeit haben Oliver Dickhäuser, Claudia Schöne, Birgit Spinath und Joachim Stiensmeier-Pelster (2002) ein neues Instrument zur Messung von akademischen Selbstkonzeptfacetten vorgelegt. Dabei werden jeweils eigene Messungen für einen kriterialen, einen individuellen, einen sozialen und einen absoluten Bezugsrahmen des akademischen Selbstkonzepts konstruiert (vgl. auch Skaalvik & Skaalvik, 2002, siehe auch Abschnitt 2.1.4.3). Im Folgenden sei für jeden Bezugsrahmen ein Beispiel gegeben:

Wenn ich mir angucke, was wir in der Schule können müssen, halte ich mich für sehr begabt – nicht begabt	(kriterial)
Ich bin für die Schule weniger begabt als früher – begabter als früher	(individuell)
Ich denke, ich bin für die Schule weniger begabt als meine Mitschüler/innen – begabter als meine Mitschüler/innen	(sozial)
Ich bin für die Schule nicht begabt – sehr begabt	(absolut)

Zusammenfassend ist zu sagen, dass es eine Vielzahl verschiedener Instrumente zur Messung des akademischen Selbstkonzepts gibt. In denen für diese Arbeit relevanten Befunden z. B. zum Fischteicheffekt sind zwischen ihnen jedoch bisher keine gravierenden Unterschiede bekannt.

2.1.4.4 Der Big-fish-little-pond-Effect (Fischteicheffekt)

Als Erster beschrieb James Davis (1966) das Phänomen, dass die Berufswahl von Studierenden in den USA stärker von ihrer Note als von dem Prestige ihrer Uni bestimmt wurde. Dabei bestanden objektiv große Leistungsunterschiede zwischen den Universitäten, während sich die mittleren Noten tendenziell nicht unterscheiden. Er erklärte diese Befunde mit der Theorie der relativen Deprivation (Stouffer et al., 1949, vgl. auch Abschnitt 2.1.4.2) und schlussfolgerte: „It is better to be a big frog in a small pond than a small frog in a big pond" (Davis, 1966, S. 31, zitiert nach Skaalvik und Skaalvik, 2002, S. 234). Herbert Marsh und John Parker (1984) unternahmen den nach eigenen Angaben ersten hypothesengeleiteten Versuch zur Replikation von bis dahin nur als Nebenprodukt gefundenen Effekten der Zusammensetzung der Leistungsgruppe auf akademische Selbsteinschätzungen. Sie untersuchten 305 Schülerinnen und Schüler der sechsten Jahrgangsstufe in der australischen Stadt Wollongong. Dabei wurden die Schulen anhand der öffentlichen Statistiken so ausgewählt, dass drei in den sozial besten und zwei in den sozial schwächsten Gegenden der Stadt lagen. Dadurch ließen sich die Schulen in solche mit hohem und niedrigem sozioökonomischen Status (SES) einteilen. Als Maße verwendeten sie den Self-Description-Questionnaire II (SDQ II) (Marsh, 1988) sowohl als Selbstauskunft sowie Ratings der Lehrer über die wahrgenommenen Selbsteinschätzungen der Schüler. Des Weiteren wurden ein Lesesubtest aus dem „Progressive Achievement Test [...] developed by the New Zealand Council for Educational Research" (Marsh & Parker, 1984, S. 220) und der Familien-SES erhoben. Zur Interpretation der Ergebnisse ist es wichtig, darauf hinzuweisen, dass SES und Leistungsfähigkeit stark konfundiert sind. Es konnte anhand von Varianzanalysen hypothesenkonform gezeigt werden, dass der SES der Familie bei Kontrolle des Schul-SES einen positven Einfluss auf das akademische Selbstkonzept der

Schüler hatte. Gleichzeitig hatte der Schul-SES bei Kontrolle des SES der Familie einen negativen Einfluss auf die fähigkeitsbezogenen Selbsteinschätzungen. Dies interpretieren Marsh und Parker (1984) als Beleg für den Fischteicheffekt, also dass der Vergleich zur unmittelbaren Bezugsgruppe entscheidend beeinflusst, wie Individuen sich einschätzen. Es zählt also nicht die absolute, sondern die relative Leistungsfähigkeit. Betrachtet man die Ergebnisse der Einschätzungen der Lehrer, so zeigt sich, dass diese sowohl mit dem familiären als auch mit dem Schul-SES positiv zusammenhängen. Vor dem Hintergrund einer größeren Informationsgrundlage, die Erwachsene auf Grund ihrer vielfältigeren Erfahrungen haben, ist dies so zu erklären, dass die Lehrer sich im Klaren darüber sind, dass auch die schlechten Schüler in einer Schule mit hohem SES noch bessere Leistungen erzielen als viele Schüler in ärmeren Vierteln. Marsh und Parker (1984) beließen es nicht dabei, den SES zu untersuchen, sondern überprüften anhand von Pfadmodellen auch den Effekt der gemittelten Leistungsfähigkeit der Schule auf die individuellen akademischen Selbstkonzepte. Abbildung 2.2 zeigt das entsprechende Modell.

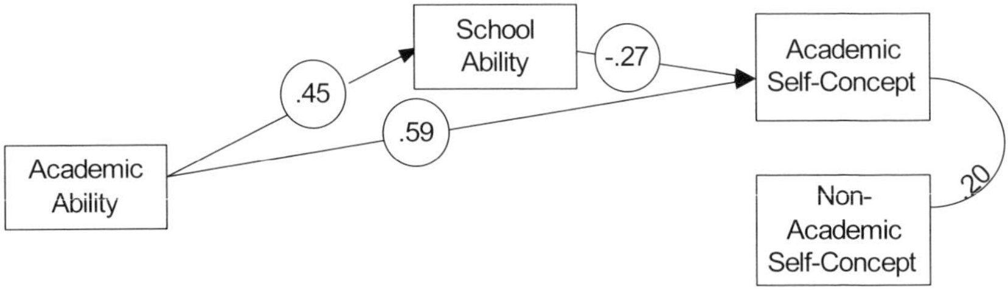

Abbildung 2.2: Pfadanalytische Darstellung des Fischteicheffekts von Marsh und Parker (1984, S. 225)

Es ist zu sehen, dass ein direkter Pfad mit einem Beta-Gewicht von .59 vom Testergebnis zum akademischen Selbstkonzept die stärkste Erklärungskraft hat. Jedoch ist auch die gemittelte Leistung der Schule über alle Schüler hinweg bedeutsam mit einem Betagewicht von -.27. Die Autoren weisen darauf hin, dass sich dieser Effekt nur durch die Partialisierung der anderen Komponenten im Modell ergibt. Die direkte Pearson-Korrelation zwischen der mittleren Leistung der Schule und individuellem Selbstkonzept ist r=.0.

Die geschilderte Studie ist maßgeblich für eine seit dem sehr lebendige Forschungsaktivität zum Fischteicheffekt (z. B. Jerusalem, 1983; Köller, 2004; Köller & Baumert, 2001; Köller, Klemmert, Möller & Baumert, 1999; Köller, Schnabel & Baumert, 2000a; Marsh, 1990a; Marsh & Hau, 2003; z. B. Marsh et al., 2000; Marsh, Trautwein, Lüdtke, Köller & Baumert, 2005; Schwarzer & Jerusalem, 1983). Ihre Darstellung soll hier zur Einführung in das Phänomen genügen. Im folgenden Abschnitt 2.1.4.5 wird nun auf Arbeiten im deutschen Sprachraum gesondert eingegangen.

2.1.4.5 Der Fischteicheffekt im deutschen Schulsystem

Im deutschsprachigen Raum wurden hypothesengeleitete Arbeiten zu Bezugsgruppeneffekten bereits vor den oben berichteten Arbeiten von Marsh und Parker (1984) von Ralf Schwarzer und Matthias Jerusalem (1983) veröffentlicht. Anhand eines Längsschnitts mit ursprünglich 622 Schülern, die zu Beginn der Untersuchung gerade in die vier Schultypen der Sekundarschule eingeschult worden waren, lagen eineinhalb Jahre später die kompletten Daten von 81 Hauptschülern und 82 Gymnasiasten für fünf Messzeitpunkte vor. Als Selbstkonzeptfacetten wurden die allgemeine Selbstwirksamkeit nach Albert Bandura (1997), das allgemeine akademische Selbstkonzept nach Wulf-Uwe Meyer (vgl. Baumert, Grühn, Heyn, Köller & Schnabel, 1997) und das Selbstwertgefühl von Morris Rosenberg (1965) in der Fassung von Helmut Fend (vgl. Baumert, Grühn et al., 1997) erfasst. Zusätzlich wurden der Leistungsrangplatz in Mathematik innerhalb der Klasse und die Schulart bestimmt. Abbildung 2.3 zeigt das berichtete Strukturgleichungsmodell. Aus heutiger Sicht ungewöhnlich ist das Vorgehen der Autoren, die drei genannten Selbstkonzeptfacetten jeweils als Indikatoren desselben latenten Konstrukts „Selbst" zu sehen. Die Modellanpassung bezeichnen die Autoren mit einem Tucker & Lewis R=.80 und Bentlers-Delta=.78 als hinreichend, auch wenn das Verhältnis Chi-Quadrat zu Freiheitsgraden mit knapp 3 : 1 den Rahmen der Konvention von 2,5 : 1 (z. B. Backhaus, 2003) überschreitet. Der Übersicht halber sind die manifesten Variablen und die Residuen im Diagramm nicht angegeben.

Wie gut zu erkennen ist, hat die Schulart (Hauptschule=0 oder Gymnasium=1) unmittelbar nach dem Übergang zum Messzeitpunkt 1 noch einen positiven Einfluss auf das zusammengefasste Selbstkonzept. Dies resultiert daher, dass zu diesem Zeitpunkt das Selbstkonzept dem neuen externalen Bezugsrahmen noch nicht angepasst worden ist. Die Schüler haben aus der Zeit in der Grundschule noch den Vergleich mit einer größeren Breite an Fähigkeitsniveaus ihrer Mitschüler vor Augen. Jetzt passen sich die Selbstkonzepte langsam dem neuen Kontext an. Dies ist daran erkennbar, dass der Pfad von der Schulart zum Messzeitpunkt 2 negativ ist. Gymnasiasten nehmen das neue positiv selektierte Umfeld zum Anlass, ihre Selbsteinschätzungen nach unten zu korrigieren, während das eher negativ selektierte Umfeld für Hauptschüler den gegenteiligen Effekt hat (vgl. auch Veränderungen des Selbst in Abschnitt 2.4.1). Hier zeigt sich das Phänomen des Fischteicheffekts (Big-fish-little-pond-Effect) im Längsschnitt. Die Schüler der Sekundarstufe haben nach einer Anpassungszeit über die Schulformen hinweg im Mittel etwa gleich hohe Begabungsüberzeugungen, obwohl dies keineswegs mit ihrer absoluten Leistungsfähigkeit korrespondiert, die sich über die verschiedenen Schultypen hinweg stark unterscheidet.

Die wohl umfassendste Arbeit in Deutschland zu diesem Thema stammt von Olaf Köller (2004). An dieser Stelle soll daraus insbesondere die Replikation des Fischteicheffekts in Deutschland an umfangreichen Datensätzen zweier großer Bil-

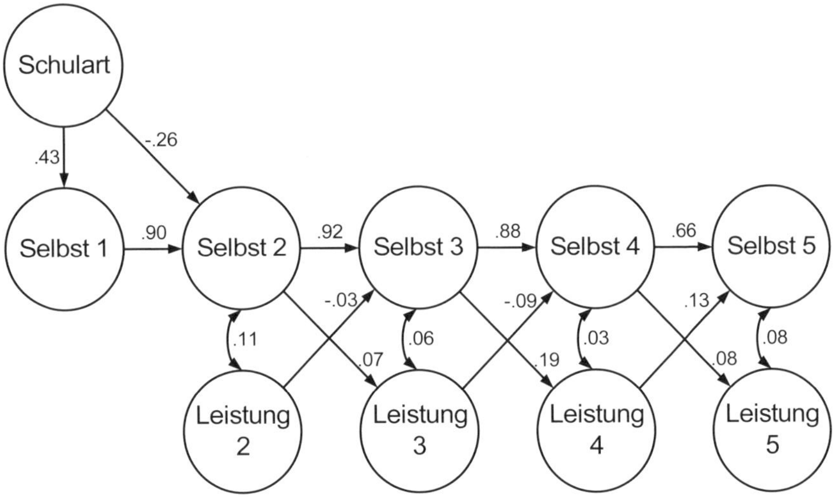

Abbildung 2.3: Längsschnittlicher Zusammenhang zwischen Schulart, Selbstkonzept und Leistung nach dem Wechsel auf die Sekundarstufe (Schwarzer & Jerusalem, 1983)

dungsstudien (BIJU und HISTO[6]) wiedergegeben werden. Köller (2004) zieht nach dem Bericht des Forschungsstandes zum Fischteicheffekt folgenden Schluss:

> „Mit Blick auf die pädagogische Praxis implizieren diese Befunde immer wieder, dass die externe Differenzierung vor allem den leistungsschwachen Schülern eine psychosoziale Nische bietet, in der sie trotz geringer Leistungen positive selbstbezogene Kognitionen entwickeln können." (S. 69)[7]

6 BIJU: Bildungsverläufe und psychosoziale Entwicklung im Jugend- und jungen Erwachsenenalter. HISTO: Schulleistungen im historischen Vergleich.

7 Bei der Betrachtung dieses Zitats ist es wichtig, dass sich die Nische nur auf das psychosoziale Befinden bezieht. Bei der Leistungsentwicklung haben Hauptschülern gegenüber Schülern höherer Schulen einen klaren Nachteil (z. B. Köller & Baumert, 2002). Es konnte gezeigt werden, dass bei Kontrolle des individuellen Vorwissens und des sozialen Hintergrunds der Lernzuwachs von Schülern auf dem Gymnasium am höchsten und auf der Haupt- und Gesamtschule am niedrigsten ist. Der Unterschied entspricht nach drei Schuljahren am Ende der zehnten Jahrgangsstufe in Mathematik dem, was zwei Schuljahre im Durchschnitt an Leistungszuwachs ausmachen (Baumert & Köller, 1998; Hosenfeld et al., 1999). Der Befund wird durch unterschiedliche Didaktiken und ungünstige Auswirkungen der Lerngruppenzusammensetzung erklärt.

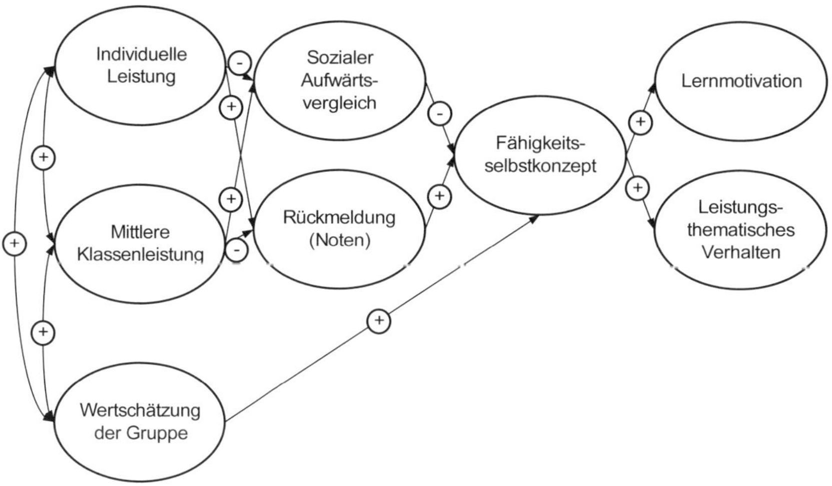

Abbildung 2.4: Forschungsmodell von Köller (2004, S. 105)

Er leitet dann aus der Betrachtung der Literatur zu akademischen Selbstkonzepten ein Forschungsmodell ab, welches er anschließend sukzessive untersucht. Das vollständige Modell ist in Abbildung 2.4 dargestellt.

Das Modell beschreibt, wie sich akademische Selbstkonzepte auf Grund von Leistungsrückmeldungen, der Wertschätzung der eigenen Gruppe sowie der Tendenz, soziale Aufwärtsvergleiche durchzuführen, zusammensetzen. Dabei stellt die Klasse einen umso günstigeren Rahmen für Aufwärtsvergleiche bereit, je leistungsfähiger sie ist. Gleichzeitig übt die eigene Leistungsfähigkeit einen negativen Einfluss auf Aufwärtsvergleiche aus, weil für die besseren Schüler weniger noch bessere Vergleichssubjekte in ihren Klassen und Schulen zur Verfügung stehen. Für die Wertschätzung der Gruppe wird eine positive Wirkung auf das akademische Selbstkonzept angenommen. Dieser Effekt wird in Abschnitt 2.1.4.7 besprochen. Die übrigen Pfeile sind trivial und sollen hier nicht weiter erläutert werden. Jetzt soll vor allem Studie 1 aus Köllers (2004, S. 111ff.) Arbeit berichtet werden, da sie die Bedeutsamkeit des Fischteicheffekts im deutschen Schulsystem gut veranschaulicht.

Er führte mehrebenenanalystische Analysen mit 4447 Schülern der siebten Jahrgangsstufe durch, für die die Daten von zwei Messzeitpunkten vorliegen. Dabei rechnete er getrennte Modelle zur Erklärung der jeweiligen Selbstkonzepte Englisch und Mathematik zu Messzeitpunkt T1 und T2 sowie die Veränderung zwischen den Messzeitpunkten. Er fügte sukzessive die Prädiktoren individuelle Leistung, mittlere Klassenleistung, den Interaktionsterm aus individueller und Klassenleistung, Dummies für Gymnasium und Hauptschule in Relation zur Realschule und für die Vorhersage des Selbstkonzepts zu T2 auch das Selbstkonzept zu T1 hinzu. Die zentralen Ergebnisse waren, dass erstens erwartungsgemäß die mittlere Klassenleistung einen negativen Effekt auf das Selbstkonzept hatte (der Fischteicheffekt) und zweitens die Zugehörigkeit zum Gymnasium (im Verhältnis zur Realschule) einen (schwächeren) positiven Effekt auf die Entwicklung des Selbstkonzepts nahm. Letzterer Effekt ist für Englisch durchgängig signifikant und für Mathematik deskriptiv vorhanden. Auf diese Ergebnisse zur Wertschätzung der Leistungsgruppe wird in Abschnitt 2.1.4.7 näher eingegangen werden. Insgesamt bestätigen die Befunde von Köller (2004) seine Annahme einer psychosozialen Nische für leistungsschwache Schüler in Bezug auf akademische Selbstkonzepte. Jedoch weist diese Perspektive der kollektiven Facette des Selbstwissens nur eine Rolle als Prädiktor von individuellem Selbstwissen zu. In dieser Arbeit wird davon ausgegangen, dass das mit der Mitgliedschaft in Gruppen verbundene Selbstwissen eine mit dem Individualselbstwissen gleichberechtigte Stellung einnimmt.

Bezüglich der Generalität des Fischteicheffektes über verschiedene Messungen akademischer Selbstkonzepte hinweg ist zu sagen, dass auch für die explizit den Bezugsrahmen variierenden Selbstkonzeptmessungen nach Dickhäuser et al. (2002, siehe Abschnitt 2.1.4.4) derzeit keine Befunde vorliegen, dass diese den Fischteicheffekt zum Teil nicht erzeugen würden. Die Autoren selbst nehmen an, dass sich der Fischteicheffekt bei Berücksichtigung explizit nicht sozial vergleichenden Items reduzieren ließe. Sie sagen aber nicht, dass dann damit zu rechnen sei, dass er verschwinden würde. Nach den oben ausgeführten Überlegungen von Festinger (1954) ist dies auch theoretisch nicht zu erwarten.

2.1.4.6 Akademische Selbstkonzepte und Leistung

Für Fähigkeitsselbstkonzepte gibt es inzwischen eine überwältigende Zahl von Arbeiten, die zeigen, dass die Höhe der Einschätzung der eigenen Fähigkeiten im Allgemeinen stark mit Leistungen und Leistungsrückmeldungen wie z. B. Noten korreliert ist (z. B. Helmke, 1998; Köller, 2004; Köller & Baumert, 2002; Marsh, Trautwein et al., 2005). Es ist naheliegend, davon auszugehen, dass positive Leistungsrückmeldungen positiven Einfluss darauf nehmen, wie die eigene Fähigkeit eingeschätzt wird. Inzwischen ist aber auch die Evidenz für einen reziproken Zusammenhang immer stärker geworden. Helmke (1992) nimmt an, dass sich akademische Selbstkonzepte nicht nur der Leistungsrückmeldung folgend entwickeln, sondern dass ein positiveres Selbstbild auch zu höheren Leistungen führt. Er kann zeigen, dass das Selbstkonzept in Mathematik, vermittelt über Anstrengungsintensität, Anstrengungsbereitschaft (er nennt dies Initiierung) und verminderte Leistungsangst über das Vorwissen und die Intelligenz eines Schülers, Einfluss auf die Testleistung in einem standardisiertem Mathetest hat. Abbildung 2.5 zeigt das entsprechende Strukturgleichungsmodell.

Marsh et al. (2005) konnten anhand längsschnittlicher Daten von Siebtklässlern aus der BIJU- und der TIMS-Studie zeigen, dass Interesse, Noten und standardisierte

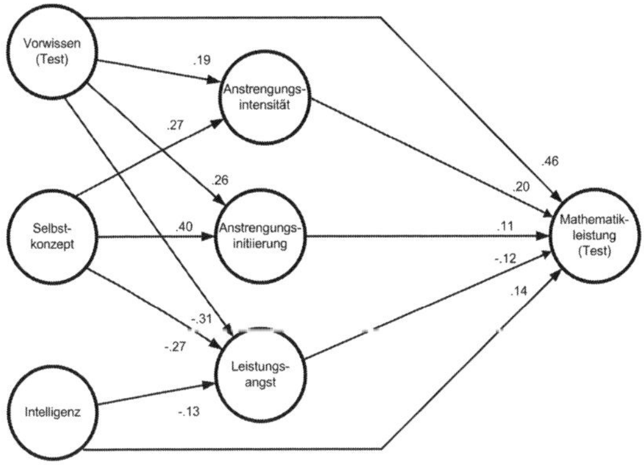

Abbildung 2.5: Mediation von positiven Effekten des akademischen Selbstkonzepts auf die Leistung nach Helmke (1992, S. 191)

Testleistung in Mathematik zum Messzeitpunkt 2 vom Selbstkonzept Mathematik zum Messzeitpunkt 1 miterklärt werden können. Allgemein formuliert lässt sich also sagen, dass die Leistungshöhe sowohl Ursache als auch Folge von der Ausprägung des akademischen Selbstkonzepts ist. Stärkster Prädiktor für Leistung oder Selbstkonzept zum Messzeitpunkt 2 bleibt allerdings im Allgemeinen das Äquivalent zu Messzeitpunkt 1. In schematischer Form ist dieser Umstand in Abbildung 2.6 dargestellt (vgl. auch die Arbeiten von Schwarzer und Jerusalem, dargestellt in Abschnitt 2.1.4.5). Auch bei Kontrolle von Persönlichkeitsfaktoren (Big Five) und allgemeinem Selbstwertgefühl fanden Herbert Marsh, Ulrich Trautwein, Oliver Lüdtke, Olaf Köller und Jürgen Baumert (2006) starke Zusammenhänge zwischen dem Ergebnis von objektiven Leistungstests und Schulnoten mit dem akademischen Selbstkonzept, insbesondere den spezifischen akademischen Selbstkonzepten der jeweiligen Leistungsdomäne. Sie zeigen, dass bei Verwendung dieser domänenspezifischen Selbstkonzepte die inkrementelle Validität von Persönlichkeitsfaktoren und dem allgemeinen Selbstwertgefühl zur Erklärung von Schulleistungen gering

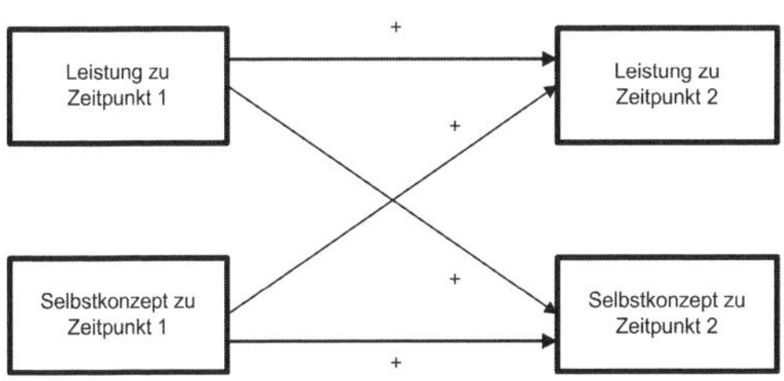

Abbildung 2.6: Schematische Darstellung des Zusammenhangs zwischen Leistung und akademischem Selbstkonzept

ist. Sie werten dies als Beleg für die herausragende Wichtigkeit der akademischen Selbstkonzepte bei der Erklärung von akademischen Outcomes.

Bezogen auf die Hauptschule wäre also anzunehmen, dass dort auf Grund des Fischteicheffekts positive Effekte auf die Leistung bestehen. Trautwein, Lüdtke, Marsh, Köller und Baumert (2006) zeigen dementsprechend, dass das mathematikspezifische Selbstkonzept und das Interesse an Mathematik umso höher sind, je niedriger die durchschnittliche Leistungsfähigkeit der Bezugsgruppe ist. Der Schultyp hat bei Kontrolle dieser Gruppenleistung, der individuellen Leistung und der Noten keinen signifikanten Effekt mehr auf das mathematikbezogene Selbstkonzept und Interesse. Auch wenn die Konsistenz dieser Befunde sehr eindrucksvoll ist, so gibt es dennoch Schwierigkeiten, sie in ein stimmiges Gesamtbild von Befunden zu integrieren. Es wurde bereits darauf hingewiesen, dass Kinder und Jugendliche an Hauptschulen leistungsbezogen ungünstigere Entwicklungsverläufe aufweisen als Gleichaltrige an Gymnasien (Baumert & Köller, 1998, vgl. auch Fußnote 7 in Abschnitt 2.1.4.6). Auch die Schulabstinenzrate ist deutlich höher als an anderen Schulen (Wissinger & Rademacker, 2003). Diese Befunde sind den positiven Konsequenzen für die Motivation von Hauptschülern, die der Fischteicheffekt erwarten ließe, entgegengesetzt. Sicherlich sind dafür zu einem starken Anteil familiäre und Unterrichtsmerkmale verantwortlich, die sich auf Grund der im Mittel negativ selektierten Population an der Hauptschule ergeben. Jedoch erscheint es unwahrscheinlich, dass diese allein den immer wieder gezeigten starken positiven Konsequenzen des Fischteicheffekts (z. B. Trautwein, Lüdtke, Marsh et al., 2006) entgegenwirken. Möglicherweise werden die genannten positiven Effekte von Leistungsgruppierungen auf das personale selbstbezogene Wissen und damit korrespondierender Motivation durch negative Effekte des kollektiven selbstbezogenen Wissens reduziert oder sogar umgekehrt, so dass netto der Effekt weniger positiv oder sogar negativ ausfällt. Bevor wir uns dieser Idee weiter zuwenden, soll nun zunächst zur Vervollständigung des Bildes auf positive Effekte der Reputation der Leistungsgruppe auf das akademische Selbstkonzept eingegangen werden.

2.1.4.7 Basking-in-reflected-glory-Effekte bei akademischen Selbstkonzepten

Der Begriff „bask in reflected glory“ stammt ursprünglich von Robert Cialdini et al. (1976). Die Autoren benannten damit das Phänomen, dass an Tagen, die auf einen Sieg ihrer Footballmannschaft folgten, mehr Studierende Shirts mit dem Konterfei ihrer Universität trugen als an Tagen in Folge eines verlorenen Spiels. Außerdem verwendeten Studierende bei der Beschreibung eines Sieges das Pronomen „wir“ häufiger als beim Beschreiben einer Niederlage. Herbert Marsh, Chit-Kwong Kong und Kit-Tai Hau (2000) verwenden den Begriff „reflected glory effects“ für positive Assimilationseffekte der Reputation der Leistungsgruppe auf das akademische Selbstkonzept, die zusätzlich zum Kontrast-Fischteicheffekt in Regressionen modelliert werden. Sie untersuchten 7997 Schüler in Hong Kong in einem längsschnittlichen Design über vier Jahre vom Beginn der sechsten bis zum Ende der neunten Klasse mit vier Leistungs- und zwei Selbstkonzeptmesszeitpunkten. Zusätzlich zur allgemeinen akademischen Selbstkonzeptskala des SDQ II wurde eine Vier-Item-Messung der wahrgenommenen Reputation der Schule verwendet. Da das Schulsystem in Hong Kong hoch segregiert und die Kultur stark kollektivistisch geprägt ist, erwarteten die Autoren, dass hier positive Effekte der Reputation der Leistungsgruppe auf das akademische Selbstkonzept besonders wahrscheinlich sind. Die Autoren zeigen schließlich einen über die wahrgenommene Reputation der Schule vermittelten Reflected-glory-Effekt auf das akademische Selbstkonzept. Dieser ist jedoch deutlich kleiner als der Fischteicheffekt, welcher durch die Hinzunahme der Variable der Reputation der Leistungsgruppe deutlich an Stärke gewinnt. Dies ist so zu erklären, dass beide Effekte in der ursprünglichen Modellierung (vgl. Abschnitt 2.1.4.4) konfundiert waren. Die Einfügung der neuen Variable der Reputation der Leistungsgruppe macht ihre Kontrolle möglich, so dass der Fischteicheffekt in voller Größe zum Tragen kommt. Die Arbeit von Marsh, Kong und Hau (2000) zeigt, dass es einen kleinen positiven Einfluss der Reputation der Leistungsgruppe auf das akademische Selbstkonzept gibt. Dieser fällt jedoch deutlich kleiner aus als die objektiven Leistungsunterschiede zwischen den Gruppen. Die Autoren sehen die Schlussfolgerung einer psychosozialen Nische an leistungsschwachen und psychosozialen Kosten an leistungsstarken Schulen damit als weiter erhärtet an.

Köller (2004, S. 126–141) überprüft die eben dargestellten Befunde anhand deutscher Längsschnittdaten der BIJU-Studie mit den Schulformen als Variable für die Reputation der Leistungsgruppe. Außerdem zieht er fachspezifische Selbstkonzept- und Leistungsmessungen für Mathematik und Englisch heran. Dabei modelliert er die Schulform als zwei Dummyvariablen für das Gymnasium und für die Hauptschule in Referenz zur Realschule. Köller (2004) kann zusätzlich zum Fischteicheffekt für das Selbstkonzept Englisch einen signifikanten positiven Effekt der Mitgliedschaft im Gymnasium zeigen. In Mathe zeigt sich ein solcher Effekt deskriptiv, ohne statistische Signifikanz zu erreichen. Die Basking-in-reflected-glory-Effekte sind wie bei Marsh, Kong und Hau (2000) überwiegend deutlich kleiner als die Fischteicheffekte. Für die Mitgliedschaft Hauptschule zeigen sich keine negativen Effekte im Vergleich zur Realschule, was Köllers (2004) Annahme einer psychosozialen Nische in leistungsschwachen Schulen stützt (er bezeichnet dies als „cutting-of-reflected-failure“, vgl. dazu auch den Abschnitt 2.3.2.2 über Stigma und Selbstwert). Eine vermeintliche Bedeutung des kollektiven Selbstwertes räumt er nur als Moderator von Basking-in-reflected-glory-Effekten bei Gymnasiasten ein, da er annimmt, dass diese nur bei denen zustande kommen, die auch tatsächlich eine hohe Ansicht von ihrer Schulform haben.

Als dritte Studie zu diesem Themenkomplex sei noch auf die Arbeiten von Trautwein, Köller, Lüdtke und Baumert (2005) verwiesen. Sie zeigen anhand von Daten der BIJU-Studie, dass der Fischteicheffekt einen Einfluss auf die Kurswahl von Schülern in der gymnasialen Oberstufe nimmt. Zusätzlich zeigen sie, dass die Mitgliedschaft im Leistungskurs entgegen den eben gezeigten Befunden starke Assimilationseffekte auf das akademische Selbstkonzept zeigt, also dass die Zugehörigkeit zu einem Leistungskurs über die individuelle Testleistung hinweg einen erhöhenden Einfluss auf das akademische Selbstkonzept in diesem Fach ausübt. Die Autoren nehmen an, dass dies zu einem großen Teil darauf zurückzuführen ist, dass bei der Kurswahl mehr internale und temporale als soziale Standards herangezogen werden. Es ist hinzuzufügen, dass die Wahl eines Leistungskurses den Referenzrahmen nicht in gleichem Maße schmälert wie die Wahl einer Schule. Schließlich begegnen die Schüler in anderen Kursen auch Mitschülern, die ihren Leistungskursen entsprechende Grundkurse besuchen. Dieser Kontakt unterstützt den stärkeren Assimilationseffekt (vgl. auch Köller, Schnabel & Baumert, 2000b, für ähnliche Befunde anhand der TIMS-Studie).

Zusammenfassend lässt sich sagen, dass Basking-in-reflected-glory-Effekte auf das akademische Selbstkonzept zumindest für die schulische Selektion im Gegensatz zum Fischteicheffekt nur schwach ausgeprägt sind. Betrachtet man also den Effekt von Leistungsgruppierungen auf die personalen akademischen Selbstkonzepte, so kommt man zu dem Schluss, dass dieser positiv für Mitglieder in leistungsschwachen und negativ für Mitglieder in leistungsstarken Gruppen ist. Dieser Ansatz betrachtet jedoch Intergruppenverhalten einfach als extrapoliertes Interpersonalverhalten. Dies ist, wie in den Abschnitten 2.1.3.2 und 2.1.3.1 gezeigt wurde, eine Perspektive, bei der der wichtige eigenständige Aspekt des kollektiven Selbstwissens unberücksichtigt bleibt. Das kollektive Selbstwissen über die Reputation der eigenen Gruppe sollte als eigenständige Einflussgröße neben dem akademischen Selbstkonzept betrachtet werden, anstatt nur zu überprüfen, wie es auf dieses wirkt. Wir wollen jetzt zu dieser integrativen Perspektive zurückkehren und jüngere Theorien und Befunde dazu darstellen.

2.2 Kollektive und personale Identität als Aspekte eines Selbst

Bevor auf neuere Ansätze zur Beschreibung kollektiver Identität eingegangen wird, soll der bisher berichtete Forschungsstand noch einmal im Hinblick auf die Bezüge zu ihnen zusammen gefasst werden. Wie oben beschrieben, wird der Fischteicheffekt von Köller (2004) und Marsh (z. B. Marsh & Parker, 1984) mit der Theorie der sozialen Vergleiche von Festinger (1954) erklärt (vgl. Abschnitt 2.1.4.2). Dabei wird von den Autoren implizit die Annahme gemacht, dass soziale Vergleiche vor allem auf der Individualebene vorgenommen werden, so dass der Fischteicheffekt als ein quasi exklusiver positiver Effekt schwacher Leistungsgruppen auf selbstbezogene Kognitionen gesehen werden kann (mit der kleinen Einschränkung der berichteten positiven Wertschätzungseffekte, vgl. Abschnitt 2.1.4.7). Wie gezeigt wurde, ist die alleinige Betrachtung der Individualebene bei Festinger (1954) nicht festgeschrieben. Tatsächlich impliziert er sogar einen Vergleich auf der Ebene kollektiven Selbstwissens bei der Auswahl geeigneter Vergleichspersonen oder Vergleichsgruppen. Jennifer Crocker, Brenda Major und Claude Steele (1998) unterscheiden dementsprechend ganz explizit soziale Vergleiche auf der Individualidentitäts- und auf der Kollektividentitätsebene. Dabei betonen sie, dass analog zu Turner et al. (1987, siehe Abschnitt 2.1.3.1) beide Facetten zur Gesamtidentität einer Person beitragen und dass daher vor allem die Situation – z. B. in Form einer Testfrage – bestimmt, auf welchen Teil der Identität sich die Reaktion – also z. B. die Antwort – bezieht:

> "When individuals are asked about their personal situation, personal identity is made salient and within-group comparisons are made. When individuals are asked about the situation of their group, in contrast, social identity is made salient and intergroup comparisons are made. As a result, a person may feel personally advantaged (relative to their ingroup) even though they recognize that their ingroup is disadvantaged (relative to outgroups)" (Crocker et al., 1998, S. 527).

Wenn also Schüler, wie bei vom Fischteicheffekt betroffenen Selbstkonzeptmessungen üblich, in der Ich-Form angeben sollen, für wie begabt oder leistungsfähig sie sich halten, so wird ihre individuelle Identität aktiviert und sie antworten dementsprechend im interpersonellen Vergleich innerhalb ihrer Gruppe. Das bedeutet aber nicht, dass nur dieser personale Maßstab bedeutsam für die Schüler ist. Fragt man sie nach ihrer Gruppe, so bekommt man Antworten zu intergruppalen Vergleichen, die bei schlechtem Ergebnis unabhängig von den interpersonalen Vergleichen Gefühle der Benachteiligung auslösen können.

2.2.1 Neuere Arbeiten zu kollektiver und personaler Identität

Nun stellt sich die Frage, wie kollektives Selbstwissen gegliedert ist. Diese Frage ist deutlich weniger elaboriert worden als die Struktur des personalen akademischen Selbstkonzepts. David Trafimow, Harry Triandis und Sharon Goto (1998) zeigen empirische Belege dafür, dass kollektives und personales Selbstwissen funktional getrennt verarbeitet und gespeichert werden. Neuere Übersichtsarbeiten dazu, wie kollektive und personale Identität und kollektiver und personaler Selbstwert abzugrenzen sind, sollen nun berichtet werden. Donald Taylor, Evelyne Bougie und Julie Caouette (2003) machen in ihrer Theorie des Selbst erste Schritte zur Integration der Ideen von Tajfel und Turner sowie neuerer Forschung zum Selbstwert. Sie gehen dabei von dem Befund aus, dass der allgemeine personale Selbstwert

(z. B. Ferring & Filipp, 1996) entgegen der intuitiven Annahme bei Mitgliedern von Gruppen mit schlechter Reputation meistens nicht niedriger ist als bei besser angesehenen Gruppen. Dieses Phänomen erinnert stark an den Fischteicheffekt. Dessen Vertreter würden vor allem den Referenzrahmen für dieses Phänomen verantwortlich machen, also dass sich Personen vor allem mit ähnlichen Personen aus denselben Gruppen vergleichen. Es gibt ergänzend für benachteiligte Gruppen Befunde, die zeigen, dass negative Rückmeldungen aus der Umwelt anstatt auf die personale auf die negative kollektive Identität attribuiert werden können, so dass der personale Selbstwert von diesen Rückmeldungen unberührt bleibt (vgl. Abschnitt 2.3.1). Taylor, Bougie und Caouette (2003) gehen mit Rückgriff auf letztere Befunde auch von einer aktiven Tendenz zum Selbstwertschutz aus, die den oben genannten Effekt gleicher personaler Selbstwerte mitbedingen. Daher nehmen die Autoren zusätzlich zur Unterscheidung in eine kollektive und eine personale Identität auch eine Unterscheidung in einen kollektiven und einen personalen Selbstwert an (vgl. auch Brewer & Gardner, 1996; Luhtanen & Crocker, 1991, 1992).

Es resultiert eine Beschreibung des Selbstkonzepts einer Person als ein Vier-Felder-Schema von Identität und Wertschätzung, welches in Tabelle 2.5 wiedergegeben ist. Wie am Anfang dieser Arbeit bereits erwähnt wurde, wird hier von kollektiver Identität gesprochen, da der Begriff der sozialen Identität eindeutig von Tajfel und Turner (1979) besetzt ist. Hinzu kommt, wie Richard Ashmore, Kay Deaux und Tracy McLaughlin-Volpe (2004) anmerken, dass jede Form von Identitätsbildung sozial ist. Identität bildet sich aus im Vergleich mit anderen Personen. Der Begriff des Kollektiven umschreibt vor diesem Hintergrund klarer, dass es sich bei dem zu Benennenden um einen Inhalt und nicht um die Herkunft von Identität handelt.

Tabelle 2.5: Die vier Aspekte des Selbstkonzepts nach Taylor, Bougie und Caouette (2003, S. 198)

	Identity	**Esteem**
Personal	Personal Identity	Personal (Self) Esteem
Collective	Collective Identity	Collective Esteem

Nach der Vorstellung von Taylor, Bougie und Caouette (2003) führen ungünstige Vergleiche mit anderen Gruppen zu einer Absenkung des kollektiven, nicht jedoch des personalen Selbstwertes. Das bedeutet aber nicht, dass die Person nicht betroffen ist. Sie ist betroffen, weil der kollektive Selbstwert ein Teil ihres Selbstkonzepts ist, zusätzlich zum personalen Selbstwert (zu dem auch das akademische Selbstkonzept sensu Marsh gehört). Wenn es möglich ist, werden solche ungünstigen

Intergruppenvergleiche vermieden, ebenso wie ungünstige Interpersonalvergleiche vermieden werden.

> "In the case of personal self-esteem the individual compares his or herself to other ingroup members. In the case of collective self-esteem the individual compares his or her group with other groups. The result of the comparison indirectly determines its evaluative impact on the individual. I say indirectly because when I compare my own group to another group, the resulting comparison does not refer to me personally, but to my group as a whole. However, I am a member of my group; I am by extension an inclusion impacted by the intergroup comparison. [...] Returning to our focus, members of a disadvantaged minority group may accumulate feedback that leads to low collective self-esteem every time they make comparisons of their group with advantaged outgroups. Indeed, one way members of disadvantaged groups protect their self esteem is avoiding comparisons with high-status outgroups (see Crocker & Major, 1989). But when circumstances force an individual disadvantaged group member to make such an intergroup comparison, the result is a blow to collective esteem" (Taylor et al., 2003, S. 200).

Für Hauptschüler ist eine Vermeidung intergruppaler Vergleiche schwer vorstellbar. Alle Schüler werden immer wieder mit der Frage nach Berufsperspektiven konfrontiert. Spätestens dann wird der kollektive Vergleich zu den anderen Schultypen relevant. Hinzu kommt die in Abschnitt 2.1.3.4 bereits angesprochene Möglichkeit, dass die Präsenz der Lehrer als ein ständig präsentes Beispiel einer akademisch höher bewerteten Outgroup wahrgenommen wird.

Für Taylor, Bougie und Caouette (2003) ist kollektive Identität nicht nur eine zusätzliche Facette in der Beschreibung von Identität. Für sie ist kollektive Identität die notwendige Voraussetzung zur Entwicklung einer personalen Identität. Personale Identität entwickelt sich im Kontrast zur kollektiven Identität. Wenn eine eigene klare und positive kollektive Identität als Vergleichsrahmen fehlt, stellt dies für die betroffenen Personen eine schwere Belastung dar. Als Beispiel dafür werden zerstörte und assimilierte Kulturen genannt. So sind nach Taylor, Bougie und Caouette (2003) die Nachkommen der Indianer und der Sklaven in den USA der kulturellen Grundlage beraubt, die es ihnen ermöglicht, sich selbst personal vor einem klaren und positiven Hintergrund zu definieren. Während der personale Selbstwert dadurch nicht sinkt, ergeben Messungen des kollektiven Selbstwertes solcher unterprivilegierten Gruppen einen klaren Nachteil gegenüber der Mehrheitskultur.

Umfangreicher äußern sich Richard Ashmore, Kay Deaux und Tracy McLaughlin-Volpe (2004) in ihrem Übersichtsartikel zum Forschungsstand zur kollektiven Identität. Sie definieren kollektive Identität folgendermaßen:

> "Collective identification is first and foremost a statement about categorical membership. A collective identity is one that is shared with a group of others who have (or are believed to have) some characteristics in common; in the words of Simon and Klandermans (2001), it is a 'place in the social world' (p. 320). Such commonality may be based on ascribed characteristics, such as ethnicity or gender, or on achieved states, such as occupaton or political party (Deaux, 1996; Sedikides & Brewer, 2001; Simon & Klandermans, 2001). This shared position does not require direct contact or interchange with all others who share category membership. Finally, collective identity is defined here in terms of a *subjective* claim or acceptance by the person whose identity is at stake" (S. 81).

Die Autoren fassen eine große Anzahl von Arbeiten um diesen Themenkomplex zusammen. Ihr explizites Ziel dabei ist es, Theorien und Begriffe so zu verdeutlichen, dass eine Plattform für zukünftige Forschungsarbeit entsteht. So gelangen sie zu einer Übersicht, die die Mehrdimensionalität von kollektiver Identität abbilden soll. Diese ist in Tabelle 2.6 wiedergegeben. Das dabei zuerst genannte Konstrukt ist die Selbstkategorisierung. Sieht eine Person sich als Mitglied einer Gruppe, und wie sicher ist dieses Urteil? Kategorisiert eine Person sich als einer Gruppe zugehörig, so findet automatisch die Bewertung der Gruppe statt. Sie teilt sich ein in die eigene Bewertung der Eigengruppe sowie die angenommene Bewertung durch den generalisierten Anderen. Als Drittes wird die Wichtigkeit der Gruppenmitgliedschaft für die Selbstbeschreibung genannt. Die Autoren diskutieren insbesondere bei diesem Konstrukt, dass die explizite Erfassung dieses Merkmals schwierig ist, da die persönliche Bedeutsamkeit der Gruppenzugehörigkeit insbesondere bei Gruppen mit schlechter Reputation nicht bewusst ist bzw. verdrängt wird, obwohl sie das Handeln dennoch stark beeinflusst. Sie verweisen daher auf eine Trennung in einen expliziten und einen impliziten Anteil. Es folgen noch vier Oberkategorien, die inhaltlich sehr breit angelegt sind und Redundanzen mit den ersten drei aufweisen: 4.) Bindung und das Gefühl von Interdependenz, 5.) soziale Eingebundenheit, 6.) involviertes Verhalten und 7.) Bedeutungsgehalt der sozialen Kategorie. Bindung und das Gefühl von Interdependenz trennen die Autoren in drei Unterbereiche. Erstens, inwieweit der Eindruck eines gemeinsamen Schicksals mit den anderen Gruppenmitgliedern vorhanden ist, zweitens wie stark die emotionale Bindung zur Gruppe ist, und drittens, inwieweit personale und kollektive Selbstbeschreibungen verschmelzen. Die soziale Eingebundenheit bezieht sich darauf, wie sehr die kollektive Identität im täglichen Leben eine Rolle spielt. Involviertes Verhalten meint, ob Verhalten gezeigt wird, durch das die kollektive Identität angenommen oder sogar erst hergestellt wird. Der letzte Punkt des Bedeutungsgehaltes der sozialen Kategorie ist zugleich der umfangreichste. Darunter fällt, inwieweit Gruppencharakteristiken als selbstbeschreibend wahrgenommen werden, ob es eine Ideologie gibt und wie diese ausgeprägt ist. Außerdem gehört zur Bedeutung die persönliche Geschichte des Individuums, wie es sich mit der sozialen Kategorie verbunden sieht, und die Wahrnehmung der Gruppengeschichte unabhängig von der eigenen Person.

Ashmore, Deaux und McLaughlin-Volpe (2004) legen mit ihrem Überblick ein gut strukturiertes Gerüst vor, um sich dem Gegenstand kollektiven Selbstwissens zu nähern. Sie räumen jedoch ein, dass ihre Darstellung keineswegs als Enddarstellung der Dimensionalität von kollektiver Identität zu sehen ist. Dennoch kann diese Übersicht als ein Wegweiser genommen werden, um sich der kollektiven Identität von Hauptschülern zu nähern. Dabei wird deutlich, dass es nicht möglich ist, das gesamte Phänomen auf einmal zu beleuchten. Es muss eine Auswahl getroffen werden, welche Punkte man als besonders relevant ansieht. In der vorliegenden Arbeit wird dabei der Fokus auf die Evaluationsfacette gelegt. Und hierbei insbesondere darauf, was Hauptschüler denken, was *die Leute* über ihre Gruppe denken. Wir kommen später bei der Konkretisierung der Fragestellung darauf zurück. Denn insbesondere die noch nicht referierte Forschung zur Stigmatisierung, die in Abschnitt 2.3.2 dargestellt wird, legt eine solche Fokussierung nahe.

Eine in der gezeigten Übersicht in den Bereich der Bindungen fallende Spezifizierung haben Marilynn Brewer und Wendi Gardner (1996) vorgestellt. Sie teilen die kollektive Ebene von Identität in zwei Ebenen auf, eine relationale und eine kollektive, und postulieren für jede dieser drei Ebenen einen eigenen Selbstwert. Tabelle 2.7 zeigt die drei Ebenen mit der Bezeichnung für das dazugehörige Selbstkonzept, die Basis des korrespondierenden Selbstwertes, dem Referenzrahmen und dem zu Grunde liegenden Motiv. Während das interpersonale Selbst nach den Rollen bewertet wird, die man in Interaktion mit anderen einnimmt, wird das kollektive Selbst nach dem Prototyp der eigenen Kategorie bewertet. Anders ausgedrückt bestimmt das wahrgenommene Stereotyp über die Eigengruppe den kollektiven Selbstwert.

Eine jüngere empirische Studie zur Dimensionalität von sozialer Identität stammt von James Cameron (2004). Dabei ist zunächst beachtenswert, dass er wieder den Begriff „soziale Identität" benutzt. Im Ergebnis jedoch zeigen sich dann deutliche Parallelen zu den eben dargestellten Modellen. Cameron (2004) sieht drei Faktoren als hinreichend an, um die soziale Identität einer Person zu beschreiben: Dies sind erstens die Zentralität der betreffenden Gruppenmitgliedschaft für die eigene Identität, zweitens die mit dieser Mitgliedschaft verbundenen Affekte und drittens die Bindung an die Gruppe. Es überprüft empirisch, ob im Vergleich zu seinem Drei-Faktor-Modell sparsamere Modelle mit zwei oder sogar nur mit einem Generalfaktor bessere Passung zwischen Modell und Daten ergeben. Cameron (2004) räumt dabei ein, dass faktorenanalytische Herangehensweisen, wie er sie verwendet, zwar eine die verwendeten Daten erklärende Struktur extrahieren können, das jedoch nicht zwangläufig bedeutet, dass nur die extrahierten Faktoren exklusiv das betrachtete Phänomen hinreichend beschreiben. Tatsächlich lässt sich sein Endergebnis gut mit dem Review von Ashmore, Deaux und McLaughlin-Volpe (2004) in Einklang

Tabelle 2.6: Elements of Collective Identity as Individual-Level Constructs (Ashmore et al., 2004, S. 83)

Self-categorization	**Identifying self as a member of, or categorizing self in terms of, a particular social grouping**
Placing self in social category	Categorizing self in terms of a particular social grouping
Goodness of fit/ perceived similarity / prototypicality	A person's subjective assesment of the degree to which he or she is a prototypical member of the group
Perceived certainty of self-identification	The degree of certainty with wich a person categorizes self in terms of a particular social grouping
Evaluation	**The positive or negative attitude that a person has to the category in question**
Private regard	Favourability judgements made by people about their own idenities
Public regard	Favourability judgements that one perceives others, such as the general public, to hold about one's social category
Importance	**The degree of importance of a particular group membership in the person's hierarchically organized self-system; the individual is not necessarily consciously aware of the hierarchical position of his or her collective idenities**
Exlicit importance	The individual's subjective appraisal of the degree to which a collective identity is important to her or his overall sense of self
Implicit importance	The placement of a particular group membership in the person's hierarchially organized self-system; the individual is not necessarily consciously aware of the hierarchical position of his or her collective identities
Attachment and sense of interdependence	**The emotional involvement felt with a group (the degree to which the individual feels at one with the group)**
Interdependence / mutual fate	Perception of the communalities in the way group members are treated in society

Attachment/affective commitment	A sense of emotional involvement with or afiliative orientation toward the group
Interconnection of self and others	The degree to which people merge their sense of self and the group
Social embeddedness	**The degree to which a particular collective identity is embedded in the person's everyday ongoing social relationships**
Behavioral involvement	**The degree to which the person engages in actions that directly implicate the collective identity category in question**
Content and meaning	
Self-attributed characteristics	The extent to which traits and dispositions that are associated with a social category are endorsed as self-descriptive by a member of that category
Ideology	Beliefs about a group's experience, history, and position in society
Narrative	The internally represented story that the person has developed regarding self and the social category in question
Collective identity story	The indivdiual's mentally represented narrative of self as a member of a particular social category
Group story	The individual's mentally represented narrative of a particular social category of which he or she is a member

bringen. Die Zentralität lässt sich dabei mit der Wichtigkeit und der Selbstkategorisierung gleichsetzen, die gruppenbezogenen Affekte mit der Evaluation, und der Begriff der Gruppenbindungen ist in beiden Ansätzen äquivalent.

Wie gezeigt wurde, gibt es den einen Ansatz zur Betrachtung von kollektiver Identität nicht. Welche Dimensionen sich am Ende in einem für alle Gruppen gültigen ökonomischen und zugleich erschöpfenden Modell halten lassen, ist heute nicht eindeutig zu sagen. Bei der Auswahl geeigneter Dimensionen muss also die jeweilige Fragestellung berücksichtigt werden.

Tabelle 2.7: Ebenen der Selbstrepräsentation mit Zuordnung der Selbstwertbasis, dem Bezugsrahmen und der Hauptmotivationsquelle nach Brewer und Gardner (1996, S. 84)

Level of analysis	Self-concept	Basis of self-evaluation	Frame of reference	Basic social motivation
Individual	Personal	Traits	Interpersonal comparison	Self-interest
Interpersonal	Relational	Roles	Reflection	Other's benefit
Group	Collective	Group prototype	Intergroup comparison	Collective welfare

2.2.2 Kollektiver Selbstwert

Bis hierher wurde zu Gunsten der inhaltlichen Defnition auf die Darstellung von Möglichkeiten zur Messung kollektiver Identität und kollektiven Selbstwertes nicht eingegangen. Die wichtigste der wenigen Arbeiten zur Entwicklung von Messmethoden für kollektiven Selbstwert haben Riia Luhtanen und Jennifer Crocker (1991; 1992) vorgelegt. Bei ihrer Skala zum kollektiven Selbstwert gehen sie von vier Dimensionen aus. Diese wurden faktorenanalytisch abgeleitet. Die Autorinnen benennen die Dimensionen wie folgt: Membership, die das Zugehörigkeitsgefühl zur Gruppe betrifft; Private Evaluation, wie die eigene Sichtweise auf die Gruppe ist, Public Evaluation, wie die Sichtweise der Allgemeinheit auf die eigene Gruppe gesehen wird; und Identity, inwieweit Gruppenmitgliedschaften allgemein als bedeutsam für die Selbstbeschreibung gesehen werden. Die Items der Skalen sind nach diesen vier Dimensionen sortiert in Tabelle 2.8 wiedergegeben. Das Instrument ist so angelegt, dass es eine kollektive Identität messen soll, die ein Konglomerat aller Gruppenmitgliedschaften einer Person ist. Während die Gütekriterien und Itemkennwerte der Skala, wie Luhtanen und Crocker (1991; 1992) sie berichten, als hinreichend zu betrachten sind, erscheint die theoretische Konzeption für das Anliegen der vorliegenden Arbeit nicht optimal, da hier spezifisch die kollektiven selbstbezogenen Kognitionen von Hauptschülern bezogen auf ihre Schultypzugehörigkeit von Interesse sind. Mit Sicherheit stellt das Instrument aber einen wichtigen Meilenstein bei der Beschreibung dessen dar, was unter kollektiver Identität und kollektivem Selbstwert zu verstehen ist.

Wenn dieses Instrument auch weniger umfangreich ist als die von Ashmore, Deaux und McLaughlin-Volpe (2004) vorgelegte Übersicht, so zeigt sich hier doch eine deutliche Konvergenz der theoretischen Annahmen einer Mehrdimensionalität kollektiver selbstbezogener Kognitionen und ihrer empirischen Ausge-

Tabelle 2.8: Skala zum kollektiven Selbstwert nach Dimensionen (aus Luhtanen & Crocker, 1992)

Membership	I am a worthy member of the social groups I belong to.
	I feel I don't have much to offer to social groups I belong to.
	I am a cooperative participant in the social groups I belong to.
	I often feel I'm a useless member of my social groups.
Private	I often regret that I belong to some of the social groups I do.
	In general, I'm glad to be am member of the social groups I belong to.
	Overall, I often feel that the social groups of which I am a member are not worthwhile.
	I feel good about the social groups I belong to.
Public	Overall, my social groups are considered good by others.
	Most people consider my social groups, on the average, to be more ineffective than other social groups.
	In general, others respect the social groups that I am a member of.
	In general, others think that the social groups I am a member of are unworthy.
Idenity	Overall, my group memberships have very little to do with how I feel about myself.
	The social groups I belong to are an important reflection of who I am.
	The social groups I belong to are unimportant to my sense of what kind of person I am.
	In general, belonging to social groups is an important part od my self-image.

staltung. In beiden Ansätzen nimmt die Wahrnehmung des öffentlichen Ansehens der Eigengruppe einen zentralen Platz ein. Hier zeigt sich eine Schnittmenge der Überlegungen zu kollektivem Selbstwissen und der Forschung zu Stereotypen und Stigmatisierung, die im Folgenden berichtet wird.

2.3 Theorien und Befunde zu Stereotypen und Stigma

Es wurde gezeigt, dass bei der Betrachtung des Selbstkonzepts auch kollektive Anteile erfasst werden sollten. Dabei wurde darauf hingewiesen, dass Stereotype bei deren Entwicklung eine Rolle spielen. Insbesondere Personen, die Gruppen angehören, die das Ziel negativer Stereotype sind, werden Einbußen in ihrem kollektiven Selbstwert hinnehmen müssen. Die Personen bzw. die Gruppen, denen sie angehören, sind stigmatisiert. Ich nehme an, dass Hauptschüler als eine stigmatisierte Gruppe gesehen werden können (vgl. z. B. Hansel, 2000; vgl. z. B. Schümer, 2004). Der Logik der Genese eines Stigmas folgend wird zunächst kurz auf Stereotype und Vorurteile als Antezedenzien von Stigmatisierung eingegangen, um dann vertiefend Forschungsarbeiten zu Stigmatisierungsprozessen zu referieren. Anschließend folgt eine Abhandlung über das Paradigma der Stereotypenbedroung, die eine spezielle Form von negativen Konsequenzen von Stigmatisierung darstellt. Ausgehend von Stereotypenbedrohung wird auf Modelle zu Bewältigungsstrategien eingegangen. Um die gesamtgesellschaftliche Relevanz des Themas zu verdeutlichen, wird abschließend eine soziologische Analyse zu Verdrängungs- und Stigmatisierungsprozessen bei niedrig qualifizierten Personen in Deutschland vorgestellt.

2.3.1 Stereotype und Vorurteile

Um die hier vor allem interessierenden Konsequenzen von Stereotypen und Vorurteilen für das Selbstwissen der Beurteilten verstehen zu können, ist es wichtig, sich zumindest einführend damit zu befassen, wie Stereotype und Vorurteile auf der Seite der Beurteiler aussehen. Ein Vorurteil ist eine Einstellung gegenüber einer Gruppe. Wie alle Einstellungen besteht auch ein Vorurteil aus einer kognitiven, einer affektiven und einer verhaltensbezogenen Komponente. Elliot Aronson, Timothy Wilson und Robin Akert (2004) definieren diese für Vorurteile so: Das Stereotyp ist die kognitive Komponente: Ein Stereotyp ist demnach ein kognitives Schema, in dem allen Mitgliedern einer Gruppe identische Eigenschaften zugeschrieben und individuelle Variationen nicht berücksichtigt werden. Die affektive Komponente heißt wie der Oberbegriff ebenfalls Vorurteil und beschreibt die mit dem Wissen assoziierte Bewertung. Diskriminierung ist die Verhaltenskomponente.

Susan Fiske, Amy Cuddy, Peter Glick und Jun Xu (2002) beschreiben und validieren ein Modell zur Beschreibung und Genese von Stereotypen. Zu ihrer Beschreibung sehen die Autoren eine leistungsbezogene und eine sozialbezogene Dimension als hinreichend an. Sie erklären, dass die Ausprägung der Leistungsdimension dadurch bestimmt wird, wie der Status der betreffenden Gruppe wahrgenommen wird, während die stereotyp wahrgenommene Sozialität davon abhängt, ob die eigene Gruppe mit der betreffenden Gruppe um Ressourcen konkurriert. Ihr Modell steht damit in der Tradition der sozialen Konflikttheoretiker zur Erklärung von Vorurteilen. Ein Vorurteil muss demnach nichts mit persönlichen Erfahrungen mit der Zielgruppe zu tun haben. Wenn man diese beiden Dimensionen mit den Ausprägungen hoch oder niedrig kombiniert, erhält man vier Stereotyptypen, die jeweils eine spezifische affektive Reaktion (ein Vorurteil) hervorrufen. Tabelle 2.9 zeigt diese Vier-Felder-Tafel im Überblick. Ein paternalistisches Vorurteil kommt zustande, wenn eine Gruppe als sozial, aber nicht leistungsfähig gesehen wird. Prototypen dieser Zelle sind z. B. Hausfrauen und Mütter. Als leistungsfähig und sozial eingestuften Gruppen wird ein verehrendes Vorurteil entgegengebracht. Ein Beispiel dafür wären aus deutscher Perspektive Finnland oder Schweden. Das verachtende Vorurteil bezieht sich auf als unsozial und nicht leistungsfähig wahrgenommene Gruppen, so zum Beispiel Sozialhilfeempfänger. Bleibt noch die letzte Zelle mit Gruppen, die als leistungsfähig und unsozial gesehen werden, so dass sie das neidische Vorurteil erhalten. Berufe, die hierher passen, sind z. B. Juristen oder Broker. Ein zweites wichtiges Paradigma zur Erklärung von Vorurteilen ist das Modelllernen (Aronson et al., 2004). Auch hier ist Kontakt mit der Zielgruppe nicht notwendig, aber auch kein aktualer Konflikt. Tradierte Sichtweisen, deren Ursprung gegebenenfalls nicht mehr nachvollziehbar ist, werden weitergegeben und bleiben so bestehen. Es sei abschließend erwähnt, dass sich die beiden Paradigmen nicht wirklich entgegenstehen und eine Integration sinnvoll erscheint (vertiefend siehe z. B. Dion, 2003; vertiefend siehe z. B. Stangor, 2000).

Tabelle 2.9: Vier Arten von Vorurteilen nach Fiske, Cuddy, Glick und Xu (2002)

Gruppenmerkmal *Gruppenstereotyp*	**niedriger Status** *nicht leistungsfähig*	**hoher Status** *leistungsfähig*
keine Konkurrenz *sozial*	paternalistisches Vorurteil	verehrendes Vorurteil
Konkurrenz *unsozial*	verachtendes Vorurteil	neidisches Vorurteil

Stereotype können großen Einfluss auf die soziale Urteilsbildung haben (Dion, 2003; Fiske, 1998). Dies ist vor allem dann der Fall, wenn kognitive Kapazitäten anderweitig benötigt werden. Es gibt sogar Situationen, in denen Stereotype verhaltenswirksam werden, obwohl eine Person diese explizit ablehnt (Devine, 1989). So kann z. B. Verhaltensunsicherheit im Angesicht eines Mitgliedes einer solchen Gruppe dazu führen, dass sich Personen, die das Stereotyp eigentlich ablehnen, diskriminierend verhalten (vgl. Aronson et al., 2004). Mitglieder von Gruppen, denen ein negatives Stereotyp anhaftet, sind daher mit an Sicherheit grenzender Wahrscheinlichkeit auch Diskriminierung ausgesetzt. Wenn eine Person laufend

Diskriminierungserfahrungen auf Grund einer Gruppenmitgliedschaft oder Eigenschaft macht, so bezeichnet man sie als „stigmatisiert".

2.3.2 Stigma

Das Wort „Stigma" ist griechischen Ursprungs und bedeutet Stich, Punkt oder Brandmal. Der Begriff wird in der Religion zur Bezeichnung der Wundmale Jesu am Kreuz verwendet. Entscheidend zum Verständnis der Begriffsverwendung in Psychologie und Sozialwissenschaften ist aber der geschichtliche Hintergrund, dass im alten Griechenland das Wort Stigma ein Brandmal bezeichnete, mit dem Sklaven, die sich eines Vergehens schuldig gemacht hatten, gezeichnet wurden (vgl. Die deutsche Bibliothek, 1995).

Die erste sozialwissenschaftliche Arbeit zu diesem Thema stammt von Ervin Goffman (1963). Seine Abhandlung zum Thema Stigma trägt den Beititel: „Notes on the management of a spoiled identity". Er definiert entsprechend: „Der Terminus Stigma wird also in Bezug auf eine Eigenschaft gebraucht werden, die zutiefst diskreditierend ist" (Goffman, 1980, S. 11). Er erläutert diese Definition dahingehend, dass Stigma situationsgebunden ist und dass dieselbe Eigenschaft in einem Kontext stigmatisierend und in einem anderen positiv wirken kann. Damit wird deutlich, dass man negativen Stigmatisierungserfahrungen durch Situationsmanagement entgehen kann. Darauf wird später noch vertiefend eingegangen werden. Goffmans (1963) Arbeit stellt zweifelsfrei einen wichtigen Meilenstein in der Betrachtung von Stigmatisierungsprozessen und Gegenmaßnahmen dar, die als Grundlage für die folgenden Untersuchungen herangezogen wurde. Dennoch war die Vorurteilsforschung bis in die 90er-Jahre hinein primär auf die Urteilenden fokussiert. So schreiben Jennifer Crocker, Brenda Major und Claude Steele (1998, S. 518) in ihrem umfangreichen Übersichtsartikel mit dem Titel „Social Stigma": „Compared to the extraordinary attention paid to the content and processes of stereotyping (see Fiske, 1998), research investigating stigmatized individuals' awareness of the stereotypes that others hold of them is relatively rare." In den letzten acht Jahren hat sich dies nicht grundlegend geändert. Allerdings sind mit der vermehrten Erforschung der kollektiven Identität (vgl. Abschnitt 2.2) und einem regelrechten Forschungsboom zur Stereotypenbedrohung (vgl. den folgenden Abschnitt 2.3.3) erste Schritte zur Behebung dieses Defizits unternommen worden.

Crocker, Major und Steele (1998, S. 506) definieren „social stigma [as] a function of having an attribute that conveys a devalued social identity in a particular context". Diese Definition ist mit der oben genannten von Goffman (1963) gleichzusetzen. Beide benennen das diskreditierende als zentrales Merkmal, und beide machen deutlich, dass der Kontext moderiert, ob das Merkmal tatsächlich stigmatisierend wirkt oder nicht. Bezüglich einer Taxonomie zur Beschreibung von Stigmata sind die Entwürfe allerdings unterschiedlich. Goffman (1963) unterscheidet zwischen drei Typen: 1.) Vererbte Gruppenmitgliedschaften wie z. B. die Ethnie, 2.) Abnormitäten des Körpers wie z. B. Behinderung und 3.) charakterliche Defizite wie Delinquenz. Allerdings lässt diese Einteilung in manchen Fällen keine eindeutige Zuordnung zu, z. B. beim Stigma Fettleibigkeit, welches eine Abnormität des Körpers ist, aber auch auf ein Charakterdefizit bezüglich Selbstkontrolle hinweisen kann. Nachfolgende Forschung hat sich u. a. daher darauf verlegt, anstatt Typen Dimensionen zur Beschreibung sozialer Stigmata zu bestimmen. Edward Jones et al. (1984, S. 24ff.) unterscheiden dazu im Hinblick auf die bis dahin vorliegende Forschung sechs Dimensionen, anhand derer Konfiguration sich zu erwartende Effekte von Stigmata auf die betroffenen Personen ableiten lassen sollen. Diese Dimensionen sind:

1.) Concealability – Die Offensichtlichkeit bzw. Verborgenheit des Stigmas
2.) Course – Der antizipierte Entwicklungsverlauf
3.) Disruptiveness – Die Stärke der Störung sozialer Interaktionen
4.) Aesthetic qualities – Der Grad, in dem das Stigma abstoßend ist
5.) Origin – Die Ursache für die Stigmatisierung (Selbstverschuldung)
5.) Peril – Gefährdung für das Gegenüber (z. B. hoch bei HIV)

Die Berücksichtigung dieser sechs Dimensionen zur Bestimmung eines Stigmas weist wieder hohe Redundanzen auf, so zum Beispiel die Gefährdung des Gegenübers und die Stärke der Störung der Interaktion. Crocker, Major und Steele (1998) glauben, dass insbesondere zwei Dimensionen von kritischer Bedeutung und damit für eine ökonomische Beschreibung von Stigmata hinreichend sind:

1.) Die Sichtbarkeit
2.) und die Kontrollierbarkeit des Stigmas.

Carol Miller und Brenda Major (2000) ergänzen diese beiden noch um einen dritten Punkt, den man bei der Betrachtung von Stigmata berücksichtigen sollte:

3.) die Gruppenidentität.

Dabei ist die Gruppenidentität – also wie sehr sich eine betroffene Person mit der stigmatisierten Gruppe identifiziert – nicht direkt als eine Merkmalsdimension des Stigmas sondern der Person zu sehen. Dennoch gehört diese Dimension für Miller und Major (2000) zur psychologischen Analyse eines Stigmas aus Betroffenenperspektive dazu, da die Gruppenidentität großen Einfluss darauf nehmen kann, ob und welche Konsequenzen ein Stigma hat. Diese zuletzt genannten drei Dimensionen bieten daher einen zugleich ökonomischen und vielseitigen Rahmen zur Bestimmung der Besonderheiten und der damit verbundenen Konsequenzen eines Stigmas (vgl. z. B. Quinn, Kahng & Crocker, 2004). Sie erleichtern das Verständnis dessen, was es für eine Person bedeutet, ihr spezifisches Stigma zu tragen, und welche Konsequenzen sich daraus ergeben. Die Konfiguration der drei Aspekte kann daher auch zur Bestimmung einer wahrscheinlichen Bewältigungsstrategie (Coping) genutzt werden.

2.3.2.1 Stigma, Stress und Coping

Miller und Major (2000) haben in ihrem Übersichtsbeitrag Theorien und Befunde zu Stigmatisierung und zu Stress und Coping integriert. Sie betrachten ein Stigma als einen Stressor und nehmen an, dass sich Reaktionen bezüglich eines Stigmas grundsätzlich nicht von Reaktionen auf andere Stressoren unterscheiden. Nach Richard Lazarus und Susan Folkmans (1984) Coping-Theorie finden in potentiell belastenden Lebenssituationen zunächst zwei Einschätzungen statt. Erstens, wie gefährlich der vorhandene Stressor für die eigene Person sein kann, und zweitens, welche Coping-Ressourcen zur Verfügung stehen. Stresserleben entsteht dann, wenn die Bewältigungsressourcen kleiner eingeschätzt werden als die Gefährlichkeit des Stressors. Wenn Stress erlebt wird, setzt Copingverhalten ein. In Rückbezug auf Folkman et al. (1986) postulieren Miller und Major (2000), dass sich dieses Copingverhalten danach klassifizieren lässt, welches Ziel es verfolgt. Sie unterscheiden zwischen „emotion-focused" und „problem-focused coping" (S. 251). Das problemfokussierte Coping ist dadurch charakterisiert, dass es versucht, die Umstände zu verändern, die zum Stresserleben führen. Dies kann auf der Ebene des Selbst, der Situation oder an anderen Personen ansetzen. Das emotionsbezogene Coping lässt die Situation, wie sie ist, und es wird versucht, das Erleben der Situation durch ein Management der Gefühle zu verbessern.

Wenn eine Person ein verborgenes Stigma trägt, wird ein problemfokussiertes situationales Coping besonders wahrscheinlich. Stresserleben durch das Stigma kann dadurch vermieden werden, dass die negativ bewertete Eigenschaft im Verborgenen gehalten wird. Sichtbare gruppenbezogene Eigenschaften werden für Fremd- und Selbstkategorisierungen insbesondere in Situationen relevant, in denen die eigene Gruppe in deutlicher Unterzahl ist (Cohen, L. L. & Swim, 1995; vgl. auch Kessels, 2002; Simon, 2004). Es ist bezüglich der Selbstkategorisierung gut möglich, dies auch für verborgene Gruppeneigenschaften anzunehmen. Wenn ein Hauptschüler feststellt, dass die übrigen anwesenden Personen alle von höheren Schulen sind, kann dies die Selbstkategorisierung als Hauptschüler aktivieren, was dann vermutlich mit aktivem Coping-Verhalten verbunden sein wird, die Enthüllung des Stigmas geheim zu halten. Auf die Dauer werden solche Situationen der potentiellen Enthüllung dann von Personen mit einem verborgenen gruppenbezogenen Stigma eher gemieden werden. Hauptschüler zu sein ist eine stigmatisierte Gruppeneigenschaft, die auf den ersten Blick nicht sichtbar ist. Die zugeschriebene Eigenschaft der niedrigen intellektuellen Leistungsfähigkeit lässt sich dadurch bewältigen, dass Situationen vermieden werden, in denen dieses Stigma anwendbar wäre. Solche Situationen sind vor allem Begegnungen mit höher gebildeten Personen, aber auch jegliche Form von akademischen Leistungssituationen. Die

Offenbarung der negativen Eigenschaft, Mitglied der Gruppe der Hauptschüler zu sein, lässt negative Konsequenzen erwarten. Crocker, Major und Steele (1998, S. 529) schreiben dazu:

> "The stigmatized are likely to experience negative outcomes when they are targets of prejudice and discrimination [...]. Furthermore, stigmatized individuals may anticipate negative outcomes in certain social contexts, or because they believe that a person or situation is biased against them."

Der Wechsel auf eine höhere Schule kann auch mit der Aktivierung des Stigmas und den zitierten negativen Konsequenzen verbunden sein. Wenn eine Person den Bildungsgang wechselt, so werden die neuen Klassenkameraden im Allgemeinen erfahren, von welcher Schule man kommt. So ist es also möglich, dass Schüler, die von der Hauptschule auf die Realschule wechseln, sich dem Stigma, Hauptschüler zu sein, dort massiver ausgesetzt sehen als vorher an der Hauptschule. Es ist aber auch denkbar, dass damit im Sinne von Mobilität als Identitätsmanagement (vgl. Abschnitt 2.1.3.4) das Stigma abgelegt werden kann. Ob das eine oder das andere mit einem Schulwechsel assoziiert wird, ist theoretisch nicht abschließend zu klären. Sinnvoll erscheint es, anzunehmen, dass die Identifikation als Hauptschüler eine moderierende Rolle dabei spielt, ob beim Gedanken an Aufwärtsmobilität das Stigma als Bedrohung wirkt, die der Entwicklung von Aufstiegsaspirationen entgegensteht, oder ob der Aufstieg als Annahme einer neuen kollektiven Identität als Möglichkeit gesehen wird, das Stigma abzulegen. Es ist eine breite Streuung innerhalb der Hauptschulen (und auch anderer Schultypen) zu erwarten, wie stark sich die Schüler mit ihrem Schultyp identifizieren. Unabhängig von der angenommenen moderierenden Funktion der Identifikation ist zu erwarten, dass Schüler, die eine starke Identität als Hauptschüler erleben, einen Wechsel weg von der Hauptschule generell eher ablehnen werden. Wie bereits geschildert wurde, ist bei solchen Überlegungen natürlich zu berücksichtigen, dass die Kontrollierbarkeit eines Schulaufstiegs gering ist. Realistisch können nur mittel- bis langfristig höhere schulbezogene Zugehörigkeiten angestrebt werden, ein Aufstieg vor dem Abschluss der Hauptschule ist sehr unwahrscheinlich. Dennoch können die beschriebenen Prozesse die Entwicklung von Bildungsaspirationen beeinflussen.

2.3.2.2 Stigma und Selbstwert

Es ist eine intuitive Annahme, dass Stigmatisierung zu einer Reduzierung des personalen Selbstwertes führt. Dementsprechend fanden Jennifer Katz, Thomas Joiner und Paul Kwon (2002), dass Frauen einen umso niedrigeren personalen Selbstwert und umso mehr depressive Symptome zeigen, je negativer sie ihre Gruppe bewertet sehen. Katz, Joiner und Kwon (2002) nutzen in ihren Untersuchungen die im Abschnitt 2.2.2 bereits vorgestellte Konzeption des kollektiven Selbstwertes nach Luhtanen und Crocker (1992). Dabei fanden sie, dass die Identifikation mit der Gruppe eine bedeutsame Variable bei der Entstehung von Konsequenzen der Gruppenmitgliedschaft für den personalen Selbstwert ist, jedoch auch ohne Identifikation Konsequenzen bestehen.

Entgegen der intuitiven Annahme führen Jennifer Crocker und Diane Quinn (1998) aus, dass Stigmatisierung häufig nicht nur zu keiner Reduktion, sondern sogar zu einer Steigerung des personalen Selbstwertes führen kann (vgl. auch Crocker, 1999, 2002; Crocker & Major, 1989; vgl. auch Crocker & Major, 1994; Miller & Major, 2000). Crocker et al. machen deutlich, dass situationale und personale Faktoren dazu führen können, dass das Erleben von Stigmatisierung den personalen Selbstwert nicht negativ beeinflusst. Wenn die Situation auf eine beurteilte Person den Anschein erweckt, dass Vorurteile den Ausschlag für eine negative Rückmeldung geben, dann wird diese Rückmeldung keine negativen Konsequenzen für den personalen Selbstwert haben, da das Urteil nicht als die eigene Person, sondern „nur" die eigene Gruppe betreffend wahrgenommen wird. Anders ausgedrückt, das Urteil wird auf die eigene Gruppenzugehörigkeit attribuiert. Allerdings sei hier angemerkt, dass durch die Attribution auf die Gruppenzugehörigkeit nur erklärt werden kann, warum es keine Reduktion des personalen Selbstwertes gibt. Für eine Erhöhung müssen andere Prozesse verantwortlich sein (z. B. „Editing", vgl. Hannover, 1997).

Brenda Major, Steven Spencer, Toni Schmader, Connie Wolfe und Jennifer Crocker (1998) haben den Effekt des Selbstwertschutzes in zwei experimentellen Studien anschaulich dargelegt. In Studie 1 untersuchten sie 45 weiße und 32 schwarze Studierende in einem experimentellen 2x2x2-Design (Ethnie x Feedback x Testbeschreibung). Das Feedback wurde manipuliert, indem die Probanden einen sehr schweren oder sehr leichten Wörterassoziationstest erhielten. So konnte sichergestellt werden, dass das Erfolgs- oder Misserfolgsfeedback auch von Erfolgs- oder Misserfolgserleben beim Test begleitet war. Als zweite unabhängige Variable wurde der Test als verzerrt oder unverzerrt gegenüber Minderheiten vorgestellt. Als abhängige Variable wurden u. a. der allgemeine Selbstwert nach Rosenberg (vgl. Ferring & Filipp, 1996) und das aktuelle Leistungsselbstvertrauen mit der State-Self-Esteem-Scale nach Todd Heatherton und Janet Polivy (1991, zitiert nach Major et al., 1998) gemessen.[8] Um Leistungsselbstvertrauen und selbst wahrgenommene Leistung in Beziehung setzen zu können, wurden außerdem zwei Items erhoben, die danach fragen, wie gut respektive schlecht man bei dem eben durchgeführten Test glaube abgeschnitten zu haben. Da die beiden Items hoch interkorreliert waren, wurden sie zu einer Skala „wahrgenommene Leistung" zusammengefasst. Abbildung 2.7 zeigt die Ergebnisse für Unterschiede des aktuellen Leistungs-

8 Drei Beispielitems (von sieben) für diese Skala sind: „I feel confident about my abilities.", „I feel I have less scholastic abilities right now than others.", „I feel like I am not doing well." (Heatherton & Polivy, 1991).

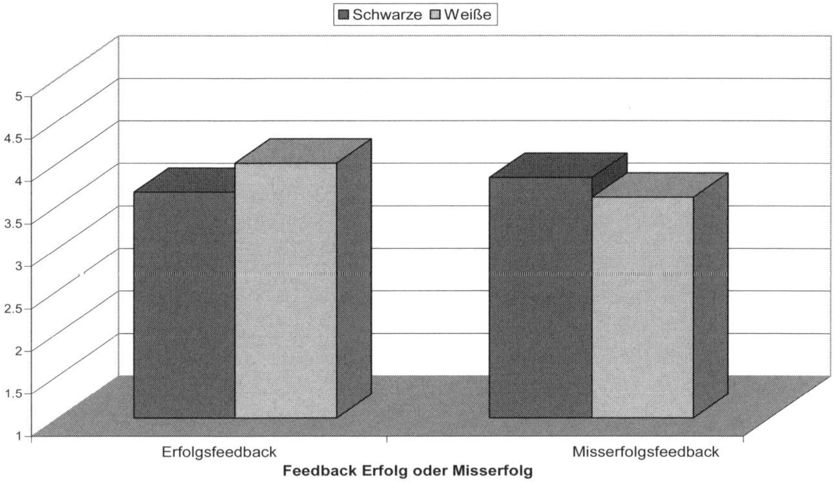

Abbildung 2.7: Leistungsselbstvertrauen nach Feedback und Ethnie bei Major et al. (1998)

selbstvertrauens aufgeschlüsselt in vier Bedingungen nach Ethnie und Feedback bei Adjustierung des allgemeinen Selbstwertes. Wichtig ist dabei, zu erwähnen, dass beim globalen Selbstwert keine bedeutsamen Unterschiede zwischen den acht Bedingungen zu finden waren. Major et al. (1998) zeigen aber für „academic esteem" eine signifikante Interaktion Ethnie x Feedback.[9] Sie begründet sich vor allem dadurch, dass es (direkt per T-Test verglichen) bei den Schwarzen keine signifikanten Unterschiede zwischen den Bedingungen gibt, während die Weißen ihre Angaben zum Leistungsselbstvertrauen dem Feedback anpassen. Gleichzeitig geben Weiße in der Erfolgsbedingung ein zumindest marginal signifikant höheres Leistungsselbstvertrauen an als Schwarze. Die Mediation des Leistungsselbstvertrauens ist dabei nur zum Teil auf Unterschiede in der wahrgenommenen Leistung zurückzuführen. Die Manipulation des Tests als minderheitsverzerrt oder -unverzerrt zeigte keinen Effekt auf die Messungen des Selbstvertrauens.

Grundsätzlich sehen die Autoren die Ergebnisse als Beleg dafür, dass Afroamerikaner auf Grund ihrer stigmatisierten Ethnie ihren Selbstwert von Rückmeldungen entkoppeln. Als einen möglichen Grund für die Wirkungslosigkeit der Manipulation der angeblichen ethnischen Verzerrung des Tests geben sie eine mögliche chronische

9 Interessant ist dabei auch, dass Marsh, Kwong und Hau (2000) annehmen, dass globale Maße wie der allgemeine personale Selbstwert besonders empfindlich für Manipulationen und spezifischere Facetten wie das akademische Selbstkonzept robuster sind. Allerdings muss hierbei berücksichtigt werden, dass die Items des „adademic esteem" zumindest teilweise situationsspezifisch formuliert waren.

Entkoppelung des personalen Selbstwertes auf Grund andauernder Stigmatisierungserfahrungen an. Dafür spricht auch die relative Konstanz der afroamerikanischen Selbstvertrauenswerte über die Bedingungen hinweg. Möglicherweise wurde auch die Kulturfairness schlicht nicht geglaubt, da Afroamerikaner um ihre Nachteile bei der Bildungsbeteiligung wissen und der Test als Prädiktor für späteren akademischen Erfolg vorgestellt wurde. Zuletzt geben Major et al. (1998) noch die Möglichkeit an, dass es zu einer situationalen Entkopplung des Selbstwertes von Leistungsrückmeldungen in beiden Bedingungen gekommen sein könnte, da das kollektive selbstbezogene Wissen zur Ethnie aktiviert worden war, mit dem auch die Erfahrung negativer Rückmeldungen auf Grund von Vorurteilen verknüpft ist (Steele & Aronson, 1995, siehe auch Abschnitt 2.3.3).

Um die Folgen der Aktivierung der ethnischen Zugehörigkeit direkt zu untersuchen, führten Major et al. (1998) ihre zweite Studie durch. Zunächst stellten sie in einem größeren Sample (N=189) wie angenommen fest, dass Schwarze mehr Entkoppelung (disengagement) des Selbstwertes von Leistungsrückmeldungen angeben als Weiße. Die Untersuchungsstichprobe wurde so zusammengesetzt, dass dieser Unterschied nicht mehr bestand. Sie untersuchten 37 weiße und 30 schwarze Studierende. Allerdings hatten die Schwarzen einen signifikant höheren allgemeinen Selbstwert. Das 2x2-Design umfasste die Faktoren Ethnie x Aktivierung der Rasse. Als abhängige Variable wurden wieder allgemeiner Selbstwert und das Leistungsselbstvertrauen erfragt. Die Ergebnisse sind in Abbildung 2.8 und Abbildung 2.9 grafisch dargestellt.

Entsprechend den Annahmen zeigte sich, dass Schwarze bei der Aktivierung des Selbstwissens über ihre ethnische Zugehörigkeit einen höheren personalen

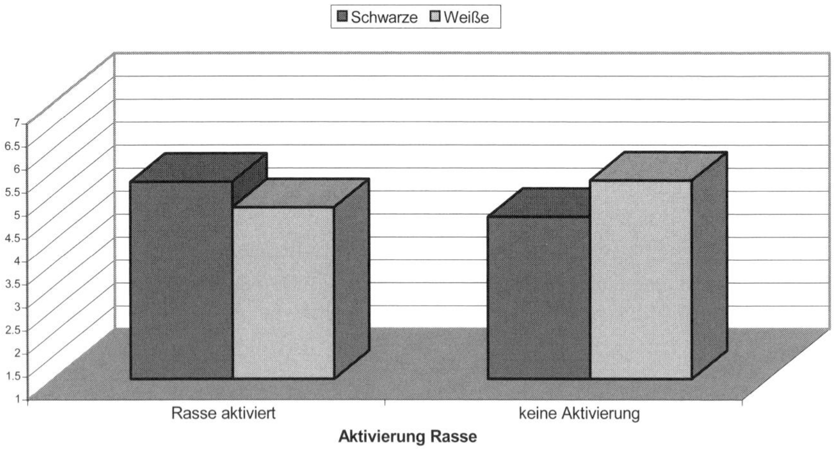

Abbildung 2.8: Leistungsselbstvertrauen nach Ethnie und Aktivierung der Rasse bei Major et al. (1998)

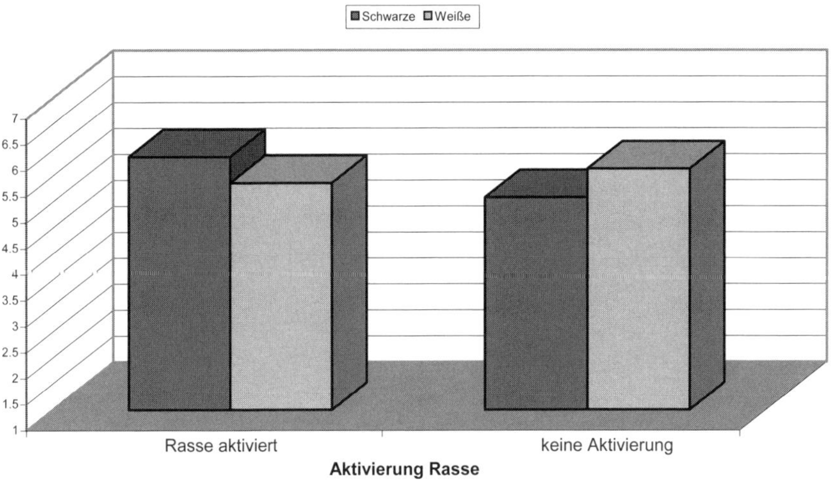

Abbildung 2.9: Allgemeiner Selbstwert nach Ethnie und Aktivierung der Rasse bei Major et al. (1998)

allgemeinen und leistungsbezogenen Selbstwert berichteten als in der Bedingung ohne Aktivierung. Gleichzeitig gab es für Weiße einen umgedrehten Effekt, vor allem für den leistungsbezogenen Selbstwert. Insgesamt finden sich hier jedoch deutliche Hinweise darauf, dass ein Stigma zum personalen Selbstwertschutz eingesetzt werden kann. Als Prozess wird in den hier genannten Studien dabei vor allem eine Attribution negativer Rückmeldungen auf das Stigma angenommen. Da dieser aber nicht die höheren Werte bei Schwarzen und niedrigeren Wert bei Weißen mit aktiviertem Selbstwissen über ihre Ethnie erklären kann, ist es sinnvoll, zumindest teilweise auch eine bewusste Gegenkorrektur im Sinne von Hannover (1997) anzunehmen. Damit ist gemeint, dass die Schwarzen mit aktivierter Ethnie quasi in die Berechnung ihres Selbstwertes mit einbeziehen, dass sie gerade unter dem nach unten verzerrendem Einfluss des negativen Stereotyps über ihre Gruppe stehen und als interne Korrektur den Selbstwert erhöhen so dass er schließlich in der Aktivierungsbedingung höher ist. Die Weißen korrigieren gegen das mit der Aktivierung ihrer Ethnie verbundene positive Vorurteil, weshalb sie einen im Mittel höheren Selbstwert angeben, wenn ihre Ethnie nicht aktiviert ist.

Crocker, Major und Steele (1998, S. 519ff.) erläutern, dass sich aus den eben dargelegten Befunden nicht die Schlussfolgerung ziehen lässt, dass ein Stigma vor allem positve Konsequenzen im Sinne eines Selbstwertschutzes hat. Sie verweisen darauf, dass die attributionale Unsicherheit von Ergebnissen des eigenen Handelns durch die Option der Attribution auf Vorurteile deutlich verstärkt wird, und dass attributionale Unsicherheit emotional und motivational negative Konsequenzen haben kann. So zeigen Karen Ruggiero und Donald Taylor (1995), dass Frauen eine negative Leistungsrückmeldung nur dann überwiegend auf negative Vorurteile des Beurteilers gegenüber Frauen attribuieren, wenn die Sicherheit, dass dieses Urteil verzerrt ist, sehr hoch ist. Bei Unsicherheit wird das Versagen der eigenen Unfähigkeit zugeschrieben. Wenn sich also jemand negativen Vorurteilen ausgesetzt sieht, kann es sein, dass die Person dennoch meistens selbst die Verantwortung dafür übernimmt, da selten eine Verzerrung des Urteilers mit Sicherheit angenommen werden kann. Wann das Prinzip des Selbstwertschutzes und wann die Eigenverantwortungsübernahme wirksam wird, kann nicht sicher gesagt werden. Die interne Korrektur der wahrgenommenen Einflussnahme des Stereotyps setzt ein negativ gefärbtes Erleben bei Stigmatisierten voraus, damit bei der Abgabe des Urteils entgegen gesteuert werden kann. Dies befreit aber nicht von dem negativen Erleben, das durch das aktivierte Stigma ausgelöst wird.

2.3.2.3 Abgrenzung von Stigma und Basking-in-reflected-glory

Zum Abschluss dieses Abschnitts sollen Stigmatisierungseffekte von den in Abschnitt 2.1.4.7 berichteten Basking-in-reflected-glory-Effekten (BIRG) abgegrenzt werden. Man könnte denken, dass beide einfach nur jeweils die extremen Endpole eines Kontinuums sind. Basking-in-reflected-glory stünde dann für Mitgliedschaften in positiv und Stigma für solche in negativ bewerteten Gruppen, wobei der Unterschied nur in der Ausprägung läge, nicht in der Art der ablaufenden Prozesse. Theoretisch ist aber vor allem der Unterschied hervorzuheben, dass BIRG eine aktive Strategie ist. Einem Stigma hingegen sieht sich die betroffene Person ausgesetzt. BIRG kann bei gegebener Möglichkeit nach Bedarf vorgenommen werden oder auch nicht. Betrachtet man die Ursprungsarbeiten von Cialdini et al. (1976, vgl. auch Abschnitt 2.1.4.8), so fällt einem außerdem auf, dass BIRG sich auf eine real existierende Teilgruppe der eigenen Gruppe bezieht, in der die baskende Person selbst nicht Mitglied ist. Wenn das Footballteam – in dem ich aber selbst nicht mitspiele – gewinnt, ziehe ich die Jacke mit „unserem“ Emblem an und betone, dass „wir“ gewonnen haben. Ich sonne mich in dem Ruhm der Mannschaft der Universität, der ich angehöre, und fühle mich dadurch besser. Wenn das Team nicht gewonnen hat, lasse ich die Jacke aus und spreche von „der Mannschaft“ und es geschieht nichts weiter. Stigmatisiert zu sein hingegen ist etwas, dem die betroffenen Personen ausgesetzt sind. Über ihre Gruppe besteht ein negatives Vorurteil in der Gesellschaft. Das bedeutet, dass sie sich bei Aktivierung des Stigmas mit einem nicht real existierenden Prototypen gleichgesetzt sehen. Dies lässt sich nicht nach Bedarf nutzen, das Wissen um die negativen Vorurteile gegenüber der eigenen Gruppe ist allgemein präsent. Psychologisch führt dies vermutlich dazu, dass Situationen gemieden werden, in denen das Stigma – und die damit verbunden negative Bewertung – relevant wird. Es konnte gezeigt werden, dass mit solchen unterschiedlichen Motivationslagen (Vermeidung versus Annäherung) auch unterschiedliche Informationsverarbeitungen und Emotionen einhergehen (vgl. z. B.

Higgins, 2001; Seibt & Förster, 2004). Zusammengefasst lässt sich sagen, dass Basking die aktive Herstellung von Nähe zu einer erfolgreichen real existierenden Gruppe zur Selbstwerterhöhung ist, die bei situationaler Passung Anwendung findet und sonst keine Konsequenzen hat. Stigmatisiert zu sein ist hingegen ein dauerhafter Zustand von Bedrohung, der mit einem ständigen Bemühen einhergeht, das Stigma situational nicht relevant werden zu lassen.

Empirisch werden BIRG in der derzeitigen pädagogisch-psychologischen Forschung von z. B. Marsh et al. (2000) und Köller (2004) so operationalisiert, dass die kollektive Identität des Schultyps einzig als Prädiktor des akademischen Selbstkonzepts eingesetzt wird. Es wird der kollektiven Identität keine gleichberechtigte Stellung neben dem personalen Selbstkonzept eingeräumt, sondern nur untersucht, inwieweit es Letzteres beeinflusst. In der Stigmaforschung ist die kollektive Identität sowohl als unabhängige Variable auf das personale Selbstkonzept, aber auch als eigenständige Wirkgröße auf Motivation und Attribution betrachtet worden (vgl. diesen Abschnitt 2.3.2 und den folgenden Abschnitt 2.3.3).

In der vorliegenden Arbeit können allein die in diesem Absatz genannten Prozesse nicht vollständig untersucht werden. Die Abgrenzung der psychologischen Phänomene Basking-in-reflected-glory und Stigma ist aber allein zur Klärung, was unter ihnen jeweils zu verstehen ist, im Hinblick auf das Verständnis der vorliegenden und der Gestaltung der zukünftigen Forschung wichtig. Für selbstbezogene Kognitionen von Schülern sind beide Prozesse als wirksam anzunehmen. Psychologisch wäre aber auch noch zu klären, ob dem kleinen positiven Effekt auf das akademische Selbstkonzept, den eine Mitgliedschaft in einer Schule mit hoher Reputation hat (vgl. Abschnitt 2.1.4.7), wirklich der gleiche Prozess zu Grunde liegt wie bei den Football-Studien von Cialdini et al. (1976), da Gymnasiasten ja selbst aktive Mitglieder der Gruppe sind, in deren Ruhm sie sich sonnen sollen. Möglicherweise ist der psychologische Prozess auch hier ein Editing (Hannover, 1997, vgl. auch Abschnitt 2.3.2).

2.3.3 Stereotypenbedrohung (Stereotype Threat)

Stereotype Threat, auf deutsch Stereotypenbedrohung, ist vermutlich derzeit das bekannteste Phänomen aus der Vorurteilsforschung. In den USA hat es so großen Bekanntheitsgrad erreicht, dass in der Scientific Community auch über die Folgen von Überinterpretationen diskutiert wird (vgl. Steele & Aronson, 2004). In der ersten unter dieser Bezeichnung veröffentlichten Arbeit untersuchten Steele und Aronson (1995) afroamerikanische und weiße Studierende in vier unabhängigen Studien, um zu zeigen, dass die Aktivierung der ethnischen Identität bei den afroamerikanischen Probanden zu einer Verschlechterung ihrer Leistung führen kann, während dies bei den weißen Kommilitonen nicht der Fall ist. Da diese Arbeit bis heute die Grundlage für die Forschung zu Stereotypenbedrohungseffekten darstellt, soll sie hier überblicksartig referiert werden. Als Grundthese nehmen Claude Steele und Joshua Aronson (1995) an, dass sich Mitglieder von Gruppen, denen ein Stigma niedrigerer intellektueller Leistungsfähigkeit anhaftet, in Situationen, die diese Mitgliedschaft und damit das Stigma aktivieren, dadurch bedroht fühlen, dass sie die Gültigkeit des negativen Stereotyps für die eigene Person bestätigen könnten und dieses Gefühl kognitive Kapazitäten bindet und so zu einer tatsächlichen Leistungsminderung führt. Wichtig ist dabei, dass dies völlig unabhängig von chronisch internalisierten Ängsten geschieht. Daher sind auch und gerade Personen betroffen, die das negative Stereotyp selbst nicht glauben, aber Teil der Zielgruppe desselben sind. Dies dürfte nach Ansicht der Autoren auf viele afroamerikanische Studierende zutreffen. In Studie 1 setzten Steele und Aronson (1995) 117 schwarze und weiße Studierende drei verschiedenen Testbedingungen aus, indem sie die wahrgenommene Diagnostizität der vorgegebenen Aufgabenstellung manipulierten: Ein zufällig ausgewähltes Drittel der Probanden bekam gesagt, dass der Test diagnostisch für die verbale Fähigkeit wäre, während ein weiteres Drittel die Information erhielt, die Aufgaben wären nicht diagnostisch und es würde um psychologische Faktoren bei der Lösung verbaler Aufgaben gehen. Das dritte Drittel bekam die gleiche Instruktion wie das zweite mit dem Zusatz, dass diese Aufgaben auch für Hochbegabte eine Herausforderung darstellten. Der Test war ein für die Stichprobe schwerer verbaler Test aus 30 Aufgaben. Abbildung 2.10 zeigt die Ergebnisse für die drei Bedingungen nach Ethnie. Wie erwartet zeigte sich ein Unterschied in der diagnostischen Bedingung zu Ungunsten der Schwarzen. Allerdings verfehlte die Interaktion das 5%-Niveau mit $p<.19$ deutlich. In der nicht-diagnostischen Bedingung gab es entsprechend keinen Unterschied. In der dritten Bedingung zeigten Weiße in der Tendenz ebenfalls ein besseres Ergebnis. Die Autoren schlussfolgern aus diesem Ergebnis, dass wie angenommen durch die

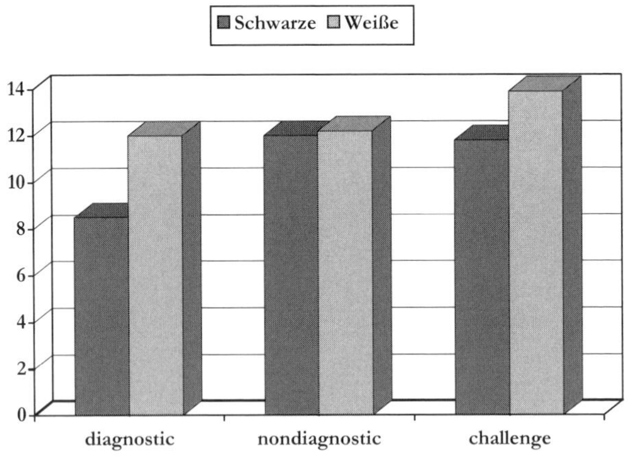

Abbildung 2.10: Ergebnisse der Studie 1 von Steele und Aronson (1995)

Angabe des Tests als diagnostisch bei den Schwarzen das Stigma der Unterlegenheit im akademischen und insbesondere im sprachlichen Bereich aktiviert wurde. Die ausgelöste Befürchtung, dass sie dieses Stereotyp bestätigen könnten, führte dann zu einer tatsächlichen Leistungsreduktion, die in der non-diagnostischen Bedingung nicht stattfand.

Auf Grund der schwachen Signifikanz replizierten Steele und Aronson (1995) den Befund in einer zweiten Studie mit 20 schwarzen und 20 weißen Probandinnen ohne die Challenge-Bedingung. Außerdem modifzierten sie den Test so, dass sie alle Aufgaben, die einfach und schnell gelöst worden waren, entfernten. So konnten sie eine höhere Empfindlichkeit des Tests für Störungen der Konzentration gewährleisten. Tatsächlich fanden sie jetzt trotz der kleineren Stichprobe ein deutlich signifikantes Ergebnis. Abbildung 2.11 zeigt die Ergebnisse grafisch veranschaulicht.

Die Autoren konnten in einer Wortauffüllaufgabe zeigen, dass die Instruktion der Diagnostizität tatsächlich bei Schwarzen zu einer häufigeren dem negativen Stereotyp entsprechenden Wortvervollständigung führte. In einer weiteren Studie verwendeten die Wissenschaftler anstatt der Instruktion, dass der Test diagnostisch sei, die Angabe der Ethnie vor dem Test mit vergleichbarem Ergebnis.

Zusammenfassend lässt sich also schlussfolgern, dass die Aktivierung einer stigmatisierten kollektiven Identität zu Leistungseinbußen führen kann. Dieser Befund wurde für Frauen (Seibt & Förster, 2004), für Personen mit Depressionen (Quinn et al., 2004) und sogar für Studierende unterschiedlicher Studiengänge (Croizet, Dutrevis & Desert, 2002) und Personen mit niedrigem Sozialstatus (Croizet & Claire, 1998) in einer Vielzahl von Studien repliziert. Es sei deutlich gesagt, dass Steele und Aronson (1995) bei der Beschreibung der vermittelnden psychologischen Prozesse eher sparsam waren und dass die Erforschung dieser bis heute

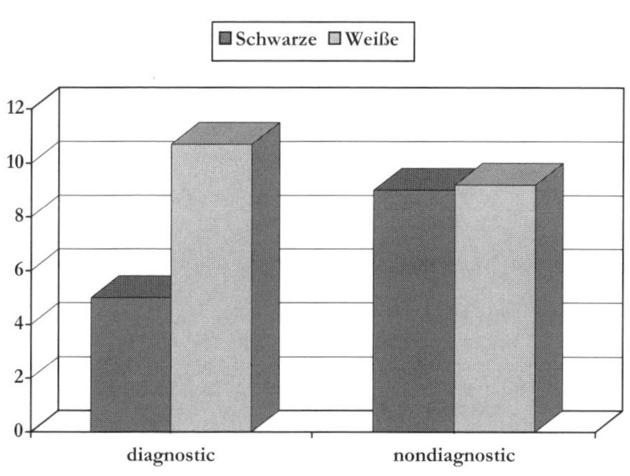

Abbildung 2.11: Ergebnisse der Studie 2 von Steele und Aronson (1995)

andauert. Die Vielfalt der möglichen Prozesse ist groß (vgl. z. B. Seibt & Förster, 2004; Steele, Spencer & Aronson, 2002). Dabei kommen auch hoch sophistizierte Methoden wie z. B. die Messung der Herzfrequenz zum Einsatz (Croizet, Gauzins, Huguet & Leyens, 2004).

Für die vorliegende Arbeit wichtiger ist die Frage, wie sich das Erleben von Stereotypenbedrohung dauerhaft auswirkt. Steele (1997) geht auch auf diese Frage ein. Wie in dem in Abbildung 2.12 gezeigten Modell ersichtlich, nimmt er zusätzlich zu den von links nach rechts gezeigten situationalen Prozessen eine auf der rechten Seite gelegene chronische Desidentifikation mit der Leistungsdomäne als chronisches Coping an. Die Idee dabei ist die, dass die immer wiederkehrenden Bedrohungssituationen so belastend sind, dass betroffene Personen beschließen können, auf diese die Bedrohung verursachenden Leistungssituationen nichts mehr zu geben. Natürlich mit derselben verheerenden Folge, dass die Leistung nun chronisch stereotypkonsistent schlechter ausfällt, aber dafür weniger negative Emotionen erlebt werden müssen. Diese Konzeption weist hohe Ähnlichkeit mit den Arbeiten von Major et al. (1998) auf, die in Abschnitt 2.3.2.2 berichtet wurden. Im späteren Abschnitt 2.3.4 wird eine frühere Theorie von Steele (1988) vorgestellt, die diesen Grundgedanken schon enthält.

Wie sieht es mit Stereotypenbedrohung bei Hauptschülern aus? Es ist zu erwarten, dass sie von Zeit zu Zeit auftreten kann. Die Instruktion, dass ein Test diagnostisch ist, ist an der Schule mindestens implizit häufig gegeben. Hinzu kommt, dass Hauptschüler von ihrer akademischen Outgroup unterrichtet werden, was – wenn ihnen die akademische Karriere ihrer Lehrer bewusst ist – die Salienz der Intergruppensituation und damit der eigenen kollektiven Identität erhöht. Diese Situation gleicht dann der Situation von Afroamerikanern, die oft weiße Lehrer

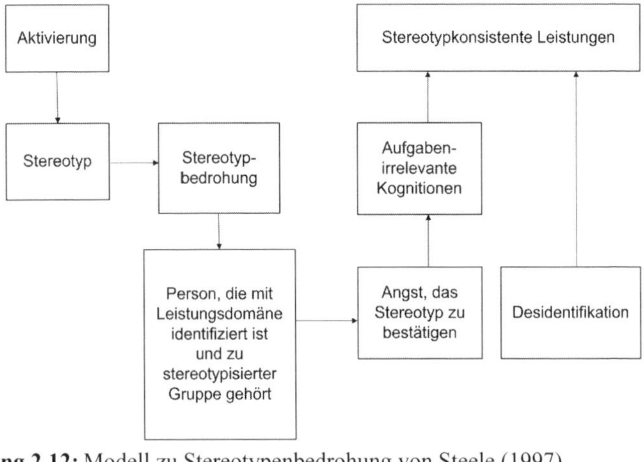

Abbildung 2.12: Modell zu Stereotypenbedrohung von Steele (1997)

haben. Geoffrey Cohen und Claude Steele (2002, S. 305) beschreiben deren Situation folgendermaßen:

> “Minority students may reasonably view white teachers with suspicion until they have evidence that they are worthy of trust. The default assumption may thus be that people outside one’s ethnic group are biased, even when these outsiders do not explicitly harbour prejudicial beliefs.”

Ähnlich könnte es auch Hauptschülerinnen und Hauptschülern gehen. Abhängig davon, wie weit sie sich über die Möglichkeiten der jeweiligen Schulabschlüsse im Klaren sind, ist ihnen bewusst, dass die Lehrpersonen *die Anderen* sind, *die, die Abitur gemacht und studiert haben*. Folgt man Cohen und Steele, gäbe es dann zuerst ein Gefühl des Misstrauens gegenüber den Lehrern. Ob dieses sich legt, hängt davon ab, welche Einstellungen diese gegenüber den Schülern zeigen. Es ist gut möglich, dass dieser konstanteste Außengruppenkontakt entscheidend dazu beiträgt, wie und ob Hauptschüler ein Stigma erleben. Auf jeden Fall stellt dieser Umstand eine Situation dar, die zu Desidentifikation mit der Schule an sich führen kann. Es ist möglich, dass Hauptschüler sich auf Grund von andauernder Stereotypenbedrohung von der Schule und akademischen Inhalten desidentifizieren, um so zwar die Misere der schlechten Leistungen noch zu verschlimmern, aber dafür emotional mehr Ruhe zu haben.

2.3.3.1 Rückschläge eines überwundenen Stigmas

Ein Stigma kann auch weiter wirken, nachdem das stigmatisierende Attribut bereits überwunden wurde. Diane Quinn, Sang Kyoung Kahng und Jennifer Crocker (2004) untersuchen Studierende, die früher wegen einer psychischen Krankheit in Behandlung waren, aber zum Zeitpunkt der Untersuchung keine Therapie mehr erhielten. Die Autorinnen zeigen im Sinne des Stereotypenbedrohungsparadigmas, dass insbesondere Studierende, die unter Depressionen litten, bei vorheriger Angabe, dass sie diese Krankheit hatten, in einem Problemlösetest schlechter abschnitten, als wenn dieses Stigma nicht aktiviert und offenbart worden war. Dieses Ergebnis lässt die Schlussfolgerung zu, dass ein einmal akquiriertes Stigma unter Umständen nicht mehr abgelegt werden kann. So könnte beispielsweise die Zuweisung zur Hauptschule ein ewiges Stigma als Hauptschüler mit sich bringen, welches auch dann noch wirksam werden kann, wenn die Person das Abitur nachgeholt hat. Wie im Abschnitt 2.3.2.1 über Stigma und Coping bereits angedacht wurde, kann es antizipierte Gedanken dazu geben, was es bedeutet, auf der Hauptschule gewesen zu sein, wenn man auf eine Schule kommen würde, in der dieses Etikett exklusiv wäre. Solche Gedanken könnten Tendenzen, höhere Schulen aufzusuchen, entgegenwirken.

2.3.4 Bewältigungsversuche: psychologischer Rückzug

Wie gehen Personen mit den immer wiederkehrenden Bedrohungssituationen, die durch ein Stigma ausgelöst werden können, auf Dauer um? Menschen möchten eine positive Sicht auf sich haben und sich gut fühlen. Situationen, die diesen positiven Selbstwert in Frage stellen, bedeuten Stress, auch wenn durch Coping Schaden für den personalen Selbstwert abgewendet werden kann (vgl. Abschnitt 2.3.2.1). Personen möchten sich eines positiven Bildes ihrer selbst versichern. Dies ist die Kernannahme in Steeles Self-Affirmation-Theory (1988). Um sich seiner selbst auf eine positive Art und Weise zu versichern, ist bestimmtes Verhalten sinnvoll, und anderes Verhalten muss vermieden werden (z. B. Swim, Cohen & Hyers, 1998). Das Wissen um die eigene negative kollektive Identität kann in bestimmten Situationen zu einer Verunsicherung bezüglich der eigenen Selbstsicht führen. Wenn Frauen sich darüber bewusst sind, dass sie nach allgemeiner gesellschaftlicher Sichtweise für weniger mathematisch begabt gehalten werden als Männer,[10] löst dies vermutlich Unbehagen in mathematischen Situationen aus. Frauen können nun dies aushalten, die Situationen vermeiden oder sich von Mathematik psychologisch zurückzuziehen (disengagement). Das bedeutet, in dieser Situation die persönliche Wichtigkeit, in Mathe gut sein zu müssen, zu reduzieren. Anhaltendes Rückzugsverhalten kann schließlich zu Desidentifikation (disidentification) führen, einer chronischen Entkopplung der eigenen Selbstbetrachtung von der Domäne. Dies geschieht insbesondere durch Situationen, in denen anhaltend negative Rückmeldungen gegeben werden, die das negative Stereotyp über die eigene Gruppe bestätigen. Eine chronische Entkopplung – eine Desidentifikation – mit akademischen und damit auch schulischen Aufgaben geht nachvollziehbarerweise mit einem Sinken der Motivation, sich erneut solchen Aufgaben zu widmen, einher (Crocker et al., 1998, S. 530; vgl. auch Steele, 1997).

Kirstin Stoutemyer und Claude Steele (zitiert nach Crocker et al., 1998; 1996) untersuchten die Wirkung von negativem Feedback unter zwei Bedingungen – mit und ohne Stereotypenbedrohung. Manipuliert wurde, inwieweit der mathematisch leistungsstarken Studentinnen gegebene Mathetest sensitiv für Geschlechtsunterschiede sei oder nicht. Im Anschluss an die Bearbeitung des Tests bekamen die Frauen ein negatives Feedback auf ihre Testleistung. Als abhängige Variable ließen die Autoren die Studentinnen angeben, wie identifiziert sie mit Mathematik und mathematischen Berufen seien. Das Ergebnis war, dass Frauen in der Stereotypenbedrohungsbedingung konsistent niedrigere Identifikationen berichteten als

---

10 Dazu ist hinzuzufügen, dass der faktische durchschnittliche männliche Vorteil in dieser Hinsicht vor allem in der mentalen Rotation vorhanden war und derzeit in allen Bereichen immer mehr schwindet, während sich ein weiblicher mittlerer Kompetenzvorsprung im Lesen weiter ausbaut (z. B. Baumert, Blum & Neubrand, 2004; Hosenfeld et al., 1999).

in der Kontrollbedingung. In Situationen wie der im Experiment induzierten ist die eigene Selbstsicht verunsichert. Die Selbstversicherung lässt sich durch den Abbau der kognitiven Dissonanz (Festinger, 1978), dass Mathematik wichtig und die eigene Gruppe und Person unfähig ist, dieses Fach zu bewältigen, mit psychologischem Rückzug und Desidentifikation von der Domäne Mathematik beheben. Die Selbstaffirmation ist dann wieder hergestellt, jedoch auf Kosten der weiteren Qualifikation in Mathematik.

Jason Osborne, Christopher Walker und John Rausch (2002) verweisen auf die Möglichkeit des Paradoxes, dass Afro-Amerikaner sich besonders dann von akademischen Tätigkeiten zurückziehen, wenn sie ihnen besonders wichtig erscheinen, um so der extrem großen Gefahr eines Selbstwertverlustes im Falle eines Versagens zu entgehen. Es ist sinnvoll, anzunehmen, dass solche Prozesse auch bei Hauptschülern eine Rolle spielen. Ein Modell zur Erklärung solcher Prozesse ist das Self-Evaluation-Maintenance-Modell (SEM – nicht zu verwechseln mit der gleich lautenden üblichen Abkürzung für Strukturgleichungsmodelle) von Abraham Tesser (1988). Wie in Abbildung 2.13 und Abbildung 2.14 dargestellt, geht er davon aus, dass Personen in einem Wechselspiel von sozialen Vergleichen und Selbstreflexion ihre Selbstbewertungen vornehmen und dass dabei drei Determinanten in Interaktion miteinander das Ergebnis bestimmen. Diese sind der Leistungsvergleich mit einer anderen Person oder Gruppe, die persönliche Nähe zu dieser Person oder Gruppe und die persönliche Relevanz der betroffenen Domäne. Wenn eine leistungsbezogene Situation entsteht, setzt ein sozialer Vergleich der eigenen Fähigkeiten in der betroffenen Domäne ein. Nun bestimmen die drei angegebenen Parameter in Interaktion, welche Konsequenzen das Ergebnis des Vergleichs für den Selbstwert hat. So führt die deutlich höhere Leistung einer anderen Person oder Gruppe zu einer Erhöhung des eigenen Selbstwertes, wenn die persönliche Nähe zu der Person oder Gruppe hoch ist, gleichzeitig aber die persönliche Relevanz der Domäne niedrig. Diese Konstellation ist als der oben vorgestellte Basking-in-reflected-glory-Effekt (Cialdini et al., 1976, vgl. Abschnitt 2.1.4.8; Cialdini & Richardson, 1980) bekannt geworden. Ist die Relevanz der Domäne hingegen hoch, führt das im Vergleich schlechte eigene Abschneiden zu einer Beschädigung des Selbstwertes. Erscheint die Korrektur der Leistungsdifferenz nicht oder nur unter unangebracht hohem Aufwand möglich, so sind Strategien zum Schutz des Selbstwertes die Reduktion der Nähe zur besseren Person oder Gruppe oder/und die Absenkung der Relevanz der betroffenen Domäne.

Also auch das SEM-Modell postuliert, dass eine Desidentifikation von einer Domäne eine wahrscheinliche Reaktion auf andauernde negativ ausfallende soziale Vergleiche ist, bei denen die Chance auf eine Veränderung dieser Vergleichsergebnisse schlecht steht. Auch wenn Tesser (1988) dies nicht explizit erwähnt, lassen sich die von ihm postulierten Prozesse ebenso auf die Ebene der kollektiven Identität übertragen. Auch hier können Vergleiche auf der Intergruppenebene stattfinden, die bei schlechtem Ausgang zu Distanz zu dieser Gruppe und/oder Entkoppelung

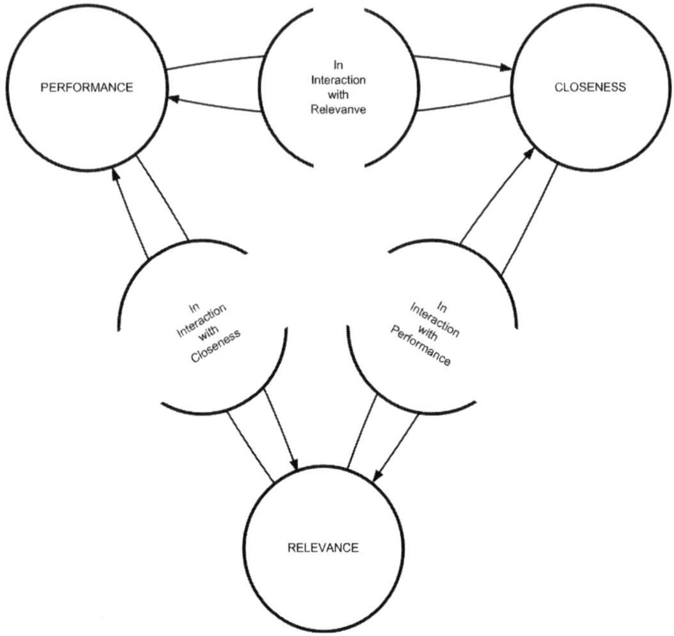

Abbildung 2.13: Grundkomponenten des Self-Evaluation-Maintenance-Modells von Abraham Tesser (1988, S. 202)

von der betroffenen Domäne führen können. Dies deckt sich mit den Annahmen von Festinger (1954) und Miller und Major (2000) (siehe auch Abschnitte 2.1.4.2 und 2.3.2.1).

Tesser nimmt an, dass die drei relevanten Dimensionen zur Bestimmung des Selbstwertes permanent aktualisiert werden. Dies geschieht in andauernden sozialen Vergleichen und Reflexionen der eigenen Fähigkeiten. Abbildung 2.14 zeigt die von ihm angenommenen Prozesse im Überblick. Bestimmte Ergebnisse der Vergleichsund Reflexionsprozesse führen zu bestimmten emotionalen Reaktionen. Das Individuum strebt danach, dass die erlebten Emotionen eine positive Qualität haben. Die Qualität der Emotionen ist bestimmt durch die Konfiguration der drei Dimensionen Relevanz, Leistung und Nähe in Bezug auf eine gerade aktivierte Handlungsdomäne. Es ist zu sehen, dass sich die Relevanz von, die Leistung in sowie die Nähe zu einer Domäne sowohl in den einer Situation antezedenten Bedingungen als auch in der anschließenden Verhaltensanpassung wiederfinden. Daher sagt das Modell voraus, dass eine Person, die sich eine Leistungssteigerung in einer Domäne nicht zutraut oder den damit eingeschätzten Aufwand als unangemessen hoch einschätzt, den Erhalt ihres personalen und kollektiven Selbstwertes über die Reduzierung der Relevanz von und/oder der Nähe zu der betreffenden Domäne gewährleistet.

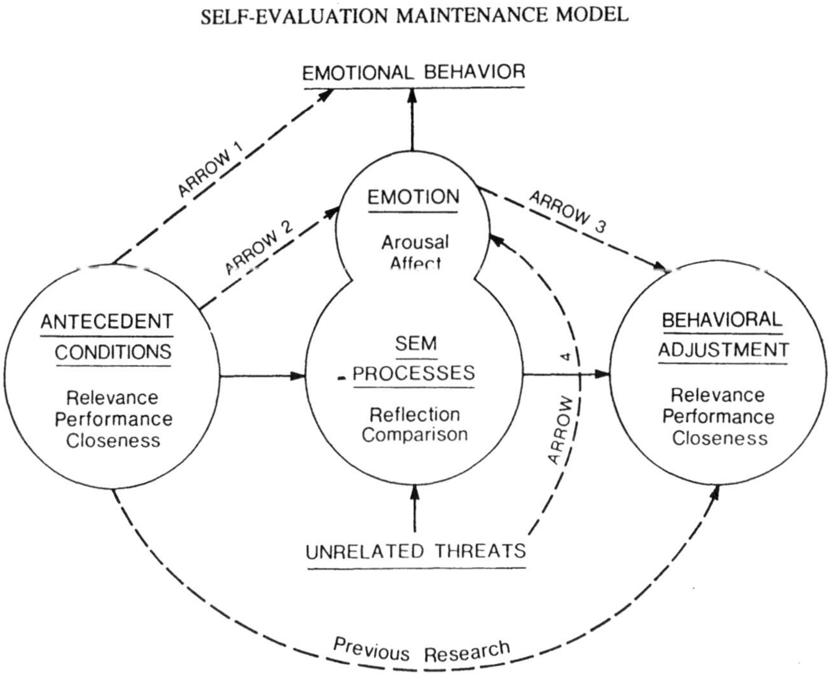

Abbildung 2.14: Prozesse nach dem Self-Evaluation-Maintenance-Modell von Abraham Tesser (1988, S. 209)

Hauptschüler sind qua Definition die am wenigsten leistungsfähige Regelschulgruppe. Im Intergruppenvergleich müssen sie daher auf der Leistungsdimension schlecht abschneiden. Individuelle Mobilität ist schwierig, hinzu kommt die Ungewissheit, ob damit wirklich die Annahme einer neuen kollektiven Identität verbunden sein und den Leistungsanforderungen entsprochen werden kann. Auf Grund des SEM kann also geschlussfolgert werden, dass der negativ ausfallende Vergleich der Hauptschule mit anderen Schulformen die Motivation für die Schule (Relevanz) und die Aspiration, höhere Schulen zu besuchen (Nähe zur Vergleichsgruppe), senkt.

2.3.5 Die soziologischen Arbeiten von Heike Solga

Heike Solga (2005) beschäftigt sich mit der Frage, was es ist, „das Bildung und ihre Zertifikate auf dem Arbeitsmarkt heute so wichtig werden lässt?“ (S. 17). Ausgangspunkt ist dabei der Befund, dass in der historischen Entwicklung des letzten Vierteljahrhunderts die Arbeitslosigkeit bei Personen ohne Ausbildung weit stärkere Zuwächse als im höher qualifizierten Teil der Bevölkerung verzeichnet hat (siehe Abbildung 2.15). Bisher wurden nach Solga (2005) zur Erklärung dieses Umstandes vor allem wirtschaftswissenschaftliche Theorien – allen voran die Verdrängungshypothese – herangezogen. Sie möchte diese Perspektive erweitern und zeigen, dass auch Selbstselektion auf Grund von Stigmaerleben seitens der Arbeitssuchenden mit für diesen Prozess verantwortlich ist. Auch wenn sich ihre Arbeit auf Personen nach der Schule und auch nicht explizit auf ehemalige Hauptschüler fokussiert, so soll sie hier doch berichtet werden, da sie ähnliche Prozesse wie die vorliegende Studie auf einer Makroebene untersucht.

Als zentral für die ökonomischen Ansätze benennt sie zwei Mechanismen: Verdrängung und Diskreditierung. Ersterer besteht darin, dass durch die Bildungsexpansion in der Gesellschaft insgesamt besser qualifizierte Bewerber zur Verfügung stehen als früher. Dies führt dazu, dass auch so genannte Einfacharbeitsplätze bevorzugt an Personen mit einer Ausbildung vergeben werden. Den zweiten Mechanismus bezeichnet sie als Diskreditierung. Diese rühre daher, dass durch die Marginalisierung der Gruppe von Personen ohne Berufsausbildung auch deren Reputation sinke. Dies bedeute praktisch, dass Personen ohne Ausbildung nicht nur von besseren Bewerbern auf vakante Stellen verdrängt (wie im ersten Mechanismus postuliert), sondern dass sie darüber hinaus als ungeeignet charakterisiert würden. Zur Erklärung führt Solga das bereits erwähnte meritokratische Prinzip an. Meritokratie ist die Herrschaft durch Verdienst. Das meritokratische Prinzip bezeichnet daher die Überzeugung, dass die Positionen in unserer Gesellschaft danach vergeben werden, wie viel eine Person leistet. Damit verbunden ist der Glaube, dass, wer mehr leistet, die höhere Position bekommt, und dass das Erbringen dieser Leistung weitestgehend der Kontrolle des einzelnen Individuums unterworfen ist. Daraus folgt, dass Personen mit niedriger Qualifikation den Umstand, dass sie niedrig qualifiziert sind, selbst verschuldet haben. Mit Rückgriff auf das meritokratische Prinzip und darauf, dass die Extremität negativer Stereotypisierungen umso wahrscheinlicher wird, je kleiner die betroffene Gruppe ist (Crocker et al., 1998; Fiske, 1998; Jones et al., 1984), erklärt Heike Solga, warum sich nicht nur die relative, sondern auch die absolute Bewertung der Gruppe der Zertifikatslosen in den Augen der Arbeitgeber verschlechtert hat.[11]

11 Heike Solga (2005) leitet dezidiert her, dass das meritokratische Prinzip eher ein gesellschaftsstabilisierender Mythos denn Realität ist (vgl. dazu auch Baumert, Watermann & Schümer, 2003). Sie verweist dabei u. a. auf die Ergebnisse der PISA-Studie 2000, die selbst beim besten Teilnehmer Finnland deutliche Effekte der sozialen Herkunft zeigt. Der Glaube an das meritokratische Prinzip sichert den Statuserhalt der gesellschaftlich höheren Schichten bei gleichzeitigem sozialen Frieden, da auch die niedrig Qualifizierten selbst an die Eigenverantwortlichkeit ihrer Situation glauben. Prototypisch für das meritokratische Prinzip kann der „amerikanische Traum: vom Tellerwäscher zum Millionär“ gesehen werden.

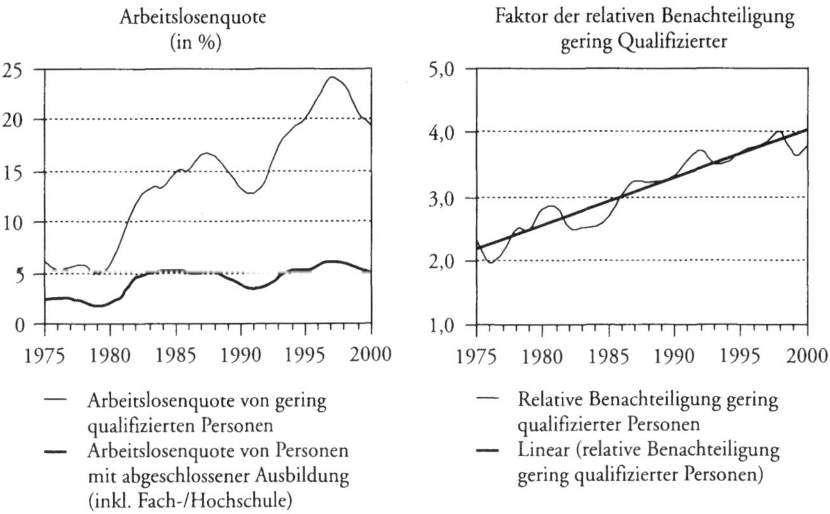

Abbildung 2.15: Qualifikationsspezifische Arbeitslosenquoten und die relative Benachteiligung ausbildungsloser Personen, Westdeutschland, 1975 bis 2000 (nach Solga, 2005, S. 20)

Vor dem Hintergrund dieser Analysen formuliert Heike Solga (2005) einen soziologischen Erklärungsbeitrag zur Verschlechterung der Arbeitsmarktbeteiligung von Personen mit niedriger formaler Qualifikation über die gängigen ökonomischen Erklärungen hinaus. Sie leitet theoretisch ab, dass die historisch sich verstärkenden Nachteile gering Qualifizierter keinesfalls nur auf Selektionsverhalten der Arbeitgeber zurückzuführen sind. Durch die Marginalisierung der Gruppe der gering Qualifizierten haben diese keine oder nicht hinreichende Netzwerke, die ihnen Informationen über vakante Stellen und Anforderungsprofile im Allgemeinen geben könnten. Außerdem fehle es an Vorbildern. Hinzu kommt, dass die veränderte Sichtweise auf ihre Gruppe zum Erleben von Stigmatisierung (vgl. Abschnitt 2.3.2) führe. Die Kombination von Unwissenheit und Strategien zum Stigmamanagement (vgl. Abschnitte 2.3.2.1 und 2.3.4) löse Prozesse der Selbstselektion aus, die in Erweiterung der ökonomischen Perspektive eine weitere Ursache für die geringere Beschäftigung gering qualifizierter Personen darstelle, die in ihnen selbst und nicht in der unmittelbaren Bewertung von äußeren Personen liege.

Ihren theoretischen Ableitungen folgend zeigt Solga (2005, S. 224ff.) empirisch im Vergleich von vier Kohorten im Abstand von 10 Jahren von 1930–1960, dass bei Kontrolle anderer relevanter Variablen, wie z. B. der beruflichen Stellung der Eltern und der Familienform, Personen, die bis 25 keine abgeschlossene Berufsausbildung hatten, schlechtere Chancen auf dem Arbeitsmarkt haben, d. h. ein höheres Risiko aufweisen, auf einem Einfacharbeitsplatz zu sein, wenn sie aus der

60er-Kohorte stammen, als Personen mit denselben Voraussetzungen in früheren Kohorten. Diesen Effekt könnte man auch mit den ökonomischen Mechanismen der Verdrängung und der Diskreditierung hinreichend erklären. Zum Nachweis der von ihr postulierten Selbstselektionsmechanismen leitet sie durch statistische Kontrolle von Angebots- und Nachfrageeffekten ab, dass der Verdrängungseffekt zumindest teilweise durch Selbstselektionsprozesse zu erklären ist. Insbesondere, dass dieser Unterschied zwischen den Kohorten bei Kontrolle aller anderen Variablen bei den Personen, die mindestens eine Ausbildung abgebrochen haben, besonders stark ist, wertet sie als Hinweis, dass Selbstselektion auf Grund von Stigmaerleben das Bewerbungsverhalten negativ beeinflussten.

Die Arbeit von Heike Solga (2005) zeigt deutlich, dass die Ausbildung von kollektiven Identitäten im Sinne von Bildungszertifikaten ein zentraler Aspekt bei der Betrachtung des Bildungssystems ist. Sie kann zeigen, dass eine historische Veränderung in der Bedeutung von Bildungsabschlüssen stattgefunden hat. Außerdem, dass Effekte dieser Veränderung sowohl auf Anbieter- als auch auf Nachfragerseite zu finden sind. Als Soziologin befasst sie sich dabei nicht mit der Frage, wie die psychologische Vermittlung der gefundenen Selbstselektionsprozesse zu sehen ist. Dazu soll in der vorliegenden Arbeit ein Beitrag geliefert werden.

2.4 Selbstwissen bei Übergängen und Entscheidungen

Bevor in Abschnitt 2.5 alle dargestellten Theorien und Befunde integriert und zur Ableitung der konkreten Untersuchungsfragen dieser Arbeit verwendet werden, muss ein kleiner Ausflug in zwei sehr allgemeine psychologische Fragen gemacht werden. Dies ist zum einen die Frage danach, wie sich Selbstwissen entwickelt, und zum zweiten, wie Selbstwissen leistungsbezogene Entscheidungen beeinflusst. Dazu sollen zwei psychologische Modelle vorgestellt werden, die besonders prominente Beispiele zur Beantwortung dieser Fragen sind. Es sind dies ein Modell von Diane Ruble (1994), wie Veränderungen des Selbst vonstattengehen, und ein Modell von Jaquelynne Eccles et al. (z. B. Eccles, O'Neill & Wigfield, 2005), das das Zusammenspiel von Rahmenbedingungen, Selbstwissen und akademischen Entscheidungen erklärt.

2.4.1 Veränderungen des Selbstwissens bei Übergängen

Wie gezeigt wurde, sind kollektive Aspekte des Selbst über das Selbstkonzept sensu Marsh hinaus bedeutsam für Motivation und Leistungsentwicklung. Jedoch fehlt im bisherigen Überblick der Theorien und Befunde noch ein allgemeines Modell, das die Entwicklung selbstbezogener Kognitionen generell verstehen hilft. Diane

Ruble (1994) stellt ein solches Modell zur Verfügung. In ihrem „phase model of transitions“ versucht sie, die Zusammenhänge zwischen Veränderungen in der Lebenssituation und der Verarbeitung von selbstbezogenem Wissen herzustellen. Veränderungen in den eigenen Lebensumständen führen bei den betroffenen Personen meistens dazu, dass sie aktiv nach Informationen bezüglich der Veränderung suchen, die schließlich Facetten des eigenen Selbst werden. So ist der Übergang von der Grund- auf die Hauptschule oder das Gymnasium mit der Übernahme einer neuen kollektiven Identität verknüpft (vgl. Abschnitt 2.1.3). Für die Schüler ist es wichtig zu verstehen, was diese neue kollektive Identität bedeutet. Daher werden sie zunächst nach allen verfügbaren Informationen suchen. Ruble (1994) teilt jeden Veränderungs- oder Übergangsprozess in drei Phasen ein: Konstruktion, Konsolidierung und Integration. Die Phasen sind in Bezug auf ihre Eigenschaften in Tabelle 2.10 schematisch dargestellt.

In der ersten Phase wird der neue Selbstaspekt konstruiert. Es wird aktives Interesse vorrangig daran gezeigt, welche Merkmale die neue Selbstfacette auszeichnen und welche Handlungen damit verbunden sind. Entsprechend der Neuheit ist das vorliegende Wissensniveau niedrig, und der Erwerb von neuen Informationen bezieht sich vor allem auf oberflächliches Wissen, d. h. beobachtbares Verhalten. Es wird keine Selektion vorgenommen, alle verfügbaren Informationen werden

Tabelle 2.10: Die drei Transistionsphasen im Überblick

Variable	**Phase 1** **Konstruktion**	**Phase 2** **Konsolidierung**	**Phase 3** **Integration**
		Repräsentation	
Wissensniveau	niedrig	mittel	hoch
Wissensart	oberflächlich prozedural konkret beobachtbar	 strukturell abstrakt schlussfolgernd	interindividuell unterschiedlich
		kognitiv-motivationale Orientierung	
Informationssuche	aktiv Fokus auf Definitionen von Merkmalen und Prozeduren	aktiv Fokus auf Relevanz für das Selbst	interindividuell unterschiedlich
Informations- verarbeitung	Relevanz	Relevanz und Stimmigkeit	interindividuell unterschiedlich
Auswirkung	niedrig	hoch	variabel

aufgenommen und es wird aktiv nach unterschiedlichen Informationsquellen gesucht. Die Auswirkungen des neuen Wissens auf das Selbst sind dabei zunächst niedrig. Der frisch an die Hauptschule gekommene Schüler fragt sich vermutlich, was einen Hauptschüler im Unterschied zum Grundschüler oder zum Gymnasiasten ausmacht? Er wird beobachten, wie sich Hauptschüler untereinander verhalten. Ist das anders als bei den Klassenkameraden aus der Grundschule, die jetzt auf dem Gymnasium sind? Für diese und andere Fragen werden möglichst weiträumig gültige Antworten gesucht.

In Phase 2 der Veränderung werden die in der ersten Phase gesammelten Eindrücke konsolidiert. Was bedeuten die neuen Informationen für mich persönlich? Dementsprechend sind die Auswirkungen des Wissens auf die Person und ihr kognitiv-motivationales Verhalten nun hoch, es wird quasi ungefiltert ausprobiert. Typische Fragen von Hauptschülern in der Konsolidierungsphase könnten sein: Was bedeutet das, was ich jetzt darüber weiß, wie meine alten Grundschulkameraden und andere Leute auf mich reagieren, wenn sie wissen, dass ich jetzt auf der Hauptschule bin, für mein Erleben und Verhalten? Die Informationssuche ist bei der Konsolidierung nicht mehr so offen wie in der Konstruktionsphase. Es werden jetzt vorrangig Informationen gesucht und berücksichtigt, die mit den eigenen aktuellen Selbstvorstellungen – also den bereits gesammelten Informationen – harmonieren. Auch wird weniger beobachtbares denn abstraktes, schlussfolgerndes Wissen aufgebaut, das vor allem im Hinblick auf die Relevanz für das eigene Selbst interpretiert wird. In der dritten und letzten Phase hört bei einem inzwischen hohen Wissensstand über die neue Selbstfacette die aktive Suche nach Informationen auf. Die in Phase 1 und 2 gesammelten Informationen werden jetzt in das Selbst integriert, es bilden sich kognitiv gesehen neue Verknüpfungspunkte mit anderen bestehenden Wissenseinheiten. Dabei spielen die mitgebrachten Dispositionen der Person eine große Rolle. Je nachdem, welche Neigungen oder Eigenschaften eine Person grundsätzlich hat, ergeben sich ab dieser Phase unterschiedliche Vorhersagen für verschiedene Personen bezüglich der Suche und des Umgangs mit neuen Informationen.

Ruble (1994) zieht zur Verdeutlichung ihres Modells die Veränderung der Selbstvorstellungen bei Frauen im Übergang zur Mutterschaft heran. Abbildung 2.16 zeigt, wie sich die Informationssuche von Frauen im Verlauf von vor der Schwangerschaft bis hin zu einigen Monaten nach der Geburt verändert. Die Schwangerschaft kann als ein besonders plastisches Beispiel eines Überganges gesehen werden, da sich langsam aber sicher in einem relativ festgelegten Zeitraum der Wandel von der Nicht-Mutter zur Mutter vollzieht. Ruble (1994) befragte querschnittlich Frauen in verschiedenen Stadien im Übergang zur Mutterschaft und ließ diese einschätzen, wie viel Wissen sie sich im letzten Monat zu den Bereichen Mutterschaft, Schwangerschaft und Geburt angeeignet hätten. Wie in der Abbildung zu sehen ist, gibt es zwischen den Gruppen der nicht schwangeren Frauen und den Schwangeren im ersten Drittel zunächst einen signifikanten Unterschied bei der Suche nach Infor-

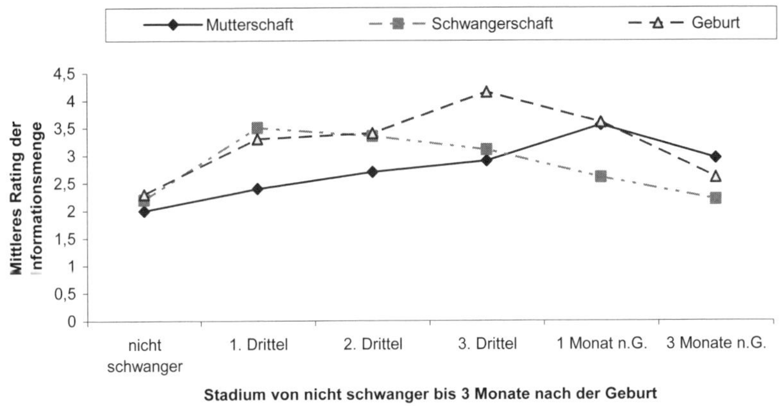

Abbildung 2.16: Beispiel für Veränderungen im Informationssucheverhalten bei Übergängen am Beispiel Mutterschaft nach Ruble (1994, S. 165)

mationen zu Schwangerschaft, Geburt und Mutterschaft derart, dass schwangere Frauen mehr solcher Informationen suchen. Dieser Unterschied ist am größten für die Schwangerschaft, da dieser Bereich auf Grund der zeitlichen Nähe zunächst besonders bedeutsam ist. Bei der Gruppe im zweiten Drittel der Schwangerschaft ist das Informationsbedürfnis zur Schwangerschaft wieder etwas niedriger als in der Gruppe im ersten Drittel. In diesem Rahmen, zwischen dem ersten und zweiten Drittel der Schwangerschaft, beginnt also die Integrationsphase der neuen Selbstdefinition als Schwangere. Das Interesse an Informationen zur Schwangerschaft fällt langsam ab, während es für Informationen zur Geburt weiter steigt. Ruble deutet dies so, dass das Selbst als Schwangere bereits integriert wird, aber das Selbst als Gebärende noch in der Konsolidierungs- oder gar Konstruktionsphase ist, bis mit der Geburt das Interesse an diesem Thema drastisch absinkt und damit die Integration auch für diesen Aspekt, ein Kind geboren zu haben, beginnt. Gleichzeitig steigt das Interesse an Informationen über die Mutterschaft stetig an, was als ein fortwährender Konsolidierungsprozess zu deuten ist, bis auch hier das Informationsbedürfnis zwischen einem und drei Monate nach der Geburt abnimmt und somit die Integrationsphase beginnt.

Für die Betrachtung von selbstbezogenen Kognitionen von Hauptschülern sind Rubles Überlegungen daher relevant, weil die kollektive Identität als Hauptschüler ähnlich wie die der Mutter erst allmählich akquiriert werden muss. Es ist anzunehmen, dass Schüler unmittelbar nach dem Übergang auf die Sekundarschule noch kein abgeschlossenes und vollständiges Bild von ihrer neuen Gruppenzugehörigkeit haben und auch die Konsequenzen noch nicht abschätzen können. Vermutlich im Laufe des letzten Schuljahres an der Grundschule beginnt für Schüler die Konstruktionsphase ihrer neuen Selbstfacette als Oberschüler. Wenn dann die

Entscheidung für einen bestimmten Schultyp gefallen ist, wird verstärkt zunächst alle Information diesen Schultyp betreffend gesucht und aufgenommen werden. Das sieht vermutlich vor allem so aus, dass Reaktionen von Peers, Eltern und Lehrern bewusst herbeigeführt werden. Dies kann durch Gespräche aber auch durch provokante Äußerungen geschehen. Sicherlich werden häufig auch direkte Fragen gestellt: „Warum geht Paul auf eine andere Schule?“ „Wieso können wir nicht in einer Klasse bleiben?“ Es ist anzunehmen, dass ähnlich wie im Beispiel von Ruble mehrere Selbstfacetten nacheinander gebildet werden, so zunächst die des Kindes, dass bald an die Oberschule wechselt, bis hin später zur tatsächlichen kollektiven Identität als Gymnasiast, Real- oder Hauptschüler. Wie bei der Mutterschaft wird sich diese letztlich nachhaltigste neue Identitätsfacette erst nach dem Übergang auf die neue Schule konsolidieren. Wann genau die Konstruktions-, Konsolidierungs- und Integrationsphase jeweils enden, lässt sich nicht vorausschauend bestimmen. Was sich aber aus dem Modell von Ruble ableiten lässt, ist, dass die Wahrnehmung eines Stigmas im Zusammenhang mit dem neuen kollektiven Selbst als Hauptschüler im Laufe der Zeit nach dem Übergang an Intensität zunehmen sollte, bis die neue Selbstfacette konsolidiert und schließlich integriert ist.

2.4.2 Selbstwissen und akademische Entscheidungen

Bei der Auseinandersetzung mit dem Selbstwissen von Schülerinnen und Schülern ist es sinnvoll, über die Betrachtung der Genese hinaus auch ihre Auswirkungen zu betrachten. Wie wirken sich die kollektiven und individuellen selbstbezogenen Kognitionen z. B. auf die Motivation im Schulkontext aus? Inwieweit beeinflusst die Einschätzung des Stigmas von Hauptschülern die Entscheidung, höhere Bildung anzustreben? Zu beiden Fragen wurden bereits mögliche Antworten in den Abschnitten 2.3.2.1 und 2.3.4 abgeleitet. Um diese Antworten in einen breiteren Kontext einzubetten, sind Modelle zur Erklärung akademischer Wahlen besonders vielversprechend. Unter ihnen sind zwei Richtungen hervorzuheben, da sie in der gegenwärtigen Forschung am häufigsten Verwendung finden: Diese sind nach Olaf Köller, Zoe Daniels, Kai Schnabel und Jürgen Baumert (2000) auf der einen Seite Einstellungsmodelle wie die Theorien der überlegten Handlung und des geplanten Verhaltens (Aijzen & Fishbein, 1977; Aijzen & Madden, 1986) und auf der anderen Seite Wert-Erwartungs-Ansätze. Es sei darauf hingewiesen, dass eine solche theoretische Trennung weder exklusiv ist noch uneingeschränkt geteilt wird. So bezeichnen beispielsweise Dagmar Stahlberg und Dieter Frey (1996) die Theorien der überlegten Handlung und des geplanten Verhaltens auch als „Erwartungswert-Modelle“ (S. 248).

Nach Köller et al. (2000, S. 27) bezieht sich die Mehrzahl der internationalen Arbeiten auf das erweiterte Wert-Erwartungs-Modell von Eccles (1983). Der *Wert-Erwartungs-Ansatz* erfreut sich in der motivationspsychologischen und entscheidungstheoretischen Forschung großer Popularität (vgl. z. B. Heckhausen, 1977, 1989; Jungermann, Pfister & Fischer, 1998; Wigfield & Eccles, 2000). Dies lässt sich unter anderem darauf zurückführen, dass der Wert-Erwartungs-Ansatz sowohl zur Erklärung inter- wie auch intraindividueller Verhaltensunterschiede gute Erklärungen liefert (vgl. z. B. Winston, Eccles, Senior & Vida, 1997). Grundlage des Ansatzes ist die Annahme, dass sich Entscheidungen für eine Option mit Hilfe der subjektiven *Erfolgserwartung* und *Wertschätzung* erklären lassen (Wigfield & Eccles, 2000, S. 68). Wert-Erwartungs-Modelle beschreiben also, wie eine Person *subjektiv erwartete Wahrscheinlichkeiten*, die so genannten *Erwartungen*, und *subjektiv antizipierte Konsequenzen*, die so genannten *Anreize* oder *Werte*, aller in Betracht gezogenen Handlungsalternativen abwägt und dann die mit dem besten Ergebnis wählt. Die Verknüpfung von Wert und Erwartung wird dabei multiplikativ angenommen. Das heißt theoretisch, wenn entweder der Wert oder die Erwartung null ist, so ist auch die resultierende Motivationstendenz, sich der betreffenden Alternative zuzuwenden, null (vgl. Jungermann et al., 1998). Faktisch findet diese Regel in der Forschung meist keine Anwendung, da Wert und Erwartung meist additiv in Regressionsmodellen verwendet werden (vgl. z. B. Maaz, 2006).

Heinz Heckhausen (1989) weist darauf hin, dass viele verschiedene Darstellungs- und Nutzungsformen von Wert-Erwartungs-Modellen existieren. Auf Grund seiner Verbreitung wird in dieser Arbeit das Modell von Eccles (Parsons) et al. (1983; Wigfield & Eccles, 2000) vorgestellt. Das Modell dient insbesondere zur Erklärung *leistungsbezogener Entscheidungen (achievement-related choices)*. Dabei richtet sich der Fokus nicht nur auf die tatsächlichen Wert- und Erwartungskomponenten, sondern auch auf die diese Komponenten bedingenden Einflussgrößen, um ein möglichst vollständiges Bild der Genese solcher Entscheidungen zu zeichnen. Einen zentralen Platz unter diesen Komponenten nehmen die selbstbezogenen Kognitionen ein. Daher kann das Modell bei der oben angegebenen Frage, wie sich die kollektiven Selbstkognitionen auf leistungsbezogene Entscheidungen auswirken, als Anhaltspunkt genutzt werden. Abbildung 2.17 zeigt das vollständige Modell.

Das Modell soll jetzt hier nur auszugsweise erläutert werden. Sowohl personale als auch kollektive selbstbezogene Kognitionen sind den Selbstschemata zuzuordnen. Von dort gehen Pfade auf die Wert- und die Erwartungskomponente, die ihrerseits gemeinsam die Intentionsbildung bestimmen. Eine explizite Aufsplittung in kollektives und personales Selbstwissen ist nicht vorgesehen. Als wichtige Voraussetzungen der Selbstschemata werden Wahrnehmungen des Kindes von den Überzeugungen der Sozialisationsagenten genannt. Darunter fallen die Eltern, die Peers und natürlich auch die Lehrer. In dem Modell wird dabei vor allem auf Geschlechtsrollen und Geschlechtsstereotype eingegangen. Es ist aber ebenso sinnvoll, diesen Zusammenhang für andere Stereotype anzunehmen, so zum Beispiel das Stereotyp über Hauptschüler. Bei der Entstehung dieser Überzeugungen spielt auch das allgemeine kulturelle Milieu eine Rolle. Es wird angenommen, dass allgemeine kulturelle Stereotype über die Bedeutsamkeit von Inhaltsdomänen und Charakteristika von Berufsbildern existieren. Diese wirken sich nicht nur indirekt auf die Kinder aus, indem sie die Einstellungen der Sozialisationsagenten verändern, sondern sie haben nach Eccles et al. auch einen direkten Einfluss auf die Kausalattributionen und Kontrollüberzeugungen des Kindes. Der Wirkpfeil von den affektiven Erinnerungen auf den Wert umfasst zumindest theoretisch auch die oben beschriebene Desidentifikation. Das Bedrohungserleben kann nur durch die Entkoppelung der Tätigkeit von der eigenen Person vermindert werden, was einer Minderung ihres Wertes entspricht. Wenn eine Tätigkeit als wertlos erachtet wird, wird sie nicht mehr aufgesucht.

Es sollen hier noch abschließend spezifischere Befund von Eccles et al. aus der Übergangsforschung erwähnt werden. Sie (Eccles, Lord, Roeser, Barber & Jozefowicz, 2002) zeigen, dass das Erleben des Schulwechsels auf die Sekundarschule in den USA (bei dem nicht auf verschiedene Schultypen aufteilt wird) Zusammenhänge mit den weiteren psychischen und leistungsbezogenen Entwicklungsverläufen in der High School aufweist. Dabei ist das Erleben der Übergangssituation von den realen Gegebenheiten der neuen Schule natürlich nicht unabhängig. In einer früheren Untersuchung zeigen Robert Roeser und Jaquelynne Eccles (1998), dass insbesondere die Wahrnehmung von Wettbewerbsforcierung und unterschiedlicher Behandlung nach antizipierter Leistungsstärke durch die Lehrkräfte zu einem Absinken von schulbezogener Motivation und Selbstwertgefühl führt, sprich Selbstschemata, Wert und Erwartung verändern sich in Bezug auf die Schule. Natürlich beziehen sich diese Befunde auf den interpersonalen Vergleich innerhalb einer Klasse. Man

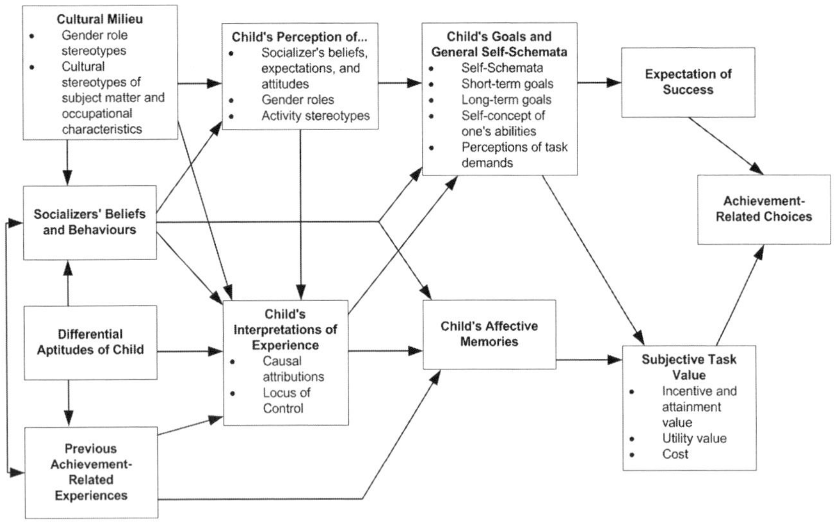

Abbildung 2.17: Erwartungs-mal-Wert-Modell zur Erklärung akademischer Entscheidungen von Jaquelynne Eccles (Parsons) (1983)

kann aber auch hier schlussfolgern, dass diese Wahrnehmung auf der intergruppalen Ebene einen ähnlichen Effekt haben könnte. Dann würde die Wahrnehmung der Aufteilung auf unterschiedliche Schultypen, wie sie in Deutschland geschieht, auch zu Effekten auf die Motivation und dem kollektiven Selbstwert führen.

2.5 Selbstbezogene Kognitionen bei Hauptschülern

Im Folgenden werden die dargelegten Theorien und Befunde mit dem Fokus auf selbstbezogene Kognitionen von Hauptschüler integriert. Dabei soll zunächst noch einmal auf die Unterscheidung zwischen personalem und kollektivem Selbstwissen eingegangen werden. Darauf aufbauend wird die Fragestellung konkretisiert und ein Forschungsmodell abgeleitet, an dem die generierten Hypothesen veranschaulicht werden.

2.5.1 Klärung und Integration zentraler Begriffe

Zunächst sollen nun zentrale Begriffe derart erläutert und integriert werden, wie sie in dieser Arbeit im weiteren Verlauf verwendet werden: Identität, Selbstkonzept, Selbstwissen und Selbstwert. Das Selbstkonzept (oder Selbst) ist im Sinne von Moschner und Dickhäuser (2006) der Teil der Identität einer Person, in der das deklarative Wissen, das eine Person über sich hat, gespeichert ist. Mit dem deklarativen Selbstwissen verbunden sind auch dessen Evaluationen, die als die entsprechenden Selbstwerte gespeichert werden. Sowohl das Selbstkonzept als auch der Selbstwert werden hier als Selbstwissen bezeichnet. Identität ist in dieser Arbeit als die Summe allen Selbstwissens zu verstehen, sie ist die Gesamtheit aus allen Facetten des Selbstkonzepts und den dazugehörigen Selbstwerten. In dieser Arbeit werden eine personale und eine kollektive Identität und als Teile davon ein personales und ein kollektives Selbstkonzept sowie ein personaler und ein kollektiver Selbstwert unterschieden. Da bei der pädagogisch-psychologischen Forschung zu akademischen Selbstkonzepten im Allgemeinen keine empirische Trennung in deklarative und evaluative Bestandteile vorgenommen wird (vgl. z. B. Trautwein, Lüdtke, Köller & Baumert, 2006), soll dies in der vorliegenden Arbeit auch nicht geschehen. Dies liegt darin begründet, dass in diesem Forschungsparadigma allgemein deklaratives Wissen und die dazugehörigen Evaluationen als wechselseitig determiniert angenommen werden. Eine hohe Meinung von der eigenen Leistungsfähigkeit wird ebenso als generell mit positiver Valenz behaftet angesehen. Gleiches gilt für eine positive Einschätzung der Leistungsreputation der eigenen Gruppe. Beschreibung und Wert von den in dieser Arbeit zu untersuchenden Annahmen zur Leistungsfähigkeit und zum Sozialverhalten sind in der Gesellschaft nicht zu entkoppeln. Es kann sich niemand dem hohen gesellschaftlichen Stellenwert dieser Eigenschaften entziehen. Es gilt allgemein als gut, leistungsfähig und sozial integriert zu sein. In anderen Domänen ist die Annahme einer solchen engen Korrespondenz zwischen Selbstkonzept und Selbstwert gegebenenfalls nicht gerechtfertigt, da die mit der Selbstbeschreibung einhergehende Bewertung weniger sozial vorgeschrieben ist. So kann bei künstlerischem Selbstwissen die Annahme „Ich bin impulsiv“ als positiv oder negativ gewertet werden und auch bezüglich der Annahmen, ob impulsive Künstler in der Gesellschaft eher geschätzt oder abgelehnt werden, wird vermutlich keine Einigkeit erzielt werden. Wenn es um Leistung und Sozialverhalten geht, sind die Standards gesellschaftlich eindeutig definiert. Niemand wird es positiv bewerten, wenn die eigene Gruppe als dumm oder unsozial beschrieben wird.

Das bedeutet natürlich nicht, dass diese Domänen für die eigene Person als besonders bedeutsam angesehen werden müssen (vgl. Crocker, 2002). Aber auch eine Person, die den Wert Leistung für sich persönlich ablehnt, kann nicht umhin, dessen eindeutig positiv konnotierte gesellschaftliche Bedeutung wahrzunehmen. Daher wird auf eine Trennung dieser Konzepte in den Messungen verzichtet und trotzdem von Selbstwerten gesprochen, obwohl nur deklaratives Selbstwissen erfasst wird. In dieser Arbeit werden für die gemessenen Konzepte die Begriffe personale Identität, personales Selbstkonzept und personaler Selbstwert auf der einen und kollektive Identität, kollektives Selbstkonzept und kollektiver Selbstwert auf der anderen Seite synonym gebraucht. Im Sinne von Luhtanen und Crocker (1992) wird auch von öffentlichem kollektiven Selbstwissen gesprochen. Dies beschreibt das im Zentrum dieser Arbeit stehende Wissen darum, was man annimmt, was die Gesellschaft allgemein über die eigene Gruppe denkt. Im Unterschied zu Luthanen und Crocker wird dabei – mit der eben gegebenen Begründung – die deklarative und nicht die evaluative Komponente in den Mittelpunkt gestellt, was auf Grund der Spezifität der Fragestellung bezogen auf Hauptschüler möglich ist, während dies für ihren Ansatz einer gruppenunspezifischen Messung des kollektiven Selbstwertes deutlich weniger Sinn macht.

In den Abschnitten 2.1 und 2.2 wurde gezeigt, dass kollektive und personale Identität und damit kollektives und personales Selbstwissen prinzipiell als zwei nebeneinander stehende Entitäten des Selbst anzusehen sind. Es gibt dispositional-chronische und situational-aktivierende Unterschiede darin, wie kognitiv verfügbar die eine oder die andere Selbstfacette ist. Das bedeutet, je nach Kontext ist das eine oder das andere wichtiger in einer bestimmten Situation. Aber auch, wenn der Kontext stabil ist, unterscheiden sich Personen in der Ausprägung kollektiver und individueller Merkmale und ihrer persönlichen Bedeutsamkeit. Das Verhältnis von kollektiver und personaler Identität ist nach dem gegenwärtigen Forschungsstand nicht abschließend bestimmbar. Die Zugehörigkeit zur Hauptschule (oder zu einer anderen Schulgruppe) wurde bisher in der pädagogisch-psychologischen Forschung nur als Determinante des akademischen Selbstkonzepts betrachtet. Dies ist ein sehr individualistischer Standpunkt, der impliziert, dass das Selbstkonzept nur aus personalem Selbstwissen besteht. In der vorliegenden Arbeit wird kollektives Selbstwissen als zunächst gleichberechtigte Facette neben dem personalen Selbstwissen betrachtet. Eine beschädigte kollektive Identität kann den personalen Selbstwert unberührt lassen oder sogar zu dessen Erhöhung eingesetzt werden, aber der kollektive Selbstwert wird von ihr betroffen sein. Mindestens die öffentliche Facette, die beinhaltet, wie die generalisierten Anderen über die eigene Gruppe denken, weist im Falle von wahrgenommener Ablehnung der eigenen Gruppe Veränderungen in negativer Richtung auf.

Es wurden verschiedene Auswirkungen des kollektiven selbstbezogenen Wissens diskutiert. Wie in Abschnitt 2.1.3.4 gezeigt wurde, ist Mobilität hin zu einer Gruppe mit einer besseren kollektiven Identität immer die erste zu prüfende Option, wenn die aktuelle Gruppenmitgliedschaft einen schlechten kollektiven Selbstwert beinhaltet. Wie auch dargelegt wurde, ist der Wechsel auf eine höhere Schule für Hauptschüler bis zum Abschluss der Hauptschule meist nicht möglich, selbst wenn sie dafür ausreichend hohe Leistungen erbringen. Es gibt zwar inzwischen die Möglichkeit, auf der Hauptschule einen Realschulabschluss zu erwerben, aber die Zugehörigkeit zur Hauptschule bleibt dabei bestehen. Es ist davon auszugehen, dass im Laufe der Oberschulzeit die kollektive Identität als Hauptschüler ein integrierter Bestandteil des Selbstwissens der Schüler wird. Sie beinhaltet u. a. das Wissen darum, wie die Leute über Hauptschüler denken, und die eigene Identifikation mit dieser Gruppe. Ein Stigma zu haben bedeutet, dass man Mitglied einer Gruppe ist, die in Mehrheitskreisen eine minder bewertete Reputation hat. Zumindest das leistungsbezogene Stereotyp über Hauptschüler ist vermutlich so negativ, dass man hierbei von einem Stigma sprechen kann. Das gleiche Stigma kann jedoch in verschiedenen Situationen verschiedene Konsequenzen haben. Daher können Stigmata Vermeidungstendenzen gegenüber Situationen auslösen, in denen die Relevanz des Stigmas erhöht wäre. Das Stigma, Hauptschüler zu sein, kann in diesem Sinne negative Konsequenzen für Aspirationen haben, auf eine höhere Schule wechseln zu wollen. Innerhalb der Hauptschule sind mit dieser kollektiven Identität eventuell keine negativen, vielleicht sogar positive Merkmale verbunden. Situationsmanagement könnte also eine sinnvolle Coping-Strategie zum Umgang mit diesem Stigma darstellen. Psychologisch würde, wenn diese Annahmen richtig sind, der Kontakt mit höheren Schulen vermieden werden, um das Stigma nicht zu aktivieren. Dies kann insbesondere dann der Fall sein, wenn eine Identifizierung mit der Hauptschule stattgefunden hat, was bedeutet, dass diese Identität nicht einfach abgelegt werden kann (und gegebenenfalls auch nicht abgelegt werden will). Umgekehrt würde das Stigma, Hauptschüler zu sein, dann Bildungsaspirationen verstärken, wenn es als möglich wahrgenommen wird, bei einem Schulwechsel das Stigma als Hauptschüler ganz abzulegen und die neue kollektive Schultypidentität anzunehmen.

Die Situation innerhalb der Hauptschule scheint nach den gegebenen Ausführungen ein psychologisches Dilemma darzustellen. Schulisches Engagement führt mit großer Wahrscheinlichkeit nicht zu einem Aufstieg im Schulsystem. Gute Noten in der Hauptschule zu haben wird hingegen von Personen außerhalb der Hauptschule und vielleicht noch nicht einmal von den Lehrern dort als Statussymbol anerkannt, da dort allgemein kein hoher Leistungsstand angenommen wird, so dass auch die Besten vermutlich immer wieder Situationen erleben, die sie an dem Wert ihrer guten Leistungen zweifeln lassen, wenn die kollektive Identität als Hauptschülern relevant wird. Daher wird hier angenommen, dass die positiven Konsequenzen des Fischteicheffekts zumindest teilweise konterkariert werden durch das Wissen um die negative Reputation der eigenen Leistungsgruppe. Ist ein Schüler hingegen schlecht, so bestätigt dies doppelt das Vorurteil über die Gruppe als Ganzes und die Einzelperson als typischer Vertreter dieser Gruppe. Auch die besseren Schüler verbleiben auf der Hauptschule und sind damit trotz ihrer relativ guten Leistungen stets der Gefahr ausgesetzt, dass negative Stereotyp doch zu bestätigen. Die Identifikation mit und die Investition in die Schule zu senken, ist eine naheliegende Strategie, um dieser Zwickmühle zu entrinnen. Denn etwas, dass ich als unwichtig erachte, kann mich nicht in meiner Identität nicht mehr – oder zumindest nur noch weniger stark – bedrohen. Dies ist ein zentraler Punkt in den Annahmen der vorliegenden Arbeit, wie im folgenden Abschnitt vertiefend dargestellt wird. Er steht den gezeigten positiven Konsequenzen für das akademische Selbstkonzept durch die Zuweisung zur Hauptschule und dem damit verbundenen Fischteicheffekt entgegen. Mit der Integration dieser Perspektiven verbindet sich die Hoffnung, einige widersprüchliche Befunde – zum Beispiel das allgemeine Schulengagement an verschiedenen Schularten und den Fischteicheffekt – besser verstehen zu können.

2.5.2 Konkretisierung der Fragestellung und Hypothesen

Der in der pädagogisch-psychologischen Forschung neue Ansatz der vorliegenden Arbeit ist es, kollektives Selbstwissen als eigenständige Identitätsfacette zu begreifen, die mehr ist als ein Prädiktor für personales Selbstwissen. So wird auf Grund der dargestellten Befunde angenommen, dass die negative kollektive Identität als Hauptschüler eine Bedrohung für das Motiv der Selbstaffirmation ist. Eine psychologische Möglichkeit, dem dadurch entstehenden Unwohlsein zu entkommen, ist die Desidentifizierung mit der Domäne, die diese Bedrohung verursacht. Diese Überlegungen finden sich in den Annahmen von Steele (1997, vgl. Abschnitt 2.3.3), von Major et al. (1998, vgl. Abschnitte 2.3.2.1 und 2.3.2.2) und nicht zuletzt auch in dem Modell von Tesser (1988, vgl. Abschnitt 2.3.4). Alle diese Ansätze haben gemein, dass Personen erwünschte Anforderungen und ihre Fähigkeiten balancieren müssen, um eine positive Selbstsicht zu erhalten. Wenn es nicht möglich erscheint, die eigene Leistung so zu erhöhen, dass sie sich mit den Anforderungen deckt, dann bleibt nur die Senkung des eigenen Anspruchniveaus. Je mehr also Hauptschüler wahrnehmen, dass ihnen negative Vorurteile im Rahmen ihrer Schultypzugehörigkeit entgegengebracht werden, umso mehr werden sie ihre Motivation senken, sich in der Schule allgemein zu engagieren, um so nicht zu einem negativen Vergleichsergebnis kommen zu müssen. Schon Festinger (1954, vgl. Abschnitt 2.1.4.2) legt fest, dass ein Vergleich, der auf Dauer zu negativer Selbsteinschätzung führt, vermieden wird. Eine Form von Vermeidung ist die Desidentifikation mit der betreffenden Domäne, so dass diese für die Beschreibung der eigenen Person als nicht mehr wichtig erachtet wird. Auf Grund dieser Theorien ist es anzunehmen, dass Hauptschüler die persönliche Relevanz von und die Nähe zu Schule allgemein umso mehr reduzieren, je stärker sie negative Rückkoppelung bezüglich ihrer kollektiven Identität aus der Umwelt wahrnehmen. Eine solche Strategie sollte sich in einer Absenkung der allgemeinen schulbezogenen Motivation zeigen.

Das zentrale Konstrukt, das in messbarer Form in dieser Arbeit in die deutsche Schulforschung neu eingeführt wird, ist die kollektive Identität bzw. das Stigmaerleben von Hauptschülern. Es geht darum, was Hauptschüler denken, was die Leute über Hauptschüler denken. Dabei soll beleuchtet werden, wie diese Überzeugungen zustande kommen und welche Konsequenzen sie für die Motivation der Schülerinnen und Schüler haben. In Abbildung 2.18 ist ein Forschungsmodell wiedergegeben, dass die auf Grund der vorgestellten Theorien angenommenen Zusammenhänge dar stellt. Dabei sind zwei Ebenen angegeben. Auf der Schul- bzw. Klassenebene befindet sich die Einstellung der Lehrer. Damit ist gemeint, wie Lehrer stereotyp über Hauptschüler denken. Es ist anzunehmen, dass sich diese Einstellungen den Schülern im Laufe der Unterrichtszeit offenbaren und maßgeblich beeinflussen, wie sich ihr kollektiver Selbstwert entwickelt. Die Stereotypen der Lehrer könnten auch die Wirkweise des Stigmas auf die schulbezogene Motivation und Bildungsaspirationen beeinflussen, was durch die gestrichelten Pfeile symbolisiert wird.

Nach dem Modell wird das individuelle Stigmaerleben von der Leistungsfähigkeit und dem Selbstkonzept der Begabung beeinflusst. Diese Prozesse sind als reziprok anzusehen. Bei der Leistung wirkt zum einen der Prozess von links nach rechts, dass höhere Leistungsfähigkeit durch die stärkere Wahrnehumg der Option eines Schultypaufstiegs auch die Wahrnehmungsstärke der stigmatisierten kollektiven Identität verstärkt (vgl. Abschnitt 2.1.2). Andererseits kann sich das Stigma durch Stereotypenbedrohung (vgl. Abschnitt 2.3.3) entgegengesetzt negativ auf Leistung auswirken. Für das akademische Selbstkonzept werden zwei positiv mit dem Stigma assoziierte Prozesse angenommen. Zum einen, dass die eben geschilderte höhere Leistungsfähigkeit zu höherer Relevanz des Stigmas führt, wobei das akademische Selbstkonzept eine vermittelnde Rolle einnehmen sollte. Zum anderen führt das Stigmaerleben vermittelt über Attributionen negativer Rückmeldungen auf Vorurteile beim Urteiler und/oder Editing zu Selbstkonzepterhöhungen (vgl.

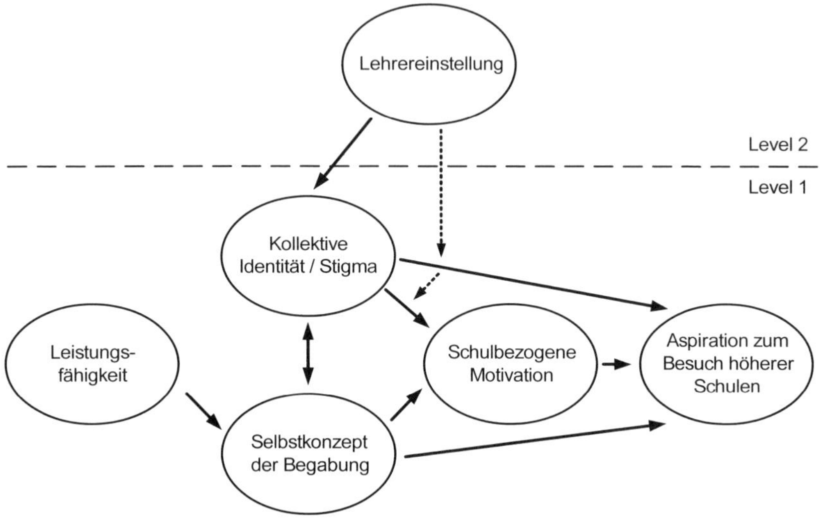

Abbildung 2.18: Das Forschungsmodell. Die gestrichelten Linien deuten die Beeinflussung des Zusammenhangs an. Level 1 und 2 sind hier methodisch zu verstehen. Psychologisch ist zumindest das Stigma auch auf Level 2 zu verorten

Abschnitt 2.3.2). Im Zentrum des Modells stehen die kollektive Identität und das Stigmaerleben. Damit sind das wahrgenommene Fremdstereotyp von Hauptschülern sowie die Identifikation mit der Hauptschule gemeint. Außerdem ist hier die Art der Selbstkonstruktion (eher inter- versus independent), wie sie in Abschnitt 2.1.3.3 beschrieben wurde, zu verorten. Es soll die Möglichkeit überprüft werden, ob diese mit Ausprägungen und/oder Wirkungen von kollektivem selbstbezogenen Wissen zusammenhängt. Im Modell ist die Selbstkonstruktion also implizit im Feld der kollektiven Identität und der Pfeile, die von ihm weggehen, enthalten. Auf der rechten Seite des Modells finden sich als vom Stigma und den anderen geschilderten Konstrukten die abhängigen Variablen Motivation für die Schule und die Bildungsaspirationen.

Konkret sollen in dieser Arbeit die folgenden zentralen Hypothesen geprüft werden (siehe Tabelle 2.11). Für Hauptschüler wird bezüglich ihrer Schultypzugehörigkeit eine negative und für Gymnasiasten eine positive öffentliche kollektive Identität angenommen. Dementsprechend sollte sich – entgegen der relativen Ähnlichkeit auf der personalen Ebene (akademisches Selbstkonzept) – zwischen den Schulformen ein deutlicher Unterschied in der öffentlichen kollektiven Identität zeigen lassen (Hypothese 1). Dabei nimmt die Negativität der öffentlichen kollektiven Identität bei Hauptschülern (Stigma) im Laufe der Zeit nach dem Übergang zu, bis die neue kollektive Selbstfacette integriert ist (Hypothese 2). Auf Grund der referierten Befunde von Major et al. (1998) wird angenommen,

Tabelle 2.11: Zentrale Hypothesen

Hypothese 1	Gymnasiasten und Hauptschüler unterscheiden sich bezüglich ihrer öffentlichen kollektiven Identität derart voneinander, dass diese bei Hauptschülern negativer und bei Gymnasiasten positiver ausgeprägt ist.
Hypothese 2:	Das Stigmaerleben wird bei Hauptschülern im Verlauf der Schulzeit stärker. Dies liegt in der Integration dieser kollektiven Identität in das bestehende Selbstwissen begründet.
Hypothese 3:	Das akademische Selbstkonzept hängt mit dem Stigmaerleben positiv zusammen, da a) mit höherer Stigmawahrnehmung negative Rückmeldungen stärker den (vermeintlichen) Vorurteilen der Urteiler zugschrieben werden und b) leistungsfähigere Hauptschüler sich stärker mit dem Stereotyp über ihre Gruppe auseinandersetzen.
Hypothese 4:	Lehrerstereotype beeinflussen die Ausprägung des Stigmaerlebens bei ihren Schülern sowie Zusammenhänge zwischen dem Stigma und Motivation und Bildungsaspirationen.
Hypothese 5:	Das Stigmaerleben hängt negativ mit der allgemeinen schulbezogenen Motivation zusammen.
Hypothese 6:	Das Stigmaerleben hängt nach Kontrolle der Identifikation als Hauptschüler negativ mit Bildungsaspirationen zusammen.

dass Stigmaerleben auch zum Schutz des personalen akademischen Selbstkonzepts eingesetzt werden kann. Je stärker die Überzeugungen einer Person sind, dass ihre Gruppe in der Gesellschaft z. B. als dumm angesehen wird, umso mehr kann diese Person auch an sie persönlich addressierte negative Leistungsrückmeldungen stärker den (vermeintlichen) Vorurteilen des Gegeübers anstatt wirklichem persönlichen Versagen zuschreiben. Dadurch wird der negative Effekt von negativen Leistungsrückmeldungen auf das personale akademische Selbstkonzept reduziert. (Hypothese 3a). Zusätzlich wird ein umgekehrter Zusammenhang angenommen, dass leistungsfähigere Hauptschüler sich des Stigmas stärker bewusst sind. Dies wird so erklärt, dass für diese Hauptschüler die öffentliche kollektive Identität ihres Schultyps relevanter ist, da sie sich, auf Grund ihrer höheren Position in ihrer Leistungsgruppe, mehr mit einem möglichen Schultypwechsel beschäftigen als ihre Mitschüler. Diese Beschäftigung mit einem potentiellen Schultypwechsel bring auch eine stärkere Beschäftigung mit der öffentlichen kollektiven Identitiät als Hauptschüler mit sich. Die Annahme ist hier, dass diese stärkere Auseinandersetzung leistungsfähigerer Hauptschüler mit ihrer kollektiven Identität auch die Stigmawahrnehmung verstärken könnte (Hypothese 3b). Zuletzt wird das Stigmaerleben auch als von der stereotypen Einstellung der Lehrern gegenüber ihren Schülern und damit verbundenen pädagogischen Überzeugungen beeinflusst gesehen. Hinzu kommt, dass diese Einstellungen auch Zusammenhänge zwischen Stigma und Motivation und Bildungsaspirationen modifizieren könnten (Hypothese 4). Bezüglich der Einflüsse, die vom Stigma ausgehend angenommen werden, wird ein negativer Zusammenhang zu schulbezogener Motivation erwartet (Hypothese 5). Darüber hinaus wird im Sinne einer Vermeidung der Relevanzaktivierung des Stigmas ein negativer Zusammenhang mit Bildungsaspirationen, einen höhere Schule zu besuchen, erwartet, wenn die Identifikation, Hauptschüler zu sein, kontrolliert wird (Hypothese 6). Im Sinne eines ingroup bias (vgl. Abschnitt 2.1.3.2) ist es plausibel anzunehmen, dass bei höherer Identifikation die Bewertung auch der öffentlichen Facette der kollektiven Identität positiv gefärbt wird. Gleichzeitig ist anzunehmen, dass identifizierte Schüler die Schule nicht verlassen wollen. Erst wenn diese Prozesse kontrolliert werden, ist die Berechnung eines reinen Zusammenhangs zwischen Stigma und Bildungsaspirationen möglich.

3 Empirische Studien

Bevor die Studien in Aufbau und Ergebnissen ausführlich besprochen werden, sollen zunächst im Abschnitt 3.1 ein Überblick über die vier folgenden empirischen Studien gegeben, damit die Inhalte besser in ein Gesamtbild einzuordnen sind.

3.1 Überblick über die durchgeführten Studien

Ein erster empirischer Schritt für die vorliegende Arbeit war es, den Inhalt des kollektiven Selbstwissens von Hauptschülern näher zu bestimmen. In Studie 1 wurde daher zunächst der Frage nachgegangen, wie die kollektive Identität von Hauptschülern beschaffen ist. Dazu wurden Hauptschüler der siebten und zehnten Klasse und Grundschüler kurz vor dem Übergang auf die Sekundarschule der sechsten Klasse befragt. Die Schüler wurden halb offen gefragt, was sie denken, was die Leute über Gymnasiasten bzw. Hauptschüler denken. Sie verfassten keinen Freitext, sondern beantworteten direkt Fragen bezogen auf die Freizeit, die Schule usw. Mit den Ergebnissen erfolgte eine erste Prüfung der ersten Hypothese, dass sich die Schultypen in ihrer öffentlichen kollektiven Identität unterscheiden. Dann wurden auf der Basis der Schüleraussagen dieser Studie Semantische Differentiale gebildet, von denen auf Grund der qualitativen Ergebnisse erwartet wurde, dass sie gut zwischen der kollektiven Identität von Gymnasiasten und Hauptschülern unterscheiden.

In Studie 2 wurden diese Semantischen Differentiale an einer kleinen Hauptschulstichprobe der siebten und achten Jahrgangsstufe erprobt. Es wurde mittels explorativer Hauptachsenanalysen die Faktorstruktur, die den Items zu Grunde liegt, ermittelt. Es ergaben sich zwei Faktoren, die als Stigmaerleben und Kompensation bezeichnet wurden. Zusätzlich wurden u. a. Daten zum akademischen Selbstkonzept der Begabung und zur Matheleistung erhoben, so dass sich Zusammenhänge mit diesen Maßen zeigen ließen. So konnten die Hypothesen 2 und 3 einer ersten Prüfung unterzogen werden.

In Studie 3 wurde die Perspektive der Lehrer eingenommen. Die Kollegien zweier Hauptschulen und Lehramtsstudierende wurden anhand mit der Schülerbefragung in Studie 2 identischen und ergänzenden Items danach gefragt, wie sie stereotyp über Hauptschüler denken. Des Weiteren wurde ihre diesbezügliche Einstellung mit dem Impliziten Assoziationstest gemessen. Es wurde überprüft, ob es Zusammenhänge zwischen den impliziten und expliziten Maßen gab. Außerdem wurden die Lehrer nach ihrer Einstellung zur Schulsozialarbeit an Hauptschulen gefragt und Zusammenhänge mit ihren Stereotypen gegenüber Hauptschülern berechnet.

Auf der Aggregatebene wurden Zusammenhänge mit den Angaben der Schüler vorsichtig exploriert, um so eine erste Prüfung von Hypothese 4 zu ermöglichen.

Auf Grund der Ergebnisse der ersten drei Studien wurde Studie 4 größer angelegt. Hier wurden nun in einem vergleichsweise großen Sample von 15 Hauptschulen die Ergebnisse aus den Studien 2 und 3 auf ihre Replizierbar- und Generalisierbarkeit überprüft. Außerdem wurden zwei Gymnasien als Vergleichsgruppe untersucht. Anhand dieser Daten wurden alle sechs im vorangegangenen Abschnitt im Forschungsmodell abgeleiteten Hypothesen geprüft. Dabei wurde auch die Faktorstruktur des gemessenen kollektiven Selbstwissens erneut überprüft, wobei sich eine vierfaktorielle Struktur als beste Abbildung der Daten herausstellte: Die vier Dimension waren Stigma Leistung, Stigma Motivation, Stigma Soziales und Kompensation. Es wurden Zusammenhänge der drei Stigmaskalen mit der Motivation für die Schule und Bildungsaspirationen untersucht und gezeigt, dass zumindest für die Motivation eindeutig negative Zusammenhänge bestanden.

3.2 Studie 1: Qualitative Annäherung an den Gegenstand

3.2.1 Einleitung

Zuerst stellte sich die Frage, welche semantischen Inhalte die kollektiven selbstbezogenen Kognitionen von Hauptschülerinnen und Hauptschülern haben? Konkretes Wissen darüber war notwendig, um ein standardisiertes Instrument generieren zu können, mit dem dieses Wissen in seiner Intensität messbar gemacht werden kann. Es wurde eine stark negative kollektive Identität mindestens bezogen auf die Leistungsfähigkeit angenommen, was dem Zuweisungskriterium zur Hauptschule entspricht. Die wissenschaftliche Literatur lieferte keine ausreichend konkreten Hinweise dazu, wie die kollektive Identität von Hauptschülern genau beschaffen ist, um daraus ein Instrument zu generieren. Daher wurde zunächst eine qualitative teilstandardisierte Befragung durchgeführt. Ziel war es, eine Datenbasis für ein erstes Verständnis darüber zu haben, was Hauptschülerinnen und Hauptschüler denken, was über ihre Gruppe gedacht wird. Auf ihrer Grundlage sollten dann entsprechende geschlossene Items formuliert werden, mit deren Hilfe auch inferenzstatistische Methoden genutzt werden können.

3.2.2 Methode

3.2.2.1 Stichprobe

Beim dem mit qualitativen Datenerhebungen verbundenen Aufwand sind dem Stichprobenumfang natürliche Grenzen gesetzt. Die Befragung von Schülern zweier Schulen erschien vor diesem Hintergrund als angemessen. Um dennoch dem Fokus auf Hauptschüler gerecht zu werden, gleichzeitig aber Unterschiede in der Wahrnehmung von Hauptschülern und Gymnasiasten bezüglich des Stereotyps über die Schülerschaften der beiden Schultypen zu beschreiben, wurden eine Grund- und eine Hauptschule in einem Berliner Bezirk mit überdurchschnittlicher Sozialstruktur ausgesucht. Die Idee dabei war, dass die Grundschüler am Ende der sechsten Jahrgangsstufe, also kurz vor dem Übergang auf die Sekundarschule, bereits ein erstes – wenn auch noch nicht fertiges – Bild von den kollektiven Identitäten haben, die mit ihren zukünftigen Schultypen verbunden sind. Für die explorative Auslegung dieser Studie konnte dies als hinreichend angesehen werden, ermöglicht so die Befragung an nur zwei Schulen, den Fokus auf die Hauptschulpopulation setzen zu können, ohne auf die Möglichkeit verzichten zu müssen, zwischen den Gruppen der zukünftigen Gymnasiasten und Hauptschüler nach Unterschieden in Hinblick auf das Stereotyp über Schultypen schauen zu können. Der Bezirk wurde ausgesucht, weil dort der Anteil an Migranten auch auf der Hauptschule nicht die Mehrheit stellt, so dass die Aussagen auch für Jugendliche ohne Migrationshintergrund Gültigkeit besitzen. Es wurden also die zukünftigen Gymnasiasten und Hauptschüler einer Grundschulklasse und eine siebte und eine zehnte Klasse einer Hauptschule befragt. Befragt wurden insgesamt 14 Schülerinnen und 25 Schüler.

Tabelle 3.1: Stichprobe aus Studie 1: teilstandardisierte Befragung zur sozialen Identität

Schule		**Jungen**	**Mädchen**
Grundschule	Gym.-Empf.	8	7
	HS-Empf.	3	0
Hauptschule	7. Jg.	12	4
	10. Jg.	2	3

Tabelle 3.1 zeigt die resultierende Stichprobenzusammensetzung im Überblick. Es fällt ins Auge, dass – auf Grund des hohen Sozialstatus des Bezirks – nur ein sehr kleiner Anteil an zukünftigen Hauptschülern in der Grundschulklasse anzutreffen war. Zwei weitere zukünftige Hauptschüler aus dieser Klasse, die am Erhebungstag anwesend waren, hatten keine Elterngenehmigung erbracht, weswegen sie nicht an der Untersuchung teilnehmen durften. Mädchen mit Hauptschulempfehlung gab

es in dieser Klasse nicht. Dies deckt sich, ebenso wie die Geschlechtsverteilung in der siebten Klasse der Hauptschule, mit üblichen Befunden zur Verteilung von Jungs und Mädchen auf verschiedene Schultypen. Die geringe Anzahl an befragten Schülern der zehnten Jahrgangsstufe auf der Hauptschule ergab sich dadurch, dass in diesem Abschlussjahrgang kurz vor Ende des Schuljahres die Schüler zu großen Teilen in berufsvorbereitenden Maßnahmen außerhalb der Schule waren. Für die intendierte explorative Annäherung an den Gegenstand kann die Stichprobe trotz der gegebenen Einschränkungen als hinreichend angesehen werden.

3.2.2.2 Instrumente

Es wurde ein Fragebogen aus acht Fragen konzipiert. Die Entscheidung für halb offene Fragen folgte dabei der Rationale, dass bei völlig offenen Fragen erwartet wurde, dass die Schüler nur wenig schreiben würden. Die Eröffnung der Befragung mit einfachen Fragen zu Tätigkeiten in Freizeit und Schule sollte als „Icebreaker“ das Antwortverhalten bei den späteren abstrakteren Fragen erleichtern. Ausgewertet wurden schließlich die Aussagen zu allen Fragen. Alle Probanden mussten die Fragen sowohl Gymnasiasten als auch Hauptschüler betreffend beantworten. Dabei wurden die gymnasialempfohlenen Grundschüler zuerst nach den Gymnasiasten gefragt und dann nach den Hauptschülern. Bei den Hauptschülern verhielt es sich umgekehrt. Bezüglich des Geschlechts waren die Fragen jeweils so formuliert, dass Mädchen nur die weibliche (also nur Gymnasiastinnen und Hauptschülerinnen) und Jungen nur die männliche Form bekommen haben, um die Identifikation eindeutiger zu machen und das Antwortverhalten zu erleichtern. Die Fragen lauteten:

(1) Was denken die Leute, was Hauptschüler/innen gern in ihrer Freizeit machen?
(2) Was denken die Leute, wie sich Hauptschüler/innen in der Schule benehmen?
(3) Was denken die Leute, wie Hauptschüler/innen sind?
(4) Was denken die Leute, was Hauptschüler/innen wollen?
(5) Was denken die Leute, was Hauptschüler/innen mit Freunden und Freundinnen machen?
(6) Was denken die Leute, wie Hauptschüler/innen sich in ihrer Familie benehmen?
(7) Was denken die Leute, was Hauptschüler/innen müssen?
(8) Was denken die Leute noch über Hauptschüler/innen?

Bei Frage 5 wurden bei den Mädchen die Freundinnen nach vorne gestellt. Zu jeder offenen Frage gab es vier offene Felder, in die Antworten geschrieben werden können.

3.2.2.3 Vorgehen

Eine Einführung in qualitative Methoden muss hier zwangsläufig unzureichend ausfallen. Der Fundus an Ansätzen ist sehr groß und vielfältig (vgl. Schäfer, J., 1995). Dementsprechend wird hier nur ganz knapp auf wesentliche Eckpunkte hingewiesen, die bei der Auswahl des Vorgehens zentral gewesen sind. Dabei soll der Übersicht halber eine Trennung in die Datenerhebung und die Datenauswertung vorgenommen werden.

Bei der Auswahl einer qualitativen Datenerhebungsmethode wurde in der vorliegenden Arbeit mit Orientierung am Prinzip von Fokusgruppen (Schäfer, J., 1995) zweischrittig vorgegangen Zunächst bearbeiten die Probanden dabei einen Fragebogen mit offenen oder halb offenen Fragen zum interessierenden Thema und anschließend wird über die Fragen in der Gruppe diskutiert. Man hat so zwei parallele Datenquellen, die Antworten auf den Fragebögen und die anschließenden Gespräche, die aufgezeichnet und transkribiert werden sollten.

Zur Auswertung von qualitativen Daten unterscheidet Uwe Flick (1996) grob in zwei Alternativen: die kodierende und die sequenzielle Interpretation von Texten. Bei der Letzteren wird die zeitliche Abfolge des Textes bei der Interpretation berücksichtigt. Beim kodierenden oder kategorisierenden Arbeiten wird versucht, Gruppen von zusammengehörenden Elementen zu bilden, ohne dass dabei die Position innerhalb des Textes eine große Rolle spielen würde. Diesem Ansatz wird hier gefolgt, dient doch die qualitative Methodik vor allem der Eröffnung eines ersten Zugangs zum relativ unbetretenen Feld kollektiver selbstbezogener Kognitionen in Bezug auf Schultypen. Hinzu kommt, dass das zu analysierende Material überwiegend aus der Beantwortung von Fragen stammt, die keine sequenzielle Interpretation zulassen. Konkreter wurde bei der Interpretation auf eine Methode zur Interpretation von Leitfadeninterviews zurückgegriffen (Schmidt, 2003). Dieses mehrschrittige Verfahren besteht aus zunächst einer weitgefassten Bildung von Kodierungen mehrerer Beurteiler (im vorliegenden Fall zwei), die dann ver-

Tabelle 3.2: Studie 1: Semantische Kategorien zur Einordnung der Einzelantworten (Gymnasium und Hauptschule)

Negative Valenz	Positive Valenz
leistungsunfähig / dumm	leistungsfähig / klug
unfreundlich / aggressiv	freundlich / friedlich
faul	fleißig
ziellos / erfolglos	zielorientiert / ehrgeizig
uncool / langweilig	cool / spaßorientiert
streberhaft	

glichen und in einem diskursiven Prozess schrittweise zu einer handhabbareren Menge reduziert werden, um das Ausgangsdatenmaterial dann erneut mit diesem reduzierten Kodiersystem zu bearbeiten. Abschließend werden die Daten über alle Quellen hinweg in einer Struktur dargestellt.

Zur inhaltsanalytischen Auswertung des Materials wurde in Anlehnung an Schmidt (2003) so vorgegangen, dass zunächst das gesamte vorliegende Material ohne Begrenzung von zwei Beurteilern frei kodiert wurde, wobei eine Person davon auch bereits die Transkription mitgemacht hatte. Diese große Menge an Kodierungen wurde dann Schritt für Schritt in Gesprächen inhaltlich wieder zusammengeführt, bis eine inhaltlich bewältigbare Anzahl an Kategorien übrig blieb. Es wurde abschließend ein gemeinsames Kategoriensystem erstellt, von dem angenommen werden konnte, dass sich mit ihm die Daten gut in positive und negative Valenz und in die Sichtweise auf Hauptschüler und die Sichtweise auf Gymnasiasten trennen lassen. Tabelle 3.2 zeigt die endgültigen Kategorienbezeichnungen. Mit diesem Kategoriensystem konnte dann in einem weiteren Kodierungsschritt erneut das gesamte Datenmaterial von den zwei Beurteilern kodiert werden.

Anhand des Kategoriensystems wurden die Einzelaussagen von denselben zwei Beurteilern den Kategorien zugeordnet. Die Übereinstimmung der Zuordnung viel sehr gut aus (*Cohens Kappa* = *.943*). Uneindeutige Zuordnungen wurden im Konsens eindeutig vorgenommen. Bevor die Ergebnisse dargestellt werden, werden für die in Tabelle 3.2 angegebenen Kategorien in Tabelle 3.3 jeweils Beispielaussagen aus den Daten angegeben. Dabei ist je eine Spalte für Aussagen über Hauptschüler und Gymnasiasten angegeben. Für jede der Kategorien ist eine Zeile vorhanden. In jeder Zelle stehen oben die Aussagen, die von Mitgliedern des Zielschultyps stammen, unten stehen Aussagen, die Schüler des anderen Schultyps gemacht haben. Außerdem werden die Aussagen danach geordnet, inwieweit sie als mit positiver oder negativer Valenz besetzt gesehen werden können. Dabei wird den in Abschnitt 2.5.1 gegebenen Erläuterungen gefolgt, dass die hier betroffenen Inhalte gesellschaftlich eindeutig bewertet sind, so dass es kaum möglich ist, sich diesen Bewertungen zu entziehen. Nur die Kategorie Streberhaftigkiet stellt hier vielleicht eine Ausnahme dar.

Schon in der Prävalenz der Begriffe zeichnet sich eine positivere Bewertung der Gymnasiasten insgesamt ab. So gibt es über Gymnasiasten keine Aussagen in Bezug auf Ziellosigkeit und keine Fremdaussagen für Faulheit. Hauptschüler erhalten keine Aussagen zu Langweiligkeit und Streberhaftigkeit und keine Fremdaussagen zu Leistungsfähigkeit. Im folgenden Ergebnisteil werden die durchschnittliche Aussagenanzahl pro Kategorie getrennt nach Hauptschülern und Gymnasiasten verglichen, um ein aussagekräftigeres Maß dafür zu bekommen. Dabei wird auch vergleichen, ob sich die Zuschreibungen danach unterscheiden, ob diese von zukünftigen Gymnasiasten oder Hauptschülern beurteilt werden.

Tabelle 3.3: Studie 1: Semantische Kategorien mit Beispiel. Oben in jeder Zelle Aussagen von Schülern der Zielkategorie und unten der anderen Schultypgruppe

Kategorien	**Eigengruppen-Beispielaussagen (oben und unterstrichen)** ***Fremdgruppen-Beispielaussage (unten und kursiv)***	
	über Hauptschüler	**über Gymnasiasten**
Negative Valenz		
leistungs-unfähig/dumm	dumm, blödsinnig, behindert *sie haben schon in der Grundschule nichts begriffen*	müssen immer viel lernen *nehmen Nachhilfe*
unfreundlich/ aggressiv	Schläger, gefährlich, aggressiv *unfreundlich, schlagen*	besserwisserisch, unhöflich *hochnäsig*
faul	hängen rum, sind faul *tun fast nichts für die Schule*	wollen mehr Freizeit, faul *keine Aussage*
ziellos/ erfolglos	ziellos, zukunftslos *wollen keine Schule*	keine Aussage *keine Aussage*
uncool/ langweilig	keine Aussage *keine Aussage*	gehen nie in die Disko *machen nichts mit Freunden*
streberhaft	keine Aussage *keine Aussage*	streberhaft, wollen nur lernen *schleimen nur, streberhaft*
Positive Valenz		
leistungsfähig/ klug	sind gut in der Schule *keine Aussage*	allwissend, immer Einsen und Zweien schreiben *wissen alles, sind schlau*
freundlich/ friedlich	treffen sich mit Freunden, sind anständig, freundlich *freundlich, nett*	nett, hilfsbereit, Vorbild *sehr gut, freundlich, hilfsbereit*
fleißig	lernen, sind fleißig *fleißig, arbeiten für die Schule*	fleißig, lernen zusammen *belegen Nebenkurse, motiviert*
zielorientiert/ ehrgeizig	kümmern sich genauso um einen guten Schulabschluss *wollen einen guten Abschluss*	wollen eine guten Beruf *wollen viel Geld verdienen*
cool/ spaßorientiert	cool, reißen Witze, rauchen *sind die Coolsten, rauchen*	cool, witzig *gehen in die Disko*

3.2.3 Ergebnisse

Nach der Zuordnung konnte die durchschnittliche Anzahl von Aussagen pro Schüler und Kategorie ermittelt werden. Aussagen, die in keine Kategorie passten, werden nicht berichtet. Bei diesen handelt es sich vor allem um allgemeine Eigenschaften und Tätigkeiten, die auf alle Jugendlichen zutreffend sind und keine besondere Valenz haben. Dazu gehören zum Beispiel Aussagen wie „ins Kino gehen“ bei Freizeitaktivitäten.

Abbildung 3.1 zeigt die Ergebnisse für die gesamte Stichprobe. Anhand dieser Daten kann eine erste Überprüfung der ersten Hypothese – dass sich die öffentliche kollektive Identität von Hauptschülern und Gymnasiasten dahin gehend unterscheidet, dass sie für Hauptschüler deutlich negtaiver ausfällt – erfolgen. Angegeben ist, wie viele Aussagen pro semantischer Kategorie ein Schüler im Durchschnitt gemacht hat. Mit der Ausnahme der Kategorien „streberhaft“ und „cool“ wurden Gymnasiasten häufiger Eigenschaften aus den Kategorien mit positiver Valenz und Hauptschülern häufiger Eigenschaften aus den Kategorien mit negativer Valenz zugesprochen. Wichtig für das Verständnis ist es hierbei, sich klar zu machen, dass nicht nach dem persönlichen Stereotyp, also was die Schüler selbst über Hauptschüler oder Gymnasiasten denken, gefragt wurde, sondern danach, wie sie das allgemeine Stereotyp über diese Gruppen sehen („Die Leute denken …“). Alle Unterschiede in der Anzahl von Aussagen bezogen auf Hauptschüler und Gymnasiasten waren auf dem 1%-Niveau signifikant. Nach Bonferoni-Korrektur (vgl. z. B. Bortz, 1993) wurde ausschließlich die Differenz bei „cool“ nicht mehr auf dem 5%-Niveau signifikant.

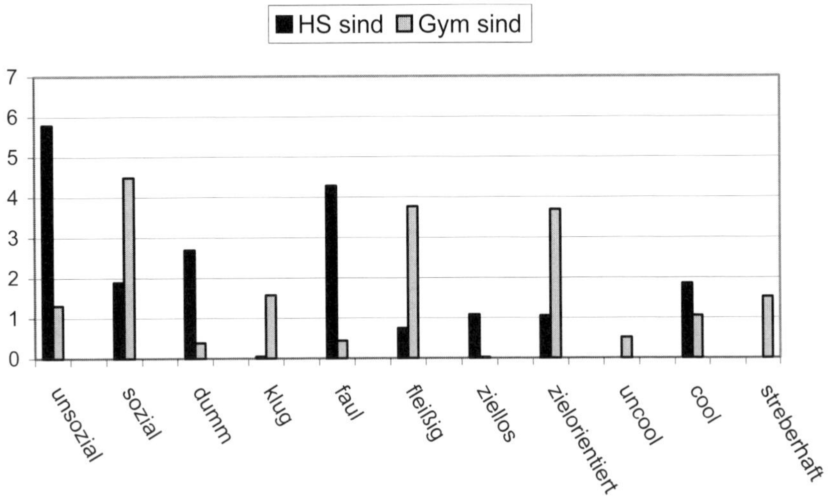

Abbildung 3.1: Studie 1: Häufigkeit von Aussagen über Hauptschüler und Gymnasiasten nach Kategorien

In Abbildung 3.1 wurden die Aussagen von Schülern von der Haupt- und der Grundschule zusammengefasst. Auf Grund der Möglichkeit, dass sich die Stereotype über Gymnasiasten und Hauptschüler zwischen den gymnasial empfohlenen Grundschülern und den Hauptschülern unterscheiden, wurden für alle 13*2 Aussagenhäufigkeiten (13 Kategorien * Aussagen bzgl. HS versus Gym) t-Tests gerechnet, ob sich die beiden Gruppen hinsichtlich der durchschnittlichen Aussagenhäufigkeit unterscheiden. Aus Gründen der Übersichtlichkeit wird auf die Darstellung Kodierungen, bei denen sich Gymnasiasten und Hauptschüler in ihrem Urteil nicht unterscheiden, verzichtet. Dies war in 19 Fällen der Fall (die Irrtumswahrscheinlichkeiten lagen alle deutlich über 10%). Die sieben Zuschreibungen, bei denen sich die zukünftigen Gymnasiasten und die Hauptschüler unterschieden, sind in Abbildung 3.2 als Balkendiagramm dargestellt.

Die Aussagen einer bestimmten Kategorie zu einer Gruppe sind getrennt für Gymnasiasten und Hauptschüler angegeben, bei denen sich auf dem 5%-Niveau signifikante Unterschiede ergaben (ohne Bonferoni-Korrektur; mit Bonferoni-Korrektur blieben nur die Unterschiede bezüglich der Aussagen, dass die Leute denken, dass Gymnasiasten sozial und klug sind, signifikant). Auffällig ist, Gymnasiasten und Hauptschüler vor allem in Bezug auf das Stereotyp über Gymnasiasten unterschiedliche Aussagen machten. Bezüglich des Stereotyps über Hauptschüler unterschieden sich die Aussagen nur so, dass Gymnasiasten weniger angaben, dass

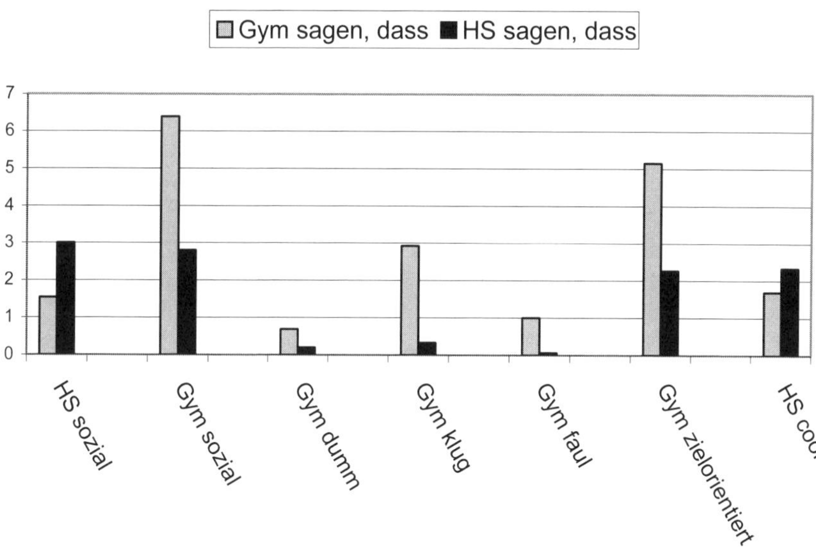

Abbildung 3.2: Studie 1: Anzahl der Aussagen in den Kategorien nach signifikanten Unterschieden zwischen (zukünftiger) Schultypzugehörigkeit der Aussagenden

Hauptschüler als cool gesehen werden und die Hauptschüler sich selbst als etwas sozialer gesehen sahen. Weitere Unterschiede waren ausschließlich Unterschiede derart, dass die gymnasialempfohlenen Grundschüler in positiuver und negativer Richtung mehr Aussagen über das Stereotyp über Gymnasiasten machten als die Hauptschüler.

3.2.4 Diskussion

Insgesamt zeichnen die Ergebnisse von Studie 1 ein Bild, das die Hypothese 1 einer stigmatisierten kollektiven Identität von Hauptschülern, vor allem auch im Kontrast zu Gymnasiasten, stützt. In den ausgezählten Kategorien tritt deutlich zu Tage, dass Hauptschüler sich insgesamt deutlich negativer gesehen sehen als Gymnasiasten. Im Bereich der Leistungsfähigkeit ist dieses Bild nicht erstaunlich, schließlich ist sie qua Definition das Kriterium, nach dem die Zuordnung zu einem Sekundarschultyp geschieht. Jedoch über die Kategorien Faulheit und Dummheit hinaus weisen Unsozialität und Ziellosigkeit die größten relativen Unterschiede zwischen den Schultypen bei den Kategorien mit negativer Valenz auf. Hauptschüler sehen sich als aggressiv, frech, laut, hintertrieben und kriminell wahrgenommen. Und die angehenden Gymnasiasten nehmen dies ebenso wahr, während beide Gruppen letztere als deutlich positiver in den Kategorien Fleiß, Klugheit, Sozialität und Zielorientierung bewertet sehen. Negativer als Hauptschüler werden sie in Bezug auf Streberhaftigkeit gesehen. Entsprechend geltend die Hauptschüler als cooler und spaßiger, wobei dieser Unterschied vor allem von ihnen selbst wahrgenommen wird. Dies kann so gewertet werden, dass Hauptschüler ihr Stigmaerleben in den Bereichen Leistung, Sozialem und Motivation durch eine (Selbst-)Zuschreibung von positiven Gruppeneigenschaften in einer anderen Domäne kompensieren.

Die Unterschiede zwischen den beiden Gruppen in der Einschätzung der Stereotype über Hauptschüler und Gymnasiasten gehen vor allem auf eine Mehrnennung an Begriffen auf Seiten der angehenden Gymnasiasten bezüglich ihrer eigenen Gruppe zurück. Dabei nennen die sie sowohl in den positiven als auch in den negativen Kategorien mehr Begriffe für die eigene Gruppe. Dies kann Ausdruck einer eingehenderen Beschäftigung mit der zukünftigen eigenen sozialen Kategorie sein. Die damit verbundene erhöhte Zugänglichkeit des entsprechenden Selbstwissens könnte zu einer Erleichterung bei der Generierung entsprechender Antworten geführt haben. Dafür spricht auch, dass sich die Anzahl an Aussagen bezüglich der Sichtweise auf Hauptschüler sich kaum unterscheidet. Das bedeutet, auch den Hauptschülern ist die negative Reputation, die sie in der Gesellschaft haben, durchaus bewusst.

Die Annahme, dass die kollektive Identität von Hauptschülern stigmatisiert ist, findet hier also eine erste Bestätigung. Mit Ausnahme von kompensatorischen Zuschreibungen an Gymnasiasten von Streberhaftigkeit und von Coolness und

Spaßigkeit an Hauptschüler zeigt sich ein durchgängig negatives Bild für Letztere. Und eben nicht nur in Punkto Leistung ist die Reputation negativ, sondern es zeigen sich auch negative Zuschreibungen in Motivation, Sozialem und Zielsetzung. Dabei sind diese Unterschiede sowohl auf Seiten der positiven wie der negativen Aussagen relativ häufig genannt worden.

Das Ergebnis von Studie 1 unterstützt die Annahme von Hypothese 1 und lässt es vielversprechend erscheinen, die öffentliche kollektive Identität von Hauptschülern als selbstbezogene Kognitionen standardisiert zu erfassen. Auf Grundlage der Daten von Studie 1 werden daher Items gebildet, die in Studie 2 eingesetzt werden, um ihre Dimensionalität und Zusammenhänge mit dem akademischen Selbstkonzept und der Matheleistung zu überprüfen.

3.3 Studie 2: Dimensionen öffentlicher kollektiver Identität

3.3.1 Einleitung

In Studie 1 wurde entsprechend Hypothese 1 gezeigt, dass das kollektive Selbstbild von Hauptschülern und Gymnasiasten sich zumindest in der Facette, die die öffentliche Wahrnehmung betrifft (vgl. Luhtanen & Crocker, 1992, und Abschnitt 2.2.2), deutlich unterscheidet. Jedoch weisen die Schülerinnen und Schüler auch innerhalb der Gruppen Variation dahin gehend auf, wie stark negativ oder positiv sie ihre Gruppe gesehen sehen. Um auch diese Varianz mit einem metrischen Instrument abbilden zu können wurden die Daten aus Studie 1 genutzt, um semantische Differentiale (Osgood, 1979, 1990) zu bilden. Diese Items wurden einer Stichprobe von Hauptschülern aus der siebten und achten Jahrgangsstufe mit dem Ziel vorgelegt, die hinter dem wahrgenommenen Fremdstereotyp der Hauptschüler liegenden Dimensionen zu identifizieren. Anhand des Vergleichs der beiden Jahrgangsstufen konnte die zweite Hypothese, dass die Stigmawahrnehmung bei den Hauptschülern im Laufe der Zeit zunimmt, eine erste Überprüfung erfahren. Zusätzlich wurde der Zusammenhang mit dem akademischen Selbstkonzept und für eine Teilstichprobe auch mit einem Matheleistungstest überprüft. Dies diente der Überprüfung der dritten Hypothese, die annehmen, dass das akademische Selbstkonzept mit dem Stigmaerleben positiv zusammen, da a) mit höherer Stigmawahrnehmung negative Rückmeldungen stärker den (vermeintlichen) Vorurteilen der Urteiler zugschrieben werden und b) leistungsfähigere Hauptschüler sich stärker mit dem Stereotyp über ihre Gruppe auseinandersetzen.

Bezüglich der Frage der Dimensionalität der erhobenen Items wurden domänenspezifische (also z. B. Leistung und Sozialität, vgl. Abschnitt 2.3.1) und valenzspezifische (also positive oder negative) Faktoren erwartet. Die letztere Annahme fußt auch auf dem Befund aus Studie 1, dass Hauptschüler auch beim kollektiven Selbstwissen eine Nische haben, in der sie sich Gymnasiasten als überlegen wahrgenommen sehen, nämlich als cooler und unternehmungslustiger. Es bleibt bei einer derart offenen Hypothesenbildung. Eine mögliche anzunehmende domänenspezifische Einteilung stellt die dargestellte Kodierung aus Studie 1 dar. Das akademische Selbstkonzept soll einen positiven Zusammenhang mit mindestens dem Leistungsfaktor des wahrgenommenen Fremdstereotyps aufweisen. Dieser Zusammenhang würde durch zweierlei Mechanismen erklärt: 1. durch selbstwertschützende Attributionen (vgl. Abschnitt 2.3.2) und 2. durch den angenommenen Effekt, dass leistungsfähigere Hauptschüler sich stärker mit dem negativen Stereotyp über ihre Gruppe auseinandersetzen (vgl. Abschnitte 2.5.2 und 2.1.2). Zur diskriminanten Überprüfung, dass nicht jegliche Selbstbeschreibung positiv mit dem Stigmaerleben korreliert ist, sollten auch schulbezogene und allgemeine Selbstwirksamkeitserwartungen mit erhoben werden (Bandura, 1997; Schwarzer & Jerusalem, 1983). Für diese wurde kein chronischer Zusammenhang mit der Sichtweise auf die eigene Gruppe der Hauptschüler angenommen. Sie sollen also keinen oder einen schwächeren Zusammenhang als das akademische Selbstkonzept zum Stigmaerleben aufweisen. Allgemeine Selbstwirksamkeit wird in diesem Zusammenhang als allgemeine Handlungsfähigkeit gesehen, die vor allem auf den intraindividuellen Vergleich Bezug nimmt (Köller & Möller, 2006). Daher ist der Bezug zu den Mitschülern weniger gegeben, wodurch die für das akademische Selbstkonzept gemachte Annahme, dass die Spitzenposition in der Klasse die Relevanz anderer Schultypen und damit der eigenen kollektiven Identität erhöht, hier nicht oder zumindest nur schwächer gilt. Es sei hier deutlich betont, dass es sich bei allen Konstrukten um eine Betrachtung der chronischen Merkmalsausprägungen handelt. Es ist durchaus plausibel, situationale negative Effekte eines Stigmas auf Selbstwirksamkeitserwartungen anzunehmen.

3.3.2 Methode

3.3.2.1 Stichprobe

Es wurden insgesamt 141 Schüler in drei siebten und fünf achten Klassen von zwei Berliner Hauptschulen befragt. Die zwei Hauptschulen liegen im selben Berliner Bezirk mit überdurchschnittlichem Sozialstatus und relativ niedrigem Anteil an Migrantinnen und Migranten wie die Schulen in Studie 1. Schule 1 ist die Hauptschule aus Studie 1, wobei es bezüglich der Personen keine Überschneidungen zwischen den Stichproben gibt.

Ursprünglich geplant war die Befragung der kompletten jeweils dreizügigen siebten und achten Jahrgänge der beiden Schulen. Die Kollegen der drei fehlenden Klassen von Schule 1 entschieden sich jedoch leider kurzfristig, ihre Teilnahme abzusagen. Mehrere Überzeugungsversuche schriftlicher und mündlicher Art scheiterten, so dass schließlich nur die in Tabelle 3.4 beschriebene Stichprobe resultierte.

Tabelle 3.4: Studie 2: Stichprobenzusammensetzung nach Schule, Jahrgang und Klasse

	Jahrgang 7			Jahrgang 8		
	Klasse a	**Klasse b**	**Klasse c**	**Klasse a**	**Klasse b**	**Klasse c**
Schule 1					15	15
Schule 2	17	18	17	20	22	17

Die Zusammensetzung der untersuchten Stichprobe umfasst mindestens 20% Kinder aus Familien mit Migrationshintergrund (verneint bei der Frage: Kommen deine Eltern beide aus Deutschland?), 14% haben keine Angabe zur Herkunft der Eltern gemacht. 60% sind männlich, 31% weiblich und 9% haben keine Angabe zum Geschlecht gemacht.

3.3.2.2 Instrumente

Zur Erfassung von Stereotypen und Einstellungen eignen sich Semantische Differentiale besonders gut (Osgood, 1979). Im Gegensatz zu den weit häufiger verwendeten Items im Likert-Skalen-Format (vgl. Bortz & Döring, 1995) ermöglichen Semantische Differentiale nicht nur die Abgabe einer relativen Zustimmung zu einer Aussage, sondern die Probanden können zwischen zwei gegenteiligen Richtungen einer Aussage wählen oder ihren Nullpunkt ankreuzen. Abbildung 3.3 zeigt beispielhaft ein Item aus der vorliegenden Studie. Die Hauptschüler wurden gefragt, was ihrer Meinung nach die Leute über Hauptschüler denken. Im Beispiel sind die Gegensatzpole des Items überheblich versus kameradschaftlich. Wenn ein Schüler der Meinung ist, dass die Leute weder denken, dass Hauptschüler kameradschaftlich sind, noch dass sie denken, dass Hauptschüler überheblich sind, macht er sein Kreuz in das Kästchen in der Mitte unterhalb der 0. In beide Richtungen

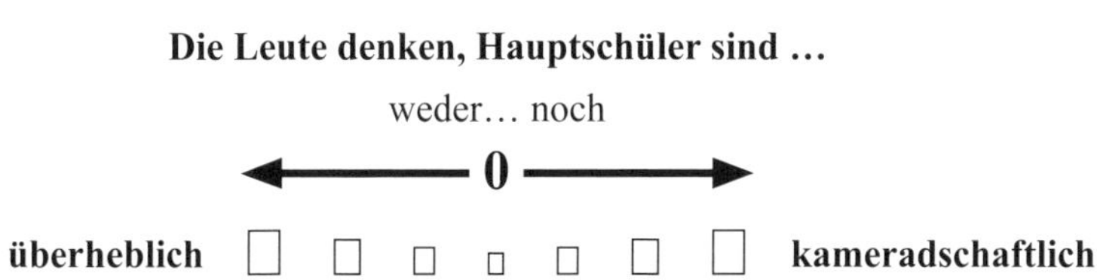

Abbildung 3.3: Studie 2: Beispiel für die verwendeten Semantischen Differentiale; Größenanpassung der Kästchen in Anlehnung an Ursula Kessels (2005)

stehen jeweils drei Kästchen zur Verfügung, um Abstufungen in der Intensität dieser Sichtweise zu ermöglichen.

Auf Grund der Aussagen der Schülerinnen und Schüler in Studie 1 wurden semantische Differentiale gebildet, von denen angenommen wird, dass sie zwischen dem wahrgenommenen Fremdstereotyp von Hauptschülern und Gymnasiasten gut trennt. Die vollständige Liste der 54 Items ist im Anhang in Abschnitt 6.2.1 wiedergegeben. Semantische Differentiale können ebenso wie Likert-Skalen als intervallskalierte Merkmale gemittelt werden (z. B. Stroebe, Jonas & Hewstone, 2002). In der vorliegenden Untersuchung wurden sie von eins bis sieben kodiert. Nach Berechnung der Faktoren mittels einer Faktorenanalyse (s. u. Abschnitt 3.3.3.1) wurden die Items skalenweise in eine einheitliche Richtung umgepolt und gemittelt.

Zusätzlich beantworteten die Schüler Fragen zu ihrem Selbstkonzept intellektueller Fähigkeiten. Die Items wurden der Kurzversion des Self -Description-Questionnaire III von Marsh (Marsh & O'Neill, 1984; Schwanzer, 2002) entnommen. Die Skala umfasst vier Items und wurde in einem 4-stufigen Likert-Skalen-Antwortformat dargeboten. Alle vier Items liegen für 132 Hauptschüler vor. Sie wurden zur Skalenbildung so umgepolt, dass hohe Werte einem hohen intellektuellen Selbstkonzept entsprechen, und weisen in der vorliegenden Stichprobe ein Cronbachs Alpha von .667 auf, was als hinreichend angesehen werden kann. Tabelle 3.5 zeigt die Itemkennwerte für die gesamte Skala.

Alle Trennschärfen liegen im üblichen Bereich über .4. Beim Wegfall keines Items würde die interne Konsistenz der Skala steigen. Die Güte der Skala ist insgesamt als hinreichend zu bezeichnen. Zusätzlich zum allgemeinen akademischen Selbstkonzept wurde auch das Selbstkonzept in Mathematik gemessen. Dabei wurde auf eine Skala von Susanne Schilling, Jörn Sparfeldt, Detlef Rost und Grete Nickels (2004) zurückgegriffen. Tabelle 3.6 zeigt Alpha und Trennschärfen für diese Skala.

Tabelle 3.5: Studie 2: Itemkennwerte zur Skala Selbstkonzept intellektueller Fähigkeiten (r steht für rekodiert)

Items	**Trennschärfe**	**Alpha ohne Item**
Bei vielen Aufgaben bin ich mir schon im Voraus sicher, dass ich sie nicht lösen kann (r)	.406	.627
Ich wollte, ich wäre so intelligent wie die anderen (r)	.535	.536
Häufig denke ich, ich bin nicht so klug wie die anderen (r)	.432	.611
Verglichen mit anderen bin ich nicht so begabt (r)	.423	.616
Cronbachs Alpha	.683	

Die Skala für das mathematische Selbstkonzept hat mit Trennschärfen über .5 und einem Alpha von fast .9 gute bis sehr gute Eigenschaften. Wie eingangs beschrieben, wurden noch die allgemeine und die schulbezogene Selbstwirksamkeitserwartung (Bandura, 1997; Schwarzer, 1981) mit erhoben, um so eine Vergleichsmöglichkeit zu haben, dass nicht alle Selbstbeschreibungen pauschal mit dem Stigmaerleben korrelieren. Tabelle 3.7 und Tabelle 3.8 zeigen die Itemkennwerte dieser Skalen für die in dieser Studie untersuchte Stichprobe.

Auch wenn die ersten beiden Items etwas unter der wünschenswerten Trennschärfe von .4 liegen, erscheint die Skala insgesamt positiv und kann so verwendet werden.

Bei der schulbezogenen Selbstwirksamkeitserwartung ist die Trennschärfe des dritten Items ist mit .246 als eher schlecht zu bezeichnen. Dennoch ist die interne Konsistenz mit Alpha=.629 hinreichend. Da die Skala erstens nur zu Kontrollzwecken dient und zweitens eine schon öfter eingesetzte Skala ist, soll sie dennoch so verwendet werden.

Zusätzlich zu den Selbstauskunftsskalen wurde die Teilstichprobe aus Schule 2 auf Grundlage von Testitems der TIMS-Studie (Baumert, 1998a, 1998b; Baumert, Bos & Lehmann, 2000; Baumert, Lehmann et al., 1997a, 1997b) zweimal mit Tests bestehend aus je 36 Items getestet. Dabei waren 50% der Items der beiden Test-

Tabelle 3.6: Studie 2: Itemkennwerte zur Skala mathematisches Selbstkonzept

Items	**Trennschärfe**	**Alpha ohne Item**
Ich weiß in Mathe die Antwort auf eine Frage schneller als die anderen.	.666	.874
Manchmal fühle ich mich in Mathe anderen überlegen und glaube, dass sie noch manches von mir lernen können.	.605	.881
Ich kann in Mathe Sachen selbst rauskriegen.	.530	.886
Ich bin in Mathe zufrieden mit meiner Fähigkeit, vor der Klasse zu sprechen.	.762	.863
Es fällt mir in Mathe leicht, Probleme zu lösen.	.575	.882
In Mathe fallen mir gute Noten zu.	.687	.871
Ich gehöre in Mathe zu den Guten.	.761	.866
Ich habe ein gutes Gefühl, was meine Arbeit in Mathe angeht.	.724	.867
Cronbachs Alpha	.888	

Tabelle 3.7: Studie 2: Itemkennwerte zur Skala allgemeine Selbstwirksamkeitserwartung

Items	Trennschärfe	Alpha ohne Item
Die Lösung schwieriger Probleme gelingt mir immer, wenn ich mich darum bemühe.	.367	.746
In unerwarteten Situationen weiß ich immer, wie ich mich verhalten soll.	.335	.753
Auch bei überraschenden Ereignissen glaube ich, dass ich gut mit ihnen zurechtkommen werde.	.481	.726
Schwierigkeiten sehe ich gelassen entgegen, weil ich meinen Fähigkeiten immer vertrauen kann.	.500	.722
Was auch immer passiert, ich werde schon klarkommen.	.498	.724
Für jedes Problem kann ich eine Lösung finden.	.425	.736
Wenn eine neue Sache auf mich zukommt, weiß ich, wie ich damit umgehen kann.	.503	.722
Wenn ein Problem auftaucht, kann ich es aus eigener Kraft meistern.	.525	.718
Cronbachs Alpha	.757	

versionen identisch, die anderen 50% nach dem Schwierigkeitsparameter parallelisiert. Die TIMSS-Items weisen eine Rasch-Skalierung (vgl. Rost, J., 2004) auf, so dass sie alle auf einer Schwierigkeitsmetrik abgebildet werden können. Diese Metrik besitzt für alle möglichen Personen Gültigkeit und ist nicht stichprobenabhängig (im Gegensatz zum Schwierigkeitsindex in der klassischen Testtheorie). Die Rasch-Skalierung ist üblicherweise so standardisiert, dass Personen mit einem Fähigkeitsparameter in derselben Höhe wie dem Schwierigkeitsparameter eines Items dieses Item mit fünfzigprozentiger Wahrscheinlichkeit lösen. Im Falle von TIMSS wurden die Werte so definiert, dass die Wahrscheinlichkeit zur Lösung eines Items in diesem Fall 65 Prozent beträgt. Der internationale Fähigkeitsmittelwert pro Sachgebiet über alle siebten und achten Klassen beträgt 500 bei einer Standardabweichung von 100. Die deutschen Hauptschulen weisen einen mittleren Mathematikfähigkeitsparameter von ca. 450 auf. Hauptschulen in Ballungsräumen mit paralleler Gesamtschule wie in Berlin kommen am Ende der achten Jahrgangs-

Tabelle 3.8: Studie 2: Itemkennwerte zur Skala schulbezogene Selbstwirksamkeitserwartung

Items	Trennschärfe	Alpha ohne Item
Ich kann auch schwierige Aufgaben im Unterricht lösen, wenn ich mich anstrenge.	.389	.573
Wenn ich eine schwierige Aufgabe an der Tafel lösen soll, glaube ich, dass ich das schaffen werde.	.479	.523
Selbst wenn ich mal eine längere Zeit krank sein sollte, kann ich immer noch gute Leistungen erzielen.	.246	.639
Auch wenn ein Lehrer an meinen Fähigkeiten zweifelt, bin ich mir sicher, dass ich gute Leistungen erzielen kann.	.375	.581
Ich bin mir sicher, dass ich auch dann noch meine gewünschten Leistungen erreichen kann, wenn ich mal eine schlechte Note bekommen habe.	.434	.551
Cronbachs Alpha	.629	

stufe im Mittel auf einen Mathematikfähigkeitsparameter von ca. 425 (Baumert, Lehmann et al., 1997b). Bei der Auswahl der Items wurde so vorgegangen, dass in jedem Test vier der 36 Items Schwierigkeiten bis 425 aufweisen, so dass sichergestellt ist, dass die überwiegende Zahl der Schüler zumindest einige Aufgaben lösen kann. Die weiteren Items wurden dann sukzessive ansteigend nach Schwierigkeit und nach dem Vorhandensein von Parallelaufgaben bestimmt.

Die ausgewählten Testaufgaben reichten in ihrer gerundeten Schwierigkeit von 326 bis 634. Der ebefalls gerundete Mittelwert für Test 1 beträgt 516 und für Test 2 515. Um Reihenfolgeeffekte zu vermeiden, wurden vier Versionen, A, B, C und D, der Tests erstellt, in denen die Reihenfolge der Testaufgaben zufällig variiert wurde. Die Reihenfolge innerhalb der Versionen war zu beiden Testzeitpunkten identisch, wobei parallelisierte Items ersetzt wurden. Alle Schüler erhielten zu beiden Messzeitpunkten zufällig eine Version, so dass sie meist nicht dieselbe Version zu beiden Zeitpunkten hatten. Es sei bereits hier erwähnt, dass die Versionen keinen Einfluss auf die Ergebnisse hatten (p=.542), weshalb sie im Folgenden nicht weiter berücksichtigt werden. Die Ergebnisse der beiden Tests werden für die folgenden Analysen gemittelt, um einen Indikator für die Mathematikfähigkeit zu haben.

In Tabelle 3.9 werden die Skalen und Leistungstests nochmals im Überblick dargestellt.

Tabelle 3.9: Studie 2: Übersicht über die verwendeten Instrumente (r steht für rekodiert)

Skala (Itemanzahl)	**Beispiel-Item**	α	$\overline{\chi}$ **(S)**	**Sch.**	**Exz.**
Selbstkonzept intellekt. Fähigkeiten (4)	Ich wollte, ich wäre so intelligent wie die anderen. (r)	.68	2.89 (.73)	-.47	-.38
Selbstkonzept Mathematik (8)	Ich gehöre in Mathe zu den Guten.	.89	3.99 (1.13)	-.23	-.26
Allgemeine Selbstwirksamkeitserwartung (8)	Was auch immer passiert, ich werde schon klarkommen.	.76	2.98 (.49)	-.13	-.26
Schulische Selbstwirksamkeitserwartung (5)	Selbst wenn ich mal längere Zeit krank sein sollte, kann ich immer noch gute Leistungen erzielen.	.63	3.07 (.53)	.07	-.42
Leistungstest T1 (36)	P=LW. Wenn P=12 und L=3, wie groß ist dann W?	.59	13.14 (3.94)	.51	.62
Leistungstest T2 (36)	100g einer Speise haben 300 Kalorien. Wie viele Kalorien haben dann 30g derselben Speise?	.61	13.94 (4.10)	.40	.39

Die identischen Aufgaben zu den zwei Messzeitpunkten der Mathetests korrelieren dabei mit r=.62 miteinander (Retest-Reliabilität). Inklusive der 16 zu beiden Messungen parallelisierten Aufgaben beträgt die Retest-Reliabilität sogar r=.66. Die Paralleltest-Reliabilitäten liegen zu T1 bei r= .43 und zu T2 bei r=.47. Insgesamt kann das als hinreichend gesehen werden.

Die wichtigste zu verwendende Skala, die das Empfinden der Fremdbeurteilung der sozialen Identität von Hauptschülern erfassen soll, wird im Folgenden erst mit Hilfe von explorativen Faktorenanalysen konstruiert.

3.3.2.3 Vorgehen

Um die latente Struktur des wahrgenommenen Fremdstereotyps der Hauptschüler zu prüfen, wurden zunächst die semantischen Differentiale einer Hauptachsen-Faktorenanalyse unterzogen. Das Ziel jeglicher Faktorenanalyse ist die Reduktion von einer größeren Menge Daten auf eine kleinere Menge. Es sollen latente Dimensionen (Faktoren) extrahiert werden, die die manifesten Daten (also z. B. die

Antworten auf die konkret gestellten Fragen) auf höherem Niveau strukturieren. Die hier eingesetzte Hauptachsenalanyse ist eine explorative Faktorenanalyse, d. h., sie nimmt a priori keine bestimmte Faktorenstruktur an. Die Hauptachsenanalyse weist gegenüber der häufig verwendeten Centroid-Extraktionsmethode genauere Lösungen aus. Zusammen mit oblimer Rotation hat sie noch den Vorteil, dass sie keine Unabhängigkeit der rotierten Faktorlösungen voraussetzt (vgl. Rost, D. H., 1987). Gleichzeitig stellt eine mögliche Unabhängigkeit der zu rotierenden Faktoren für eine Hauptachsenanalyse kein Problem dar. Daher ist dieses Verfahren für die hier gewünschten Annäherungen an einen Gegenstand bestens geeignet.

Zur Bestimmung der Anzahl der zu rotierenden Faktoren ist es üblich, zunächst eine Lösung nach dem Kaiser-Guttman-Kriterium zu extrahieren (vgl. z. B. Bortz, 1993). Dieses Kriterium besagt, dass jeder Faktor gebildet wird, der mehr Varianz als ein durchschnittliches Item erklärt. Die nach dem Kaiser-Guttman-Kriterium extrahierte Faktorenlösung wird dann anschließend daraufhin geprüft, bei welcher Faktorenlösung der Erklärungszuwachs bei Hinzunahme eines weiteren Faktors deutlich weniger ansteigt als in den Schritten davor. Üblicherweise bedient man sich dabei einer grafischen Darstellung der kumulierten erklärten Varianz je Faktorlösung, die man als Screeplot bezeichnet. Zusätzlich zu dem Screeplot gilt die Faustregel, dass ein Faktor mindestens 5% Varianz aufklären sollte. Außerdem können die Fürntratt-Kriterien (1969, zitiert nach Rost, D. H., 1987) herangezogen werden. Sie fordern mindestens drei Items pro zu berücksichtigem Faktor mit einer Ladung über .35, bei denen die Hauptladung mindestens 50% der Varianz des Items erklärt und die Diferenz zwischen den beiden quadrierten Hauptladungen mindestens ein Viertel der Kommunalität des Items beträgt. Zusätzlich wird in dieser Arbeit das Kriterium von Hauptladungen mit mindestens .4 gesetzt. Außerdem muss die quadrierte Hauptladung größer sein als die Summe der quadrierten Nebenladungen.

Als Voraussetzungen werden intervallskalierte Daten erwartet. Semantische Differentiale werden, wie bereits erwähnt, in der Regel ebenso wie Likert-Skalen als intervallskalierte Merkmale gemittelt (z. B. Stroebe et al., 2002), so dass dieses Kriterium als erfüllt angesehen werden kann. Bezüglich des Stichprobeumfanges sind in der Regel mindestens 100 Personen gefordert. Außerdem sollte die Anzahl an Personen mindestens das Dreifache von den zu faktorisierenden Variablen betragen (Rost, D. H., 1987). Das 3:1-Verhältnis von Personen zu Items wurde in der vorliegenden Stichprobe nicht erfüllt. Dies ist in der Stichprobenplanung, wie bereits angedeutet wurde, anders vorgesehen gewesen. Es ist jedoch anzumerken, dass der 3:1-Schlüssel nur knapp verfehlt wurde, wodurch die Gefahr von Verzerrungen nur moderat ausfallen sollte.

Es wurden zunächst mögliche Faktorlösungen der schultypbezogenen öffentlichen kollektiven Identität extrahiert und miteinander nach den angegebenen Kriterien verglichen. Im Anschluss an die Identfikation der besten Faktorlösung wurden die den Faktoren entsprechenden Skalen gebildet und mit dem akademischen

Selbstkonzept der Begabung korreliert, um die eingangs formulierte Hypothese eines positiven Zusammenhangs insbesondere stigmatisierender Dimensionen der kollektiven Identität zu prüfen. Alle diese Schritte sind im Folgenden übersichtlich dargestellt.

3.3.3 Ergebnisse

Die Ergebnisdarstellung gliedert sich in zwei Schritte. Zunächst wird die Faktorenanalyse zur Bestimmung der Dimensionalität der erstellten Items dargestellt. Es werden verschiedene Optionen für eine Faktorlösung diskutiert. Im Anschluss werden Korrelationen der letztlich gewählten zweifaktoriellen Lösung mit dem Selbstkonzept intellektueller Fähigkeiten berichtet.

3.3.3.1 Explorative Faktorenanalyse des erfassten kollektiven Selbstwissens

Wie bereits geschildert, wurde mit allen 54 Items eine Hauptachsenfaktorenanalyse mit oblimer Rotation vorgenommen. Dabei ergab sich die Frage, ob die Daten sich besser durch eine drei- oder durch eine zweifaktorielle Lösung abbilden lassen. Im Folgenden sollen die entscheidenden Zwischenschritte dargestellt werden, bis am Ende die Entscheidung für eine zweifaktorielle Lösung mit den Dimensionen Stigma und Kompensation gefällt wurde.

3.3.3.1.1 Aufgeklärte Varianz

Nach dem Kaiser-Guttman-Kriterium ergab sich, dass maximal zehn Faktoren zu bilden wären. Die einzelne und kumulierte erklärte Varianz für jeden dieser zehn Faktoren ist in Tabelle 3.10 berichtet. Im Anschluss wird die kumulierte erklärte Varianz grafisch im Screeplot in Abbildung 3.4 dargestellt.

Die Varianzaufklärungswerte legten nach der Daumenregel, dass ein Faktor mindestens 5% der Varianz erklären sollte, eine Zwei-Faktoren-Lösung nahe. Die Summe der erklärten Varianz von knapp 50% bei einer zweifaktoriellen Lösung war als hinreichend anzusehen. Der Screeplot legte zunächst eine einfaktorielle Lösung nahe. Da zumindest der zweite Faktor mehr als 5% der Gesamtvarianz erklärte, sollte dieser Faktor aber nicht einfach ignoriert werden. Nach dem Screeplot erschien neben einer einfaktorielen auch eine dreifaktorielle Lösung als eine mögliche Variante. Es wurde daher als angemessen angesehen, einen Vergleich zwischen einer zwei- und einer dreifaktoriellen Lösung vorzunehmen, um so abwägen zu können, welche Lösung besser zu interpretieren ist. Es wurden daher sowohl eine zwei- als auch eine dreifaktorielle Lösung gerechnet.

Tabelle 3.10: Studie 2: Erklärte Varianz nach Kaiser-Guttman-Kriterium

	Anfängliche Lösung			**Extrahierte Lösung**		
Faktor	**Eigenw.**	**% Var.**	**Kum. %**	**Eigenw.**	**% Var.**	**Kum. %**
1	22.68	42.00	42.00	22.35	41.39	41.39
2	3.31	6.13	48.13	2.91	5.39	46.78
3	2.26	4.19	52.32	1.83	3.39	50.16
4	1.61	2.99	55.30	1.22	2.26	52.42
5	1.52	2.81	58.11	1.10	2.04	54.46
6	1.35	2.50	60.61	.90	1.67	56.13
7	1.30	2.41	63.02	.85	1.57	57.69
8	1.20	2.22	65.24	.80	1.47	59.16
9	1.10	2.04	67.28	.71	1.32	60.49
10	1.07	1.97	69.25	.62	1.16	61.64

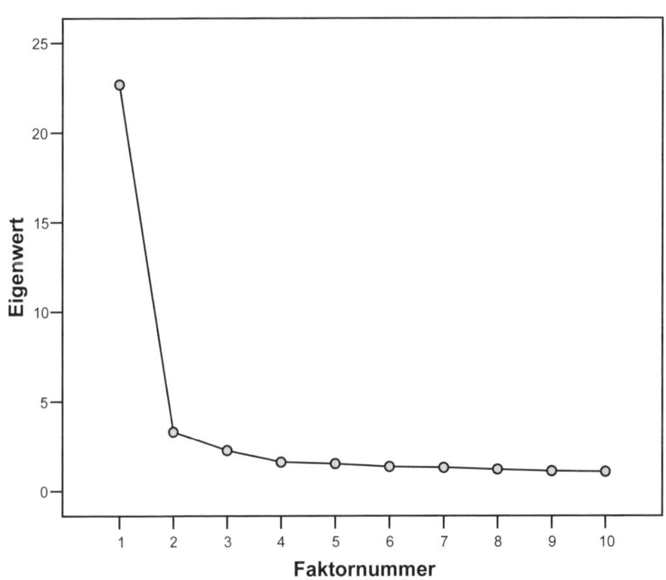

Abbildung 3.4: Studie 2: Screeplot mit Angabe aller nach Kaiser-Guttman-Kriterium potentiellen Faktoren

3.3.3.1.2 Kommunalitäten

Zunächst werden jetzt die Semantischen Differentiale berichtet, die von den berechneten Faktorstrukturen nicht gut abgebildet werden. Als Kriterium wird dabei eine Kommunalität <.4 gesetzt. Alle Items, die dieses Kriterium in der Zwei-Faktoren-Lösung erfüllen, werden in Tabelle 3.11 berichtet. Zusätzlich wird die Kommunalität dieser Items in der Drei-Faktoren-Lösung angegeben.
Wie zu erwarten war, sind bei einigen Items Zuwächse bei der Drei-Faktoren-Lösung zu verzeichnen. Insbesondere die Items robust-empfindlich und simpel-gewitzt weisen sehr schlechte Kommunalitäten auf. Man kann sagen, dass insbesondere Letzteres in keiner der beiden Lösungen gut abgebildet wird. Es kann mit der unglücklichen Formulierung des Items zu tun haben, die nicht dem Sprachgebrauch der Hauptschüler entspricht.

Tabelle 3.11: Studie 2: Items mit Kommunalitäten < .4 nach Anzahl der Faktoren

	2 Faktoren	**3 Faktoren**
robust-empfindlich	.06	.17
aggressiv-friedlich	.38	.50
sportlich-unsportlich	.29	.39
ausdauernd-wechselhaft	.34	.34
cool-uncool	.15	.36
direkt-höflich	.34	*.40*
mutig-ängstlich	.13	.28
benachteiligt-bevorzugt	.11	.12
simpel-gewitzt	.01	.05
ehrgeizig-unmotiviert	.24	.25
unternehmungslustig-langweilig	.33	.37
integriert-ausgegrenzt	.27	.27
leistungsunfähig-leistungsfähig	.25	.28
überheblich-kameradschaftlich	.28	.33
gleichgültig-bemüht	.23	.23

3.3.3.1.3 Ladungsmatrizen

Bei Hauptachsenanalysen mit oblimer Rotation werden die Mustermatrizen zur inhaltlichen Bestimmung der Faktoren herangezogen. Die Mustermatrizen geben die Ladungen eines Items auf einen Faktor bei Kontrolle der anderen Faktoren wieder (Backhaus, 2003). Im Folgenden werden die Ladungen für die Zwei- und die Dreifaktorenlösung in Tabelle 3.12 dargestellt. Dabei sind diejenigen Ladungen, die einen Faktor nach den Fürntratt-Kriterien (s. o.) definieren, fett gedruckt. Solche, die die Kriterien nur knapp verfehlen, sind kursiv gesetzt.

Zunächst fällt auf, dass die Drei-Faktoren-Lösung mit elf nicht eindeutig zu Faktoren zuordenenbaren Items im Gegensatz zu fünf solchen Items bei der Zwei-Faktoren-Lösung eine schlechter differenzierende Struktur bietet. Hinzu kommt, dass in der Drei-Faktor-Lösung oft starke parallele Ladungen auf Faktor 1 und Faktor 3 liegen. Faktor 2 hingegen ist in beiden Lösungen etwa identisch, wobei durch die unterschiedlichen Herauspartialisierungen bei den Faktormodellen sich die Nuancen etwas verschieben. So erfüllen die Ladungen zu „cool-uncool" im Drei-Faktoren-Modell die Fürntratt-Kriterien, während sie dies im Zwei-Faktoren-Modell nur näherungsweise tun. Insgesamt erscheint kein inhaltlicher Gewinn in dem dritten Faktor zu stecken. Eine am ehesten inhaltlich plausible Trennung in leistungs- und sozialitätsbezogene Items zeigt sich empirisch nicht. Wenn überdies berücksichtigt wird, dass der dritte Faktor auch das Kriterium, fünf Prozent der Gesamtvarianz aufzuklären, verfehlt, scheint es gerechtfertigt, ihn aus den weiteren Analysen auszuschließen und im weiteren Verlauf mit der Zwei-Faktoren-Lösung zu arbeiten. Tabelle 3.13 zeigt die Mustermatrix der Zwei-Faktoren-Lösung mit absteigend sortierten substanziellen Faktorladungen für beide Faktoren. Alle Items, deren Ladungen den Fürntratt-Kriterien deutlich nicht entsprachen, wurden dabei weggelassen, da sie in der weiteren Skalenbildung keine Berücksichtigung mehr finden sollen.

Im ersten Faktor sind zunächst Ladungen in Richtung Asozialität bestimmend. Aber auch leistungs- und motivationsbezogene Items weisen hohe Ladungen derart auf, dass ein hoher Wert auf Faktor 1 dazu führt, dass Antworten auf die Frage danach, was die Leute über Hauptschüler denken, allgemein in negative Richtung beantwortet werden. Daher kann man sagen, dass Faktor 1 das allgemeine Stigmaerleben der Hauptschüler erfasst. Der zweite Faktor ist schwieriger zu interpretieren. Es wird jedoch einfacher, wenn wir die deskriptive Statistik der beiden Faktoren heranziehen. Auf Grundlage aller in Tabelle 3.13 angegebenen Items werden Mittelwerte zu den zwei Faktoren gebildet und in Tabelle 3.14 dargestellt. Dabei geht die Skala von 1 bis 7, wobei 4 den Nullpunkt darstellt, also quasi keine Eigenschaft als zutreffend angenommen wird.

Tabelle 3.12: Studie 2: Mustermatrizen nach Faktorlösung; nach den Fürntratt-Kriterien substantielle Ladungen sind fett gedruckt, nahe daran liegende kursiv

Item	2 Faktoren		3 Faktoren		
	F 1	F 2	F 1	F 2	F 3
robust-empfindlich	-.20	.23	-.11	*.40*	.10
fleißig-faul	**.60**	.31	.33	.02	**-.55**
aggressiv-friedlich	**-.59**	-.08	-.33	.24	**.47**
schnell-langsam	.07	**.67**	-.12	.48	*-.52*
naiv-klug	-.47	-.46	-.17	-.13	**.64**
flexibel-unflexibel	.27	**.54**	.04	.30	**-.54**
offen-verschlossen	**.47**	.38	.25	.15	**-.49**
interessiert-gelangweilt	**.59**	.25	.35	-.01	**-.48**
sportlich-unsportlich	.21	**.43**	.18	**.51**	-.17
ausdauernd-wechselhaft	.21	**.48**	.06	.34	*-.39*
freundlich-feindselig	**.68**	.23	.45	-.01	-.46
cool-uncool	.00	*.39*	.06	**.59**	.01
chancenlos-Erfolg versprechend	**-.65**	-.26	**-.47**	-.11	.38
diszipliniert-undiszipliniert	**.54**	.45	.27	.17	**-.59**
direkt-höflich	**-.54**	-.11	-.32	.14	*.41*
mutig-ängstlich	-.08	*.38*	-.04	**.53**	-.03
ehrlich-hintertrieben	**.61**	.28	.37	.04	**-.49**
unbegabt-begabt	**-.50**	-.44	-.25	-.18	**.56**
benachteiligt-bevorzugt	-.21	-.20	-.06	-.04	.30
intelligent-dumm	**.71**	.31	.47	.09	*-.49*
gerecht-ungerecht	**.64**	.24	.36	-.08	**-.55**
simpel-gewitzt	.01	.10	-.12	-.10	-.25
selbstständig-abhängig	**.64**	.27	**.49**	.15	-.35
beschützt-vernachlässigt	**.50**	.37	.27	.13	**-.50**
ehrgeizig-unmotiviert	**.41**	.17	.35	.16	-.16
konzentriert-fahrig	**.66**	.17	**.46**	-.02	-.40

Item	2 Faktoren		3 Faktoren		
	F 1	F 2	F 1	F 2	F 3
unfair-fair	**-.68**	-.10	**-.47**	.11	.39
gesittet-frech	**.86**	-.14	**.72**	-.27	-.21
angeberisch-bescheiden	**-.58**	-.20	**-.42**	-.06	.33
friedfertig-streitsüchtig	**.74**	-.08	**.66**	-.11	-.11
kultiviert-primitv	**.66**	-.09	**.66**	-.01	.03
unternehmungslustig-langweilig	**.57**	.01	**.60**	.14	.04
still-laut	**.70**	-.28	**.69**	-.24	.05
integriert-ausgegrenzt	.39	.24	.30	.19	-.22
gut erzogen-ohne Manieren	**.68**	.12	**.62**	.13	-.14
vorlaut-zurückhaltend	**-.82**	.21	**-.73**	.28	.11
Schmarotzer-leistungsbereit	**-.79**	.17	**-.79**	.09	-.04
leistungsunfähig-leistungsfähig	**-.52**	.08	**-.56**	-.03	-.08
nicht kriminell-kriminell	**.80**	-.09	**.77**	-.04	-.03
arbeitsfähig-arbeitsunfähig	**.78**	-.01	**.86**	.23	.15
überheblich-kameradschaftlich	**-.53**	-.00	**-.57**	-.14	-.07
schlampig-gründlich	**-.83**	.07	**-.84**	-.04	-.02
sozial-asozial	**.65**	.15	**.60**	.19	-.14
gleichgültig-bemüht	**-.47**	-.01	*-.40*	.04	.14
gefährlich-harmlos	**-.72**	.14	**-.62**	.22	.14
ohne Ziel-ehrgeizig	**-.56**	-.19	**-.50**	-.20	.16
aktiv-am Rumhängen	**.73**	-.03	**.72**	.06	-.00
hilfsbereit-eigennützig	**.66**	-.08	**.65**	-.02	-.00
ungezogen-artig	**-.88**	.21	**-.87**	.13	-.04
respektvoll-respektlos	**.79**	-.15	**.79**	-.05	.05
Drogen nah-Drogen fern	**-.74**	.02	**-.80**	-.17	-.10
unanständig-anständig	**-.86**	.13	**-.81**	.11	.06
aufmerksam-unaufmerksam	**.75**	.02	**.73**	.09	-.05
fies-freundlich	**-.828**	-.01	**-.77**	-.04	.10

Tabelle 3.13: Studie 2: Zwei-Faktoren-Lösungs-Mustermatrix; ausschließlich substantielle Ladungen sortiert nach Größe und Faktor

Item	**2 Faktoren**	
ungezogen-artig	**-.88**	.21
unanständig-anständig	**-.86**	.13
gesittet-frech	**.86**	-.14
schlampig-gründlich	**-.83**	.07
fies-freundlich	**-.83**	-.01
vorlaut-zurückhaltend	**-.82**	.21
Schmarotzer-leistungsbereit	**-.79**	.17
nicht kriminell-kriminell	**.80**	-.09
respektvoll-respektlos	**.79**	-.15
arbeitsfähig-arbeitsunfähig	**.78**	-.01
aufmerksam-unaufmerksam	**.75**	.02
Drogen nah-Drogen fern	**-.74**	.02
friedfertig-streitsüchtig	**.74**	-.08
aktiv-am Rumhängen	**.73**	-.03
gefährlich-harmlos	**-.72**	.14
intelligent-dumm	**.71**	.31
still-laut	**.70**	-.28
freundlich-feindselig	**.68**	.23
gut erzogen-ohne Manieren	**.68**	.125
unfair-fair	**-.69**	-.10
hilfsbereit-eigennützig	**.66**	-.08
konzentriert-fahrig	**.66**	.17
kultiviert-primitv	**.66**	-.09
sozial-asozial	**.65**	.15
chancenlos-Erfolg versprechend	**-.65**	-.26
selbstständig-abhängig	**.64**	.27
gerecht-ungerecht	**.64**	.24

Item	**2 Faktoren**	
ehrlich-hintertrieben	**.61**	.28
fleißig-faul	**.60**	.31
aggressiv-friedlich	**-.59**	-.08
interessiert-gelangweilt	**.59**	.25
angeberisch-bescheiden	**-.58**	-.20
unternehmungslustig-langweilig	**.57**	.01
ohne Ziel-ehrgeizig	**-.56**	-.19
diszipliniert-undiszipliniert	**.54**	.45
direkt-höflich	**-.54**	-.11
überheblich-kameradschaftlich	**-.53**	-.00
leistungsunfähig-leistungsfähig	**-.52**	.08
unbegabt-begabt	**-.50**	-.44
beschützt-vernachlässigt	**.50**	.37
gleichgültig-bemüht	**-.47**	-.01
offen-verschlossen	**.47**	.38
ehrgeizig-unmotiviert	**.41**	.17
schnell-langsam	.07	**.67**
flexibel-unflexibel	.27	**.54**
sportlich-unsportlich	.21	**.43**
ausdauernd-wechselhaft	.21	**.48**
cool-uncool	.00	*.39*
mutig-ängstlich	-.08	*.38*

Tabelle 3.14: Studie 2: Deskriptive Statistik der beiden extrahierten Faktoren

	Min	**Max**	**M**	**SD**
Stigmaerleben	1.14	7.00	4.95	1.41
Faktor 2	1.00	7.00	3.69	1.40

Bei der Betrachtung der deskriptiven Werte wird deutlich, dass der Faktor Stigmaerleben eine mittlere Ausprägung deutlich über dem theoretischen Mittelwert von 4 hat, während der Faktor zwei in die andere Richtung ausschlägt. Dieser Faktor vereinigt also Items in sich, in denen Hauptschüler ihre Reputation tendenziell eher positiv beurteilen. Daher kann der Faktor 2 – auch mit Rückgriff auf die Ergebnisse von Studie 1 – als Kompensationsfaktor gesehen werden, wenn man die Items entgegen der von der Faktorenanalyse angegebenen Ladungsrichtungen polt und den Skalenmittelwert auf dieser Grundlage bildet.

Es ergibt sich also schließlich eine Faktorenlösung mit zwei Faktoren, die Stigmaerleben und Kompensation genannt werden. Von denen in Tabelle 3.13 wiedergegebenen 49 Items wurden die ersten 43 zu einer Skala für Stigmaerleben und die letzten 6 Items zu einer Skala für Kompensation gemittelt. In Tabelle 3.15 ist die deskriptive Statistik zu den beiden Skalen abgebildet. Im weiteren Verlauf dieser Studie wird auf Grund der theoretischen Passung vor allem der Stigmafaktor betrachtet.

Tabelle 3.15: Studie 2: Deskriptive Statistik der endgültigen Faktoren Stigmaerleben und Kompensation

	Min	**Max**	**MW**	**SD**	**Alpha**	**Range r_{it}**	**M r_{it}**
Stigmaerleben	1.14	7.00	4.95	1.41	.97	.42-.84	.68
Kompensation	1.00	7.00	4.31	1.40	.75	.41-.55	.49

Cronbachs Alpha ist beim Stigmaerleben mit .974 sehr hoch. Dies ist allerdings auch auf die hohe Anzahl von Items zurückzuführen. Jedoch auch die Trennschärfen sind sehr gut, was von der Itemzahl unabhängig ist. So beträgt die mit Abstand niedrigste Trennschärfe immer noch hinreichende .415. Sie bezieht sich auf das Item gleichgültig-bemüht. Die beste Trennschärfe mit .836 hat das Item fies-freundlich (beide in Originalpolung wiedergegeben). Die durchschnittliche Trennschärfe erreicht sehr gute .679. Bei der Kompensationsskala ist Alpha mit .749 als hinreichend zu betrachten. Die Trennschärfen liegen mit .414 bis .551 in einem zufriedenstellenden Bereich. Schnell-langsam ist das trennschärfste Item. Jedoch liegt seine mittlere Ausprägung unterhalb der 4, also im Bereich langsam. Das am wenigsten trennscharfe Item mutig-ängstlich liegt mit einer mittleren Ausprägung von über 5 am deutlichsten im Kompensationsbereich.

3.3.3.2 Zusammenhänge zwischen dem akademischen Selbstkonzept und anderen Konstrukten

Nun werden die Zusammenhänge der beiden neu gebildeten Skalen Stigmaerleben und Kompensation mit dem Selbstkonzept intellektueller Fähigkeiten berichtet. Nach Hypothese 3 wurde auf Grund von selbstwertstützenden Attributionen (a) und von stärkerer Auseinandersetzung von begabteren Hauptschülern mit ihrem Stigma (b) ein positiver Zusammenhang erwartet. Da es möglich ist, dass diese Prozesse erst zu bestimmten Zeitpunkte ihre Wirkungen entfalten, werden die Pearson-Korrelationen getrennt nach Jahrgangsstufe dargestellt. Die Daten wurden z-transformiert und die Signifikanz wird auf Grund der gerichteten Hypothese einseitig in Tabelle 3.17 berichtet. Die Ergebnisse ändern sich durch eine Bonferoni-Korrektur nicht. Zunächst sei in Tabelle 3.16 die deskriptive Statistik nach Jahrgängen getrennt angegeben.

Tabelle 3.16: Studie 2: Stigma und Kompensation deskriptiv nach Jahrgangsstufe: M (SD)

Deskriptive Ergebnisse	**7. Jahrgang**	**8. Jahrgang**
Stigma	4.87 (1.43)	5.00 (1.40)
Kompensation	4.22 (1.30)	4.40 (1.45)
Selbstkonzept intellektueller Fähigkeiten	2.86 (0.77)	2.91 (0.71)

Tabelle 3.17: Studie 2: Korrelationsmatrix mit Stigma, Kompensation, akademischen Selbstkonzepten, Selbstwirksamkeitserwartungen und der Matheleistung; **fett=p<.5**, *kursiv=p<.10*, 1-seitig; oben rechts: 8. Jahrgang; unten links: 7. Jahrgang

	Sti	**Ko**	**SiF**	**SM**	**AS**	**SS**	**Ma**
Stigmaerleben		**-.46**	**.25**	.07	.03	.04	*.21*
Kompensation	**-.50**		**-.21**	-.10	.00	.14	-.16
Selbstkonzept intell. Fähigkeit	-.02	.13		.20	.13	.17	.11
Selbstkonzept Mathematik	.14	-.05	*.32*		.16	**.40**	**.37**
Allgemeine Selbstwirksamkeit	.03	.11	**.42**	.22		**.41**	.06
Schulische Selbstwirksamkeit	.08	.00	**.45**	*.28*	**.67**		.00
Matheleistung	-.14	*.21*	.17	**.41**	.13	**.34**	

Wie in Hypothese 2 in Anlehnung an das Modell von Ruble (1994; vgl. Abschnitt 2.4.1) vermutet wurde, war das Stigmaerleben und auch die Kompensation in der achten Jahrgangstufe zumindest deskriptiv höher als in der siebten. Jedoch erreicht dieser relativ kleine Unterschied keine statistische Signifikanz.

Die Zusammenhänge waren von der Richtung her erwartungskonform. Die positive Korrelation von r=.25 zwischen Stigma und intellektuellem Selbstkonzept in der achten Jahrgangsstufe war signifikant und von mittlerer Größe. Selbstwirksamkeitserwartungen waren sowohl allgemein als auch schulbezogen mit dem Stigmaerleben unkorreliert. Die Matheleistung korrelierte den Annahmen entsprechend im achten Jahrgang tendenziell positiv mit dem Stigmaerleben, wobei dieser Befund in der siebten Jahrgangsstufe nicht vorhanden war. Die Korrelation zwischen Stigma und Kompensation betrug in beiden Jahrgangsstufen um r=-.50. Dies ist auf Grund der Extraktion mittels Hauptachsenanalyse und der oblimen Rotation möglich. Vermutlich aus dieser Abhängigkeit heraus korrelierte auch der Kompensationsfaktor im achten Jahrgang negativ mit dem akademischen Selbstkonzept in einer Höhe von r=-.21. Das mathematische Selbstkonzept korrelierte in der siebten Jahrgangsstufe zu r=.32 mariginal signifikant mit dem intellektuellem Selbstkonzept. In der achten betrug dieser Zusammenhang r=.20 und war nicht signifikant. Erwartungsgemäß korrelierte in beiden Jahrgängen die Matheleistung signifikant mit dem mathematischen akademischen Selbstkonzept.

Nun galt es noch zu prüfen, inwieweit die Zusammenhänge zwischen Stigma auf der einen und den akademischen Selbstkonzepten auf der anderen Seite über das Ergebnis in den Mathetests vermittelt waren oder nicht. Dafür wurden Partialkorrelationen zwischen dem Stigmaerleben und den akademischen Selbstkonzepten bei Kontrolle der Leistung (Hypothese 3a) und zwischen dem Stigmaerleben und der Leistung bei Kontrolle der Selbstkonzepte gerechnet (Hypothese 3b). Wieder werden die Berechnungen nach Jahrgängen getrennt in Tabelle 3.18 dargeboten. Dabei erreichte nach dem 5%-Kriterium keiner der Zusammenhänge mehr statistische Signifikanz. Das akademische Selbstkonzept korrelierte aber auch bei Kontrolle der Matheleistung in fast gleich bleibender Höhe marginal signifikant

Tabelle 3.18: Studie 2: Partiale Zusammenhänge von Stigma mit den akademischen Selbstkonzepten und der Matheleistung mit wechselseitiger Kontrolle; **fett=p<.5**, *kursiv=p<.10*, 1-seitig;

Partialkorrelation Stigma und	**bei Kontrolle von**	**7. Jg.**	**8. Jg.**
Selbstkonzept intell. Fähigk.	Matheleistung	.00	*.23*
Matheleistung	Selbstkonzept intell. Fähigk.	.19	-.14
Selbstkonzept Mathematik	Matheleistung	.22	-.00
Matheleistung	Selbstkonzept Mathematik	-.22	.19

mit dem Stigmaerleben. Der Zusammenhang zwischen Matheleistung und dem Stigmaerleben verschwandt bei Kontrolle des allgemeinen akademischen Selbstkonzepts völlig. In der Tendenz drehte er sich sogar um.

Durch Aufnahme des Selbstkonzepts Mathematik als Kovariate geht auch der marginal signfikante Zusammenhang zwischen Matheleistung und Stigma verloren, wobei die Größe des Zusammenhangs nur geringfügig sinkt.

3.3.4 Diskussion

Die Probanden waren in der Lage, konsistente Angaben auf dem überwiegenden Teil der Items zu machen, die sich zu einem großen Teil durch zwei Faktoren erklären lassen. Diese zwei Faktoren wurden Stigmaerleben und Kompensation genannt. Dieser Antagonismus ist als konsistent mit den in Studie 1 extrahierten Gegenpolen zu sehen, in denen Hauptschüler überwiegend eine negative Reputation haben, aber sich in einem Bereich Spaß und Coolness als besser dastehend gesehen sehen als die Gymnasiasten. Nicht konsistent mit Studie 1 ist allerdings das Ergebnis, dass nur ein Stigmafaktopr identifiziert werden konnte. Es ist möglich, dass bei der Generierung der Items nicht ausreichend darauf geachtet wurde, dass deren Anzahl pro möglicher Subfacette (wie in Studie 1 extrahiert) in einem balancierten Verhältnis steht, so dass die Faktorenanalyse einen Generalstigmafaktor erbrachte. Zwar wären bei der Drei-Faktoren-Lösung zwei Subfacetten von Stigma identifizierbar gewesen. Bei dieser Lösung ergab sich aber gegenüber der gewählten Zwei-Faktoren-Lösung erstens der Nachteil, dass mehr Items nicht mehr eindeutig einem Faktor zuzuordnen waren. Zweitens waren die beiden Stigmafaktoren inhaltlich nicht sinnvoll zu trennen, so dass die Lösung mit einem Stigma- und einem Kompensationsfaktor in diesem Fall am besten geeignet erschien. Es sollte aber in einem späteren Schritt überprüft werden, ob bei gezielterer Itemsauswahl eine Trennung des Stigmaerlebens in Subskalen nicht doch bessere Ergebnisse bringt. In Studie 4 wird dazu eine konfirmatorische Faktorenanalyse durchgeführt.

Bei den auf Grund der explorativen Faktorenanalysen gebildeten zwei Skalen Stigma und Kompensation weist der starke negative Zusammenhang zwischen den beiden Skalen darauf hin, dass intraindividuell offensichtlich keine Kompensation stattfindet. Denn je negativer eine befragte Person Hauptschüler gesehen sieht, umso weniger schreibt sie Hauptschülern von gesellschaftlicher Seite auch die Eigenschaften zu, die in der Kompensationsskala in positiver Richtung enthalten sind. Da jedoch im Gruppenmittelwert die Stigmaskala evaluativ deutlich negativ, die Kompensationsskala zumindest tendenziell evaluativ positiv ausgeprägt ist, soll es bei dieser Bezeichnung bleiben. Es sei darauf hingewiesen, dass die Höhe der Werte bei der Extraktion von Faktoren keine Rolle spielt, sondern nur die gleich- oder gegengerichtete Veränderung der Ausprägungen über die Personen hinweg. Dennoch spricht nichts dagegen, die extrahierten Faktoren, wenn es wie hier inhaltlich sinnvoll erscheint, auch bezüglich ihrer Mittelwerte zu interpretieren. Die internen Konsistenzen und faktoriellen Validitäten der beiden Skalen sind gut, insbesondere die Stigma-Skala weist hervorragende Werte auf. Die hohen Trennschärfen lassen vermuten, dass es möglich ist, die Skala auch in verkürzter Form einzusetzen.

Der Zusammenhang von Stigma und dem akademischen Selbstkonzept der Begabung ist im achten Jahrgang signifikant und in der Höhe als tendenziell mittlerer Effekt zu bewerten (Bortz & Döring, 1995). Diskriminant dazu weisen die chronischen Selbstwirksamkeitserwartungen theoriekonform keinen Zusammenhang zum extrahierten Stigmaerleben auf. Des Weiteren wurde der erwartete positive Zusammenhang zwischen Leistungsfähigkeit (hier Mathetest) und Stigmaerleben für den achten Jahrgang zumindest marginal signifikant. Ein Zusammenhang zwischen dem mathematikbezogenen Selbstkonzept und dem Stigmaerleben lässt sich nicht finden. Dies kann so erklärt werden, dass für die Erhöhung der Bedeutsamkeit des kollektiven selbstbezogenen Wissens das allgemeine akademische Selbstkonzept die bedeutsamere Variable ist, da ja die allgemeine Leistungsfähigkeit – wenn überhaupt – den Weg in höhere Schulen eröffnen und damit die Relevanz der kollektiven Identität erhöhen könnte.

Die Ergebnisse fallen im siebten Jahrgang weniger hypothesenkonform aus, als dies in der achten Jahrgangsstufe der Fall ist. Besonders der kleine negative (und nicht signifikante) Zusammenhang zwischen Leistung und Stigma entpricht nicht den Erwartungen. Da dieser Effekt nicht signifikant und dazu klein ist, kann er getrost als Nullkorrelation betrachtet werden. Dennoch widerspricht auch der Befund, dass Stigma und Leistung unkorreliert sind, den Annahmen aus Hypothese 3. Eine Erklärungsmöglichkeit für diesen Befund ist, dass in der siebten Jahrgangsstufe noch keine abgeschlossene Integration der neuen Selbstfacette „Hauptschüler" vorhanden ist.

Es bleibt die Frage danach, welche Prozesse die positiven Zusammenhänge zwischen Stigma und Leistung (im achten Jahrgang) und akademischem Selbstkonzept (in beiden Jahrgängen) zu welchem Anteil bedingen. In der Hypothese 3 wurden zwei parallel wirkende Prozesse angenommen. Zum einen die Attribution negativer Leistungsrückmeldungen auf Vorurteile auf Seiten des Beurteilers (bzw. ein Editing gegenüber der negativen kollektiven Identität), zum anderen die verstärkte Auseinandersetzung mit der negativen kollektiven Identität, je mehr ein Wechsel der Schulform möglich erscheint, also vor allem bei besseren Schülern. Das Verschwinden des positiven Zusammenhangs zwischen Matheleistung und Stigmaerleben im achten Jahrgang bei Kontrolle des akademischen Selbstkonzepts kann schon einmal als Hinweis gesehen werden, dass dieser Zusammenhang im akademischen Selbstkonzept gebunden ist und von ihm vermittelt wird. Allerdings bleibt die positive Korrelation zwischen akademischem Selbstkonzept und Stigma seltsamerweise in fast gleicher Höhe bestehen, wenn man die Leistung kontrolliert. Dies steht etwas dazu im Widerspruch und lässt sich nicht vollständig in ein

Gesamtbild integrieren. Das Ergebnisbild deutet vor allem auf das Vorhandensein von Reattributionsprozessen hin. Das Stigma wird möglicher Weise eingesetzt, um das akademische Selbstkonzept zu schützen. Aber zumindest im achten Jahrgang wird das Stigma auch umso größer, je leistungsfähiger ein Schüler ist. Zusätzlich zur Annahme von Reattributions- und Aktivierungsprozessen besteht auch die Möglichkeit, dass die Einschätzung des akademischen Selbstkonzepts im Sinne eines Editing um den negativen Einfluss des Stigmas bereinigt wird.

Wie oben schon erwähnt wurde, lassen die Ergebnisse aus Studie 1 vermuten, dass bei einer anderen Itemsauswahl die Überlegenheit einer Struktur der kollektiven Identität mit mehr als zwei Faktoren denkbar wäre. Mit einer anderen Zusammenstellung von Items wird in Studie 4 der Versuch unternommen, eine solche komplexere Faktorenstruktur zu identifizieren, die die das Konstrukt besser abbildet. Eine weitere mögliche Verbesserung ist die Berücksichtigung der geschachtelten Datenstruktur, wofür aber eine größere Anzahl an untersuchten Schulklassen benötigt wird, als sie in dieser Studie vorhanden waren. Dieser Punkt wird ebenfalls in in Studie 4 in konfirmatorischen Faktorenanalysen Berücksichtigung finden. Als letzter Punkt sei darauf hingewiesen, dass der sowohl querschnittliche und quasiexperimentelle Versuchsaufbau keine Kausalschlussfolgerungen zulässt. Alle hier angenommenen Wirkrichtungen sind theoretischer Natur. Nur die Zusammenhänge können aber vorbehaltlich der statistischen Irrtumswahrscheinlichkeiten als gegeben angenommen werden. Es ist nicht eindeutig zu sagen, ob die hier angenommenen Vermittlungsprozesse auch wirklich für die Zusammenhänge verantwortlich sind.

3.4 Studie 3: Implizite und explizite Lehrerstereotype

3.4.1 Einleitung

Hauptschülerinnen und Hauptschüler nehmen ihre schulbezogene kollektive Identität stark negativ wahr. Dieser Befund eröffnet die Frage nach den Agenten in der Vermittlung der negativen kollektiven Identität. Es ist klar, dass es derlei viele gibt. Wichtige Agenten in der Sozialisation von Schülerinnen und Schülern sind auch die Lehrerinnen und Lehrer. Es ist anzunehmen, dass die Lehrerinnen und Lehrer insbesondere nach dem Übergang auf einen neuen Schultyp ganz besonders starken Einfluss darauf haben, wie sich die Schüler in ihrer kollektiven Selbstdefinition sehen werden. Erstens ist es möglich, dass die Lehrer im Rahmen der alltäglichen Interaktion mit ihren Schülern Informationen vermitteln, die zur Stigmawahrnehmung beitragen. Ein solcher Prozess kann auch stattfinden, obwohl er von Seiten der Lehrer nicht intendiert ist. Zweitens sind die Lehrerinnen und Lehrer darüber hinaus wichtige Repräsentanten einer für viele Vergleiche relevanten Outgroup, den Gymnasiasten. Betrachten wir die in Abschnitt 2.4.1 dargelegten Überlegungen von Ruble zu Transformationen des Selbst, so ist anzunehmen, dass die Schüler nach dem Schulübergang besonders empfänglich für die expliziten und impliziten Informationen über ihren neuen Gruppenstatus sind. Die Lehrerinnen und Lehrer stellen dabei vermutlich eine doppelt wichtige Informationsquelle dar. Es ist anzunehmen, dass es kaum einer Lehrkraft gelingen wird, ihre persönlichen stereotypen Überzeugungen bezüglich ihrer Schülerklientel gänzlich vor dieser zu verbergen. Es könnte daher eine direkte Verbindung zwischen den stereotypen Überzeugungen von Lehrern über Hauptschüler und dem Stigmaerleben ihrer Schüler geben. Über eine solche direkte Einstellungstransmission hinaus ist es sinnvoll, anzunehmen, dass die Lehrer ihre pädagogischen Konzepte auch an ihre allgemeinen Überzeugungen anpassen, was für eine Art Schüler ihnen gegenübersitzt (vgl. z. B. 1986; vgl. z. B. Hofer, 1997). Wie die pädagogischen Konzepte ausfallen, beeinflusst wiederum die Interaktion zwischen Lehrern und Schülern. Das heißt, auch hier ist es möglich, dass indirekt Überzeugungen für die Schülerinnen und Schüler sichtbar werden, die ihren kollektiven Selbstwert bezogen auf die Hauptschule beeinflussen. Um sich diesen Fragen nähern zu können, war es zunächst notwendig, sich mit den stereotypen Einstellungen von Lehrern gegenüber Hauptschülern zu beschäftigten und dabei auch zu berücksichtigen, inwieweit sie mit pädagogischen Haltungen korrespondieren. Bei Letzteren sollten insbesondere die Schulsozialarbeit berücksichtigt werden, da sie immer wieder als ein potentiell vielversprechender Interventionsansatz zur Lösung der Probleme an der Hauptschule angegeben wird (z. B. Streblow, 2005). Unter Schulsozialarbeit sollen hier grob definiert alle Bemühungen subsumiert werden, die darauf abzielen, die Bewältigung der oft problematischen Biografien und Lebenssituation von Hauptschülern in den täglichen Schulbesuch zu integrieren. Ein typischer Ansatz sind Schulstationen mit Sozialarbeitern an den Schulen, die für die Schüler als Ansprechpartner zur Verfügung stehen. Einige Hauptschulen integrieren die Schulssozialarbeit auch in den täglichen Unterricht, indem sie zum Beispiel Gesprächskreise und gemeinsame Mahlzeiten in der Unterrichtszeit vornehmen, um so familiäre Defizite möglichst weit ausgleichen zu wollen. In Studie 3 wurden die expliziten und impliziten stereotypen Einstellungen von Lehrern und Studierenden gegenüber Hauptschülern erhoben und diese Überzeugungen mit der Einstellung zur Schulsozialarbeit in Beziehung gesetzt. Das Ziel dabei war es, Hinweise für oder gegen die Möglichkeit der angenommenen Vermittlung zwischen Lehrereinstellungen und kollektivem Schülerselbst zu erhalten. Da Selbstauskünfte besonders bei stereotypen Einstellungen starken Verzerrungen durch soziale Erwünschtheit unterliegen können, wurde zusätzlich zum expliziten auch das implizite Stereotyp erfasst (Aronson et al., 2004; Fiske, 1998; Greenwald et al., 2002).

3.4.2 Methode

3.4.2.1 Stichprobe

Untersucht wurden die vollständigen Kollegien der beiden bereits in Studie 2 untersuchten Schulen sowie zusätzlich Lehramts- und Erziehungswissenschaftenstudierende an der Freien Universität Berlin. Die Ergänzung um Studierende war notwendig, um die Berechnung von Faktorenanalysen sinnvoll möglich zu machen. Außerdem ergibt sich daraus die Möglichkeit zu Vergleichen zwischen den Gruppen. Insgesamt wurden 133 Personen befragt. Die Zusammensetzung der Stichprobe ist in Tabelle 3.19 wiedergegeben.

Tabelle 3.19: Studie 3: Stichprobenzusammensetzung nach Datenlage, Geschlecht, Schule und Studium

	mit IAT			**ohne IAT**		
Geschlecht	**k.A.**	**w**	**m**	**k.A.**	**w**	**m**
Schule 1	2	17	9	0	0	1
Schule 2	1	10	6	0	0	1
Lehramt	0	34	16	0	5	3
Erziehungswi.	0	2	2	0	24	0
		99			34	
N			133			

Die Übersicht trennt zunächst danach, ob Daten für den IAT (Implicit Association Test, Greenwald, Nosek & Banaji, 2003) vorliegen oder nicht. Des Weiteren sind das Geschlecht und die Zugehörigkeit zu einer Schule bzw. einem Studiengang abgebildet. Wie in diesem Berufsfeld üblich zeigt sich ein Überhang an Frauen. Dieser Unterschied tritt in der Universitätsstichprobe deutlicher zu Tage als bei den praktizierenden Lehrkräften.

3.4.2.2 Instrumente

3.4.2.2.1 Semantische Differentiale zur Erfassung des expliziten Stereotyps

Wie in Studie 2 wurden auch hier Semantische Differentiale verwendet. In diesem Fall war jedoch der Stamm anders formuliert, er lautete: „Typische Hauptschüler sind…“. So kann das Stereotyp über Hauptschüler in der Außenperspektive von

Lehrern erfasst werden. Abbildung 3.5 zeigt ein Beispielitem. Die vollständige Liste der verwendeten Semantischen Differentiale ist im Anhang in Abschnitt 6.3.2 aufgeführt.

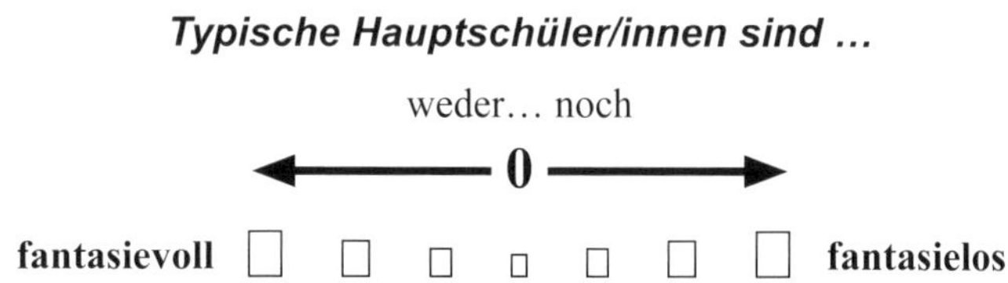

Abbildung 3.5: Studie 3: Beispiel für die verwendeten Semantischen Differentiale für Lehrer; Größenanpassung der Kästchen in Anlehnung an Ursula Kessels (2005)

In dieser Studie sind nicht alle Items aus Studie 2 berücksichtigt worden. Dies liegt darin begründet, dass die Schulen kurzfristig einen Wunschtermin für die Datenerhebungen (Studientage) angaben, auf den reagiert werden musste. Zu diesem Zeitpunkt waren noch nicht alle Items generiert, die in der späteren Fertigstellung des Itempools für Studie 2 berücksichtigt wurden. Außerdem sind hier einige Items hinzugefügt worden, die für die stereotype Außenbeurteilung, jedoch nicht für die Eigeneinschätzung der kollektiven Identität von Hauptschülern geeignet erscheinen. Diese Items sind in der Liste im Anhang kursiv gedruckt. Beispiele sind das Item in Abbildung 3.5 *fantasievoll* versus *fantasielos* oder *beliebt* versus *unbeliebt*. Insgesamt sind elf Items hinzugefügt und 18 Items aus Studie 2 nicht berücksichtigt worden. Im Vergleich zwischen den Listen in den Abschnitten 6.2.1 und 6.3.2 ist übersichtlich nachvollziehbar, um welche Items es sich dabei handelt. Wie in Studie 2 werden die Items einer explorativen Faktorenanalyse unterzogen. Deren Ergebnisse werden im Ergebnisteil berichtet.

3.4.2.2.2 Der implizite Assoziationstest zur Erfassung des impliziten Stereotyps

Negative Vorurteile zu haben ist gesellschaftlich nicht mehr anerkannt. Daher geben Personen in expliziten Messinstrumenten oft nicht wahrheitsgemäß an, welche Vorurteile sie haben. Misst man jedoch mit impliziten Maßen, die sich der willkürlichen Kontrolle entziehen, finden sich oft deutliche Effekte. Dieses Phänomen, dass explizite Maße heute weniger Vorurteile als früher ergeben, während implizite Maße weiterhin deutliche Vorurteile zeigen können, wird als „impliziter Rassismus“ bezeichnet (Aronson et al., 2004; Dion, 2003). Tatsächlich muss es sich dabei nicht um eine absichtliche Verfälschung der Antworten handeln. Gegebenenfalls glaubt eine Person bei kognitiver Kontrolle tatsächlich, dass sie ein Vorurteil nicht hat, das sich aber in einer Situation, die eine automatische Informationsverarbeitung erfordert, dennoch zeigt (Devine, 1989). Vermutlich haben Hauptschullehrer eine stereotype Haltung gegenüber ihrer Schülerklientel, allerdings ist es fraglich, ob sie diese immer frei heraus äußern bzw. sie ihnen voll bewusst ist. Daher wird hier zusätzlich zu den expliziten Maßen der computerbasierte Implizite Assoziationstest (IAT, Gawronski & Conrey, 2004; IAT, Greenwald et al., 2003; Nosek, Greenwald & Banaji, 2005a,b) eingesetzt. Zur Implementierung des IAT wurde die Software „MIAT" von Michael Christmann und Melanie Rau (2002) verwendet, die für den Einsatz in Schul-Computernetzwerken entwickelt wurde (Rau, 2003).

Der IAT (Greenwald et al., 2003; Nosek et al., 2005a,b) ist ein computergestützter Test und misst die Stärke der Assoziation zwischen zwei Kategorien und zwei gegensätzlichen Adjektiven, also z. B. zwei Gruppen und einem entgegengesetzten Adjektivpaar. Mit Hilfe des IAT lässt sich feststellen, ob und wie sehr eine der beiden Kategorien im Verhältnis zur anderen mit einem der beiden Adjektive kognitiv stärker verknüpft ist. Hier sollen Unterschiede bezüglich der stereotypen Wahrnehmung von Hauptschüler versus Gymnasiasten untersucht werden. Auf Grundlage des in Abschnitt 2.3.1 referierten zweidimensionalen Modells von Vorurteilen werden dabei a priori zwei Faktoren als bedeutsam erachtet, ein sozialer und ein leistungsbezogener. Es werden also die Kategorien Hauptschüler versus Gymnasiasten mit jeweils zwei entgegengesetzten Adjektiven dargeboten und die Stärke der Assoziation gemessen. Die gegensätzlichen Adjektivpaare sind „warm" versus „kalt" für die soziale und „leistungsfähig" versus „leistungsunfähig" für die leistungsbezogene Dimension.

Der Ablauf des IAT wird jetzt anhand des Beispiels warm-kalt veranschaulicht. Jeder IAT besteht aus fünf Phasen: Übungsphase erste Dichotomie, Übungsphase zweite Dichotomie, Übungspase mit beiden Dichotomien, Testphase I, Testphase II. Wenn die Versuchsperson mit der Übungsphase zur ersten Dichotomie beginnt, erscheint in einer oberen Ecke des Bildschirms das Wort „Hauptschüler" und in der anderen das Wort „Gymnasiasten". Diese beiden Wörter kennzeichnen die erste Dichotomie, zu der Zuordnungen vorgenommen und jetzt zunächst geübt werden sollen, ohne dass dies in die Wertung mit einfließt. Die Seiten werden dabei zufällig zugewiesen. Dann erscheint ein Wort in der Mitte des Bildschirms (ein so genanntes „Exemplar"), welches nur auf eine Seite richtig zugeordnet werden kann, z. B. „Arbeitslehre". Die Aufgabe der Versuchsperson ist es nun, dieses Exemplar einer Seite des Bildschirms zuzuordnen. Das Exemplar „Arbeitslehre" muss zu „Hauptschüler", die Person muss also die entsprechende Taste drücken. Der Computer misst die Reaktionszeit und ob die Antwort korrekt war (was beim IAT deutlich überwiegend der Fall sein muss, sonst deutet dies auf ein Problem des verwendeten Materials hin). Nun geht die Person zu Übungszwecken so alle Exemplare beider Kategorien durch. Anschließend verschwinden die Schultypen und für die Übungsphase zur zweiten Dichotomie erscheinen die entgegengesetzen Adjektive in den oberen entgegengesetzten Ecken des Bildschirms, also z. B. „warm" und „kalt". Nun müssen alle Exemplare geübt werden, die zu diesen Adjektven gehören. „Herablassend" muss z. B. zu „kalt" und „zugewandt" muss zu „warm". In der dritten Übungsphase erfolgt ein Durchgang mit allen vier Zielkategorien mit jeweils vertauschten Seiten, bei dem immer noch nicht gewertet wird. Also nun steht auf einer Seite des Bildschirms übereinander zunächst „Hauptschüler“ und „warm“ und auf der gegenüberliegenden Seite „Gymnasiasten“ und „kalt“. Alle Exemplare müssen erneut zugeordnet werden. So kann sichergestellt werden, dass das Arbeitsprinzip ausreichend verstanden wird und anschließend relativ reine Reaktionszeiten gemessen werden können. Durch die zufällige Seitenzuweisung werden Effekte einer besseren Fähigkeit auf einer Seite bei Probanden kontrolliert.

Nach den Übungsdurchgängen misst der Test in zwei weiteren Durchgängen in zufälliger Reihenfolge der Bedingungen und der Exemplare nun die Reaktionszeiten, die benötigt werden, um stereotyp-kongruente und stereotyp-inkongruente Zuordnungen vorzunehmen. Es handelt sich um eine kongruente Zuordnung, wenn „Gymnasiasten“ und „leistungsfähig“ auf einer Seite des Bildschirms stehen, so dass Exemplare, die in eine dieser beiden Kategorien gehören, relativ schnell zugeordnet werden können. Eine inkongruente Zuordnung ist dementsprechend, wenn „leistungsfähig“ und „Hauptschüler“ auf einer Seite des Bildschirms stehen, so dass die Zuordnung von Exemplaren relativ länger dauert. Zur Bildung des IAT-Scores wird schließlich pro Person die Differenz zwischen den durchschnittlichen kongruenten und inkongruenten Reaktionszeiten relativiert an der Standardabweichung der Reaktionszeiten der Person insgesamt berechnet. Ein Wert von eins bedeutet dann, dass die Person eine Standardabweichung langsamer auf inkongruente als auf kongruente Zuordnungen reagiert (Greenwald et al., 2003). Es sei hier darauf hingewiesen, dass nach wie vor eine Diskussion um die Validität des IAT geführt wird (vgl. z. B. Gawronski & Conrey, 2004). Dabei geht es jedoch vor allem um die Reichweite möglicher Interpretationen. Diese Diskussion soll hier nicht vertieft werden. Für die explorativen Zwecke in dieser Arbeit kann der IAT als ein sinnvolles Instrument angesehen werden.

Die Kategorien mit ihren Exemplaren finden sich im Anhang in Abschnitt 6.3.1. Bei der Auswahl der Exemplare wurde versucht, ein breites Spektrum abzubilden. Allzu große Genauigkeit ist dabei nicht erforderlich, da gezeigt werden konnte, dass die Kategorienbezeichnungen die entscheidenden Parameter darstellen und bei den Exemplaren nur wichtig ist, dass diese eindeutig einer der vier Kategorien zuordbar sind (Nosek et al., 2005a). Die zur Bestimmung der Reliabilität üblichen Split-Half-Reliabilitäten (Greenwald et al., 2003) ergeben für den warm-kalt IAT (in den Ergebnistabellen als *unsozial* berichtet) einen Wert von .86 und für den leistungsfähig-leistungsunfähig-IAT einen Wert von .74. Beide Werte sind als gut zu betrachten, so dass davon ausgegangen werden kann, dass die beiden IATs jeweils ein konsistentes Konstrukt messen.

3.4.2.2.3 Likert-Skalen-Items zur Erfassung der Einstellung zur Schulsozialarbeit

Zur Erfassung der Einstellung zur Schulsozialarbeit (SSA) wurden in einem Brainstorming 21 Items generiert, die in einem siebenstufigen Likert-Skalen-Format vorgegeben wurden. Vor den Items wurde eine fiktive Hauptschule beschrieben, die sich in SSA engagiert. Die 21 Items beziehen sich dann auf die Einschätzung solcher Hauptschulen im Allgemeinen. Im Anhang 6.3.3 ist eine vollständige Liste sowie die Beschreibung abgebildet. Auch diese Items werden einer explorativen Faktorenanalyse unterzogen, die im Ergebnisteil berichtet wird.

3.4.2.3 Vorgehen

Die Befragung der Lehrer fand in der Schule bzw. einem Bildungszentrum im Rahmen von Studientagen statt. Für die Untersuchung wurden nacheinander Gruppen von 10 Lehrern im PC-Pool untersucht. Die Studierenden wurden im Rahmen ihrer Lehrveranstaltungen befragt. Mit Ausnahme eines Seminars wurden alle Erhebungen in den universitären PC-Pools vorgenommen. Der Ablauf der Erhebung war so, dass zunächst die expliziten Maße per Fragebogen und dann die impliziten Maße im IAT erhoben wurden. Bei den expliziten Maßen wurde zuerst nach der Einstellung zur SSA und dann nach den stereotypen Einstellungen gegenüber Hauptschülern gefragt. Anschließend konnten noch weitere Eigenschaften von typischen Hauptschülern in einem offenen Format angegeben werden.

3.4.3 Ergebnisse

Der Ergebnisteil gliedert sich in fünf Abschnitte: In Abschnitt 3.4.3.1 wird die Faktorenanalyse der Semantischen Differentiale zur Erhebung des expliziten Stereotyps berichtet. In Abschnitt 3.4.3.2 folgt die Faktorenanalyse für die Likert-Items zur Einstellung zur Schulsozialarbeit. Nach der Aufschlüsselung der deskriptiven Ergebnisse nach Gruppen in Abschnitt 3.4.3.3 werden die Zusammenhänge zwischen den expliziten und den impliziten Stereotypmaßen sowie der Einstellung zur Schulsozialarbeit in Abschnitt 3.4.3.4 berichtet. Der Ergebnisteil endet mit einer vorsichtigen Exploration der Zusammenhänge zwischen Lehrer- und Schülerdaten (aus Studie 2) in Abschnitt 3.4.3.5.

3.4.3.1 Explorative Faktorenanalyse zum expliziten Stereotyp

Es wurde mit allen 47 Items eine Hauptachsenfaktorenanalyse mit oblimer Rotation vorgenommen. Es stellte sich die Frage, ob die Daten sich besser durch eine ein- oder durch eine dreifaktorielle Lösung abbilden lassen. Im Folgenden sollen die entscheidenden Zwischenschritte dargestellt werden, bis am Ende die Entscheidung für eine dreifaktorielle Lösung mit den Dimensionen Leistungsunfähigkeit, Höflichkeit und Unsozialität fiel.

3.4.3.1.1 Aufgeklärte Varianz

Nach dem Kaiser-Guttman-Kriterium war die Bildung von maximal elf Faktoren sinnvoll. Zunächst wird die einzelne und kumulierte erklärte Varianz für jeden dieser elf Faktoren in Tabelle 3.20 berichtet. Im Anschluss wird die kumulierte erklärte Varianz grafisch im Screeplot dargestellt.

Tabelle 3.20: Studie 3: Erklärte Varianz des Lehrerstereotyps nach Kaiser-Guttman-Kriterium

	Anfängliche Lösung			**Extrahierte Lösung**		
Faktor	**Eigenw.**	**% Var.**	**Kum. %**	**Eigenw.**	**% Var.**	**Kum. %**
1	13.79	29.33	29.33	13.41	28.54	28.54
2	4.31	9.17	38.50	3.91	8.32	36.86
3	3.06	6.52	45.01	2.67	5.68	42.54
4	2.01	4.28	49.29	1.62	3.45	45.99
5	1.79	3.80	53.09	1.34	2.86	48.84
6	1.53	3.25	56.34	1.10	2.35	51.19
7	1.40	2.98	59.33	.97	2.06	53.25
8	1.28	2.72	62.05	.86	1.83	55.08
9	1.23	2.62	64.67	.79	1.69	56.77
10	1.15	2.44	67.11	.74	1.57	58.34
11	1.03	2.20	69.31	.63	1.33	59.67

Nach der Daumenregel, dass ein Faktor mindestens 5% der Varianz erklären sollte, lag eine Drei-Faktoren-Lösung nahe. Die Summe der erklärten Varianz von etwa 45% bei einer dreifaktoriellen Lösung konnte als noch hinreichend angenommen werden.

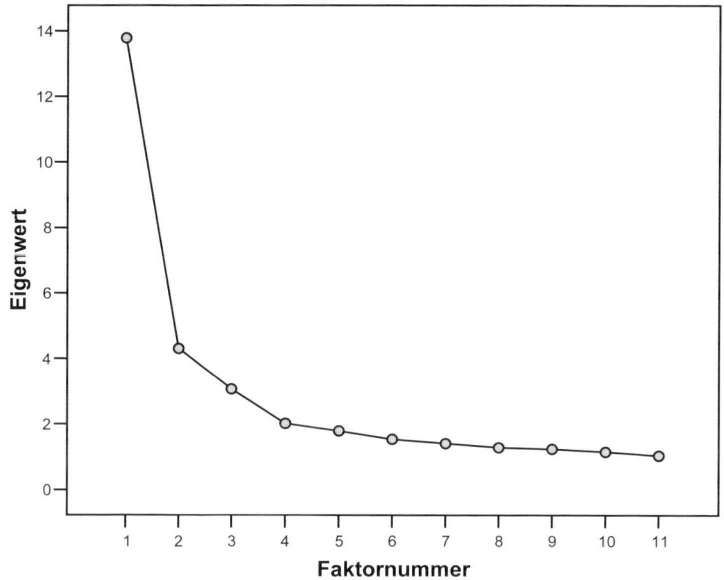

Abbildung 3.6: Studie 3: Screeplot des Lehrerstereotyps mit Angabe aller nach Kaiser-Guttman-Kriterium potentiellen Faktoren

Die Betrachtung des Screeplots legte eine ein- oder eine dreifaktorielle Lösung nahe. Eine zweifaktorielle erschien wenig sinnvoll. Nach dem Screeplot wäre eine dreifaktorielle Lösung die naheliegendste Variante. Der theoretische Bezug (vgl. Abschnitt 2.3.1) würde eine zweifaktorielle Lösung vermuten. Da diese aber empirisch nicht sinnvoll erschien, wurde der dreifaktoriellen der Vorzug zu geben. Eine einfaktorielle Lösung erschien als zu simplifizierte Struktur, die weniger als 30% der Gesamtvarianz erklären konnte.

3.4.3.1.2 Kommunalitäten

Es werden nur die Semantischen Differentiale berichtet, die von den berechneten Faktorstrukturen nicht gut abgebildet wurden. Als Kriterium wurde dabei eine Kommunalität <.4 gesetzt. Alle Items, die dieses Kriterium in der Ein-Faktoren-Lösung erfüllten, werden in Tabelle 3.21 berichtet. Zusätzlich wird die Kommunalität dieser Items in der Drei-Faktoren-Lösung angegeben.

Bei fast allen Items waren Zuwächse in der Kommunalität bei der Drei-Faktoren-Lösung zu verzeichnen. Insbesondere die sozial konnotierten Items steigerten sich enorm. Einige Items wiesen in beiden Lösungen sehr schlechte Kommunalitäten

Tabelle 3.21: Studie 3: Items Lehrerstereotyp mit Kommunalitäten < .4 nach Anzahl der Faktoren

	1 Faktor	**3 Faktoren**
robust-empfindlich	.00	.16
aggressiv-friedlich	.33	*.50*
schnell-langsam	.19	.29
naiv-klug	.22	.26
flexibel-unflexibel	.26	.36
offen-verschlossen	.19	.33
sportlich-unsportlich	.04	.17
ausdauernd-wechselhaft	.27	.28
freundlich-feindselig	.27	*.54*
cool-uncool	.03	.11
beliebt-unbeliebt	.12	.14
fantasievoll-fantasielos	.40	*.58*
chancenlos-Erfolg versprechend	.26	.34
musikalisch-unmusikalisch	.22	.32
direkt-höflich	.29	*.50*
mutig-ängstlich	.01	*.41*
egoistisch-hilfsbereit	.23	.34
praktisch-theoretisch	.02	.20
handwerklich-tollpatschig	.08	.25
wortgewandt-wortkarg	.23	.33
realistisch-träumerisch	.04	.10
ehrlich-hintertrieben	.10	*.54*
unbegabt-begabt	.33	.36
benachteiligt-bevorzugt	.19	.30
gerecht-ungerecht	.10	*.46*
simpel-gewitzt	.32	.34
selbstständig-abhängig	.20	*.45*

	1 Faktor	3 Faktoren
unfair-fair	.08	*.47*
angeberisch-bescheiden	.38	*.54*
friedfertig-streitsüchtig	.22	*.50*
unternehmungslustig-langweilig	.19	*.57*
still-laut	.21	*.45*
integriert-ausgegrenzt	.23	.23
vorlaut-zurückhaltend	.19	*.48*

auf, so zum Beispiel die Items cool-uncool und beliebt-unbeliebt. Vermutlich sind diese Items nicht Bestandteil des Stereotyps über Hauptschüler und weisen daher keine Kovarianz mit den extrahierten Faktoren auf. Dies sollte sich dann auch in den nun folgenen Ladungsmatrizen zeigen.

3.4.3.1.3 Ladungsmatrizen

In Tabelle 3.22 sind die Ladungen der ein- und der dreifaktoriellen Lösung angegeben. Dabei sind diejenigen Ladungen, die einen Faktor nach den Fürntratt-Kriterien (s. o.) definieren, fett gedruckt. Solche, die die Kriterien nur knapp verfehlen, sind kursiv gesetzt.

In der Drei-Faktoren-Lösung konnten neun Items nicht eindeutig zugeordnet werden. Bei einem Faktor waren es elf nicht ausreichend hoch ladende Items. Vor allem die sozial konnotierten Items kahmen bei der Drei-Faktoren-Lösung besser zur Geltung. So bildeten sich zusätzlich zu einem Leistungsunfähigkeitsfaktor zwei Sozialitätsfaktoren aus: ein positiver Höflichkeitsfaktor und ein Unsozialitätsfaktor. Dies erschien mit den theoretischen Annahmen konform, wobei die Struktur mit zwei Sozialfaktoren noch etwas differenzierter als erwartet war.

Es wurden nun drei Skalen auf der Grundlage der fett gedruckten Items gebildet. Folgende Items wurden dabei nicht berücksichtigt: Bei der ersten Skala *Leistungsunfähigkeit* wurde das Item handwerklich-tollpatschig wegen einer Trennschärfe von .28 ausgeschlossen. Bei der zweiten Skala *Höflichkeit* wurden die Items mutig-ängstlich mit einer Trennschärfe von .29 und praktisch-theoretisch mit .22 entfernt. Bei der dritten Skala *Unsozialität* blieben alle sechs Items bestehen. In Tabelle 3.23 werden die Testgüte sowie deskriptive Statistik zu den resultierenden drei Skalen berichtet. Wieder entspricht vier einem neutralen Urteil, Werte über vier einer Ausprägung in Richtung des Labels und Werte unter vier entgegengesetzt.

Tabelle 3.22: Studie 3: Mustermatrizen Lehrerstereotyp nach Faktorlösung; nach den Fürntratt-Kriterien substantielle Ladungen sind fett gedruckt, nahe daran liegende kursiv

Item	1 Faktor	3 Faktoren		
	F 1	F 1	F 2	F 3
unternehmungslustig-langweilig	**.44**	**.74**	.33	-.01
fantasievoll-fantasielos	**.63**	**.74**	.12	.13
selbstständig-abhängig	**.45**	**.70**	.08	-.20
vielseitig-schlicht	**.64**	**.65**	-.02	.13
konzentriert-fahrig	**.77**	**.65**	-.30	.06
ehrgeizig-unmotiviert	**.81**	**.63**	-.20	.27
flexibel-unflexibel	**.51**	**.61**	-.02	-.06
beschützt-vernachlässigt	**.68**	**.60**	-.30	-.01
intelligent-dumm	**.69**	**.59**	-.16	.16
wortgewandt-wortkarg	**.48**	**.58**	-.04	-.08
musikalisch-unmusikalisch	**.47**	**.55**	.08	.08
interessiert-gelangweilt	**.72**	**.55**	-.14	.31
unbegabt-begabt	**-.58**	**-.52**	.09	-.13
diszipliniert-undiszipliniert	**.77**	.52	-.51	.04
chancenlos-Erfolg versprechend	**-.51**	**-.51**	.24	.14
kultiviert-primitiv	**.79**	**.51**	-.38	.25
naiv-klug	**-.47**	**-.49**	.09	.02
plump-scharfsinnig	**-.66**	**-.49**	.24	-.19
schnell-langsam	**.44**	**.47**	-.23	-.19
ausdauernd-wechselhaft	**.53**	**.46**	-.19	.01
resigniert-motiviert	**-.65**	**-.46**	.23	-.24
integriert-ausgegrenzt	**.48**	**.42**	-.12	.11
handwerklich-tollpatschig	.28	**.40**	.29	.19
simpel-gewitzt	**-.56**	*-.39*	.12	-.30
sportlich-unsportlich	.22	*.38*	.23	.02
robust-empfindlich	.06	.33	.18	-.24

Item	1 Faktor	3 Faktoren		
	F 1	F 1	F 2	F 3
realistisch-träumerisch	.19	.31	.145	.02
beliebt-unbeliebt	.35	.29	-.02	.17
vorlaut-zurückhaltend	**-.43**	-.02	**.67**	-.07
still-laut	**.46**	.08	**-.65**	.04
direkt-höflich	**-.55**	-.27	**.63**	.10
gesittet-frech	**.75**	.26	**-.62**	.33
angeberisch-bescheiden	**-.62**	-.18	**.55**	-.28
friedfertig-streitsüchtig	**.47**	-.03	**-.55**	.37
aggressiv-friedlich	**-.57**	-.13	**.55**	-.28
mutig-ängstlich	.08	.47	**.53**	-.04
gut erzogen-ohne Manieren	**.77**	.47	-.49	.14
fleißig-faul	**.66**	.44	**-.46**	.02
praktisch-theoretisch	-.13	.02	**.44**	.21
benachteiligt-bevorzugt	**-.44**	-.35	.39	.18
cool-uncool	-.18	.07	.28	-.16
ehrlich-hintertrieben	.32	.00	.09	**.75**
unfair-fair	-.28	.01	-.11	**-.70**
gerecht-ungerecht	.31	-.05	-.04	**.68**
freundlich-feindselig	**.52**	.14	-.13	**.65**
egoistisch-hilfsbereit	**-.48**	-.16	.19	**-.46**
offen-verschlossen	**.43**	.36	.13	**.39**

Tabelle 3.23: Studie 3: Deskriptive Statistik und Testgüte der drei extrahierten Faktoren des Lehrerstereotyps

	Min	Max	MW	SD	Alpha	Range r_{it}	MW r_{it}
Leistungsunf.	2.41	6.36	4.80	.76	.93	.46-.75	.59
Höflichkeit	1.67	4.56	3.14	.66	.88	.56-.80	.66
Unsozialität	1.50	6.67	3.91	.79	.79	.42-.68	.55

Hauptschüler wurden als deutlich leistungsunfähig beschrieben. Der Mittelwert lag mit 4.80 eine volle Standardabweichung in Richtung Leistungsunfähigkeit. Die Ausprägungen der Sozialfaktoren lagen beide dem Label entgegengesetzt. Hauptschüler wurden im Mittel bei der Gesamtstichprobe also eher als unhöflich, aber nicht als unsozial gesehen. Dieser Befund wird später noch nach Gruppen differenziert werden.

3.4.3.2 Explorative Faktorenanalyse zur pädagogischen Einstellung

Auch mit allen 21 Items zur Schulsozialarbeit wurde eine Hauptachsenfaktorenanalyse mit oblimer Rotation vorgenommen. Diesmal stellte sich die Frage, ob die Daten sich besser durch eine zwei- oder durch eine dreifaktorielle Lösung abbilden lassen. Im Folgenden sollen wieder die entscheidenden Zwischenschritte dargestellt werden, bis am Ende die Entscheidung für eine zweifaktorielle Lösung mit den Dimensionen „SSA entfaltet Potentiale“ und „SSA verhindert Lernzuwächse“ fiel.

3.4.3.2.1 Aufgeklärte Varianz

Nach dem Kaiser-Guttman-Kriterium war die Bildung von maximal fünf Faktoren sinnvoll. Zunächst wird die einzelne und kumulierte erklärte Varianz für jeden dieser fünf Faktoren in Tabelle 3.24 berichtet. Im Anschluss wird die kumulierte erklärte Varianz grafisch im Screeplot dargestellt.

Tabelle 3.24: Studie 3: Erklärte Varianz der Einstellung zur Schulsozialarbeit nach Kaiser-Guttman-Kriterium

	Anfängliche Lösung			**Extrahierte Lösung**		
Faktor	**Eigenw.**	**% Var.**	**Kum. %**	**Eigenw.**	**% Var.**	**Kum. %**
1	8.12	38.67	38.67	7.69	36.63	36.63
2	1.84	8.76	47.42	1.41	6.72	43.36
3	1.52	7.22	54.64	1.06	5.06	48.41
4	1.25	5.97	60.61	.80	3.83	52.24
5	1.04	4.95	65.56	.67	3.21	55.45

Das 5%-Kriterium legte drei Faktoren nahe, wobei der dritte Faktor in der extrahierten Lösung mit seinem Eigenwert nur noch sehr knapp über eins lag, was eine Zwei-Faktoren-Lösung befürwortete.

Der Screeplot sprach für eine ein- oder fünffaktorielle Lösung. Die vier- und fünffaktorielle konnten dabei nach dem 5%-Kriterium ausgeschlossen werden.

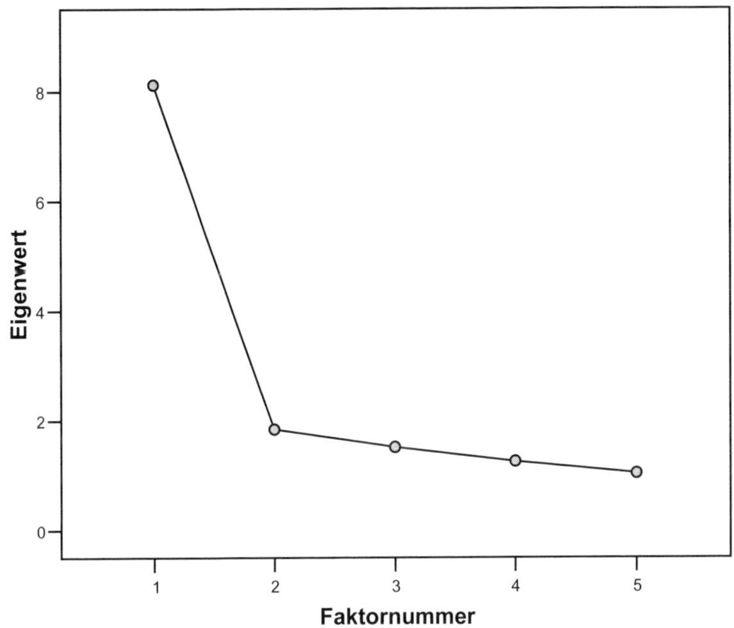

Abbildung 3.7: Studie 3: Screeplot der Einstellung zur Schulsozialarbeit mit Angabe aller nach Kaiser-Guttman-Kriterium potentiellen Faktoren

Die Drei-Faktoren-Lösung hatte auf dem dritten Faktor einen Eigenwert von knapp über eins, er erklärte also kaum mehr als ein durchschnittliches Item. Der zweite Faktor jedoch lag zwischen 6.7% und 8.7% erklärter Varianz, so dass es zu simplifiziert erschien, diesen Faktor einfach auszuschließen. Die einfaktorielle Lösung, die der Screeplot nahe legte, wurde daher verworfen. Es sollen nun die Kommunalitäten und die Mustermatrizen der drei- und der zweifaktoriellen Lösung verglichen werden.

3.4.3.2.2 Kommunalitäten

Die Kommunalitäten aller Items sind für die drei- und die zweifaktorielle Lösung in Tabelle 3.25 wiedergegeben.

Die Zuwächse an Erklärung der einzelnen Items durch die Hinzunahme des dritten Faktors waren sehr gering. Nur beim vorletzen Item „fördern die Schüler/innen genau nach ihren Möglichkeiten“ war ein deutlicher Zuwachs zu verzeichnen. Im Sinne einer ökonomischen Faktorstruktur war die Hinzunahme eines dritten Faktors demnach nicht zu rechtfertigen.

Tabelle 3.25: Studie 3: Alle Items Einstellung zur Schulsozialarbeit mit Kommunalitäten nach Anzahl der Faktoren; *kursiv* = Items, deren Kommunalität nur bei der 3-Faktoren-Lösung >.4 ist

Solche Hauptschulen	**2 Faktoren**	**3 Faktoren**
... können bei Jugendl. günstige Lernvoraussetz. schaffen.	.50	.51
... sind bei der Vermittlung von Fachinh. bes. erfolgreich.	.25	.31
... stehlen den Schüler/innen wichtige Lernzeit.	.34	.36
... werden ihrem Bildungsauftrag nicht wirklich gerecht.	.42	.50
... sind Verwahranstalten.	.24	.30
... verwechseln Beschäftigungstherapie mit Ausbildung.	.25	.30
... können Kinder mit schwierigem Hintergrund auf das Leben vorbereiten.	.43	.43
... kompensieren Benachteiligungen.	.56	.58
... schaffen soziale Gerechtigkeit.	.31	*.44*
... legen Potentiale frei, die sonst verschüttet bleiben.	.60	.60
... sind Vorbilder für alle Hauptschulen.	.49	.52
... garantieren besseren Kompetenzerwerb.	.37	.39
... werden Hauptschüler/innen in besonderem Maße gerecht.	.37	*.44*
... ermutigen ihre Schüler/innen zur Entwicklung eigenständiger Interessen.	.36	*.45*
... fördern leistungsstarke Schüler/innen zu wenig.	.54	.53
... helfen den Schüler/innen, ihr Potential zu entfalten.	.57	.68
... können ihre Schüler/innen nicht auf ein hohes Leistungsniveau bringen.	.43	.44
... lassen die Schüler/innen zeigen, was sie können.	.45	.50
... fordern ihre Schüler/innen nicht genug.	.70	.70
... fördern ihre Schüler/innen genau nach ihren Möglichkeiten.	.26	*.53*
... können den Teufelskreis, dass schlechte Herkunft zu wenig Bildung führt, durchbrechen helfen.	.48	.48

3.4.3.2.3 Ladungsmatrizen

Abschließend sollen jetzt noch die Mustermatrizen im Vergleich der beiden Lösungen herangezogen werden.

Tabelle 3.26: Studie 3: Mustermatrizen Einstellung zur Schulsozialarbeit nach Faktorlösung; nach den Fürntratt-Kriterien substantielle Ladungen sind fett gedruckt, nahe daran liegende kursiv

Item	**2 Faktoren**		**3 Faktoren**		
Solche Hauptschulen	**F 1**	**F 2**	**F 1**	**F 2**	**F 3**
... kompensieren Benachteiligungen.	**.85**	.21	**.80**	.16	.07
... legen Potentiale frei, die sonst verschüttet bleiben.	**.79**	.03	**.72**	-.01	.13
... können bei Jugendlichen günstige Lernvoraussetzungen schaffen.	**.73**	.02	**.69**	-.02	.06
... können den Teufelskreis, dass schlechte Herkunft zu wenig Bildung führt, durchbrechen helfen.	**.72**	.05	**.66**	.01	.10
... helfen den Schüler/innen, ihr Potential zu entfalten.	**.63**	-.19	.40	-.15	**.52**
... können Kinder mit schwierigem Hintergrund auf das Leben vorbereiten.	**.62**	-.05	**.51**	-.06	.23
... lassen die Schüler/innen zeigen, was sie können.	**.59**	-.12	*.42*	-.09	.39
... ermutigen ihre Schüler/innen zur Entwicklung eigenständiger Interessen.	**.59**	-.01	.39	.03	**.45**
... werden Hauptschüler/innen in besonderem Maße gerecht.	**.59**	-.03	.39	.00	**.43**
... schaffen soziale Gerechtigkeit.	**.58**	.03	**.69**	-.01	-.19
... stehlen den Schüler/innen wichtige Lernzeit.	**-.48**	.15	**-.49**	.18	-.01
... sind Vorbilder für alle Hauptschulen.	**.42**	-.37	**.44**	-.39	-.01

Item	2 Faktoren		3 Faktoren		
Solche Hauptschulen	**F 1**	**F 2**	**F 1**	**F 2**	**F 3**
... garantieren besseren Kompetenzerwerb.	**.41**	-.26	**.44**	-.28	-.01
... sind bei der Vermittlung von Fachinhalten besonders erfolgreich.	.33	-.23	**.41**	-.27	-.13
... fordern ihre Schüler/innen nicht genug.	.02	**.85**	-.01	**.81**	-.08
... fördern leistungsstarke Schüler/innen zu wenig.	.16	**.82**	.10	**.77**	-.02
... können ihre Schüler/innen nicht auf ein hohes Leistungsniveau bringen.	.16	**.62**	-.02	**.57**	-.19
... werden ihrem Bildungsauftrag nicht wirklich gerecht.	-.20	**.51**	-.30	**.55**	.15
... sind Verwahranstalten.	-.06	**.46**	.06	**.42**	-.30
... verwechseln Beschäftigungstherapie mit Ausbildung.	-.18	*.37*	-.26	**.40**	.12
... fördern ihre Schüler/innen genau nach ihren Möglichkeiten.	.28	-.29	-.01	-.24	**.63**

Wie auf Grund der Betrachtung der Kommunalitäten bereits erwartet wurde, brachte der dritte Faktor keine inhaltlichen Gewinne mit sich. Der dritte Faktor schien ein Subfaktor des ersten Faktors zu sein, mit dem er auch bei fast allen Items sehr hohe Nebenladungen aufwies. Inhaltlich waren die beiden Faktoren schwer zu trennen, so dass der zweifaktoriellen Lösung auf Grund der oben angeführten Punkte und der Ökonomie der Vorzug gegeben wurde. Dabei wurden zur Skalenbildung nur die jeweils fett gedruckten Items verwendet. Es ergaben sich zwei Skalen: 1.) Schulsozialarbeit entfaltet Potentiale mit 13 Items und 2.) Schul-

Tabelle 3.27: Studie 3: Deskriptive Statistik und Testgüte der zwei extrahierten Faktoren der Lehrer-Einstellung zur Schulsozialarbeit

	Min	Max	MW	SD	Alpha	Range r_{it}	MW r_{it}
SSA entfaltet Potentiale	3.23	7.00	5.54	.84	.90	.52–.73	.62
SSA verhindert Lernzuwächse	1.00	5.80	2.67	1.08	.79	.44–.73	.58

sozialarbeit verhindert Lernzuwächse mit 5 Items. Die Skalen sind in Tabelle 3.27 mit ihrer Testgüte und deskriptiver Statistik zusammengefasst. Für die Einstellung, dass SSA Potentiale entfaltet, lag der Mittelwert deutlich über dem theoretischen Mittelwert von 4, während es sich für die Meinung, dass SSA Lernzuwächse verhindert, umgekehrt verhielt.

Grundsätzlich stand die befragte Stichprobe also SSA eher positiv gegenüber. Die Testgüte der Skalen war einwandfrei. Auch diese Befunde werden nun nach Gruppen aufgeteilt berichtet werden.

3.4.3.3 Deskriptive Befunde nach befragten Gruppen

Es standen nun sieben Messwerte zur Verfügung, die bei fünf verschiedenen Gruppen erhoben wurden. Die Messwerte waren die drei expliziten stereotypen Einstellungen, die zwei impliziten stereotypen Einstellungen und die zwei Einstellungsskalen bezüglich SSA. Bei den Gruppen wird hier in die Kollegien von Schule 1 und Schule 2 sowie drei Studierendengruppen unterschieden: Erstens Lehramtsstudierende für Grund,- Haupt- oder Realschule. Zweitens Lehramtsstudierende mit dem Berufsziel Studienrätin oder Studienrat. Drittens Studierende der Erziehungswissenschaft ohne Lehramtsoption. Die Mittelwerte aller sieben Messungen werden für alle fünf Gruppen inklusive Standardabweichungen in Tabelle 3.28 berichtet. Dabei wurden Varianzanalysen mit anschließenden Scheffe-Tests gerechnet (Bortz, 1993), um zu prüfen, ob Unterschiede zwischen den Gruppen bestehen. Wenn die Ergebnisse von Scheffe-Tests berichtet werden, so kann von einem signifikanten Ergebnis der Varianzanalyse ausgegangen werden, obwohl dies nicht explizit erwähnt wird. Wenn eine Alpha-Fehler-Korrektur nach Bonferoni (Bortz, 1993) das Ergebnis verändern würde, wird darauf hingewiesen.

Für die explizite Leistungsunfähigkeit ergaben sich signifikante Scheffe-Tests zwischen den beiden Schulen auf der einen und den Erziehungswissenschafts-Studierenden auf der anderen Seite. Die Leher hielten Hauptschüler dabei für weniger leistungsfähig. Insgesamt erklärte die Gruppenzugehörigkeit 17.4 % der Varianz der expliziten Leistungsunfähigkeitsannahme.

Tabelle 3.28: Studie 3: Gruppenvergleiche nach Mittelwert und Standardabweichung; Schule 1 und 2 sind die Schulen aus Studie 2. Die hinteren drei Spalten sind Studierende.

	Schule 1	**Schule 2**	**GS,HS,RS**	**Studienrat**	**Erz.-Wiss.**
Ex. Leistungsunf.	5.07 (.61)	5.28 (.67)	4.85 (.76)	4.70 (.70)	4.31 (.75)
Ex. Höflichkeit	3.33 (.53)	3.01 (.66)	2.88 (.74)	3.03 (.72)	3.38 (.55)
Ex. Unsozialität	3.68 (.75)	3.56 (.82)	4.47 (.97)	3.99 (.62)	3.91 (.72)
IAT HS unsozial	-.12 (.50)	.43 (.43)	.57 (.32)	.43 (.54)	.38 (.21)
IAT HS leist. unf.	.71 (.39)	.82 (.39)	.94 (.30)	.84 (.49)	.95 (.37)
SSA entf. Potential	6.04 (.64)	5.40 (.84)	5.76 (.75)	5.46 (.73)	5.07 (.94)
SSA verhind. Lern.	2.33 (1.11)	2.92 (1.14)	2.43 (.93)	2.72 (1.09)	2.97 (1.04)

Für die explizite Höflichkeit ergab sich ausschließlich ohne Alpha-Fehler-Korrektur ein signifikanter Effekt der Gruppenzugehörigkeit, der jedoch zu keinem signifikanten Scheffe-Test führte. Insgesamt erklärte die Gruppenzugehörigkeit 8.2% der Varianz der expliziten Höflichkeitsannahme.

Für die explizite Unsozialität ergaben sich ausschließlich ohne Alpha-Fehler-Korrektur signifikante Scheffe-Tests zwischen den beiden Schulen auf der einen und den Lehramts-Studierenden für Grund-, Haupt- und Realschule auf der anderen Seite. Dabei schätzten die Studierenden Hauptschüler als unsozialer ein als die praktizierenden Lehrkräfte. Insgesamt erklärte die Gruppenzugehörigkeit 11.7% der Varianz der expliziten Unsozialitätsannahme. Die Varianzanalyse blieb auch mit Alpha-Fehler-Korrektur signifikant.

Für die implizite Unsozialität (also den IAT kalt) ergaben sich signifikante Scheffe-Tests zwischen Schule 1 auf der einen und Schule 2 und beiden Lehramts-Studiums-Gruppen auf der anderen Seite. Dabei schätzten die Lehrer von Schule 2 und die Studierenden Hauptschüler als unsozialer ein als die Lehrkräfte von Schule 1. Insgesamt erklärte die Gruppenzugehörigkeit 25.5% der Varianz der impliziten Unsozialitätsannahme.

Für die implizite Leistungsunfähigkeit (also den IAT leistungsunfähig) ergab sich kein signifikanter Effekt für die Gruppenzugehörigkeit.

Für die Einstellung „SSA entfaltet Potentiale“ ergaben sich signifikante Scheffe-Tests zwischen Schule 1 auf der einen und den Erziehungswissenschafts-Studierenden auf der anderen Seite. Dabei schätzten die Studierenden die Potential entfaltende Wirkung von SSA geringer ein als die praktizierenden Lehrkräfte von Schule 1. Insgesamt erklärte die Gruppenzugehörigkeit 16.1% der Varianz der Sichtweise auf SSA als Potentiale entfaltend.

Für die Einstellung „SSA verhindert Lernzuwächse“ ergab sich kein signifikanter Effekt der Gruppenzugehörigkeit.

Zusammenfassend lässt sich sagen, dass Hauptschüler implizit von allen befragten Gruppen als deutlich leistungsunfähig gesehen wurden. Explizit hoben dies die praktizierenden Lehrer besonders hervor, während sie gleichzeitig implizit etwas milder urteilten als der Rest. Letztere Tendenz war aber nicht signifikant. Explizit wurden Hauptschüler von den Lehramtsstudierenden, aus denen der Nachwuchs für die Hauptschullehrerschaft rekrutiert wird, unsozialer eingeschätzt als von den praktizierenden Lehrkräften. Hier deutete sich im Querschnitt eine Tendenz an, dass mit dem Einstieg in die Praxis die Leistungserwartungen nach unten und die Sozialitätserwartungen nach oben korrigiert wurden. Auf der impliziten Sozialitätseinschätzung fand sich dieser Befund wieder, jedoch signifikant nur noch für die Schule 1, die sich in ihrer Sozialitätseinschätzung von Hauptschülern vom Rest der Stichprobe deutlich nach oben abhob. In der Tendenz galt er im Vergleich zu den Lehramtsstudierenden, die nicht Studienrat werden wollen, aber auch für Schule 2. Bezüglich der Einstellung zur Schulsozialarbeit nahm Schule 1 eine Sonderrolle ein, da dort ihre kompensatorische Wirkung ganz besonders hoch eingeschätzt wurde. Dies ist nicht erstaunlich, da diese Schule eine Profilbildung im Hinblick auf Schulsozialarbeit besaß.

3.4.3.4 Zusammenhänge zwischen Stereotypen und Einstellung zur Schulsozialarbeit

Die Zusammenhänge zwischen den sieben Messungen werden zunächst für die gesamte Stichprobe und dann im Vergleich zwischen Lehrern und Studierenden und zwischen Schule 1 und Schule 2 berichtet. Tabelle 3.29 zeigt die Pearson-Korrelationskoeffizienten mit der unkorrigierten zweiseitigen Irrtumswahrscheinlichkeit in Klammern für die Gesamtstichprobe. Fehlende Werte wurden paarweise nicht berücksichtigt. Es zeigten sich zunächst Zusammenhänge zwischen den Messungen zum expliziten Stereotyp, zwischen den Messungen zum impliziten Stereotyp und zwischen den Messungen zur Einstellung zur Schulssozialarbeit. Dies ist bei den expliziten Maßen auf Grund der Faktorenanalysen nicht weiter überraschend. Bei den impliziten Maßen deutet es auf eine Generalisierung des Stereotyps über Hauptschüler hin. Betrachtet man nur die Maße für die stereotypen Einstellungen, so korrelierten die impliziten überwiegend nicht mit den expliziten Maßen mit Ausnahme der expliziten und der impliziten Unsozialität. Sie hingen mit einem kleinen Effekt miteinander zusammen, auch wenn die Signifikanzgrenze von 5% nicht ganz erreicht wurde. In der Tendenz zeigte sich der Zusammenhang mit der expliziten Unsozialität auch mit der impliziten Leistungsunfähigkeit. Beide Effekte wurden bei einer Bonferoni-Korrektur nicht mehr signifikant.

Tabelle 3.29: Studie 3: Zusammenhänge zwischen stereotypen Einstellungen und zur Schulsozialarbeit für die gesamte Stichprobe; in Klammern unkorrigiertes p, zweiseitig; **fett=p<.5**, *kursiv=p<.10*

	ExLuf	ExHö	ExUns	IATuns	IATluf	SSAPo	SSAvL
Explizites Stereotyp: HS sind leistungsunfähig	1	**-.55** **(<.01)**	**.45** **(<.01)**	.02 (.82)	-.02 (.82)	-.03 (.71)	*.16* *(.07)*
Explizites Stereotyp: HS sind höflich		1	**-.36** **(<.01)**	-.07 (.48)	-.09 (.40)	.10 (.24)	**-.33** **(<.01)**
Explizites Stereotyp: HS sind unsozial			1	*.19* *(.06)*	.15 (.15)	-.10 (.27)	.13 (.15)
IAT: implizites Stereotyp: HS sind unsozial				1	**.29** **(.00)**	**-.26** **(.01)**	**.28** **(.01)**
IAT: implizites Stereotyp: HS sind leistungsunfähig					1	-.12 (.25)	.12 (.25)
Einstellung, dass SSA Potentiale bei HS entfaltet						1	**-.55** **(<.01)**
Einstellung, dass SSA bei HS Lernen verhindert							1

Robuster erscheint der mittlere negative Zusammenhang zwischen der impliziten Unsozialitätseinschätzung und der Einstellung zur Schulsozialarbeit. Je unsozialer Hauptschüler implizit gesehen werden, umso eher wird Schulsozialarbeit abgelehnt. Diese Effekte bleiben auch bei Bonferoni-Korrektur bei einem p von knapp über 5% signifikant, was bei Berücksichtigung der Zweiseitigkeit der Testung als Hinweis auf einen bedeutsamen Zusammenhang gesehen werden kann.

Wie angekündigt, werden die Gruppen jetzt explorativ auf Unterschiede in ihrer Zusammenhangsstruktur überprüft. Dafür werden zunächst in Tabelle 3.30 die praktizierenden Lehrer mit den Studierenden verglichen. Anschließend werden in Tabelle 3.31 die beiden Schulen gegenübergestellt.

Tabelle 3.30: Studie 3: Zusammenhänge zwischen stereotypen Einstellungen und zur Schulsozialarbeit zum Vergleich zwischen Lehrern (oberhalb der Diagonale) und Studierenden (unterhalb der Diagonale); in Klammern unkorrigiertes p, zweiseitig; **fett=p<.5**, *kursiv=p<.10*

	ExLuf	**ExHö**	**ExUns**	**IATuns**	**IATluf**	**SSAPo**	**SSAvL**
Explizites Stereotyp: HS sind leistungsunfähig	1	**-.67** **(<.01)**	**.32** **(.03)**	.19 (.22)	.11 (.49)	-.13 (.40)	**.29** **(<.05)**
Explizites Stereotyp: HS sind höflich	**-.59** **(<.01)**	1	-.14 (.34)	-.07 (.66)	.03 (.83)	.16 (.30)	**-.35** **(.02)**
Explizites Stereotyp: HS sind unsozial	**.73** **(<.01)**	**-.45** **(<.01)**	1	.01 (.96)	.04 (.78)	.06 (.67)	.17 (.27)
IAT: implizites Stereotyp: HS sind unsozial	.13 (.36)	.01 (.95)	.17 (.23)	1	.13 (.41)	**-.37** **(<.01)**	**.49** **(<.01)**
IAT: implizites Stereotyp: HS sind leistungsunfähig	-.02 (.88)	-.13 (.35)	.15 (.29)	**.37** **(<.01)**	1	*-.25* *(.10)*	.13 (.39)
Einstellung, dass SSA Potentiale bei HS entfaltet	-.12 (.27)	.06 (.59)	-.09 (.40)	-.07 (.60)	.04 (.80)	1	**-.62** **(<.01)**
Einstellung, dass SSA bei HS Lernen verhindert	.16 (.15)	**-.32** **(<.01)**	.08 (.49)	.06 (.68)	.10 (.49)	**-.51** **(<.01)**	1

Zunächst war zu sehen, dass die Studierenden ein eher globales explizites Stereotyp über Hauptschüler hatten, während dies bei den Lehrern differenzierter war. Die Trennung in einen Faktor Höflichkeit und einen Faktor Unsozialität war also auf die Schulen zurückzuführen. Gleich war bei beiden Gruppen, dass die Überzeugungen, wie höflich Hauptschüler sind, negativ mit der Einstellung, SSA behindert Lernzuwächse, zusammenhingen. Zusätzlich spielte bei den Lehrern aber noch die explizite Leistungsunfähigkeitseinschätzung eine Rolle, und zwar derart, dass wenn Hauptschüler als leistungsunfähig gesehen wurden, SSA als Lernfortschritte behindernd angenommen wurde. Auch bezüglich des impliziten Stereotyps waren die Studierenden weniger differenziert, was sich in der mittleren Korrelation zwischen dem IAT kalt und dem IAT leistungsunfähig zeigte, die bei den Lehrern nicht gegeben war. Ausschließlich bei den Lehrern korrespondierte die implizite Unsozialität mit negativen Einstellungen zur Schulsozialarbeit, und zwar auf beiden Subskalen. Dieser Effekt war in seiner Stärke als mittel bis groß einzustufen.

Zuletzt wurde geprüft, ob die Schulen sich voneinander unterscheiden. Dafür wurden die Zusammenhänge getrennt für die beiden Schulen berechnet. Tabelle 3.31 zeigt die Ergebnisse.

Tabelle 3.31: Studie 3: Zusammenhänge zwischen stereotypen Einstellungen und zur Schulsozialarbeit zum Vergleich zwischen Schule 1 (oben rechts) und Schule 2 (unten links); in Klammern unkorrigiertes p, zweiseitig; **fett=p<.5.**, *kursiv=p<.10*, ***fett und kursiv=Rho ändert Sig.***

	ExLuf	**ExHö**	**ExUns**	**IATuns**	**IATluf**	**SSAPo**	**SSAvL**
Explizites Stereotyp: HS sind leistungsunfähig	1	**-.66** **(<.01)**	.17 (.39)	.01 (.95)	.04 (.82)	.21 (.27)	.02 (.90)
Explizites Stereotyp: HS sind höflich	**-.66** **(<.01)**	1	-.14 (.48)	.15 (.44)	-.02 (.93)	-.19 (.34)	-.25 (.19)
Explizites Stereotyp: HS sind unsozial	**.57** **(.01)**	-.21 (.40)	1	.06 (.77)	-.20 (.32)	.16 (.40)	.06 (.77)
IAT: implizites Stereotyp: HS sind unsozial	.35 (.17)	-.05 (.86)	.07 (.79)	1	-.04 (.84)	-.20 (.31)	**.41** **(.03)**
IAT: implizites Stereotyp: HS sind leistungsunfähig	.16 (.55)	.19 (.46)	***.45*** ***(.07)***	.29 (.26)	1	-.28 (.15)	.10 (.62)
Einstellung, dass SSA Potentiale bei HS entfaltet	-.38 (.12)	.30 (.23)	-.11 (.66)	-.22 (.40)	-.14 (.59)	1	**-.48** **(<.01)**
Einstellung, dass SSA bei HS Lernen verhindert	**.61** **(<.01)**	***-.36*** ***(.14)***	.39 (.11)	*.46* *(.07)*	.10 (.69)	**-.73** **(<.01)**	1

Da für Schule 2 nur 17 Personen mit und 18 Personen ohne IAT-Werte vorlagen, wurden die Analysen für Schule 2 zur Sicherheit auch mit dem verteilungsfreien Rho von Spearman gerechnet. Dies veränderte, dass die marginale Signifikanz zwischen der impliziten Leistungsunfähigkeit und der expliziten Unsozialität verschwand. Gleichzeitig wurde der nun große negative Effekt (r=-.501) zwischen der Einstellung, dass SSA Lernzuwächse verhindert, und der stereotypen Einstellung, wie höflich Hauptschüler seien, signifikant. In der Tabelle sind die Ergebnisse der Pearson-Korrelation angegeben, aber die beiden von Veränderungen betroffenen Koeffizienten sind fett und kursiv gedruckt. Die übrigen Effekte verändern sich nicht bedeutsam. Für Schule 1 mit 28 Personen mit IAT bzw. 29 Personen ohne IAT wurde eine solche Zusatzberechnung als nicht notwendig erachtet.

Zwischen den Schulen waren zwei markante Unterschiede auszumachen: Erstens hingen bei Schule 2 die stereotypen Einstellungen bezüglich der Leistungsunfähigkeit eng mit denen zur Unsozialität zusammen. Es schien dort ein globaleres Stereotyp zu geben, das positiver oder negativer ausfiel, aber weniger zwischen Sozialität und Leistung differenzierte. Bei Schule 1 war dieser Zusammenhang nicht gegeben. Es schien also, dass die Lehrer dort in ihrem Stereotyp stärker zwischen den beiden Dimensionen differenzieren. In den deskriptiven Befunden war dies bei den expliziten Maßen allerdings nicht zu erkennen. Zweitens gab es bei den Lehrkräften von Schule 2 einen engen Zusammenhang zwischen ihrem Stereotyp bezüglich der Leistungsunfähigkeit und Unhöflichkeit von Hauptschülern auf der einen Seite und der Ansicht, dass SSA Lernzuwächse verhindert auf der anderen Seite, den es auf Schule 1 nicht gab. Die übrigen Zusammenhänge waren mehr oder weniger gleich. Wie beim Vergleich der Lehrer zusammen mit den Studierenden gab es einen starken Zusammenhang zwischen der impliziten Unsozialitätseinschätzung von Hauptschülern und der Überzeugung, dass Schulsozialarbeit keinen Lernzuwachs erbringt. Der Zusammenhang zwischen diesem impliziten Maß und der Einschätzung, dass Schulsozialarbeit Potentiale freilegt, war hier niedriger als in der Analyse, bei der beide Schulen gemeinsam betrachtet wurden. Dies deutet darauf hin, dass die beiden Merkmale auch mit der Schulzugehörigkeit variieren, was sich mit den deskriptiven Ergebnissen deckt.

3.4.3.5 Explorative Zusammenhänge zu den erhobenen Schülerdaten

Um die Schülerdaten aus Studie 2 und die Daten der Lehrer sinnvoll miteinander in Beziehung setzen zu können, musste zunächst geprüft werden, ob sich das Stigmaerleben zwischen den Schulklassen der Stichprobe überhaupt unterscheidet. Zwei einfaktorielle Varianzanalysen – getrennt nach Jahrgang – ergaben, dass dies in der siebten nicht der Fall ist. Im achten Jahrgang gibt es aber signifikante Mittelwertsunterschiede bezüglich des Stigmaerlebens zwischen den Klassen mit einem R-Quadrat von .211. Die mittlere Leistungsfähigkeit und Kompensation unterschieden sich nicht. Daher wurden diese Variablen nicht weiter berücksichtigt. In Tabelle 3.32 sind die fünf untersuchten achten Klassen mit ihrem mittleren Stigmaerleben und den dazugehörigen aggregierten Lehrerdaten wiedergegeben. Bei der Aggregation wurde so vorgegangen, dass jeweils nur die Lehrer für eine Klasse berücksichtigt wurden, die diese nach eigener Angabe zum Zeitpunkt der Erhebung oder davor regelmäßig unterrichtet hatten.

Tabelle 3.32: Studie 3: Übersicht über die aggregierten Daten aus Studie 2 und 3 für den achten Jahrgang

Kl_ID	Stigma	IAT leistun	IAT unsoz	St expl leistun	St expl hflich	St expl unsoz	SSA Pot	SSA kei Lernz
182	4.44	-0.16	-0.27	5.77	2.56	4.83	6.46	2
183	5.43	1.03	-0.03	5.21	2.85	3.78	6.13	4.07
281	4.84	0.9	0.34	5.86	2.67	4.46	5.27	3.5
282	4.37	0.64	0.22	5.2	3.17	3.5	5.46	3.25
283	6.11	0.87	0.33	5.44	2.78	3.97	5.98	2.64

Betrachtet man das Stigma, so sticht insbesondere eine Klasse heraus (283), gefolgt von einer mittleren Ausprägung (183), während die übrigen drei sehr ähnlich wirken. Eine Korresponenz ist auf den ersten Blick am deutlichsten mit dem impliziten Leistungsunfähigkeitstsstereotyp auszumachen. Es wurden explorativ verteilungsfreie Korrelationen gerechnet, um andere Muster aufzuspüren. Die Zusammenhänge erreichten dabei alle keine Signifikanz. Ihre Höhe sollte explorativ als Anhaltspunkt dienen. Spearmans Rho für Stigma und den IAT der Leistungsunfähigkeit erreichte .6. Der nächst höchste Koeffizient war der für den IAT Kälte mit .3. Die übrigen Zusammenhänge lagen bei .2 und darunter.

3.4.4 Diskussion

Die befragten Lehrerinnen und Lehrer an Hauptschulen wiesen explizit und implizit deutlich ausgeprägte Stereotype gegenüber ihrer Schülerklientel auf. Im Vergleich mit den noch Studierenden beurteilten sie dabei Hauptschüler als noch leistungsschwächer, gleichzeitig aber weniger sozial deviant. Bei den impliziten Maßen waren die Lehrer auf beiden Dimensionen milder, jedoch in eher unbedeutendem Umfang. Das explizite und das implizite Stereotyp war in den Schulen differenzierter als an der Universität. Hier bildet sich die tatsächliche Erfahrung der Lehrerinnen und Lehrern mit Hauptschülern ab.

Die expliziten und impliziten Maße für die stereotypen Überzeugungen konvergierten nicht. Am ehesten gab es Übereinstimmungen bei der Einschätzung der Unsozialität, die aber tendenziell als klein zu bezeichnen sind. Ein Grund dafür war, dass der IAT mit seiner Gegenüberstellung der Kategorien (hier Hauptschüler versus Gymnasiasten) eher ein Differenzmaß denn ein Maß für absolute Ausprägungen darstellt (Nosek, in Vorbereitung). Dies allein würde allerdings kaum dazu führen, dass enge Zusammenhänge nicht dennoch in kleinerer Größe zu finden wären. Die geringe Relation der impliziten mit den expliziten Maßen ist eher als Hinweis darauf zu sehen, dass hier unterschiedliche Vorstellungen auf beiden Ebenen in ein- und derselben Person vorherrschen, die relativ unabhängig voneinander existieren. Dabei ist es keineswegs so, wie man jetzt vielleicht annehmen möchte, dass Lehrer explizit ein positives Bild ihrer Schüler zeichnen, während sie sie in Wahrheit verabscheuen. Ganz im Gegenteil zeigen die deskriptiven Daten hier ein sehr differenziertes Bild, in dem vor allem Schule 1 insbesondere bei den impliziten Sozialeinschätzungen eine vor allem in Relation bemerkenswert positive Einstellung abgibt.

Die Einstellung zur Schulsozialarbeit hing insbesondere bei den Lehrern stark von den impliziten Einstellungen bezüglich der Sozialität ab. Diese Effekte waren von mittlerer bis großer Stärke. Vor allem die Haltung, dass Schulsozialarbeit Lernzuwächse behindert, hing über beide Schulen hinweg eng mit dem impliziten Sozialstereotyp zusammen. Wie kann dies erklärt werden? Es hilft, wenn man hier die expliziten Sozialeinschätzungen hinzuzieht. Sie korrespondierten für Schule 2 auf beiden Subdimensionen in ähnlicher Höhe. Bei Schule 1 fielen sie kleiner aus, waren aber für die Höflichkeit auch noch deutlich zu zeigen. Wenn wir dies als einen Fall von impliziten Vorurteilen begreifen, so kann man sagen, dass je unsozialer Hauptschüler eingeschätzt werden, umso mehr wird SSA als bei der Wissensvermittlung hinderlich angesehen. Dies wird hier so interpretiert, dass Hauptschüler mit steigender Unsozialitätswahrnehmung als unverbesserlich gesehen werden, was dazu führt, dass jegliches Warten auf Besserung als Zeitverschwendung gesehen wird. Dies führt dazu, dass einfacher Fachunterricht für die beste Methode zum Weiterbringen dieser Kinder gehalten wird und damit SSA als lernhinderlich gesehen wird. Letztere würde nur dann einen Lernzuwachs versprechen, wenn davon auszugehen wäre, dass sie die Schüler resozialisiert. Je ausgeprägter die Negativität der Sichtweise auf Hauptschüler ist, umso weniger werden sich solche Hoffnungen gemacht und SSA daher als lernhinderlich gesehen.

Zuletzt sei auf die Zusammenhänge der Schüler- und Lehrerdaten eingegangen. Natürlich stellen fünf Fälle alles andere als eine belastbare Stichprobe dar. Daher soll die Betrachtung hier mit der gebotenen Vorsicht erfolgen. Es handelt sich also nur um explorative Annäherungen, die keinen Anspruch auf Generalisierbarkeit beanspruchen. Außerdem sei hier klar und deutlich gesagt, dass selbstverständlich nicht die Position eingenommen werden soll, dass negative Vorurteile von Lehrern über Hauptschüler für die negative kollektive Identität von Hauptschülern exklusiv oder hauptverantwortlich seien. Selbst wenn man belastbare Zusammenhänge zeigen könnte, wäre es auch denkbar, dass die Lehrer von den Schülern beeinflusst würden oder eine dritte Variable beide Haltungen bedingen würde, z. B. die Medien.

Zunächst ist festzuhalten, dass sich die untersuchten achten Klassen in ihrer durchschnittlichen Stigma-Ausprägung unterschieden. Diese Unterschiede scheinen mit impliziten Leistungsunfähigkeitsstereotypen der Lehrer zu korrespondieren. Eventuell spielt auch die Einschätzung der Sozialität eine Rolle. Es kann hier nicht beurteilt werden, ob es sich um Zufallsergebnisse handelt. Da der IAT zur Leistungsunfähigkeit insbesondere in Schule 2 deutliche Zusammenhänge zu den expliziten Stereotypmaßen aufweist, erscheint es vielversprechend, dieser Frage weiter nachzugehen. Dies ist daher ein Punkt, der in der größer angelegten Studie 4 wieder aufgegriffen wird.

3.5 Studie 4: Stigmaerleben und schulbezogene Motivation

3.5.1 Einleitung

Beginnen wir mit einem kurzen Rückblick auf die bisher durchgeführten Studien. Es wurden Haupt- und Grundschüler (kurz vor dem Übergang auf die Sekundarschule) befragt, um zunächst eine Idee davon zu bekommen, was Hauptschüler und Gymnasiasten darüber denken, wie über sie und die anderen gedacht wird, kurz, wie sie die Reputation von Gymnasiasten und Hauptschülern einschätzen. Auf Grundlage der Ergebnisse dieser Befragungen wurde ein Instrument zur Erfassung der öffentlichen Facette der kollektiven Identität von Hauptschülern und Gymnasiasten entwickelt, von dem angenommen wurde, dass es gut zwischen den Schultypen trennt. Die explorativen Faktorenanalysen in Studie 2 ergaben zwei Faktoren. Einer davon wurde als Stigma bezeichnet, da sich auf ihm die Items abbildeten, die von Hauptschülern in eindeutig negativ konnotierter Richtung beantwortet wurden. Der andere Faktor, die Kompensation, umfasst die Items, auf denen Hauptschüler sich vermutlich anderen Gruppen überlegen sehen, also z. B. Coolness und Mut. In der vorliegenden Arbeit ist vor allem das Stigmaerleben von Interesse. Dies betrifft in Studie 2 enstprechend den Annahmen von Reattribution bzw. Editing und höherer Relevanz vor allem Schüler mit einem höheren akademischen Selbstkonzept und höherer Leistungsfähigkeit. Studie 3 lieferte Hinweise, dass es entsprechend den Annahmen möglich ist, dass die stereotypen Überzeugungen von Lehrern mit dem Stigmaerleben ihrer Schüler korrespondieren. Alle diese Ergebnisse sollten in Studie 4 noch einmal an einem größeren Sample überprüft werden.

Bezüglich der Struktur des Stigmaerlebens wurden mit neu zusammengestellten Items anhand von konfirmatorischen Faktorenanalysen verschiedene Strukturannahmen des Stigmaerlebens gegeneinander getestet. Denn die Ergebnisse von Studie 1 und Studie 2 passen nur bedingt zusammen. Eigentlich sollte nach Studie 1 zu erwarten sein, dass das Stigmaerleben stärker domänenspezifisch ist, also sich in sozial- und leistungsbezogene Bereiche trennen lässt. Vielleicht war die Auswahl der Items in Studie 2 zu eindimensional, sprich, es gab möglicherweise zu viele Items aus einer Domäne, so dass die anderen Faktoren von der Faktorenanalyse nicht extrahiert werden konnten. Oder die Stichprobe war so ausgewählt, dass Differenzierungen noch nicht ausreichend vorhanden waren. In Studie 4 wurde anhand einer anders zusammengesetzten Stichprobe mit Schülern des neunten und siebten Jahrgangs von Hauptschulen und Gymnasien und mit teilweise neuen Items, die in ihrer Gesamtanzahl nach möglichen Domänen balanciert sind, überprüft, ob die semantische Differenzierung des Stigmaerlebens aus Studie 1 sich zumindest teilweise auch quantitativ wiederfinden lässt. Zuallererst wurde daher die Struktur der gemessenen Facette des kollektiven Selbst anhand konfirmatorischer Faktorenanalysen erneut überprüft.

Bisher offen blieb im empirischen Teil dieser Arbeit die zentrale Frage nach den Konsequenzen des Stigmaerlebens. Mit Rückgriff auf die Abschnitte über Stereotypenbedrohung (2.3.3) und psychologisches Rückzugsverhalten (2.3.4) wird angenommen, dass der chronischen Bedrohung für eine positive Sicht auf die eigene Person, die von der stigmatisierten schulischen kollektiven Identität ausgeht, durch eine Reduzierung der Bemühungen um die Schule im Sinne einer Desidentifikation begegnet wird. Zusätzlich würden folglich Situationen gemieden werden, in denen das Stigma relevant wird, was ein Vermeidungsverhalten gegenüber höheren Schulen bedeuten könnte. Die Untersuchung dieser Prozesse und ihrer Beziehung zueinander steht nach der Bestimmung der besten Faktorenlösung und deskriptiven Analysen im Mittelpunkt von Studie 4.

Genauer gliedert sich die Darstellung insbesdondere des Ergebnisteils von Studie 4 wie folgt: In Abschnitt 3.5.3.1 werden die Ergebnisse der Strukturüberprüfungen durch konfirmatorische Faktorenanalysen kurz berichtet. Dabei ergeben sich drei anstatt ein Stigmafaktor, mit denen im weiteren Verlauf gerechnet wird. In Abschnitt 0 wird deskriptiv der Vergleich zwischen Gymnasiasten und Hauptschülern wieder aufgenommen, indem untersucht wurde, ob sich deutliche Unterschiede zwischen Hauptschülern und Gymnasiasten bei der Wahrnehmung der öffentlichen kollektiven Identität finden lassen. Außerdem wurde deren Entwicklung im querschnittlichen Vergleich der Jahrgangsstufen betrachtet. Abschnitt 3.5.3.3 enthält erste, überwiegend bivariate, Explorationen der angenommenen Zusammenhänge, um damit ein erstes Bild zu ermöglichen. Im Abschnitt 3.5.3.4 findet sich eine knappe Übersicht zu den Ergebnissen der Prüfung auf Random Slopes. Abschnitt 3.5.3.5 ist der wichtigste Ergebnisabschnitt. Er enthält die Berichte zu den durchgeführten Regressionsanalysen der schulbezogenen Motivation auf das Stigmaerleben unter Berücksichtigung des Schultyps und akademischen Selbstkonzepten. In Abschnitt 3.5.3.6 sind die Ähnlichkeiten in einigen zentralen Variablen wie dem Stigmaerleben untersucht worden, die auf die Klassen- bzw. Schulzugehörigkeit zurück gehen. Der letzte Abschnitt 3.5.3.7 enthält dann Analysen, in denen das Stigmaerleben als abhängige Variable betrachtet wird.

3.5.2 Methode

3.5.2.1 Stichprobe

Es wurden insgesamt 1278 Schüler der siebten und neunten Jahrgangsstufen von 15 Hauptschulen (78 Schulklassen) und zwei Gymnasien (13 Schulklassen) in Berlin untersucht. Dabei wurde die Stichprobe nicht zufällig gezogen, sondern es wurden Schulen in Ost- und Westberliner Bezirken ausgesucht, die einen niedrigen Anteil an Einwohnern mit Migrationshintergrund haben. Das Ziel dieses Vorgehens war es, eine Stichprobe zu erhalten, die auch Aussagen über Schüler deutscher Herkunft zulässt. Dieses Ziel ist in der resultierenden Stichprobe stärker erfüllt worden, als dies ursprünglich gewünscht war. Sie weist nach Selbstangabe 965 Schüler ohne und 199 Schüler mit Migrationshintergrund auf.[12] 114 Schüler machten keine Angabe. Tabelle 3.33 zeigt die Stichprobenzusammensetzung im Überblick.

Tabelle 3.33: Studie 4: Übersicht über die Stichprobe nach Schultyp, Jahrgang, Geschlecht und Migrationshintergrund

	Hauptschule			**Gymnasium**		
7 Jahrg.	**Mädchen**	**Jungen**	**k.A. Gesch.**	**Mädchen**	**Jungen**	**k.A. Gesch.**
m. MiHg	18	33	2	18	12	3
o. MiHG	80	147	6	66	34	5
k.A. MiHG	1	3	36	0	1	4
9 Jahrg.						
m. MiHg	21	57	5	19	10	0
o. MiHG	172	267	13	98	77	1
k.A. MiHG	2	6	57	0	0	4
Spalte	***294***	***513***	***117***	***201***	***134***	***17***
Gesamt			**1278**			

Erwartungsgemäß ist der Anteil an Jungen an der Hauptschule größer, während am Gymnasium die Mädchen in der Überzahl sind (vgl. dazu Diefenbach, 2002). Es zeigt sich eine deutlich höhere Antwortverweigerungstendenz an der Hauptschule als am Gymnasium. Die Stichprobe hat ihren Schwerpunkt bei den Hauptschülern

12 Die Frage zum Migrationshintergrund lautete: „Kommen deine Eltern beide aus Deutschland?" Die Antwortoptionen waren „ja" und „nein". Ein „nein" wird hier als Migrationshintergrund bezeichnet.

der neunten Jahrgangsstufe (N=600 in 45 Schulklassen). Auf dieser Subgruppe liegt das Hauptinteresse auch darum, weil sich selbstbezogene Kognitionen vermutlich erst im Laufe der Schulzeit nach dem Übergang in das Selbstwissen integrieren (vgl. Abschnitt 2.4.1). Da die Grundschule in Berlin in der Regel sechs Jahre besucht wird, wurden mit Schülern der siebten (33 Hauptschul- und 5 Gymnasialklassen) und der neunten (45 Hauptschul- und 8 Gymnasialklassen) Jahrgangsstufe zwei Gruppen untersucht, von denen die eine vermutlich noch in der Konsolidierungs- und die andere bereits am Ende der Integrationsphase der neuen Selbstfacette steht bzw. diese sogar bereits abgeschlossen hat.

3.5.2.2 Instrumente

Zur Erfassung des kollektiven Selbstwissens wurden wieder Semantische Differentiale verwendet, wie sie in Studie 2 (Abschnitt 3.3) bereits vorgestellt wurden. Jedoch wurde eine neue Auswahl an Items getroffen, um die Faktorenstruktur erneut im konfirmatorischen Vergleich verschiedener Modelle überprüfen zu können und dabei die Teststärke zum Auffinden einer mehrfaktoriellen Lösung zu erhöhen. Es wurden jeweils Items ausgewählt, von denen angenommen wurde, dass sie besonders gut die Dimensionen Leistung, Motivaton, Sozialität und Kompensation abbilden. Dabei wurde auf die Daten aus Studie 1 und die Items plus offene Angaben der Schüler aus Studie 2 zurückgegriffen.[13] Alle resultierenden Items wurden mit Blick auf diese Datenlage formuliert, wobei bewusst auch eigene Neuformulierungen vorgenommen wurden, um die öffentlichen kollektiven selbstbezogenen Kognitionen bereichsspezifisch zu präzisieren und so eine empirische Differenzierung – so sie tatsächlich existiert – möglich zu machen. Im Anhang in Abschnitt 6.4.1 ist die vollständige Liste der in Studie 4 verwendeten Items wiedergegeben. Sie werden zu Beginn des Ergebnisteils mehreren konfirmatorischen Faktorenanalysen unterzogen, um zu prüfen, ob sie durch eine nach den Dimensionen Leistung, Anstrengung, Soziales und Kompensation getrennten oder einer teilkombinierten Lösung besser erklärt werden als durch die in Studie 2 gefundene zweifaktorielle Lösung. Die Items und Eigenschaften der resultierenden Skalen werden im Zusammenhang mit der Faktorenanalyse in Abschnitt 3.5.3.1 berichtet.

Wie in Studie 2 wird wieder das Selbstkonzept intellektueller Fähigkeiten erfasst. Auf eine erneute vollständige Darstellung der Skala mit vier Items wird hier mit Verweis auf Abschnitt 3.3.2.2 verzichtet, jedoch die Kennwerte sollen berichtet werden: Cronbachs Alpha beträgt in Studie 4 .675 mit Trennschärfen

13 Die HauptschülerInnen konnten in ein offenes Feld nach den Semantischen Differentialen weitere Eigenschaften eintragen, die Hauptschülern zugeschrieben werden. Diese Daten wurden hier nicht weiter berichtet, da sie wenig zusätzlichen Erkenntnisgewinn brachten. Sie sind an dieser Stelle jedoch zur Generierung weiterer Items hilfreich gewesen.

zwischen .348 und .532, was als hinreichend betrachtet wird. Zusätzlich wird das allgemeine schulische Selbstkonzept erfragt (Übersetzung von Schilling et al., 2004). Tabelle 3.34 zeigt die Trennschärfen aller neun Items von dieser Skala. Die Werte sind überwiegend zufriedenstellend. Die ersten beiden Items fügen sich mit Trennschärfen von .308 und .266 nur bedingt gut in die Skala ein. Da die Konstruktion der Skala hier jedoch nicht verändert werden soll, wird sie mit allen neun Items verwendet.

Tabelle 3.34: Studie 4: Itemkennwerte zur Skala Allgemeines Schulisches Selbstkonzept (r steht für rekodiert)

Items	**Trennschärfe**	**Alpha ohne Item**
In den meisten Fächern bitten mich Mitschüler und Mitschülerinnen um Hilfe.	.308	.804
Wenn ich mich richtig anstrengen würde, könnte ich einer der besten Schüler meiner Klasse sein.	.266	.806
In den meisten Fächern bekomme ich schlechte Noten. (r)	.582	.765
In den meisten Unterrichtsfächern lerne ich schnell etwas dazu.	.450	.783
In den meisten Fächern bin ich eher schlecht. (r)	.628	.759
In den meisten Fächern schneide ich bei Klassenarbeiten gut ab.	.586	.766
In den meisten Unterrichtsfächern habe ich Verständnisschwierigkeiten. (r)	.460	.782
In den meisten Unterrichtsfächern bin ich gut.	.631	.760
Die meisten Fächer sind für mich einfach zu schwierig. (r)	.524	.774
Cronbachs Alpha	.798	

Tabelle 3.35: Studie 4: Itemkennwerte zur Skala Motivation für die Schule (r steht für rekodiert)

Items	Trennschärfe	Alpha ohne Item
Ich übernehme gern freiwillig Zusatzaufgaben in der Schule.	.512	.834
Auch in der letzten Stunde versuche ich noch, mich zu konzentrieren.	.554	.830
Ich freue mich am Morgen auf einen Schultag, um wieder etwas Neues zu lernen	.648	.820
Es gibt in der Schule eigentlich nur wenige Dinge, die mir wirklich Spaß machen.	.462	.839
Ich mache meine Hausaufgaben so gut wie möglich.	.665	.820
Es wäre schön, wenn ich nicht mehr zur Schule gehen bräuchte.	.574	.827
Ich mache meine Aufgaben in der Schule gerne.	.491	.836
Schon der Gedanke an die Schule macht mich morgens missmutig.	.608	.824
Die Schule ist ein Ort, wo ich mich gerne aufhalte.	.549	.830
Cronbachs Alpha	.845	

Die Skala zur Messung der schulbezogenen Motivation stammt aus Analysen von Joachim Stoeber (2002). Sie stellt ein explorativ faktorenanalytisch gewonnenes Konglomerat aus Items aus Skalen zur Schulunlust und zur Leistungsmotivation für die Schule dar, die nach Paralleltest-Methode (so genannter „Horn"-Test, vgl. Bortz, 1993) nur einen Faktor ergeben. Eigene explorative Hauptachsenalaysen[14] zeigen ebenfalls, dass es nicht sinnvoll erscheint, die in Tabelle 3.35 dargestellten neun Items zu trennen. Die Güte der Skala zur Messung der Motivation in der

14 Nach Kaiser-Guttman-Kriterium ergeben sich zwei Faktoren. Der zweite Faktor hat jedoch nur einen Eigenwert von 1.017 und erscheint von der Ladungsstruktur her als Methodenfaktor im Sinne von negativ und positiv formulierten Items. Es ist zwar möglich, dass diese Trennung auch einer psychologischen Trennung entspricht (z. B. Elliot & Mapes, 2005), im Sinne der Ökonomie scheint es aber zunächst geboten, bei diesem kleinen Eigenwert die einfaktorielle Lösung beizubehalten.

Schule kann mit Trennschärfen ab .491 bis .665 und einem Alpha von .845 als gut bezeichnet werden. Diese Skala stellt neben den Bildungsaspirationen die wichtigste abhängige Variable in dieser Studie dar.

Tabelle 3.36: Studie 4: Itemkennwerte zur Skala Identifikation als Hauptsch. / Gym.

Items	**Trennschärfe**	**Alpha ohne Item**
Ich würde sagen, dass ich alles in allem ganz gut auf die Hauptschule passe. / bei Gym: ... auf das Gymnasium ...	.766	.763
Die Hauptschule ist die richtige Schulform für mich. / bei Gym: Das Gymnasium ...	.736	.775
Ich bin eine typische Hauptschülerin / ein typischer Hauptschüler. / bei Gym: ... eine typische Gymnasiastin / ein typischer Gymnasiast.	.574	.844
Unter Hauptschülerinnen und Hauptschülern fühle ich mich am wohlsten. / bei Gym: Unter Gymnasiastinnen und Gymnasiasten ...	.645	.815
Cronbachs Alpha	.843	

Zusätzlich zu den Stigma-Items wird als weiterer Teil der kollektiven Identität in dieser Studie die Identifikation mit der Gruppe der Hauptschüler respektive Gymnasiasten gemessen. Dazu wurden eigene Items gebildet, die in Tabelle 3.36 vollständig mit den dazugehörigen Trennschärfen dargestellt sind. Mit Werten ab .574 und einem Alpha .943 bei nur vier Items ist auch diese Skala als gut zu bezeichnen. Die Identifikation wird zum Einen als Variable mit eigener Erklärungskraft, aber vor allem auch als wichtige Größe in Interaktion mit dem Stigmaerleben gesehen.

Zur Messung der relativen Inter- oder Independenz in der Selbstkonstruktion wurde die in Abschnitt 2.1.3.3 bereits vorgestellte Skala von Singelis (1994) verwendet. Jedoch wurden nur die Items eingesetzt, die auch für Schüler sinnvoll zu beantworten sein sollten. Tabelle 3.37 und Tabelle 3.38 zeigen die ausgewählten Items mit Trennschärfen und Alphas.

Tabelle 3.37: Studie 4: Itemkennwerte zur Skala Interdependenz

Items	Trennschärfe	Alpha ohne Item
Ich habe Respekt vor den Autoritätspersonen, mit denen ich Kontakt habe.	.349	.672
Es ist mir wichtig, in der Gruppe, in der ich bin, die Harmonie aufrechtzuerhalten.	.405	.660
Meine Zufriedenheit ist abhängig von der Zufriedenheit der Personen um mich herum.	.427	.654
Ich achte bescheidene Menschen.	.368	.668
Ich bin bereit, meine eigenen Interessen zu Gunsten der Gruppe, in der ich bin, zu opfern.	.436	.652
Meine Beziehungen zu anderen sind mir wichtiger als mein eigenes Vorankommen.	.331	.677
Es ist mir wichtig, von der Gruppe getroffene Entscheidungen zu treffen.	.460	.650
Ich werde in einer Gruppe bleiben, wenn sie mich braucht, auch wenn ich in der Gruppe nicht glücklich bin.	.319	.683
Cronbachs Alpha	.694	

Die Skala Interdependenz weist hinreichende Güte auf. Bei der Skala Independenz sind mit zwei Trennschärfen unter .3 Mängel auszumachen. Die Skalen werden dennoch in der abgebildeten Form verwendet. Da berichtete Reliabilitäten und Trennschärfen der Singelis-Skala häufig nicht höchsten Anforderungen genügen (vgl. z. B. Schmidthals, 2005, S. 87), kann angenommen werden, dass die Reduktion der Items nicht dafür verantwortlich zu machen ist. Entgegen den Annahmen der Unkorreliertheit von Singelis (1994) korrelieren die beiden Skalen Interdependenz und Independenz in dieser Stichprobe positiv mit $r=.484$. Dieser Befund ist erstaunlich. Da mit diesem Instrument bisher keine Studien mit Kindern und Jugendlichen vorliegen, könnte dies ein Hinweis auf eine Entwicklung zu einer differenzierteren Sichtweise im späteren Verlauf der Ontogenese sein. Der Scorebildung aus beiden Subskalen steht dies nicht im Wege, da dafür zunächst beide Subskalen für sich z-transformiert und dann die eine von der anderen subtrahiert wird.

Tabelle 3.38: Studie 4: Itemkennwerte zur Skala Independenz

Items	Trennschärfe	Alpha ohne Item
Ich sage lieber offen „Nein“ als zu riskieren, missverstanden zu werden.	.275	.575
Ich fühle mich wohl, wenn ich durch ein Lob oder eine Belohnung hervorgehoben werde.	.291	.570
Ich bin zu Hause und in der Schule dieselbe Person.	.324	.562
Stets für mich selber sorgen zu können, ist mir sehr wichtig.	.312	.564
Ich verhalte mich immer gleich, egal mit wem ich zusammen bin.	.292	.572
Ich mag es, einzigartig und in vielerlei Hinsicht von anderen verschieden zu sein.	.370	.544
Das, was meine persönliche Identität unabhängig von anderen ausmacht, ist mir sehr wichtig.	.370	.546
Cronbachs Alpha	.599	

In der vorliegenden Arbeit wurde dabei die relative Interdependenz, also der Z-Wert Interdependenz minus den Z-Wert Independenz, berechnet, da dieser Wert zur Prüfung der gewünschten Interaktionseffekte sinnvoll zu interpretieren ist. Wie die Identifizierung mit dem Schultyp wird die Interdependenz vor allem auch als Interaktionsvariable begriffen.

Nun folgen noch die Skalen zu den Bildungsaspirationen, eine höhere Schule besuchen zu wollen. Sie werden ausschließlich für die Hauptschulstichprobe berichtet. Die Items sind dabei im Hinblick auf den Wert-Erwartungs-Ansatz jeweils für die Realschule und das Gymnasium formuliert worden (vgl. Abschnitt 2.4.2). Es gibt pro Schulart Items zur Intention, zur Erwartung, zum intrinsischen Wert, zum extrinsischen Wert und zu den Kosten. Alle Items für beide Schultypen zusammen werden einer explorativen Hauptachsenanalyse unterzogen. Es ergeben sich nach Kaiser-Guttman-Kriterium und dem Screeplot klar drei Dimensionen: Bildungsaspirationen Realschule, Bildungsaspirationen Gymnasium und Kosten des Besuchs einer höheren Schule. Tabelle 3.39 und Tabelle 3.40 zeigen die Skalen für die Bildungsaspirationen Realschule und Gymnasium in der Itemübersicht. Das Item „Wenn ich Abitur mache, ist das gut für meine Zukunft“ wird in der Skalenbildung auf Grund einer niedrigen Hauptladung unter .4 weggelassen. Diese Hauptladung liegt interessanterweise beim Faktor Realschule. Die internen Konsistenzen sind in

Anbetracht der niedrigen Anzahl an Items mit .739 und .744 zufriedenstellend. Mit Ausnahme der Erwartung, eine Realschule besuchen zu können, sind alle Trennschärfen über .4. Diese fällt mit .338 auch noch hinreichend aus.

Tabelle 3.39: Studie 4: Itemkennwerte zur Skala Aspirationen, eine Realschule zu besuchen (nur Hauptschulstichprobe)

Items	**Trennschärfe**	**Alpha ohne Item**
Ich möchte gerne auf eine Realschule gehen.	.608	.635
Wenn ich Realschulabschluss mache, dann ist das gut für meine Zukunft.	.627	.620
Ich kann es schaffen, auf eine Realschule zu gehen.	.338	.770
Ich werde versuchen, auf eine Realschule zu gehen.	.584	.648
Cronbachs Alpha	.739	

Tabelle 3.40: Studie 4: Itemkennwerte zur Skala Aspirationen, ein Gymnasium zu besuchen (nur Hauptschulstichprobe)

Items	**Trennschärfe**	**Alpha ohne Item**
Ich möchte gerne auf ein Gymnasium gehen.	.659	.565
Ich kann es schaffen, auf ein Gymnasium zu gehen.	.582	.661
Ich werde versuchen, auf ein Gymnasium zu gehen.	.495	.742
Cronbachs Alpha	.744	

Die Skala Kosten ist in Tabelle 3.41 dargestellt. Mit einem Alpha von .577 bei zwei Items ist auch sie als hinreichend zu betrachten. Darauf weisen auch die Trennschärfen von .405 hin.

Tabelle 3.41: Studie 4: Itemkennwerte zur Skala Kosten des Besuchs einer höheren Schule (nur Hauptschulstichprobe)

Items	Trennschärfe	Alpha ohne Item
Wenn ich Abitur machen würde, dann bedeutet das für mich, dass ich jetzt auf viel verzichten müsste.	.405	–
Wenn ich Realschulabschluss machen würde, dann bedeutet das für mich, dass ich jetzt auf viel verzichten müsste.	.405	–
Cronbachs Alpha	.577	

Alle eben berichteten Instrumente werden in einer Übersicht in Tabelle 3.42 dargestellt. Dort ist noch zusätzlich der verwendete Leistungstest gelistet. Es handelt sich dabei um den Subtest Allgemeinwissen aus dem Prüfsystem für Schul- und Bildungsberatung für sechste bis dreizehnte Klassen (Lukesch, 2004). Dieser Test misst nach eigenen Angaben vor allem Allgemeinwissen, aber auch verbale Fähigkeiten. Es werden Wörter dargeboten, in denen ein Buchstabe falsch geschrieben ist. Dieser Buchstabe muss identifiziert und durchgestrichen werden. Mit Instruktion dauert der Test etwa 12 Minuten, und eine Gruppentestung ist gut möglich. Zu der hohen Ökonomie und der Einfachheit seiner Durchführung kommt die Breite seiner Einsatzfähigkeit für sechste bis dreizehnte Klassen aller Schultypen als für die vorliegende Studie positives Merkmal hinzu. Der Leistungstest besteht aus fünf Subtests mit je 20 Items, die man als Paralleltests auffassen kann. Die Korrelationen zwischen diesen Tests liegen in der eigenen Stichprobe zwischen $r=.561$ und $r=.630$. Alle Leistungswerte in den Subtests, die unterhalb der Ratewahrscheinlichkeit lagen, wurden zu fehlenden Werten umkodiert, da davon ausgegangen werden musste, dass der Test nicht ernsthaft bearbeitet wurde. Für die Berechnungen wurde ein Summenscore aus allen fünf Subtests verwendet.

Alle Schiefe-Werte liegen im tolerablen Bereich von plus/minus eins. Auch die Exzesse erscheinen unauffällig. Der am ehesten auffällige Wert der Identifikation ist darauf zurückzuführen, dass Hauptschüler weniger identifiziert sind als Gymnasiasten, was sich auf die Verteilung auswirkt. Der Wert ist jedoch nicht als problematisch anzusehen.

Bei der Betrachtung der Mittelwerte ist ein Blick auf die Bildungsaspirationen interessant, die nur mit den Hauptschulen berechnet wurden. Es gibt eine deutliche Neigung unter den Hauptschülern, eine Realschule besuchen zu wollen, während das Gymnasium eher nicht angestrebt wird. Die Kosten liegen ungefähr beim theoretischen Mittel, so dass hier hohe interindividuelle Variationen bezüglich der Wahrnehmungsrichtung anzunehmen sind.

Tabelle 3.42: Studie 4: Übersicht über die verwendeten Instrumente (r steht für rekodiert)

Skala (Itemanzahl)	Beispiel-Item	α	$\overline{\chi}$ (S)	Sch.	Exz.
Selbstkonzept intellekt. Fähigkeiten (4)	Ich wollte, ich wäre so intelligent wie die anderen. (r)	.68	2.96 (.65)	-.33	-.48
Schulisches Selbstkonzept (8)	In den meisten Unterrichtsfächern bin ich gut.	.80	2.90 (.51)	-.14	-.17
Motivation für die Schule (9)	Ich freue mich am Morgen auf einen Schultag, um wieder etwas Neues zu lernen.	.85	2.47 (.67)	.02	-.57
Identifikation als Hauptsch. / Gym. (4)	Ich bin eine typische Hauptschülerin / ein typischer Hauptschüler.	.84	2.77 (.86)	-.40	-.82
Singelis Interdep. (8)	Meine Zufriedenheit ist abhängig von der Zufriedenheit der Personen um mich herum.	.69	2.13 (.49)	.32	.19
Singelis Indep. (7)	Ich verhalte mich immer gleich, egal mit wem ich zusammen bin.	.60	2.02 (.51)	.32	.41
Gymnasium gehen (3 – nur Hauptschule)	Ich werde versuchen, auf ein Gymnasium zu gehen.	.74	1.77 (.81)	.92	-.06
Realschule gehen (4 – nur Hauptschule)	Ich werde versuchen, auf eine Realschule zu gehen.	.74	2.97 (.78)	-.43	-.74
Kosten höhere Bildung (2 – nur Hauptschule)	Wenn ich Abitur machen würde, dann bedeutet das für mich, dass ich jetzt auf viel verzichten müsste.	.58	2.61 (.88)	-.22	-.73
Leist. Allgemeinwis. (100)	Streiche den falschen Buchstaben durch: EZEL	.91	35.53 (15.4)	.54	-.27

3.5.2.3 Vorgehen

3.5.2.3.1 Missing data

Wie bereits in der Stichprobenübersicht zu sehen war, gibt es Schüler, die bestimmte Antworten verweigerten. Hinzu kommen fehlende Werte auf Grund von versehentlichem Auslassen von Fragen sowie zweideutiger Antworten. Das Vorhandensein vollständiger Datensätze ist für die meisten inferenzstatistischen Methoden notwendig. In Montecarlostudien konnte gezeigt werden, dass die Verwendung von multipel imputierten Daten dem üblichen listen- oder paarweisen Ausschluss von Fällen mindestens bei systematisch fehlenden Daten überlegen ist (z. B. Allison, 2002, 2003). Mit systematisch ist hier gemeint, dass das Fehlen der Daten nicht unabhängig von den anderen Daten (missing at random) oder sogar direkt von dem fehlenden Wert selbst abhängig ist (non missing at random), wie dies z. B. bei Antwortverweigerungen der Fall ist, die vor allem Personen mit hohen oder niedrigen Ausprägungen bezüglich der nicht beantworteten Frage betreffen. Fehlende Daten wuden mit Hilfe des Programms Norm imputiert (vgl. Schäfer, J. L. & Graham, 2002; Schäfer, J. L. & Olsen, 1998). Das Verfahren der multiplen Imputation nutzt die gesamte vorhandene Information aus, um in einem iterativen Verfahren fehlende Werte zu schätzen. Dabei werden entsprechend der Enge der in den vorhandenen Daten gegebenen Zusammenhänge Fehlerterme in die Schätzungen hinzugefügt, so dass keine systematischen artifiziellen Zusammenhänge erzeugt werden. Mit zunehmender Iterationszahl steigt die Güte der imputierten Lösung. Üblich ist die Imputation von fünf Datensätzen nach jeweils 1.000, also insgesamt 5.000 Iterationen. Für die vorliegende Studie wurden zehn Datensätze in insgesamt 10.000 Iterationen generiert.

3.5.2.3.2 Konfirmatorische Faktorenanalysen

Der Unterschied von konfirmatorischen gegenüber explorativen Faktorenanalysen besteht vor allem darin, dass die konfirmatorische Faktorenanalyse Vorannahmen bezüglich der Anzahl und Struktur der zu extrahierenden Faktoren verlangt. Daher auch das Adjektiv „konfirmatorisch“, denn das Verfahren dient dazu, Annahmen über die den Daten zu Grunde liegende Struktur zu bestätigen oder zu verwerfen. Häufig werden dabei mehrere Modelle gegeneinander geprüft, um herauszufinden, welches Modell die Daten am besten erklärt. Das Vorgehen ist dabei folgendermaßen: Es werden latente Variablen (Faktoren) angenommen, auf die die Ausprägungen in den gemessenen Variablen zurückzuführen sein sollen. Dann wird festgelegt, welche Items auf welchen Faktor laden und wie die Beziehungen zwischen den Faktoren sind, also ob diese unabhängig oder abhängig voneinander sind.

Anschließend werden Fit-Indizes berechnet. Die Menge an vorhandenen Fit-Indizes ist groß. Hier werden aus Übersichtlichkeitsgründen vier ausgesucht, die im Folgenden berichtet werden sollen. Dies sind das traditionell verwendete Verhältnis Chi-Quadrat-Werte zu Freiheitsgraden, der Standardized Root Mean Square Residual (SRMR), der als sehr robuster Schätzer gilt, der Comparative Fit Index (CFI), der die Verbesserungen gegenüber dem Unabhängigkeitsmodell prüft, und der Root Mean Square Error of Approximation (RMSEA), der ebenfalls als robust gilt (vgl. z. B. Beauducel & Wittmann, 2005). Das Verhältnis Chi-Quadrat zu Freiheitsgraden soll möglichst nicht größer als 2,5 sein, wobei dies bei großen Stichproben quasi nicht zu erfüllen ist. Der SRMR deutet auf einen besseren Fit, je kleiner er wird. Bei einem SRMR > .08 sollte ein Modell generell verworfen werden (Hu & Bentler, 1999). Der CFI misst die Anpassungsgüte des Modells im Vergleich zu einem Modell, in dem alle Variablen als unabhängig voneinander angenommen werden. Werte über .9 gelten als gut. Der RMSEA berechnet das „geschätzte Minimum der Diskrepanzfunktion in der Grundgesamtheit" (Backhaus, 2003, S. 375). Er soll also abbilden, ob das Modell die gesamte vorhandene Varianz hinreichend erfasst. Dabei sind Werte über .10 als inakzeptabel, Werte kleiner .08 als akzeptabel und Werte kleiner .05 als gut zu betrachten.

Zuletzt muss noch der Algorithmus bestimmt werden, nachdem die Fit-Indizes und die Ladungen berechnet werden. Üblich sind Maximum-Likelihood-Schätzungen (ML). Bei sehr schiefen Daten können Schätzungen mit einer Satura-Bentler-Korrektur vorgenommen werden, um Verzerrungen zu vermeiden. Nach Patrick Curran, Stephen West und John Finch (1996) sind Schiefewerte bis zwei und Exzesse bis sieben bei ML-Fit-Statistiken tolerabel.

3.5.3 Ergebnisse

Zur Orientierung sei darauf hingewiesen, dass drei Bereiche des Ergebnisteils besonders zentral sind. Dies ist erstens der Abschnitt 3.5.3.1, in dem die konfirmatorischen Faktorenanalysen berichtet werden, anhand denen überprüft wurde, welche Strukturannahme des öffentlichen kollektiven Selbstwissens die empirischen Daten am besten abbildet. Nach der darauf folgenden deskriptiven Statistik zum Stigmaerleben kann im zweiten zentralen Ergebnisteil in Abschnitt 3.5.3.3 eine erste Exploration der angenommenen Zusammenhänge anhand vorrangig bivariater Analysen betrachtet werden. Der dritte zentrale Ergebnisteil findet sich in Abschnitt 3.5.3.5 und zeigt mit den regressionsanalytischen Zusammenhängen zwischen Stigmaerleben einerseits und schulbezogener Motivation (Hypothese 5) und Bildungsaspirationen (Hypothese 6) andererseits die wichtigsten Ergebnisse dieser Arbeit bezüglich der angenommenen Konsequenzen von Stigmaerleben.

3.5.3.1 Konfirmatorische Faktorenanalysen mit der Stigmaskala

Zunächst soll nun geprüft werden, ob eine zweifaktorielle Lösung, wie sie in Studie 2 gefunden wurde, die öffentliche kollektive Identität wirklich am besten abbilden kann, oder ob eine Differenzierung in verschiedene Stigmata sinnvoller ist. Wie in Abschnitt 3.5.2.2 berichtet wurden neue Items zusammengestellt, die in Tabelle 3.43 aufgelistet sind. Die Items sind nach vier inhaltlichen Domänen ausgewählt worden: Leistungsfähigkeit (l), Motivation (m), Soziales (s) und Kompensation (k). Für die folgenden konfirmatorischen Faktorenanalysen wurden die Items in 10.000 Iterationen in zehn Datensätze imputiert. Alle in Tabelle 3.44 zusammengefassten konfirmatorischen Analysen wurden mit allen zehn imputierten Datensätzen gerechnet.

Es wird hier auf eine grafische Darstellung und den Bericht der einzelnen Ladungen verzichtet. Es wird nur überprüft, wie viele Faktoren (von zwei bis vier) in welcher Zusammenstellung die Daten am besten abbilden. Als vier maximal mögliche Faktoren wurden hier die eben genannten Domänen Leistungsfähigkeit, Motivation, Soziales und Kompensation bestimmt. In Tabelle 3.44 ist in der Zeile „Faktoren“ jeweils angegeben, welche Faktoren in dem Modell unterschieden werden. Die Zuordnungen der Items zu den Faktoren sind aus aus Tabelle 3.43 zu entnehmen. Dabei wird zunächst mit der gesamten Stichprobe und dann ausschließlich mit den Hauptschülern gerechnet (dies ist in der Tabelle 3.44 in der Zeile „Stichprobe“ angegeben).

Tabelle 3.43: Studie 4: Neue Zusammenstellung der Semantischen Differentiale für die Schüler

intelligent	nicht intelligent (l)
blöd	klug (l)
können was	können nichts (l)
clever	doof (l)
dumm	schlau (l)
leistungsfähig	leistungsunfähig (l)
faul	fleißig (m)
passen im Unterricht nicht auf	hören im Unterricht zu (m)
quatschen im Unterricht	sind still im Unterricht (m)
konzentrieren sich im Unterricht	denken an andere Dinge (m)
strengen sich in der Schule nicht an	bemühen sich in der Schule (m)
hören auf ihre Lehrer	kümmern sich nicht um ihre Lehrer (m)
artig	ungezogen (s)
gründlich	schlampig (s)
gesittet	frech (s)
freundlich	fies (s)
anständig	unanständig (s)
zurückhaltend	vorlaut (s)
uncool	cool (k)
mutig	ängstlich (k)
ganz normal	außergewöhnlich (k)
langweilig	gut drauf (k)
Schleimer	aufrichtig (k)
witzig	öde (k)

Tabelle 3.44: Studie 4: Übersicht über konfirmatorische Faktorlösungen zur kollektiven Identität

	Lösung 1	**Lösung 2**	**Lösung 3**	**Lösung 4**
Stichprobe	gesamt	gesamt	gesamt	gesamt
Variablen	alle	ohne „außerg.“	ohne „außerg.“	ohne „außerg.“
Faktoren	2 Stigma Kompensation	2 Stigma Kompensation	4 Stigma Leist. Stigma Mot. Stigma Soziales Kompensation	3 Stigma Leist. Stigma Soziales (inkl. Items M) Kompensation
Chi-Sq (df)	3200 (251)	3095 (229)	1365 (224)	1960 (227)
Chi-Sq/df	12.75	13.51	6.09	8.64
SRMR	.060	.054	.046	.047
CFI	.912	.914	.966	.948
RMSEA	.096	.099	.063	.077

	Lösung 5	**Lösung 6**	**Lösung 7**
Stichprobe	gesamt	nur HS	nur HS
Variablen	ohne „außerg.“	ohne „außerg.“	ohne „außerg.“
Faktoren	3 Stigma Leist. (inkl. Items M) Stigma Soziales Kompensation	2 Stigma Kompensation	4 Stigma Leist. Stigma Mot. Stigma Soziales Kompensation
Chi-Sq (df)	2171 (227)	2369 (229)	1092 (224)
Chi-Sq/df	9.56	10.34	4.87
SRMR	.052	.063	.044
CFI	.941	.844	.937
RMSEA	.082	.100	.065

Es wurden Maximum-Likelihood-Schätzungen (ML) vorgenommen. Die Korrelationen zwischen den Faktoren wurden frei gesetzt. Als Indizes für den Fit der jeweiligen Lösung werden hier die Chi-Quadrat-Werte, die Freiheitsgrade und das Verhältnis zueinander, der Standardized Root Mean Square Residual (SRMR), der Comparative Fit Index (CFI) und der Root Mean Square Error of Approximation (RMSEA) berichtet. Die Chi-Quadrat-Freiheitsgrade-Relation wurde gewählt, weil dies traditionell üblich ist. Bei dem gegebenen Stichprobenumfang ist es quasi unmöglich, dass sie das geforderte Verhältnis von 2,5:1 oder kleiner erfüllt (Backhaus, 2003; Cohen, J., Cohen, P. West & Aiken, 2003). Die anderen genannten Indizes reagieren nicht in dieser Weise auf größere Stichprobenumfänge, und sind daher beim gegebenen Stichprobenumfang besser geeignet, um den Fit des Modells auf die erhobenen Daten einzuschätzen.

Zunächst wurde anhand der Gesamtstichprobe das zweifaktorielle Modell mit Stigma und Kompensation aus Studie 2 geprüft. Dabei ergab sich, dass das Item „ganz normal-außergewöhnlich" in der Skala Kompensation nicht gut in die Lösung passte, so dass es ausgeschlossen wurde. Als Lösung 2 wird daher das gleiche Modell ohne dieses Item berichtet (es wird in keinem weiteren Modell mehr verwendet, was sich in der Tabelle in der Zeile zu Variablen durch den Zusatz „ohne außerg." abbildet). Der Fit war mit Chi/df=13.51 und einem RMSEA von fast .10 nur bedingt zufriedenstellend. In Lösung 3 wurde die vierfaktorielle Lösung mit drei Stigma-Konstrukten „Leistung, Motivation und Soziales" plus einen Kompensationsfaktor modelliert. Es ergab sich ein akzeptabler Fit (RMSEA=.063 und CFI=.966). Die Zusammenfassungen von jeweils zwei dieser vier Faktoren in den Lösungen 4 und 5 ergaben Verschlechterungen des Modell-Fits. Daher wurde mit den Lösungen 6 und 7 ausschließlich der Vergleich zwischen der zwei- und der vierfaktoriellen Lösung exklusiv für die Hauptschulstichprobe vorgenommen. Dabei bestätigte sich die Überlegenheit des vierfaktoriellen Modells. In den folgenden Analysen wurde daher das vierfaktorielle Modell zur Berechnung der Skalen herangezogen. Es wurden drei Stigma- und eine Kompensations-Skala gebildet. Die drei Stigmaskalen korrelierten in der Gesamtstichprobe zwischen r=.876 und r=.890. Die Mehrdimensionalität wies also extrem hohe Redundanzen auf. Die Korrelationen der drei Stigma-Faktoren mit der Kompensation lagen zwischen r=.264 (Leistung) und r=.349 (Motivation). Bertrachtete man ausschließlich die Hauptschule, so reduzierten sich die Zusammenhänge zwischen den Stigmaskalen auf Werte zwischen r=.721 und r=.730, was ihre Trennung als gerechtfertigt erscheinen ließ. Die Zusammenhänge mit der Kompensation tendierten gegen Null mit Ausnahme des Leistungsstigmas mit r=-.147. Diese Zusammenhänge waren über die Jahrgänge relativ konstant.

Von Tabelle 3.45 bis Tabelle 3.48 werden nun Reliabilitätsanalysen mit Cronbachs Alpha und Trennschärfen für die neu gebildeten vier Skalen berichtet. Es zeigten sich hervorragende Werte für alle drei Stigmaskalen. Die Werte der Kompensationsskala sind ebenfalls als gut bis sehr gut zu bezeichnen.

Tabelle 3.45: Studie 4: Itemkennwerte zur Skala Stigma Leistung (r steht für rekodiert)

Items	Trennschärfe	Alpha ohne Item
intelligent-nicht intelligent	.912	.962
blöd-klug (r)	.879	.965
können was-können nichts	.910	.962
clever-doof	.929	.960
dumm-schlau (r)	.920	.961
leistungsfähig-leistungsunfähig	.848	.968
Cronbachs Alpha	.969	

Tabelle 3.46: Studie 4: Itemkennwerte zur Skala Stigma Motivation (r steht für rekodiert)

Items	Trennschärfe	Alpha ohne Item
faul-fleißig (r)	.870	.943
passen im Unterricht nicht auf-hören i.U. zu (r)	.820	.949
quatschen i.U.-sind still i.U. (r)	.870	.944
Konzentr. sich i.U.-denken an andere Dinge	.850	.946
Strengen sich in der Schule nicht an-bemühen sich in der Schule (r)	.864	.944
hören auf ihre Lehrer-kümmern sich nicht um ihre Lehrer	.864	.944
Cronbachs Alpha	.954	

Tabelle 3.47: Studie 4: Itemkennwerte zur Skala Stigma Sozial

Items	**Trennschärfe**	**Alpha ohne Item**
artig-ungezogen	.885	.945
gründlich-schlampig	.887	.944
gesittet-frech	.886	.945
freundlich-fies	.848	.949
anständig-unanständig	.899	.943
zurückhaltend-vorlaut	.765	.958
Cronbachs Alpha	.956	

Tabelle 3.48: Studie 4: Itemkennwerte zur Skala Kompensation (r steht für rekodiert)

Items	**Trennschärfe**	**Alpha ohne Item**
uncool-cool	.673	.824
mutig-ängstlich (r)	.692	.820
langweilig-gut drauf	.713	.813
Schleimer-aufrichtig	.554	.855
witzig-öde (r)	.719	.811
Cronbachs Alpha	.855	

Eine Übersicht über alle vier Skalen mit deskriptiven Werten und Schiefe sowie Exzess für die gesamte Stichprobe ist in Tabelle 3.49 zu sehen. Alle Schiefe-Werte lagen im akzeptablen Bereich mit einer Range von -.39 bis -.14. Die Exzesse waren eher als hoch zu bewerten. Dies liegt darin begründet, dass die Verteilung in der Gesamtstichprobe zweigipfelig war. Die Werte lagen jedoch immer noch in dem für ML-Schätzungen tolerablen Bereich. Die Zweigipfeligkeit ergab sich bedingt durch die Fragestellung, da mit den beiden Schultypen bewusst Gruppen ausgesucht wurden, von denen Extremwerte auf der Skala erwartet wurden. So wiesen die Gymnasiasten eine deutliche Häufung auf der Seite der positiv konnotierten Eigenschaften und Hauptschüler eine deutliche Häufung auf der negativen Seite auf. Da viele Berechnungen ausschließlich mit den Hauptschülern gerechnet werden sollten, wurden die deskriptiven Stigma- und Kompensationswerte auch separat für diese Subgruppe berechnet. Die Mittelwerte lagen bei 5.25 (1.57), 5.50 (1.33), 5.40 (1.41) und 4.72 (1.52). Es zeigte sich also wie in Studie 2 eine deutliche Tendenz zur Stigmatisierung auf allen drei Stigmaskalen. Die Schiefe lag zwischen -.89 (Motivation) und -.38 (Kompensation). Da diese Werte immer noch unter eins liegen, können Regressionsanalysen gerechnet werden, ohne dass größere Verzerrungen zu befürchten sind. Der Exzess lag zwischen .55 und -.34, was deutlich niedriger als in der Gesamtstichprobe war, da in den jeweiligen Subgruppen keine Zweigipfeligkeit bestand.

Tabelle 3.49: Studie 4: Übersicht über die neuen Stigma- und Kompensationsskalen (r steht für rekodiert)

Skala (Itemanzahl)	**Beispiel-Item**	α	$\overline{\chi}$ **(S)**	**Sch.**	**Exz.**
Stigma Leistung	dumm-schlau (r)	.97	4.20 (2.19)	-.20	-1.46
Stigma Motivation	faul-fleißig (r)	.95	4.46 (2.07)	-.39	-1.25
Stigma Sozial	freundlich-fies	.96	4.48 (1.95)	-.26	-1.34
Kompensation	uncool-cool	.86	4.19 (1.65)	-.14	-.75

3.5.3.2 Deskriptive Befunde

3.5.3.2.1 Stigma- und Kompensationsskalen im Verhältnis nach Schultyp

Es wurde im Folgenden von vier Skalen zur Messung der öffentlichen kollektiven Identität ausgegangen: Diese wurden aus der Perspektive der Hauptschüler als Stigma Leistung, Stigma Motivation, Stigma Sozial und Kompensation benannt. Zunächst sollte überprüft werden, ob diese Skalen wie angenommen eine gute Differenzierung zwischen verschiedenen Schultypen ermöglichen.

Dies sei grafisch an einem Boxplot der drei Stigmasubskalen und der Kompensationsskala in Abbildung 3.8 veranschaulicht. Dabei entspricht ein Wert von vier einer neutralen Einschätzung, Werte über vier zeigen eine Einschätzung der öffentlichen kollektiven Identität im Sinne des Labels der jeweiligen Skala (Stigma Leistung, Stigma Anstrengung, Stigma unsozial, Kompensation), und Werte unter vier weisen eine dem Label entgegen gesezte öffentliche kollektive Identiät aus (also eine positive Reputation bei Leistung, Anstrengung und Sozialem bzw. keine Kompensation). Es ist deutlich zu erkennen, dass die Werte auf allen drei Stigmaskalen hohe Werte für Hauptschüler und niedrige Werte bei Gymnasiasten

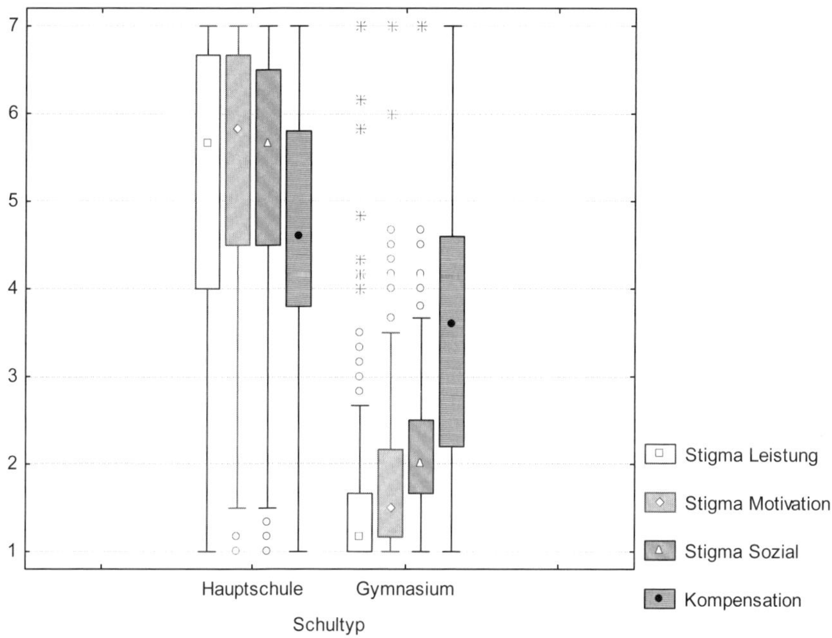

Abbildung 3.8: Studie 4: Boxplot Stigmasubskalen und Kompensation; Median; Box: 25%–75%; Whisker: Non-Outlier Range; Wert 4 = neutrale Einschätzung

aufwiesen. So gaben z. B. beim Stigma Leistung über 66 Prozent der Hauptschüler in der siebten und über 78 Prozent in der neunten Jahrgangsstufe eine Antwort in negativer Richtung (also einer Stigmawahrnehmung) an. Für das Sozialstigma waren es sogar 71 und 85 Prozent. Der deutlich größte Anteil der übrigen Hauptschüler antwortete neutral.

Die Überschneidung zwischen den beiden Gruppen war gering. Hauptschüler und Gymnasiasten unterschieden sich bezüglich des wahrgenommenen Stereotyps über Sozialität, Leistungsfähigkeit und Motivation ihrer Eigengruppe mit hoher Distinktheit. Es gab nur wenige Personen, die innerhalb der Kernverteilung der jeweils anderen Gruppe lagen.

Es sollte denoch überprüft werden, ob sich die wenigen Hauptschüler, die eine positive kollektive Identität als Hauptschüler angaben, von dem weitaus größeren Teil mit einer Stigmawahrnehmung in ihrer Leistungsfähigkeit unterschieden. Eine Aufteilung der Hauptschüler in zwei Gruppen mit einer positiven bzw. negativen öffentlichen kollektiven Identität als Hauptschüler ergab im Vergleich der durchschnittlichen Leistung der Gruppen im Allgemeinwissenstest per t-Test für die siebte Jahrgangsstufe sogar, dass die Schüler mit Stigmawahrnehmung signifikant bessere Leistungstestergebnisse erbrachten. Für die neunte Jahrgangsstufe war die mittlere Leistung bei beiden Gruppen gleich hoch. Es war also keineswegs der Fall, dass nur Schüler, auf die die zugeschriebenen kollektiven Eigenschaften auch personal zutrafen, ein Stigmaerleben aufwiesen.

3.5.3.2.2 Stigma nach Jahrgang und Schultyp

Mit der zweiten Hypothese wurde angenommen, dass sich das Stigma, Hauptschüler zu sein, im Laufe der Zeit nach dem Übergang an die Hauptschule verstärkt. In Studie 2 wurde eine deskriptive Tendenz in dieser Richtung bereits berichtet, die jedoch keine Signifikanz erreichte. In dieser Studie wurde der Vergleich erneut auf Grundlage der größeren Stichprobe, dem größeren Abstand zwischen den Jahrgangsstufen und der neuen Skaleneinteilung in drei Stigmasubskalen vorgenommen. Abbildung 3.9 zeigt die Stigma- und Kompensationswerte im entsprechenden Überblick. Beim innerhalb der Hauptschulen und Gymnasien separat berechneten Vergleich zwischen den Jahrgangsstufen unterschieden sich die drei Stigmaskalen nur bei den Hauptschulen signifikant voneinander (p<.001 zweiseitig). Die Werte nahmen in diesem querschnittlichen Vergleich von Jahrgang sieben nach Jahrgang neun zu. Die Unterschiede lagen zwischen einer drittel und einer halben Standardabweichung. Die Kompensation blieb bei den Hauptschülern stabil. Bei den Gymnasiasten waren nur deutlich kleinere Veränderungen auszumachen, die alle – und das nicht nur auf Grund der kleineren Stichprobe – keine Signifikanz erreichten.

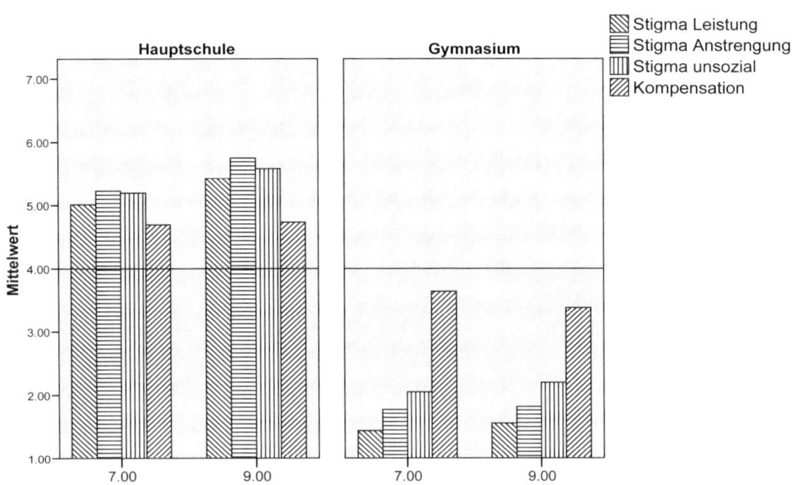

Abbildung 3.9: Studie 4: Stigma- und Kompensationsskalen nach Schultyp und Jahrgang; Wert 4 = neutrale Einschätzung

Tendenziell gab es Verschlechterungen der Kompensations- und der Sozialitätsskalen in der Größenordnung einer achtel bis sechstel Standardabweichung.

Der in Hypothese 1 angenommene Unterschied zwischen den Schultypen ist in dieser Grafik noch einmal anschaulich im Mittelwert abgebildet. Alle Werte unterschieden sich in beiden Jahrgangsstufen nach Schultyp zweiseitig mit $p<.001$. Insgesamt zeigte sich eine deutliche negative öffentliche kollektive Identität für Hauptschüler und eine deutlich positive für Gymnasiasten. Der querschnittliche Vergleich zwischen den Jahrgangsstufen deutet darauf hin, dass die Stigmawahrnehmung der Hauptschüler im Verlauf der Zeit stärker wird.

3.5.3.2.3 Frequentistische Betrachtung der Leistungswerte im Vergleich

Es zeigte sich erwartungskonform in beiden Jahrgangsstufen ein deutlicher signifikanter mittlerer Leistungsunterschied zwischen der Hauptschule und dem Gymnasium. Dieser Unterschied nahm in einem querschnittlichen Vergleich der Jahrgangsstufen zu. Jedoch waren die Verteilungen keineswegs ohne Überschneidungen. So erreichten im siebten Jahrgang über fünf Prozent der Hauptschüler bessere Ergebnisse als der Durchschnitt der Gymnasiasten. In der neunten Jahrgangsstufe erreichen immerhin noch über zwei Prozent Leistungswerte oberhalb des Durchschnitts ihrer Jahrgangskameraden auf der höheren Schulform. In der umgekehrten Perspektive erreichten fünf Prozent der Gymnasiasten im siebten Jahrgang besserer Leistungswerte als alle Hauptschüler dieser Klassenstufe. Im neunten Jahrgang erreichten zehn Prozent der Gymnasiasten ein solches Testergebnis.

3.5.3.3 Bivariate Korrelationen

Um zunächst einen ersten Einblick in die Zusammenhangsstruktur der Daten zu bekommen, wurden einfache bivariate Korrelationen zwischen den Stigmaskalen, der Identifikation, der schulbezogenen Motivation und den Bildungsaspirationen berechnet. Diese ersten Analysen wurden dann im nächsten Abschnitt mit multivariaten Regressionsanalysen mit Standardfehlerkorrektur für genestete Daten ergänzt. Tabelle 3.50 zeigt die Zusammenhänge im Überblick. Dabei werden bei den bivariaten Korrelationen sowohl Pearson als auch Spearman-Koeffizienten berichtet. Letztere sind verteilungsfrei. Die Koeffizienten stimmten – von geringen Abweichungen abgesehen – in allen Analysen überein. Dies ist als ein Hinweis auf die Erfüllung parametrischer Voraussetzungen in den Daten zu werten. Inhaltlich zeigten sich wie erwartet negative Effekte zwischen den Stigmaskalen auf der Motivation für die Schule. Diese waren für die Gesamtstichprobe als mittlere Effekte zu bezeichnen. Die Kovarianz des sozialen Stigmas mit der Motivation für die Schule betrug fast neun Prozent. Auch bei Berücksichtigung ausschließlich der Hauptschüler blieben signifikante Effekte bestehen, die dann jedoch nur noch als klein bis mittel eingestuft werden konnten. Auch für die Vermeidungstendenzen

Tabelle 3.50: Studie 4: Erste bivariate und Partialkorrelationen mit Stigma, Identifikation, Motivation und Bildungsaspirationen (**fett gedruckt=zweiseitig signifikant ohne Bonferoni-Korrektur**)

Stichprobe / Kontrolle	**Variable 1**	**Variable 2**	**Pearson / Spearman**
gesamt / –	Stigma Leist.	Motivation	**-.25 / -.26**
gesamt / –	Stigma Anstr.	Motivation	**-.28 / -.28**
gesamt / –	Stigma sozial	Motivation	**-.30 / -.30**
gesamt / –	Identifikation	Motivation	**.15 / .17**
nur HS / –	Identifikation	Motivation	-.03 / -.02
nur HS / –	Stigma Leist.	Motivation	**-.08 / -.10**
nur HS / –	Stigma Anstr.	Motivation	**-.14 / -.15**
nur HS / –	Stigma sozial	Motivation	**-.17 / -.18**
nur HS / –	Stigma Leist.	Asp. Realschule	.05 / **.07**
nur HS / –	Stigma Anstr.	Asp. Realschule	.07 / **.09**
nur HS / –	Stigma sozial	Asp. Realschule	.04 / .06
nur HS / –	Identifikation	Asp. Realschule	**-.45 / -.45**
nur HS / –	Stigma Leist.	Asp. Gymnasium	-.01 / -.01
nur HS / –	Stigma Anstr.	Asp. Gymnasium	-.04 / -.03
nur HS / –	Stigma sozial	Asp. Gymnasium	-.01 / .01
nur HS / –	Identifikation	Asp. Gymnasium	**-.35 / -.34**
nur HS / –	Identifikation	Stigma Leist.	**-.16 / -.16**
nur HS / –	Identifikation	Stigma Anstr.	**-.15 / -.15**
nur HS / –	Identifikation	Stigma sozial	**-.18 / -.19**
nur HS / Identifik.	Stigma Leist.	Asp. Realschule	-.03 / ------
nur HS / Identifik.	Stigma Anstr.	Asp. Realschule	-.01 / ------
nur HS / Identifik.	Stigma sozial	Asp. Realschule	-.05 / ------
nur HS / Identifik.	Stigma Leist.	Asp. Gymnasium	**-.08** / ------
nur HS / Identifik.	Stigma Anstr.	Asp. Gymnasium	**-.10** / ------
nur HS / Identifik.	Stigma sozial	Asp. Gymnasium	**-.08** / ------

gegenüber höheren Schulen zeigten sich erste Belege in den Partialkorrelationen. Bedenkt man jedoch, dass diese Effekte mit den negativen Effekten zwischen Stigma und Motivation konfundiert sind, so blieb abzuwarten, ob es sich um eigenständige Effekte handelt, die über die reduzierte Motivation hinausgehen. Die höchsten Zusammenhänge bestanden in negativer Richtung zwischen der Identifikation als Hauptschüler und Bildungsaspirationen. Je mehr sich also eine Person als typischen Hauptschüler wahrnahm, umso weniger bestanden Aspirationen, höhere Schulen zu besuchen. Kleine bis mittlere negative Zusammenhänge bestanden zwischen der Identifikation und den Stigmaskalen. Je mehr ein Schüler mit der Hauptschule identifiziert war, umso weniger negativ wurde die öffentliche kollektive Identität beschrieben. Zusammenhänge zwischen der Identifikation als Hauptschüler und den Stigmaskalen auf der einen und Kosten für den Besuch höherer Schulen auf der anderen Seite bestanden nicht oder nur in sehr kleiner Größe. Dies änderte sich auch nicht, wenn die Identifikation als Kovariate eingesetzt wurde.

Die bivariaten Zusammenhänge waren für die Motivation ausnahmslos hypothesenkonform (Hypothese 5). Auch die Bildungsaspirationen korrelierten bei Kontrolle der Identifikation in der erwarteten negativen Richtung mit dem Stigmaerleben (Hypothese 6). Aus diesen Analysen war allerdings nicht ersichtlich, welche Rolle die Motivation dabei spielt. Dies wird später in Abschnitt 3.5.3.5.2 bei den Regressionsmodellen behandelt werden.

3.5.3.4 Random Slopes zwischen den Intervallskalen

Bevor nun die Zusammenhangshypothesen anhand multipler Regressionen geprüft wurden, musste geklärt werden, ob die Zusammenhänge in der Stichprobe über die einzelnen Schulklassen hinweg gleich oder unterschiedlich waren. Dazu wurden Analysen mit der gesamten Stichprobe und unter alleiniger Berücksichtigung der Hauptschulen mit den zehn imputierten Datensätzen gerechnet. Als wichtigstes Subsample wurde immer auch der neunte Jahrgang der Hauptschulen alleine berücksichtigt. Untersucht wurden die Beziehungen der drei wichtigsten abhängigen Variablen (AV) und den sechs wichtigsten unabhängigen Variablen (UV), ob sich über die Schulklassen hinweg eine signifikante Varianz in der Steigung der Regressiongeraden finden ließ. Auf Seiten der UV waren dies die drei Subskalen zum Stigmaerleben, die Identifikation, Hauptschüler bzw. Gymnasiast zu sein, sowie Geschlecht und Migrationshintergrund. Die AV waren die Motivation für die Schule und die Aspirationen, eine Realschule beziehungsweise ein Gymnasium besuchen zu wollen. Alle Prädiktoren wurden einzeln zur Erklärung jeweils einer AV herangezogen und so ihre Beziehung auf einen Random Slope über die Klassen hinweg überprüft.

Es ergaben sich drei zu beachtende Ergebnisse:

1.) In der Gesamtstichprobe gab es einen Random Slope zwischen der Aspiration, auf eine Realschule gehen zu wollen, und dem Migrationshintergrund

(T=1.958). Nahm man alle Hauptschüler oder nur den siebten Jahrgang der Hauptschule, verschwand dieser. Bei der Berücksichtigung ausschließlich des neunten Jahrgangs der Hauptschulen erreichte er aber Signifikanz (T=3.363).

2.) In der Gesamtstichprobe zeigte sich eine Tendenz zum Random Slope zwischen den Aspirationen Gymnasium gehen / Hauptschule gehen und Realschule gehen auf der einen und Identifikation mit dem Schultyp auf der anderen Seite (T=1.580/T=1.693). Zog man jedoch nur die Hauptschulen heran, verschwandt dieses Ergebnis völlig. Es erklärt sich dadurch, dass es psychologisch natürlich etwas anderes ist, ob man Gymnasiasten danach fragt, ob sie auf die Realschule oder die Hauptschule wollen, als wenn man die Hauptschüler fragt, ob sie auf eine Realschule oder ein Gymnasium wollen.

3.) Zuletzt ergab sich noch ebenfalls für die Gesamtstichprobe ein Random Slope zwischen der Identifikation mit dem Schultyp und der schulbezogenen Motivation (T=3.230). Wieder verschwandt dieser aber in der Hauptschule völlig, was wieder damit zu erklären ist, dass die Identifikation als Hauptschüler psychologisch etwas anderes ist als die Identifikation als Gymnasiast.

Alle übrigen Variablen wiesen in ihren Zusammenhängen eindeutig keine Random Slopes auf. Mit Ausnahme des Migrationsstatus für die Bildungsaspiration bedeutet dies, dass im Sinne der psychologischen Fragestellung innerhalb der Hauptschulen keine variierenden Regressionsgewichte vorliegen. Daher kann im Folgenden mit fixierten Slopes gerechnet werden. Der Migrationsstatus wird bei den Bildungsaspirationen nochmal gesondert berücksichtigt werden, um Verzerrungen zu vermeiden. Inhaltlich bedeutet dies, dass davon ausgegangen werden kann, dass der Zusammenhang zwischen Stigmaerleben, Identifikation und ihren Interaktionen auf der einen und schulbezogener Motivation und Bildungsaspirationen auf der anderen Seite in allen untersuchten Hauptschulen gleich ist. Empirische Unterschiede sind als Zufallsprodukt anzusehen. Im weiteren Verlauf können daher die meisten Berechnungen ohne Berücksichtigung von Variationen der Slopes durchgeführt werden.

3.5.3.5 Regressionen schulbezogener Motivation und Bildungsaspirationen

Alle folgenden Analysen dienen vor allem der Überprüfung von Hypothese 5, nach der auf Grund der Annahme von akademischer Desidentifikation angenommen wird, dass das Stigmaerleben von Hauptschülern und ihre schulische Motivation negativ zusammenhängen. Es wurde jeweils zunächst mit den zehn imputierten Datensätzen gerechnet. Das zusammengefasste Ergebnis aller zehn Datensätze wurde zur Bestimmung der Signifikanz der einzelnen unabhängigen Variablen herangezogen. Anschließend wurde die Analyse nur mit dem zehnten imputierten Datensatz vorgenommen, um standardisierte Regressionsgewichte und R-Quadrat als Maß für die aufgeklärte Varianz zu erhalten, da diese Koeffizienten bei der Berechnung mit mehreren imputierten Datensätzen in Mplus nicht berechnet werden. Der letzte imputierte Datensatz bringt im Allgemeinen die beste Schätzung und wurde daher für diese Parameter herangezogen (Allison, 2002, 2003; Graham, Cumsille & Elek Fisk, 2003; Horton & Lipsitz, 2001). Nach der kombinierten Berechnung mit allen zehn Datensätzen signifikante Betagewichte sind fett gedruckt, marginal signifikante Betagewichte kursiv. Zuvor wurden zur Ermittlung der Gefahr von Verzerrungen durch Multikollinearität mittels SPSS Toleranzstatistiken aller unabhängigen Variablen gerechnet. Für jede abhängige Variable wurden zwei nach Schultyp getrennte Regressionsanalysen durchgeführt. Es ergaben sich dabei konsistent hohe Toleranzwerte von deutlich über 50% bis hin zu über 90% eigener Varianz, was bedeutet, dass die Variablen jeweils hohe eigenständige potentielle Erklärungsbeiträge zu den Regressionsmodellen beisteuerten, die nicht von anderen UV erklärt werden konnten. Einzig die Stigmaskalen hatten oft niedrigere Werte. Dies verwundert nicht angesichts der gezeigten hohen Interkorrelationen dieser drei Variablen. Auch sie wiesen noch Toleranzwerte über .3 bis hin zu .5 auf. Verzerrungen durch Multikollinearität waren daher eher nicht zu erwarten. Ihre höchste Auftretenswahrscheinlichkeit war bei den Stigmavariablen gegeben.

3.5.3.5.1 Regressionen zur schulbezogenen Motivation

Drei vorrangige Ziele verbanden sich mit den im Folgenden berichteten Regressionsanalysen. Erstens sollte geprüft werden, ob die bivariat gefundenen Zusammenhänge nicht mit anderen bereits bekannten Prädiktoren erklärt werden könnten. Zweitens sollte überprüft werden, ob das Stigmaerleben die Varianz des Schultyps für die Motivation erklären könnte. Und drittens sollten Interaktionseffekte zwischen Stigmaerleben, Identifikation und Interdependenz geprüft werden. Dazu wurden sukzessive immer weitere Prädiktoren in multiple Regressionsmodelle aufgenommen. Zunächst wurden Modelle zur Erklärung der schulbezogenen Motivation für die Gesamtstichprobe gerechnet. Diese sind in Tabelle 3.51 zusammengefasst. Die Prädiktoren wurden in folgender Reihenfolge in die Modelle aufgenommen: Selbstkonzept intellektueller Fähigkeiten (Sk. Intel. Fähigk.), Schulisches Selbstkonzept, Schultyp, Jahrgang, Leistung, Geschlecht, Migrationsstatus, Stigma und Identifikation mit dem Schultyp, die Interaktionsterme zwischen den drei Stigmaskalen und der Identifikation, die Singelis-Skala zur Messung der Art der Selbstkonstruktion und ihre Interaktionsterme mit der Identifikation und den Stigmaskalen. Im Anschluss wurde noch auf Grund der vorherigen Ergebnisse eine Tripelinteraktionen zwischen sozialem Stigma, Identifikation und Singelis berechnet. Zunächst ist bemerkenswert, dass das Selbstkonzept intellektueller Fähigkeiten sein Vorzeichen wechselte und ein negatives Regressionsgewicht bekahm, als das schulische Selbstkonzept in das Modell aufgenommen wurde. Außerdem zeigte sich, dass das schulische Selbstkonzept einen massiv positiveren Zusammenhang mit der Motivation aufwies als ersteres. Der Schultyp zeigte einen deutlichen positiven Effekt des Gymnasiums auf die schulbezogene Motivation, der über drei Prozent Varianzerklärung plus einen kleinen Redundanzteil mit dem schulischen Selbstkonzept mit sich brachte. Die Jahrgangsstufe hatte einen negativen Effekt. Das Ergebnis des Leistungstests brachte keine zusätzliche Erklärungskraft in das Modell. Mädchen hatten eine höhere schulbezogene Motivation. Bei Personen mit Migrationshintergrund zeigte sich eine Tendenz zu höherer Motivation, die jedoch nicht signifikant wurde. Bei Hinzunahme der Stigma- und Identifikationsskalen jedoch wurde diese bedeutsam – ein Hinweis darauf, dass das Stigmaerleben bei Migranten höher war. Der negative Effekt des Stigmas der Unsozialität wurde signifikant und erklärte gut zwei Prozent zusätzliche Varianz. Darüber hinaus verschwand der positive Effekt des Gymnasiums. Dieser Effekt wurde vollständig über das Stigmaerleben vermittelt. Auch der negative Effekt des Jahrgangs wurde kleiner. In der Summe ergaben sich mindestens fünf Prozent erklärter Varianz durch die Stigmavariablen, die nicht durch Leistung oder das akademische Selbstkonzept zu erklären waren. Vermutlich war der Anteil größer, wie auch die bivariaten Korrelationen vermuten ließen. Die Interaktionen mit der Identifikation brachten keinen weiteren Erklärungsgewinn. Zusätzliche Varianz erklärte die Aufnahme der Interdependenz in das Modell. Je interdependenter Schüler sich konstruierten, umso niedriger fiel ihre schulbezogene Motivation aus.

Auch wenn auf Grund der Prüfungen auf Random Slopes über die Gesamtstichprobe keine drastischen Änderungen zu erwarten waren, sollten die gleichen Analysen der Vollständgkeit halber noch einmal ausschließlich mit dem Hauptschulsample ohne Trennung nach Migrationsstatus gerechnet werden. Die Ergebnisse dieser Analysen sind in Tabelle 3.52 abgebildet. Die Ergebnisse waren mit den

Tabelle 3.51: Studie 4: Regression mit Standardfehlerkorrektur auf die Motivation für die Schule; gesamte Stichprobe: Gymnasien und Hauptschulen, 7. und 9. Jg., Migranten und Deutsche (**fett=signifikant**, *kursiv=marginal signifikant)*

	Modell 1	Modell 2	Modell 3	Modell 4	Modell 5
Sk. Intel. Fähigk.	**.099**	**-.117**	**-.132**	**-.109**	**-.108**
Schul. Ak. SK.		**.604**	**.564**	**.536**	**.547**
Schultyp			**.267**	**.255**	**.300**
Jahrgang				**-.131**	**-.121**
Leistung PSBr					-.002
R-Quadrat	.010	.188	.219	.256	.257

	Modell 6	Modell 7	Modell 8	Modell 9	Modell 10
Sk. Intel. Fähigk.	**-.095**	**-.099**	**-.083**	**-.087**	**-.079**
Schul. Ak. SK.	**.546**	**.544**	**.544**	**.533**	**.516**
Schultyp	**.281**	**.280**	.070	.001	.017
Jahrgang	**-.120**	**-.117**	**-.095**	**-.099**	**-.092**
Leistung PSBr	-.002	-.002	-.003	**-.002**	**-.003**
Geschlecht	**.081**	**.083**	.072	**.076**	**.070**
Migrationshg.		.086	**.100**	**.101**	**.105**
Stigma Leistung			.025	.022	.026
Stigma Anstreng.			-.018	-.023	-.017
Stigma sozial			**-.073**	**-.072**	**-.074**
Identifikation S-Typ			.031	**.044**	**.049**
Intera. StigLei * Id				.031	.029
Intera. StigAns * Id				-.025	*-.047*
Intera. Stigsoz * Id				-.025	-.018
Singelis Interdep.					**-.047**
Intera. StigLei * Int.					-.019
Intera. StigAns * Int					-.002
Intera. Stigsoz * Int					-.016
Intera. Id * Int.					*.038*
3Intera. Sso*Id*Int					.010
R-Quadrat	.261	.263	.285	.289	.301

bisher genannten relativ identisch. Die Varianzaufklärungen waren auf Grund der Einschränkung der Variationsbreite geringer als bei der Gesamtstichprobe. Eine wichtige Veränderung stellte die Bedeutsamkeit der Interaktion zwischen Interdependenz und sozialbezogenem Stigma dar. Über den Haupteffekt des sozialen Stigmas hinaus wiesen vor allem Hauptschüler mit hoher Interdependenz negative Zusammenhänge zwischen sozialem Stigma und Motivation auf. Die Identifikation hatte bei ausschließlicher Berücksichtigung der Hauptschüler keinen Einfluss. Wichtig ist es, festzuhalten, dass das Ergebnismuster in den wesentlichen Punkten identisch war. Das Stigmaerleben behielt einen zusätzlichen substantiellen nega-

Tabelle 3.52: Studie 4: Regression mit Standardfehlerkorrektur auf die Motivation für die Schule; Teilstichprobe: nur Hauptschulen, 7. und 9. Jg., Migranten und Deutsche (**fett=signifikant**, *kursiv=marginal signifikant)*

	Modell 1	Modell 2	Modell 3	Modell 4	Modell 5
Sk. Intel. Fähigk.	.011	**-.164**	**-.130**	**-.128**	**-.114**
Schul. Ak. SK.		**.578**	**.546**	**.559**	**.561**
Jahrgang			**-.131**	**-.122**	**-.122**
Leistung PSBr				-.003	-.003
Geschlecht					**.106**
R-Quadrat	.000	.162	.197	.200	.206

	Modell 6	Modell 7	Modell 8	Modell 9
Sk. Intel. Fähigk.	**-.118**	**-.102**	**-.103**	**-.092**
Schul. Ak. SK.	**.555**	**.554**	**.555**	**.538**
Jahrgang	**-.118**	**-.097**	**-.099**	**-.094**
Leistung PSBr	-.003	-.004	**-.004**	**-.005**
Geschlecht	**.110**	.094	**.093**	**.087**
Migrationshg.	**.125**	**.130**	**.125**	*.126*
Stigma Leistung		.034	.025	.031
Stigma Anstreng.		-.026	-.024	-.009
Stigma sozial		**-.076**	**-.069**	**-.081**
Identifikation S-Typ		.006	.008	.002
Intera. StigLei * Id			.045	.044
Intera. StigAns * Id			-.027	*-.057*
Intera. Stigsoz * Id			-.024	-.012
Singelis Interdep.				**-.049**
Intera. StigLei * Int.				.022
Intera. StigAns * Int				.023
Intera. Stigsoz * Int				**-.041**
Intera. Id * Int.				.027
3Intera. Sso*Id*Int				.016
R-Quadrat	.211	.235	.238	.250

Tabelle 3.53: Studie 4: Regression mit Standardfehlerkorrektur auf die Motivation für die Schule; nur Hauptschulen, 7. und 9. Jg., nur Migranten (**fett=signifikant**, *kursiv=marginal signifikant)*

	Modell 1	**Modell 2**	**Modell 3**	**Modell 4**	**Modell 5**
Sk. Intel. Fähigk.	.071	*-.125*	-.076	-.095	-.102
Schul. Ak. SK.		**.635**	**.600**	**.654**	**.653**
Jahrgang			**-.150**	*-.118*	*-.119*
Leistung PSBr				*-.011*	*-.011*
Geschlecht					-.049
R-Quadrat	.005	.203	.248	.280	.281

	Modell 6	**Modell 7**	**Modell 8**	**Modell 9**
Sk. Intel. Fähigk.	-.086	-.073	-.064	-.056
Schul. Ak. SK.	**.664**	**.654**	**.640**	**.656**
Jahrgang	**-.124**	**-.128**	**-.114**	**-.113**
Leistung PSBr	**-.012**	**-.012**	**-.013**	**-.013**
Geschlecht	.003	.013	-.015	-.022
Stigma Leistung	-.033	-.038	-.036	-.036
Stigma Anstreng.	.042	.056	.077	.077
Stigma sozial	**-.097**	**-.108**	**-.125**	**-.133**
Identifikation S-Typ	*-.100*	-.080	-.081	-.111
Intera. StigLei * Id		-.041	-.030	-.008
Intera. StigAns * Id		.025	.000	-.030
Intera. Stigsoz * Id		-.050	-.046	-.015
Singelis Interdep.			-.085	-.071
Intera. StigLei * Int.			-.002	.009
Intera. StigAns * Int			.109	.125
Intera. Stigsoz * Int			-.066	-.073
Intera. Id * Int.			.007	-.039
3Intera. Sso*Id*Int				.077
R-Quadrat	.342	.358	.378	.387

tiven Einfluss auf die schulbezogene Motivation bei Kontrolle des akademischen Selbstkonzepts.

Es erschien gut möglich, dass die Zusammenhänge zwischen dem selbstbezogenen kollektiven Wissen und der schulbezogenen Motivation bei Hauptschülern mit Migrationshintergrund anders ausfallen als bei deutschen Schülern. Dies wurde bei den Random-Slope-Modellen nicht überprüft, sondern nur die Wirkung des Migrationsstatus als unabhängige Variable. Dies schließt die Interaktionen mit den anderen Variablen nicht mit ein. Nun wurden daher die gleichen Modelle wie eben ausschließlich für die Hauptschulstichprobe getrennt nach Migrationsstatus gerechnet. Zuerst werden in Tabelle 3.53 die Werte für Schüler mit und dann in Tabelle 3.54 für Schüler ohne Migrationshintergrund berichtet. Insgesamt sind die Ergebnisse als konsistent über die verschiedenen Analysen hinweg zu sehen. Vor allem das soziale Stigma hatte einen negativen Zusammenhang mit der schulbezogenen Motivation. Dieser war bei Schülern mit Migrationshintergrund jedoch deutlich höher als bei deutschen. Für sie ließ sich mit der Aufnahme der Stigmavariablen in das Regressionsmodell ca. sechs Prozent zusätzliche Varianz erklären, während das bei den Schülern ohne Migrationshintergrund nur etwas über zwei Prozent waren. Bei ihnen verringerte sich der negative Effekt des Jahrgangs bei Aufnahme der Stigmavariablen in das Modell. Das deutete darauf hin, dass bei den deutschen Schülern stärkere Stigmazuwächse bestehen könnten.

Im Anhang in Abschnitt 6.4.2 finden sich noch die entsprechenden Regressionsanalysen für die Gymnasiasten und für die neunte Jahrgangsstufe der Hauptschule gesamt sowie getrennt nach Migrationsstatus. Die Ergebnisse sind insgesamt als sehr konsistent zu beurteilen, weshalb sie hier aus Gründen der Übersichtlichkeit weggelassen werden.

Zur Überprüfung von Multikollinearitätseffekten wurde der Schritt, in dem die Stigmavariablen aufgenommen werden, für die vier hier berichteten Tabellen jeweils noch einmal ohne das Stigma Leistung und das Stigma Motivation sowie die Identifikation gerechnet. Die Ergebnisse waren nahezu identisch. Daher wird hier auf eine separate Darstellung verzichtet.

Insgesamt zeigten sich hyothesenkonform bei den Hauptschülern konsistent negative Effekte des Stigmas der Unsozialität auf die schulbezogene Motivation. Besonders wichtig ist dabei, dass das Stigmaerleben Effekte des Schultyps auf die Motivation vollständig erklärte. Schüler mit Migrationshintergrund scheinen die negativen Effekte des Stigmas auf die Motivation noch stärker zu betreffen. Aber auch bei den deutschen Schülern waren substantielle Effekte auszumachen. Bei Schülern mit Migrationshintergrund gab es Hinweise auf eine Interaktion des sozialen Stigmaerlebens mit der Interdependenz der Selbstkonstruktion. Interdependente Migranten zogen sich demnach besonders stark von der Schule zurück, wenn sie sich als Hauptschüler als unsozial betrachtet sahen.

Tabelle 3.54: Studie 4: Regression mit Standardfehlerkorrektur auf die Motivation für die Schule; nur Hauptschulen, 7. und 9. Jg., nur Deutsche (**fett=signifikant**, *kursiv=marginal signifikant)*

	Modell 1	Modell 2	Modell 3	Modell 4	Modell 5
Sk. Intel. Fähigk.	-.007	**-.173**	**-.142**	**-.140**	**-.123**
Schul. Ak. SK.		**.554**	**.524**	**.531**	**.534**
Jahrgang			**-.124**	**-.119**	**-.119**
Leistung PSBr				-.001	-.002
Geschlecht					**.133**
R-Quadrat	.000	.150	.181	.181	.191

	Modell 6	Modell 7	Modell 8	Modell 9
Sk. Intel. Fähigk.	**-.105**	**-.107**	**-.100**	**-.099**
Schul. Ak. SK.	**.525**	**.526**	**.521**	**.517**
Jahrgang	**-.096**	**-.100**	**-.095**	**-.096**
Leistung PSBr	-.003	-.002	*-.003*	**-.003**
Geschlecht	*.107*	*.107*	**.108**	**.109**
Stigma Leistung	*.054*	.042	.045	.045
Stigma Anstreng.	-.046	-.040	-.033	-.025
Stigma sozial	**-.068**	**-.063**	**-.067**	**-.071**
Identifikation S-Typ	.032	.034	.032	.030
Intera. StigLei * Id		.048	.045	.047
Intera. StigAns * Id		-.037	-.049	*-.065*
Intera. Stigsoz * Id		-.016	-.010	-.005
Singelis Interdep.			-.042	*-.004*
Intera. StigLei * Int.			.026	.025
Intera. StigAns * Int			.005	.020
Intera. Stigsoz * Int			*-.040*	*-.044*
Intera. Id * Int.			.048	.043
3Intera. Sso*Id*Int				.012
R-Quadrat	.216	.219	.231	.232

3.5.3.5.2 Regressionen zu Bildungsaspirationen

Im nächsten Schritt sollten nun Effekte der kollektiven Identität als Hauptschüler auf die Bildungsaspirationen, eine Realschule oder ein Gymnasium zu besuchen, untersucht werden. Um Effekte, die über die Zusammenhänge des Stigmas mit der Motivation hinausgehen, prüfen zu können, wurde die Motivation für die Schule als unabhängige Variable in die Regressionsmodelle mit aufgenommen. Es ist sinnvoll, anzunehmen, dass gerade was die Bildungsaspirationen betrifft, das Stigmaerleben im Sinne einer Entwicklung nicht nur seine Ausprägung, sondern auch seine Wirkung von der siebten zur neunten Jahrgangsstufe verändert. Das wird nicht zuletzt dadurch begründet, dass die Schüler erst im Laufe der Zeit lernen, was für Optionen es gibt und was diese Optionen bedeuten (vgl. Abschnitt 2.4.1). Daher werden hier nur die Ergebnisse für den neunten Jahrgang der Hauptschule berichtet. Analysen für die gesamte Hauptschulstichprobe und den siebten Jahrgang finden sich im Anhang in Abschnitt 6.4.3. Die Inkonsistenz der Befunde lässt die Annahme einer erst späteren Integration des neuen Selbstwissens bestätigt erscheinen. Da sich durch das Weglassen der Migrationshintergrundvariable in der Analyse der Gesamtstichprobe nur geringe Veränderungen ergaben, wurde diese trotz des Random Slope-Befundes in alle hier dargestellten Analysen aufgenommen, um die volle vorhandene Information auszuschöpfen.

Die Ergebnisse für die Realschul- und Gymnasialaspirationen werden für die neunte Jahrgangsstufe in Tabelle 3.55 berichtet. Es zeigte sich ein relativ konsistentes Bild. Es gab deutliche Effekte des Stigmaerlebens in zweierlei Richtung: Das Stigma, dumm zu sein, hatte negative Folgen für die Bildungsaspirationen, vor allem für die Realschule. Bei mehr interdependenten Personen galt dieser negative Effekt auch für das Gymnasium. Das Faulheitsstigma hingegen wies positive Effekte auf. Insbesondere durch die Identifikation, aber auch durch die

Tabelle 3.55: Studie 4: Regression mit Standardfehlerkorrektur auf die Bildungsaspirationen Realschule und Gymnasium (vor und hinter dem Schrägstrich); nur Hauptschule, nur 9 Jahrgang, Migranten & Deutsche (**fett=signifikant,** *kursiv=marginal signifikant)*

	Modell 1	Modell 2	Modell 3	Modell 4	Modell 5
Sk. Intel. Fähigk.	.135/ *.077*	.019/-.068	.035/-.036	.036/-.035	.022/-.078
Schul. Ak. SK.		**.375/ .469**	**.319/ .359**	**.335/ .371**	**.332/ .363**
Motivation Schule			*.097*/ **.193**	.094/ **.190**	*.099*/ **.204**
Leistung PSBr				-.002/-.001	-.002/-.001
Geschlecht					-.092/**-.271**
R-Quadrat	.013/ .004	.064/ .085	.070/ .107	.071/ .108	.075/ .140

	Modell 6	Modell 7	Modell 8	Modell 9
Sk. Intel. Fähigk.	.017/**-.097**	-.049/**-.132**	-.048/**-.133**	-.051/**-.134**
Schul. Ak. SK.	**.329/ .352**	**.200/ .270**	**.197/ .273**	**.195/ .261**
Motivation Schule	.094/ **.187**	**.126/ .192**	**.127/ .185**	**.133/ .193**
Leistung PSBr	-.002/-.001	.001/ .000	.001/-.002	.001/-.002
Geschlecht	-.087/**-.250**	-.062/**-.235**	-0.63/**-.252**	-.062/**-.254**
Migrationshg.	.105/ **.379**	.009/ **.321**	.010/ **.302**	.016/ **.328**
Stigma Leistung		**-.069**/-.012	**-.068**/-.025	**-.076**/-.044
Stigma Anstreng.		*.085*/ .001	**.086**/ .022	**.089**/ .040
Stigma sozial		-.006/-.022	-.007/-.018	-.001/-.016
Identifikation S-Typ		**-.414/-.284**	**-.414/-.290**	**-.413/-.292**
Intera. StigLei * Id			-.009/ .057	-.010/ .056
Intera. StigAns * Id			.015/ .023	.013/ .006
Intera. Stigsoz * Id			-.009/-.072	-.009/-.058
Singelis Interdep.				.013/ .000
Intera. StigLei * Int.				-.025/**-.073**
Intera. StigAns * Int				.003/ .050
Intera. Stigsoz * Int				.020/-.002
Intera. Id * Int.				-.003/-.021
3Intera. Sso*Id*Int				
R-Quadrat	.077/ .175	.299/ .272	.299/ .279	.301/ .290

Stigmavariablen wurden für die Gymnasialaspirationen 20% und für die Realschulaspirationen 10% zusätzliche Varianz erklärt.

Nun wurden die Regressionen für die Bildungsaspirationen getrennt für Hauptschüler mit und ohne Migrationshintergrund gerechnet. Dabei wurde wieder ausschließlich die neunte Jahrgangsstufe berücksichtigt. Tabelle 3.56 zeigt die Ergebnisse nur für die deutschen Schüler. Es zeigte sich ein sehr ähnliches Muster wie in den eben präsentierten gemeinsamen Berechnungen: ein negativer Effekt des Leistungsstigmas auf die Realschulaspiration und ein negativer Interaktionseffekt mit der Interdependenz auf die Gymnasialaspirationen. Allerdings erreichten die Effekte nur noch marginale Signifikanz. Dies ist auf den etwa 100 Personen kleineren Stichprobenumfang zurückzuführen. Ein Unterschied gegenüber den Gesamtbe-

Tabelle 3.56: Studie 4: Regression mit Standardfehlerkorrektur auf die Bildungsaspirationen Realschule und Gymnasium (vor und hinter dem Schrägstrich); nur Hauptschule, nur 9. Jahrgang, nur Deutsche (**fett=signifikant**, *kursiv=marginal signifikant)*

	Modell 1	**Modell 2**	**Modell 3**	**Modell 4**
Sk. Intel. Fähigk.	.159 / *.042*	*.036 / -.093*	.047 / -.075	.050 / -.073
Schul. Ak. SK.		**.387 / .424**	**.352 / .366**	**.369 / .377**
Motivation Schule			.062 / **.102**	.060 / **.101**
Leistung PSBr				-.002 / -.001
R-Quadrat	.019 / .002	.072 / .077	.074 / .084	.076 / .085

	Modell 5	**Modell 6**	**Modell 7**	**Modell 8**
Sk. Intel. Fähigk.	.030 / **-.112**	-.035 / **-.143**	-.032 / **-.143**	-.034 / **-.142**
Schul. Ak. SK.	**.367 / .372**	**.216 / .278**	**.209 / .288**	**.198 / .263**
Motivation Schule	.069 / **.119**	**.133 / .141**	**.136 / .136**	**.140 / .143**
Leistung PSBr	-.002 / -.001	.002 / .000	.001 / -.002	.001 / -.002
Geschlecht	*-.126* / **-.249**	-.091 / **-.235**	-.094 / **-.248**	-.095 / **-.254**
Stigma Leistung		*-.059* / -.005	-.054 / -.014	*-.061* / -.026
Stigma Anstreng.		.067 / -.002	.064 / .018	.069 / .037
Stigma sozial		.019 / -.014	.020 / -.016	.025 / -.017
Identifikation S-Typ		**-.427 / -.273**	**-.429 / -.276**	**-.435 / -.283**
Intera. StigLei * Id			-.026 / .054	-.031 / .049
Intera. StigAns * Id			.042 / -.019	.034 / -.047
Intera. Stigsoz * Id			-.023 / -.007	-.021 / .009
Singelis Interdep.				-.005 / -.014
Intera. StigLei * Int.				-.046 / *-.069*
Intera. StigAns * Int				.007 / .028
Intera. Stigsoz * Int				.035 / .000
Intera. Id * Int.				.015 / -.032
3Intera. Sso*Id*Int				
R-Quadrat	.083 / .117	.326 / .222	.327 / .230	.331 / .245

rechnungen war, dass das Faulheitsstigma keinen positiven Effekt mehr aufwies. Dies ist also ein Phänomen, das vor allem auf die Migranten zurückgeht.

In Tabelle 3.57 sind die Berechnungen ausschließlich für Migranten dargestellt. Das bei deutschen Hauptschülern über die Motivationseinbußen hinweg für die Bildungsaspirationen nahezu unbedeutende Sozialstigma zeigte hier deutliche negative Effekte vor allem auf die Gymnasialaspirationen. Im Zusammenspiel mit der Interdependenz zeigten sich auch bezüglich der Aspiration, eine Realschule besuchen zu wollen, negative Effekte. Auch ist verblüffend, wie viel bedeutsamer die Motivation für die Schule für die Erklärung der Aspiration, auf ein Gymnasium gehen zu wollen, bei den Schülern mit Migrationshintergrund war. Dies machte fast neun Prozent zusätzlicher erklärter Varianz aus. Hingegen verloren schulbezogenes und Selbstkonzept intellektueller Fähigkeiten bei Aufnahme der Motivation ihre Erklärungskraft. Wie erwartet hatte das Faulheits-Stigma einen positiven Effekt auf die Realschulaspiration.

Es wurden auch entsprechende Analysen mit der Kostenvariable gerechnet. Dabei ergab sich ausschließlich ein positiver Effekt der Identifikation als Hauptschüler auf die Kosten, eine höhere Schule zu besuchen. Daher wird hier auf eine tabellarische Darstellung verzichtet.

Insgesamt zeigte sich bei den Effekten des Stigmaerlebens auf die Bildungsaspirationen ein konsistenter negativer Befund des Dummheitsstigmas auf die Bildungsaspirationen. Darüber hinaus wiesen vor allem die Hauptschüler mit Migrationshintergrund einen positiven Effekt des Faulheitsstigmas und einen enormen negativen Effekt des Sozialstigmas auf. Dabei muss berücksichtigt werden, dass dieser negative Effekt über den negativen Effekt auf die Motivation hinausging, der durch die Berücksichtigung der Motivationsvariable bereits in der Regressionsgleichung enthalten war.

Tabelle 3.57: Studie 4: Regression mit Standardfehlerkorrektur auf die Bildungsaspirationen Realschule und Gymnasium (vor und hinter dem Schrägstrich); nur Hauptschule, nur 9. Jahrgang, nur Migranten (**fett=signifikant**, *kursiv=marginal signifikant)*

	Modell 1	**Modell 2**	**Modell 3**	**Modell 4**
Sk. Intel. Fähigk.	-.041 / .139	-.098 / .000	-.068 / .065	-.069 / .080
Schul. Ak. SK.		*.235* / **.570**	.077 / .233	.082 / .176
Motivation Schule			.254 / **.541**	.251 / **.578**
Leistung PSBr				-.001 / .007
R-Quadrat	.001 / .009	.024 / 096	.068 / .222	.068 / .230

	Modell 5	**Modell 6**	**Modell 7**	**Modell 8**
Sk. Intel. Fähigk.	-.044 / .055	-.112 / .008	-.110 / .017	-.119 / -.080
Schul. Ak. SK.	.090 / .169	.152 / .228	.150 / .222	.190 / *.329*
Motivation Schule	.257 / **.572**	.103 / **.463**	.095 / **.437**	.079 / **.397**
Leistung PSBr	.000 / .007	-.001 / .007	-.002 / .004	-.003 / .003
Geschlecht	.180 / -.171	-.215 / -.076	*.217* / -.062	**.257** / -.140
Stigma Leistung		-.069 / .030	-.081 / -.010	-.075 / *-.130*
Stigma Anstreng.		.029 / -.069	.072 / .062	.097 / *.135*
Stigma sozial		-.046 / -.070	-.082 / **-.183**	**-.152** / -.140
Identifikation S-Typ		**-.359 / -.296**	**-.360 / -.282**	**-.381 / -.316**
Intera. StigLei * Id			.010 / .117	.013 / .053
Intera. StigAns * Id			.062 / .142	.051 / .128
Intera. Stigsoz * Id			-.093 / **-.362**	-.049 / **-.294**
Singelis Interdep.				.078 / .117
Intera. StigLei * Int.				.003 / **-.112**
Intera. StigAns * Int				.104 / .185
Intera. Stigsoz * Int				**-.156** / -.016
Intera. Id * Int.				-.092 / .164
3Intera. Sso*Id*Int				-.006 / .050
R-Quadrat	.081 / .238	.256 / .322	.268 / .414	.304 / .460

3.5.3.6 Intraklassenkorrelationen der zentralen Schülervariablen

Bis jetzt wurden die Struktur und die Wirkungen vom Stigmaerleben behandelt. Nun soll es um das Zustandekommen von Stigmaerleben bei Hauptschülern gehen. Um dabei wie geplant auch Einflüsse der Lehrereinstellungen auf die Schülerkognitionen zu prüfen, ist es zunächst sinnvoll, festzustellen, inwieweit die Schüler einer Klasse sich überhaupt in ihrer Wahrnehmung der Stigmata ähneln. Denn nur der durch die Intraklassenkorrelation (ICC) markierte Effekt der Klassenzugehörigkeit kann durch die Lehrerstereotype und einstellungen erklärt werden. Die ICCs einiger ausgewählter Variablen in dieser Studie werden nun tabellarisch dargestellt. Dabei ist jeweils angegeben, um wie viele Cluster es sich handelte. Es wurden einmal Analysen auf der Basis von 14 (bei der neunten Jahrgangsstufe) bzw. 15 Hauptschulen (bei der siebten Jahrgangsstufe bzw. der Gesamtstichprobe) durchgeführt, was allen verfügbaren Hauptschuldaten entsprach. Dann wurden

Tabelle 3.58: Studie 4: ICCs auf Schulebene in der kompletten Stichprobe inklusive Gymnasien (17 Schulen); gesamt und nach Jahrgangsstufen getrennt

	Motivation für die Schule	**Aspiration Realsch.**	**Aspiration Gym./ Hauptsch.**	**Stigma Leistungsf.**	**Stigma sozial**	**Stigma Anstreng.**	**Identität als Hauptsch./ Gym.**
gesamt	.108	.341	.158	.411	.401	.464	.129
7. Jg.	.042	.352	.169	.407	.406	.436	.180
9. Jg.	.076	.312	.126	.438	.434	.504	.133

Tabelle 3.59: Studie 4: ICCs auf Klassenebene in der kompletten Stichprobe inklusive Gymnasien (91 Klassen); gesamt und nach Jahrgangsstufen getrennt

	Motivation für die Schule	**Aspiration Realsch.**	**Aspiration Gym./ Hauptsch.**	**Stigma Leistungsf.**	**Stigma sozial**	**Stigma Anstreng.**	**Identität als Hauptsch./ Gym.**
gesamt	.139	.380	.162	.487	.486	.535	.195
7. Jg.	.072	.416	.184	.455	.447	.480	.218
9. Jg.	.103	.337	.129	.499	.501	.561	.160

diese Analysen auf Ebene mit den Schulklassen als Gruppierungsvariable wiederholt. In einem nächsten Schritt wurden dann wieder die klassenbezogenen ICCs ausschließlich für die 12 Schulen berechnet, für die Lehrerfragebögen vorlagen, so dass die Lehrereinstellung als Erklärungsvariable auf Ebene 2 verwendet werden konnte. Alle Berechnungen wurden mit den zehn imputierten Datensätzen in MPlus vorgenommen. Dabei wurde jeweils nur die angegebene Variable im Modell spezifiziert, ohne dass weitere Variablen aufgenommen wurden.

Tabelle 3.58 zeigt die ICCs für die Schulen für die Gesamtstichprobe und aufgeteilt nach Jahrgängen, Tabelle 3.59 die gleiche Aufstellung mit den Klassen als Gruppierungsvariable. Für die Stigmakognitionen ergaben sich im querschnittlichen Vergleich der Jahrgänge höhere ICCs in der neunten Jahrgangsstufe. Bei dieser Betrachtung von Gymnasiasten und Hauptschülern gemeinsam näherten sich die Schüler im querschnittlichen Vergleich bezüglich der Wahrnehmung der öffentlichen kollektiven Identität im Laufe der Zeit an ihre Klassenkameraden an.

Betrachten wir nun die ICCs nur in der Hauptschule nach Klassen für beide Jahrgangsstufen gemeinsam in Tabelle 3.60, so sehen wir, dass die Exklusion des Gymnasiums die Ähnlichkeit der Schüler in einer Klasse deutlich reduzierte. Nur noch etwa drei bis sechs Prozent der Varianz in den Stigmavariablen konnte auf Unterschiede zwischen den Klassen zurückgeführt werden. Dies ist ein umso deutlicherer Befund, wenn man bedenkt, dass der Jahrgang hierbei nicht kontrolliert wurde. Es zeigte sich weiter, dass die Stichprobe, für die Lehrerdaten vorlagen, etwas höhere ICCs aufwies als die Gesamtstichprobe.

Abschließend wird noch die Hauptsubstichprobe der Neuntklässler an der Hauptschule gesondert in Tabelle 3.61 berichtet. Tatsächlich waren die Stigmawerte hier kaum abhängig von der besuchten Klasse. Zwischen einem und zwei Prozent der Varianz wurden durch die Klassenzugehörigkeit im neunten Jahrgang der Hauptschule erklärt. Insgesamt zeigte sich also, dass Unterschiede auf den Stigmavariablen vor allem auf die besuchte Schulform zurückgingen, während sie

Tabelle 3.60: Studie 4: ICCs für die Klassen in der Hauptschule getrennt nach Substichprobe

	Motivation für die Schule	**Aspiration Realsch.**	**Aspiration Gym.**	**Stigma Leistungsf.**	**Stigma sozial**	**Stigma Anstreng.**	**Identität als Hauptsch.**
78 Kl	.101	.139	.097	.028	.048	.058	.080
67 Kl	.115	.163	.107	.027	.046	.060	.065

relativ unaghängig davon waren, welche konkrete Schule oder Klasse die Schüler besuchten. Jedoch zeigten andere Variablen, wie die Aspiration, eine Realschule besuchen zu wollen, mit 13 Prozent, die Identität als Hauptschüler mit fünfeinhalb Prozent und die Motivation mit über sechs Prozent klassenbezogener Varianz innerhalb des neunten Jahrgangs der Hauptschule Potential für einen Blick der Zusammenhänge mit Daten auf Seiten der Lehrer.

Tabelle 3.61: Studie 4: ICCs für die Klassen in der Hauptschule nur neunter Jahrgang getrennt nach Substichprobe: alle Klassen oder nur Klassen, für die Lehrerdaten vorliegen

	Motivation für die Schule	**Aspiration Realsch.**	**Aspiration Gym.**	**Stigma Leistungsf.**	**Stigma sozial**	**Stigma Anstreng.**	**Identität als Hauptsch.**
45 Kl	.062	.131	.083	.008	.014	.020	.055
38 Kl	.070	.155	.101	.017	.021	.027	.055

3.5.3.7 Stigmaerleben als abhängige Variable und Lehrereinstellungen

Es wurden nun nicht nur der Einfluss der Lehrerkognitionen auf das Stigmaerleben, sondern auch die im Forschungsmodell (Abschnitt 2.5.2) angenommenen individuellen Zusammenhänge mit dem Stigma geprüft.

3.5.3.7.1 Regression von Stigma auf individuelle Merkmale

Zunächst wurden auf der Ebene der Schüler die Annahmen aus dem Forschungsmodell überprüft. Danach steigt das Stigmaerleben mit der Leistungsfähigkeit vermittelt über das akademische Selbstkonzept. Umgedreht wurde aber auch eine Erhöhung des akademischen Selbstkonzepts durch das Stigma vermittelt über Reattributionen angenommen. In Studie 2 konnten Hinweise für beide Sichtweisen gefunden werden. Tabelle 3.62 zeigt eine Übersicht über vier Modelle zu allen drei Stigmavariablen. Es wurden sukzessive die Schulnoten in Mathe und Deutsch in der letzten Klassenarbeit und dem letzten Zeugnis, der Leistungstest zum Allgemeinwissen, das Selbstkonzept intellektueller Fähigkeiten und das schulische Selbstkonzept als Prädiktoren in die Modelle aufgenommen. Die Berechnungen wurden wieder mit den zehn imputierten Datensätzen vorgenommen. Betas und R-Quadrate wurden aus der zehnten imputierten Datei, die Signifikanzen aus der Gesamtlösung entnommen.

Bezüglich der Annahme, dass höhere Leistungsfähigkeit zu einem stärkeren Stigmaerleben führt, zeigte sich nur für das Stigma der Leistungsunfähigkeit eine Tendenz dazu, dass gute (=niedrige) Noten in der letzten Deutscharbeit mit einer stärkeren Stigmawahrnehmung korrespondieren. Es gab einen großen entgegengesetzten Effekt der Zeugnisnote in Mathe, der jedoch nicht einmal marginale Signifikanz erreichte. Das hohe Beta ging vermutlich nur auf den zehnten Datensatz zurück, weswegen es in der Gesamtlösung mit allen zehn Datensätzen keine

Tabelle 3.62: Studie 4: Stigma als abhängige Variable, nur Individualmerkmale, nur Hauptschule, nur 9. Jahrgang (**fett=signifikant**, *kursiv=marginal signifikant)*

Stigma Leistunf.	**Modell 1**	**Modell 2**	**Modell 3**	**Modell 4**
Note Mathe KlAr	-.044	-.028	.002	.036
Note Deutsch KlAr	-.028	*-.061*	*-.047*	-.018
Note Mathe Zeug	.244	.209	.210	.206
Note Deutsch Zeug	.048	.031	.021	.068
Leistungstest		-.013	-.014	*-.016*
SK intel. Fähigk.			**.277**	.173
Schulisches SK				**.442**
R-Quadrat	.082	.092	.104	.116

Stigma Anstreng.	**Modell 1**	**Modell 2**	**Modell 3**	**Modell 4**
Note Mathe KlAr	-.061	-.045	-.010	.011
Note Deutsch KlAr	.046	.013	.029	.047
Note Mathe Zeug	.301	.266	*.268*	*.265*
Note Deutsch Zeug	.001	-.017	-.028	.002
Leistungstest		-.013	-.015	-.015
SK intel. Fähigk.			**.323**	**.258**
Schulisches SK				*.274*
R-Quadrat	.172	.185	.206	.212

Stigma sozial	**Modell 1**	**Modell 2**	**Modell 3**	**Modell 4**
Note Mathe KlAr	-.001	.010	.052	.072t
Note Deutsch KlAr	.011	-.013	.007	.024
Note Mathe Zeug	.215	.190	.191	*.189*
Note Deutsch Zeug	.017	.005	-.009	.020
Leistungstest		-.009	-.011	-.012
SK intel. Fähigk.			**.378**	**.316**
Schulisches SK				*.262*
R-Quadrat	.090	.097	.125	.130

Signifikanz erreichte. Signifikant wurden vor allem die starken positiven Effekte der akademischen Selbstkonzepte.

Vor allem beim Anstrengungsstimga zeigte sich eine Tendenz dazu, dass Schüler mit schlechten Noten im letzten Zeugnis in Mathe ein höheres Stigma aufwiesen. Für das Leistungs- und das Sozialstigma erreichten sie kaum marginale Signifikanz. Auch hier fanden sich vor allem signifikante positive Effekte der akademischen Selbstkonzepte. Ebenso sah es beim Sozialstigma aus.

Insgesamt wiesen Schüler mit schlechteren Noten vor allem im letzten Mathezeugnis ein tendenziell höheres Stigmaerleben auf, wobei zu berücksichtigen ist, dass in den Noten neben der Leistung auch noch andere Beurteilungsaspekte konfundiert sind, die für diesen Effekt verantwortlich sein könnten. Auch bei Kontrolle der Noten und der Testleistung wiesen die akademischen Selbstkonzepte positive Zusammenhänge mit dem Stigmaerleben auf, was als Reattribution oder Editing gesehen werden kann. Im Folgenden wurden die Lehrer als Einflussgröße auf das Stigmaerleben betrachtet.

3.5.3.7.2 Regression von Stigma auf individuelle und Lehrer-Merkmale

Bevor nun die Annahmen geprüft wurden, dass Lehrereinstellungen einen Effekt auf die kollektiven selbstbezogenen Kognitionen, Motivation und Bildungsaspirationen nehmen, muss hier ein kurzer Exkurs auf methodische Details vorgenommen werden, der aus Gründen der Übersichtlichkeit nicht im Methodenteil berichtet wurde. Auch die Instrumente zur Messung der expliziten Stereotype und pädagogischen Einstellungen der Lehrer wurden im Vergleich zu Studie 3 modifiziert. Es wurde dazu u. a. auf offene Angaben der Lehrkräfte bei der ersten Befragung zurückgegriffen. Die einzelnen Schritte dazu sind im Anhang in den Abschnitten 6.4.4 und 6.4.5 kurz erläutert. Inhaltlich blieben die Skalen im Großen und Ganzen wie in Studie 3 erhalten. Aus der Höflichkeit wurde Gefährlichkeit von Hauptschülern.

Und es kam eine neue Skala – Hauptschüler sind Opfer ihrer Lebensumstände – hinzu. Gerade von dieser Skala wurde erwartet, dass sie Effekte auf das Stigmaerleben der Schüler haben könnte. Die Sichtweise, dass Hauptschüler nicht selbst verantwortlich für ihre ungünstige Lage sind, könnte sowohl auf Lehrer- als auch auf Schülerseite günstigere Möglichkeiten für externale Attributionen von Misserfolgen schaffen. Bei der Schulsozialarbeit blieb es bei den Dimensionen SSA entfaltet Potentiale und SSA verhindert Lernzuwächse.

Zusätzlich wurden die Lehrer gefragt, wie viele Stunden sie in welchen Klassen unterrichten und unterrichtet haben (also auch, ob und wie viel eine jetzige neunte Klasse von ihnen als achte oder siebte Klasse unterrichtet wurde). Die Einstellungen der Lehrer wurden beim Aggregieren auf Klassenebene mit ihrer relativen Einflussgröße auf die Schüler, gemessen am Unterrichtsanteil unter allen Lehrern der jeweiligen Klasse, für die Daten vorliegen, gewichtet. Dabei wurden für die neunten Klassen zwei verschiedene Werte berechnet. Zum einen ein für den Zeitpunkt des Unterrichts ungewichteter Wert, für den die Produkte des Unterrichtsanteils in einer Klasse mal der Einstellung einfach über alle beteiligten Lehrer hinweg summiert und dann zu einem Mittelwert geteilt wurden. Zum anderen wurde ein nach Zeitpunkt des Unterrichts in einer Klasse gewichteter Wert gebildet, bei dem in Anlehung an Ruble und Seidmann (1996, vgl. Abschnitt 2.4.1) davon ausgegangen wird, dass die Einflüsse einer Lehrkraft umso bedeutsamer sind, je früher sie erfolgen. Daher wurde die Unterrichtszeit von jetzigen neunten Klassen in der siebten Klasse dreifach, in der achten zweifach und aktuell in der neunten einfach gewertet.

Nun werden zunächst die Ergebnisse für die ungewichteten Werte über die Jahrgangsstufen hinweg bei Kontrolle derselben auf Klassenebene berichtet. Tabelle 3.63 zeigt die Ergebnisse für die drei Stigmavariablen und die Identifikation als Hauptschüler. Dabei sei hier deutlich darauf hingewiesen, dass es sich bezüglich des Einflusses der Lehrereinstellungen auf die Stigmavariablen auf Grund der niedrigen ICCs des Stigmas auf Klassenebene um Analysen handelt, die nur für einen sehr kleinen Anteil der Gesamtvarianz des Stigmas Aussagekraft besitzen. Sie beziehen sich nur auf die kleinen klassenspezifischen Varianzanteile, die eben berichtet wurden. Entsprechend konnte bei den Berechnungen für das Stigma der Leistungsunfähigkeit keiner der zehn Datensätze konvergieren. Dies liegt vermutlich an der niedrigen ICC dieser Variable. Beim Stigma Anstrengung kam ebenfalls nur ein Datensatz zur Konvergenz. Es ergaben sich in den Berechnungen theoretisch unmögliche Betagewichte von über 1 und sehr hohe R-Quadrate, so dass zusätzlich zu dem Problem der kleinen ICC Probleme durch Multikollinearität angenommen werden sollten. Daher sollten hier allenfalls die Richtungen nicht jedoch die Stärke von Effekten interpretiert werden. Es zeigte sich konsistent wie zu erwarten über alle drei berichtbaren Berechnungen, dass mit der Jahrgangsstufe das Stigma zu- und die Identifikation abnimmt. Ein positiver Effekt der Lehrereinstellungen fand sich zwischen dem Stereotyp der Unsozialität und dem Stigma derselben Dimension. Jedoch verwundert auch hier das Betagewicht von 1.619. Einen konsistent stigmareduzierenden Einfluss schien die Einstellung zu haben, dass Schulsozialarbeit hilfreich ist, um Potentiale bei Hauptschülern zu entwickeln.

Interpretierbar waren die Analysen zur Identifikation als Hauptschüler. Schließlich waren hier über sechs Prozent klassenspezifische Varianz zu erklären. Je gefährlicher Hauptschüler von ihren Lehrern gesehen wurden, umso weniger identifizierten diese sich mit der Hauptschule.

Die gleichen Berechnungen wurden erneut mit den gewichteten Werten ausschließlich für den neunten Jahrgang durchgeführt. Die Ergebnisse sind in Tabelle 3.64 aufgeführt. Wieder konvergierten die Berechnungen für das Stigma Leistung nicht und nur eine Lösung beim Anstrengungsstigma. Dort fand sich auch die einzige Tendenz zu einem signifikanten Effekt von der Sichtweise, dass Hauptschüler Opfer ihrer Lebensumstände sind, zum Stigma Anstrengung in negativer Richtung. Es zeigte sich ein R-Quadrat von 1,00, was als sicherer Hinweis auf eine Verzerrung gesehen werden kann.

Zusammenfassend lässt sich sagen, dass die Ergebnisse mit beiden Jahrgängen in ihrer Richtung den Erwartungen weitestgehend entsprechen. Die Analysen, die dann ausschließlich den neunten Jahrgang berücksichtigten, ergaben den Befund, dass eine positive Einstellung zur Schulsozialarbeit Stigmaerleben bei den Schülern reduziert. Dazu kontraintuitiv konnte in den Analysen gefunden werden, dass auch die negativ mit ersterer Einstellung korrelierte Ansicht, dass SSA Lernzuwächse behindert, Stigmaerleben senkt.

Da bei Betrachtung der ICCs die Motivation und die Bildungsaspirationen am ehesten geeignet erscheinen, um durch Variablen auf Ebene 2 (hier Schulklassen)

Tabelle 3.63: Studie 4: Mehrebenenanalyse der Lehrerkognitionen (ungewichtet) auf das Stigmaerleben und die Identifikation als Hauptschüler; Hauptschule, 7. und 9. Jahrgang (**fett=signifikant**)

	Stigma			
Klassenlevel	**Leistunf.**	**Anstreng.**	**sozial**	**Identifik.**
Jahrgang		**.330**	**.296**	**-.087**
HS dumm		*.792*	.182	-.190
HS gefährlich		.029	-.325	**-.458**
HS unsozial		*1.181*	**1.619**	.217
HS Opfer		**-1.268**	-.843	.472
SSA Potentiale		**-.856**	**-.839**	.105
SSA kein Lernen		-.315	-.258	-.096
R-Quadrat		.923	.808	.438

Tabelle 3.64: Studie 4: Mehrebenenanalyse der Lehrerkognitionen (gewichtet) auf das Stigmaerleben und die Identifikation als Hauptschüler; Hauptschule, nur 9. Jahrgang (**fett=signifikant**)

	Stigma			
Klassenlevel	**Leistunf.**	**Anstreng.**	**sozial**	**Identifik.**
HS dumm		.549	-.014	-.212
HS gefährlich		-.430	-.473	-.280
HS unsozial		1.485	1.415	-.132
HS Opfer		*-1.306*	-.014	.774
SSA Potentiale		-.409	-.375	.072
SSA kein Lernen		-.446	-.187	-.234
R-Quadrat		1.00	.801	.316

erklärt werden zu können, wurden nun Regressionen der Lehrereinstellungen auf sie gerechnet. Zuvor wurde über einzelne Analysen ausgeschlossen, dass Migrantenanteil und durchschnittliches Leistungstestergebnis einer Schulklasse einen Einfluss auf diese Variablen ausübten. Alle Analysen dazu ergaben keine auch nur annähernd signifikanten Effekte, mit der Ausnahme eines positiven Einflusses des Anteils an Migranten in der Klasse auf die Gymnasialaspiration, der aber bei Aufnahme des Migrationsstatus auf Individualebene seine Signifikanz auf Ebene 2 verlor. Der Übersichtlichkeit halber werden daher die durchschnittliche Leistungsfähigkeit und der Migrantenanteil in die folgenden Analysen nicht mit einbezogen. Es wurden

Tabelle 3.65: Studie 4: Mehrebenenanalyse der Lehrereinstellungen auf die Bildungsaspiration Gymnasium und Motivation; nur Hauptschule, nur 9. Jahrgang (**fett=signifikant**; *kursiv=marginal signifikant)*

	Aspiration Gymnasium		**Motivation für die Schule**	
Klassenlevel	**ohne Ind.**	**plus Ind.**	**ohne Ind.**	**plus Ind.**
HS dumm	.095	-.026	.170	.161
HS gefährlich	**.644**	.260	**.452**	**.444**
HS unsozial	.562	.396	-.302	-.286
HS Opfer	.148	.192	*.573*	**.574**
SSA Potentiale	**-1.30**	*-.746*	**-.717**	**-.724**
SSA kein Lernen	-.115	-.098	-.169	-.163
R-Quadrat	.340	.499	.569	.781

die ungewichteten Werte verwendet. Tabelle 3.65 zeigt einen Überblick über die Ergebnisse für die Gymnasialaspirationen und die Motivation getrennt danach, ob nur die Ebene 2 oder Ebene 2 und Ebene 1 in die Regressionsgleichung mit aufgenommen werden. Als Individualvariablen wurden die beiden akademischen Selbstkonzepte, die Leistung, das Geschlecht und der Migrationsstatus sowie die drei Stigmaskalen und die Identifikation als Hauptschüler in die Gleichung aufgenommen. Auf die Darstellung der Individualvariablen in der Tabelle wird ebenfalls aus Gründen der Übersichtlichkeit verzichtet. Ihre Ergebnisse sind mit den bereits dargestellten Analysen auf Schülerebene konform.

Es zeigten sich konsistente negative Zusammenhänge mit der Einstellung, dass Schulsozialarbeit Potentiale freilegen würde. Mit Ausnahme der Regressionsgleichung zu Gymnasialaspirationen mit den Individualvariablen zeigte sich ein positiver Effekt der Einstellung, dass Hauptschüler gefährlich sind. Ausschließlich bei der Motivation wirkte es sich positiv aus, wenn die Schüler als nicht selbst verantwortlich für ihr Sein auf der Hauptschule gesehen wurden. Nahm man in die Motivationsgleichung zusätzlich die Interaktionsterme auf, die in den anfangs gerechneten Modellen verwendet wurden, verlor das Lehrerstereotyp, Hauptschüler seien gefährlich, seine Signifikanz. Dafür wurde auf der Individualebene der Interaktionseffekt Stigma der Leistungsunfähigkeit mal Identifikation mit T=1.928 fast signifikant. R-Quadrat erhöhte sich um fast vier Prozentpunkte auf .264.

Für die Realschulaspiration mussten die Berechnungen auf Grund des detektierten Random Slopes mit dem Migrationshintergrund getrennt vorgenommen werden, damit die UV Migrationsstatus weggelassen werden konnte. Im Gegensatz zu den eben dargestellten Ergebnissen werden nun in Tabelle 3.66 auch die Ergebnisse für die Prädiktoren auf der Individualebene gezeigt, da sich auf beiden Ebenen gegenüber den bekannten Ergebnissen Veränderungen bei Berücksichtigung der anderen Ebene ergaben. Unterschiede zwischen der Lösung mit ausschließlich Individualprädiktoren und den vorhin durchgeführten Regressionsanalysen mit Standardfehlerkorrektur waren nur auf das Weglassen der Migrationshintergrundvariable zurückzuführen. Das Ergebnismuster war bei beiden Berechnungen gleich.

Interessant erschien der Befund, dass bei alleiniger Berücksichtigung der Lehrereinstellungen ein zumindest marginal signifikanter negativer Effekt der Einstellung, dass Schulsozialarbeit Potential entfaltet, auf die Aspirationen, eine Realschule besuchen zu wollen, vorhanden war. Bei Hinzunahme der Prädiktoren auf der Individualebene verschwandt dieser Effekt völlig. Dort verlor das Schulische Selbstkonzept seine Signifikanz, während Motivation und das Stigma Anstrengung bedeutsamer wurden.

Nun soll noch abschließend auf den Random Slope in der neunten Jahrgangsstufe der Hauptschule für Migrationsstatus auf die Aspirationen, eine Realschule besuchen zu wollen, eingegangen werden. Auch hier wurde zuerst überprüft, ob dieser sich durch die durchschnittliche Leistung oder den Migrantenanteil erklären ließ. Beide Analysen fielen negativ aus. Ein Modell zur Erklärung der Varianz im

Slope mit den Lehrereinstellungen ergab einen marginal signifikanten negativen Effekt des Stereotyps, dass Hauptschüler leistungsunfähig sind (T=-1.779). Die Einstellung, dass SSA Potentiale freilegt, wies mit T=1.639 eine positive Tendenz zur Erklärung der Variation des Slopes auf.

Tabelle 3.66: Studie 4: Mehrebenenanalyse der Lehrereinstellungen auf die Bildungsaspiration Realschule; nur Hauptschule, nur 9. Jahrgang (**fett=signifikant**; *kursiv=marginal signifikant)*

	Model 1	Model 2	Model 3
	Individuallevel		
Motivation	*.104*		**.144**
SK intel. Fähigk.	-.038		-.009
Schulisches Selbstkonzept	**.189**		.120
Leistung	.001		.002
Geschlecht	-.046		-.038
Stigma Leistungsunfähigk.	**-.070**		**-.064**
Stigma Anstrengung	*.076*		**.105**
Stigma sozial	.004		-.031
Identifikation Hauptschule	**-.397**		**-.365**
R-Quadrat	***.292***		***.273***
	Klassenlevel		
HS dumm		.571	.453
HS gefährlich		.559	.339
HS unsozial		.378	.302
HS Opfer		-.723	-.548
SSA Potentiale		-*.873*	-.613
SSA kein Lernen		.064	.046
R-Quadrat		***.235***	***.258***

3.5.4 Diskussion

Zusätzlich zur üblichen Messung des akademischen Selbstkonzepts wurden in dieser Studie Schüler der siebten und neunten Jahrgangsstufe vom Gymnasium und von der Hauptschule gefragt, was sie denken, was die Leute über Schüler ihres Schultyps denken. Es wurde gezeigt, dass die dazu gefragten Semantischen Differentiale am besten durch eine vierfaktorielle Struktur abgebildet wurden, die in die aus Hauptschülerperspektive drei Stigmata für Leistung, Motivation und Sozialverhalten und einen Kompensationsfaktor zu trennen ist. Die Skalen differenzierten deutlich zwischen Hauptschülern und Gymnasiasten. Wie gezeigt wurde, fielen die Überschneidungen zwischen den Verteilungen mit Ausnahme des Kompensationsfaktors äußerst gering aus. Gleichzeitig war hypothesenkonform ein Zuwachs an Intensität der Stigmawahrnehmung der Hauptschüler in allen drei Bereichen vom siebten zum neunten Jahrgang auszumachen, während die Gymnasiasten relativ konstant blieben. In Studie 4 konnten so deutliche Hinweise zur Bestätigung zentraler Annahmen in Hypothese 1 und 2 dieser Arbeit gewonnen werden.

Weiter fand sich entsprechend den Annahmen von Hypothese 5 ein konsistent negativer Effekt vor allem des sozialen Stigmaerlebens auf die schulbezogene Motivation, der über die Jahrgänge und den Migrationsstatus hinweg konsistent war. Trotz der Kontrolle einer Vielzahl an relevanten Variablen wie zwei verschiedenen akademischen Selbstkonzepten, einem Leistungstest und soziodemografischen Variablen wie Geschlecht und Migrationshintergrund konnte ein deutlicher zusätzlicher Erklärungseffekt des Stigmaerlebens auf die schulbezogene Motivation gezeigt werden. Gleichzeitig verschwandt der positive Effekt des Gymnasiums auf die Motivation bei Aufnahme des Stigmas in die Regressionsgleichung. Auch der negative Effekt des Jahrgangs verringerte sich. Dies ist als Hinweis zu werten, dass diese Effekte ganz oder teilweise über das gemessene Stigmaerleben vermittelt sind. Dies ist der vielleicht wichtigste Befund in der vorliegenden Arbeit, zeigt er doch, dass es tatsächlich gelungen ist, kollektives Selbstwissen zu erheben, welches mit Schultyp und Jahrgang variiert und annahmekonform mit der schulbezogenen Motivation korrespondiert.

Über den Haupteffekt des sozialen Stigmas auf die Motivation hinaus wiesen vor allem Hauptschüler mit hoher Interdependenz negative Zusammenhänge zwischen sozialem Stigma und Motivation auf. Dieser Effekt wurde in den nach Migrationsstatus getrennten Analysen nicht signifikant, tauchte aber in der Tendenz in der Migrationsgruppe auch auf, während er in Analysen ausschließlich mit deutschen Schülern deutlich schwächer ist. Vermutlich ist die Varianz innerhalb der Migrantengruppe größer. Dieser Effekt könnte z. B. auf Schüler zurückgehen, die erst kürzlich aus einem mehr kollektivistisch geprägten Land nach Deutschland gekommen sind und damit eine mehr interdependente Selbstkonstruktion aufweisen und so die Varianz auf dieser Variable erhöhen. Gerade diese besonders interdependenten Schüler leiden dann besonders unter dem Stigma, dass ihre

Schulgruppe als asozial gesehen wird, und ziehen sich von der Schule zurück. Bei diesem Erklärungsversuch handelt es sich aber nur um eine neue Hypothese, die hier nicht überprüft werden kann.

Bezüglich der Auswirkungen des Stigmas auf die Bildungsaspirationen über die negativen Effekte auf die Motivation hinaus, wie sie in Hypothese 6 angenommen wurden, sind die Befunde weniger eindeutig. Klar ist, dass die Identifikation als Hauptschüler konsistent einen deutlichen negativen Effekt auf Bildungsaspirationen zeigte. Zwischen der Identifikation als Hauptschüler und den Stigmaskalen bestanden kleine bis mittlere negative Zusammenhänge. Je mehr ein Schüler mit der Hauptschule identifiziert ist, umso weniger negativ wird die öffentliche kollektive Identität beschrieben. Vermutlich ist dies im Sinne eines Ingroup Bias (Tajfel et al., 1971, siehe auch Abschnitt 2.1.3.2) zu werten, dass die Wahrnehmung der Eigengruppe auch auf dieser öffentlichen kollektiven Ebene positiv verzerrt wird. Zusammen genommen erklärt dies, warum direkt bivariat die Bildungsaspirationen tendenziell leicht positiv mit dem Stigmaerleben korrelierten und erst bei Kontrolle dieses Ingroup Bias sich auch negative Zusammenhänge zumindest für das Gymnasium ergaben. Über die Effekte auf die Motivation hinaus übt das soziale Stigma bei den deutschen Schülern keinen Einfluss mehr auf die Bildungsaspirationen aus. Bei den Schülern mit Migrationshintergrund zeigten sich jedoch zusätzliche negative Effekte des Sozialstigmas auf beide Aspirationen. Außerdem wurden die Interaktionen mit der Identifizierung als Hauptschüler signifikant. Das Leistungsstigma zeigte bei Hauptschülern mit und ohne Migrationshintergrund negative Effekte auf die Bildungsaspirationen, während das Faulheitsstigma vor allem auf die Realschulaspiration eine postive Wirkung auszuüben schien. Vielleicht ist dieser positve Zusammenhang als eine Tendenz zum Antreten des Gegenbeweises zu verstehen. Dass man nicht faul ist, kann man zeigen. Dass man nicht dumm ist, ist schwieriger zu beweisen. So lässt sich der negative Effekt des Stigmas der Leistungsunfähigkeit zusammen mit einem positiven Effekt des Faulheitsstigmas erklären. Beim Blick auf den siebten Jahrgang zeigt sich, dass dort das Anstrengungsstigma im Gegensatz zum neunten Jahrgang signifikant negativ mit den Gymnasialaspirationen zusammen hing, während die anderen Stigmavariablen kaum bedeutsam waren. Die Hauptschüler relativ kurz nach dem Schulwechsel wollten vor allem dann nicht auf ein Gymnasium gehen, wenn sie glaubten, dass die Leute denken, Hauptschüler seien faul und würden sich einfach nur nicht genügend anstrengen. Vielleicht ist dieser Befund als ein Hinweis zu werten, dass sich mit dem Übergang auf die Hauptschule zunächst auch eine gewisse Erleichterung einstellt, höherem Leistungsdruck entronnen zu sein. Jedoch scheint sich diesbezüglich im Laufe der Zeit eine Veränderung in der Zusammenhangsstruktur zu entwickeln.

Die im Forschungsmodell angenommenen Zusammenhänge des Stigmas bestätigen sich teilweise. Es zeigt sich ein deutlicher positiver Zusammenhang mit den akademischen Selbstkonzepten. Dieser zeigt sich vor allem mit dem schulischen

Selbstkonzept. Welcher Anteil davon auf Reattributionen und welcher auf tatsächlich höhere Leistungen zurückzuführen ist, kann nicht abschließend bestimmt werden. Da jedoch im Gegensatz zu den Ergebnissen aus Studie 2 keine starken Zusammenhänge des Stigmaerlebens mit dem Leistungstest und auch nicht mit Schulnoten gefunden werden konnten, sieht es nach einem deutlich stärkeren Prozess im Sinne einer Reattributionsstrategie (oder einem Editing) aus. Demnach nutzen Hauptschüler ihr Stigma dafür, negative Leistungsrückmeldungen auf Vorurteile ihrer Lehrer zu attribuieren, wodurch sie ihr akademisches Selbstkonzept über den auch ihrer relativen Leistung entsprechenden Maßstab hinaus erhöhen. Dies ist eine Alternativerklärung zu dem, was Köller (2004) „cutting of reflected failure" nennt. Er erklärt das gleiche Phänomen damit, dass Schüler sich von ihrer Gruppe distanzieren. Hier wird nicht angenommen, dass es eine Distanzierung von der Gruppe gibt, sondern dass die negative individuelle Rückmeldung in einem Gruppenkontext betrachtet und damit entschärft wird. Welche Ansicht die zutreffendere ist, kann hier nicht abschließend bestimmt werden. Dies ist in Experimentalstudien zu klären. Gut möglich ist es auch, dass beide Prozesse parallel laufen.

Bei der Betrachtung der Intraklassenkorrelationen zeigte sich, dass die Stigmaskalen in der neunten Jahrgangsstufe wenig klassenspezifische Varianz aufwiesen. Die Schüler verschiedener Klassen gleichen sich scheinbar im Laufe der Schulzeit im Mittel aneinander an. Die Identität als Hauptschüler sowie Motivation und Bildungsaspirationen wiesen hingegen stärkere klassenspezifische Varianzanteile auf. Die Analysen der Zusammenhänge zwischen Stigma und den Lehrereinstellungen im Sinne von Hypothese 4 deuten auf geringe Zusammenhänge hin. Diese sehen so aus, dass, wenn wir die Kausalrichtung von den Lehrern auf die Schüler annehmen, die Einstellung, dass Hauptschüler unsozial sind, zu mehr sozialem Stigmaerleben führt. Das Faulheitsstigma wird durch die stereotype Verantwortungsenthebung der Hauptschüler und eine positive Haltung zur Schulsozialarbeit verringert. Jedoch ließen sich diese Befunde bei ausschließlicher Betrachtung des neunten Jahrgangs nicht replizieren. Betrachtet man dazu die niedrigen ICCs, so sind die Ergebnisse maximal als Indizien zu werten. Gleiches gilt für den Befund, dass Schüler sich umso weniger mit der Hauptschule identifizieren, je gefährlicher ihre Lehrer Hauptschüler stereotyp sehen. Bei diesem Befund ist es außerdem besonders schwer zu sagen, was die Henne und was das Ei ist. Vielleicht sind wenig identifizierte Hauptschüler auch besonders gewaltbereit, und die Lehrer reagieren entsprechend mit ihren Einstellungen. Ebenso könnte es sich um einen reziproken Prozess handeln.

Wesentlich deutlicher sind die Befunde für die schulbezogene Motivation. Hier zeigte sich über die Individualvariablen hinweg ein deutlicher Effekt der Lehrereinstellungen, der auch nach der ICC sinnvoll zu interpretieren erscheint. Über die individuellen Variablen hinweg zeigte die Sichtweise, dass Hauptschüler Opfer ihrer Lebensumstände sind, positive Effekte auf die schulbezogene Motivation. Interessanterweise zeigte die positive Einstellung der SSA gegenüber einen gegenteiligen Effekt. Zusätzlich wurde deutlich, dass die wahrgenommene Gefährlichkeit von Hauptschülern auf Lehrerseite ihren Niederschlag auf der Individualebene der Schüler in der positiven Interaktion von Identifikation mal dem Dummheitsstigma findet. Hauptschüler, die sich mit der Hauptschule identifiziert haben, in Klassen, deren Lehrer Hauptschüler für „blöd" halten, weisen eine höhere Motivation auf als Schüler, bei denen eine dieser Bedingungen nicht erfüllt ist. Dies kann ein Gegenwehreffekt sein („Ich bin ein typischer Hauptschüler, und meine Lehrer denken, wir sind blöd, das stimmt aber nicht, denen zeig ich's"). Ein nicht identifizierter Hauptschüler schert sich vielleicht nicht um das Urteil der Lehrer und reagiert daher nicht entsprechend. Es ist hier allerdings nicht abschließend bestimmbar, wie stark dieser Effekt ist. Das Ergebnis ist als ein interessanter Hinweis zu werten, dass hier ein Zusammenspiel zwischen Lehrereinstellungen und der kollektiven Identität von Hauptschülern zu finden sein könnte. Für die Aspiration, auf ein Gymnasium gehen zu wollen, lieferten die Lehrerdaten keine neuen Informationen, die ihren Niederschlag nicht schon in den Individualvariablen der Schüler gefunden hätten. Tendenziell findet sich auch hier ein negativer Effekt einer positiven Einstellung zur SSA auf die schulbezogene Motivation. Es muss deutlich gesagt werden, dass auch dieser Effekt anders herum zustande kommen kann. Eventuell wird auf unmotivierte Schüler mit einer positiveren Einstellung zur SSA reagiert. Alle hier berichteten Befunde sind querschnittlicher Natur. Dies bedeutet, dass alle Kausalitätsannahmen auf rein theoretischen Überlegungen fußen. Es ist nicht möglich, mit der vorliegenden Datengrundlage empirisch Kausalität zu überprüfen.

Der Random Slope des Migrationsstatus auf die Realschulaspiration konnte nicht abschließend erklärt werden. Es zeigen sich maximal Tendenzen zur Erklärung der Enge des Zusammenhangs durch das Dummheitsstereotyp und die Einstellung zur SSA auf Seiten der Lehrer. Für die Erklärung der klassenspezifischen Aspirationen, eine Realschule besuchen zu wollen, finden sich tendenziell negative Effekte der Einstellung zur Schulsozialarbeit. Jedoch sind diese erstens nicht signifikant, und zweitens kann auch hier nicht plausibel argumentiert werden, ob es sich um eine Folge oder ein Antezedens von Schülerkognitionen und -verhalten handelt.

Zusammenfassend lässt sich sagen: Insbesondere das soziale Stigmaerleben von Hauptschülern korrespondiert hypothesenkonform deutlich negativ mit ihrer schulbezogenen Motivation. Das ist insofern bemerkenswert, weil gerade die gefühlte soziale Ablehnung sich nicht mit dem meritokratischen Prinzip rechtfertigen lässt. Eine Reduktion des schulbezogenen Aufwandes – diese kausale Annahme soll hier gemacht werden – folgt der Wahrnehmung, dass Hauptschüler von der Gesellschaft als unanständig, fies und vorlaut gesehen werden. Die Desidentifikation mit der Schule erfolgt nicht, weil man zu den angeblich Dummen gehört, sondern weil man zu der Gruppe gehört, mit der niemand etwas zu tun haben will, die man nicht mag. Vermutlich spielt hier der Umstand, dass die eigenen Lehrer zu „den Leuten" gehören, eine nicht unwesentliche Rolle.

Man kann die Vermutung äußern, dass es sich bei dem Gemessenen nicht um ein Hauptschüler-Stigma, sondern um ein Migranten-Stigma handelt. Dieser Annahme sind vor allem die konsistenten negativen Effekte auf die Motivation auch bei deutschen Schülern entgegenzuhalten. Sie sind ein deutlicher Hinweis darauf, dass hier tatsächlich öffentliche kollektive hauptschulbezogene Kognitionen erfasst wurden. Ich erkläre den starken Zusatzeffekt bei den Migranten so, dass sie als prototypische Vertreter der Hauptschule gesehen werden und sich auch selber so gesehen sehen. Immer wieder taucht in den Medien das Bild von ausschließlich von Migranten besuchten Hauptschulen auf. Ich nehme daher an, dass sie befürchten, auch bei einem Schultypwechsel das Stigma des Hauptschülers nicht loswerden zu können. Sie sind Prototypen der Kategorie Hauptschüler, während deutsche Schüler einen Schulwechsel auch als einen Wechsel ihrer kollektiven Identität begreifen können. Dieser Interpretation folgend lassen sich dann die konsistenten negativen Effekte des Leistungsstigmas auf Bildungsaspirationen, die beide Gruppen aufweisen, als Erwartungseffekte auffassen. Wenn die Leute denken, dass meine Gruppe so dumm ist, dann möchte ich mich dieser negativen Erwartung nicht aussetzen, weil das eine Bedrohungssituation bedeutet, dass nur drauf gewartet wird, dass ich das negative Stereotyp über meine Gruppe bestätige.

4 Gesamtdiskussion

Nun werden die Befunde der einzelnen Studien in eine Gesamtperspektive integriert. Dabei werden nicht alle in den studienspezifischen Diskussionen erörterten Einzelergebnisse wieder aufgegriffen, sondern es wird dem zentralen Hypothesenstrang der Arbeit gefolgt. In diesem Zusammenhang werden ausgewählte Befunde vertiefend diskutiert. Nach einer Besprechung von Limitationen der vorliegenden Befundlage wird ein Ausblick gegeben, in dem Vorschläge für eine zukünftige Forschungsagenda gemacht werden.

4.1 Hauptschule und Selbstwissen

Der zu ergänzende Ausgangspunkt dieser Arbeit sind die Theorien und Befunde zum Fischteicheffekt und die damit verbundene Deutung, dass Leistungsgruppierungen in verschiedenen Schultypen für leistungsschwächere Schüler psychosozial vor allem positive Konsequenzen bedeuten. Dieser Standpunkt beruht auf der Ansicht, dass Selbstkonzept und Identität rein personale Entitäten sind und dass kollektive Aspekte des Selbstwissens wie Gruppenmitgliedschaften maximal als Prädiktor des „echten" personalen Selbstwissens Bedeutung haben. Bettina Hannover (1997) und John Turner et al. (1987) haben theoretisch und empirisch deutliche Hinweise dafür geliefert, dass das Selbst eine multiple Struktur ist, und dass dabei mindestens die Unterscheidung in ein kollektives und ein personales Selbst sinnvoll ist. Dabei wird explizit darauf hingewiesen, dass die beiden Ebenen grundsätzlich nebeneinander (und nicht hintereinander wie eine unabhängige und eine abhängige Variable) existieren. Der Fischteicheffekt ist nur auf der personalen Identitätsebene zu verorten.

In dieser Arbeit wurde der bis dato unbearbeiteten Frage nachgegangen, was die öffentliche kollektive Identitätsebene von Hauptschülern auszeichnet und welche Konsequenzen dieses Selbstwissen mit sich bringt. Die postulierten positiven Konsequenzen des Fischteicheffekts für Hauptschüler können nämlich Phänomene wie vermehrte Schulabstinenz (vgl. z. B. Leschinsky, 2003) oder verringerte aufgebrachte Zeit für die Erledigung der Hausaufgaben (Trautwein, 2007) an der Hauptschule nicht erklären. Für die hier gemachte Annahme, dass es sich lohnt, die Gründe für solches Verhalten zumindest teilweise auf der kollektiven Identitätsebene zu suchen, wurden deutliche Hinweise gefunden. Die allgemeine Schlussfolgerung, dass Hauptschüler auf der Ebene kollektiven Selbstwissens durch Stigmatisierung negative Konsequenzen der externen Leistungsdifferenzierung erleiden, wird durch die vorliegenden Ergebnisse gestützt. Dabei ist allerdings zu berücksichtigen, dass in einer Arbeit wie dieser zwangsläufig nur ein kleiner

Ausschnitt aus der Menge denkbarer Antezedenzien und Konsequenzen untersucht werden kann. Hinzu kommen methodische Limitationen, die in dem dafür vorgesehen Abschnitt besprochen werden. Die vorliegende Arbeit stellt einen ersten Schritt dar, mit dem gezeigt wird, dass die kollektive Identität bei der Betrachtung von Effekten von Leistungsgruppierungen grundsätzlich Berücksichtigung finden sollte. Es wird jedoch umfassender weiterer Forschungsanstrengungen bedürfen, um ein erschöpfendes Gesamtbild von Strukturen und Beziehungen möglicher Konstrukte in diesem Zusammenhang zu gewinnen.

Die in der vorliegenden Arbeit zentrale Annahme einer Stigmatisierung von Hauptschülern soll nun durch Wiederaufgreifen und Integration ausgewählter beschreibender Befunde zur öffentlichen kollektiven Identität untermauert werden. Sowohl die qualitative Ausrichtung der statistischen Verteilungen der Stigmawerte in Studie 4 als auch die teilweise drastischen Ausdrücke, die die Schüler in Studie 1 wählten, um die allgemeine Sicht auf Hauptschüler zu beschreiben, rechtfertigen die Schlussfolgerung, dass Hauptschüler als durch ihre Schultypzugehörigkeit stigmatisiert zu betrachten sind. In Studie 4 gibt eine deutliche Mehrheit von fast 80 Prozent der Hauptschüler im neunten Jahrgang an, dass die Leute Hauptschüler für dumm halten. Sogar 85 Prozent in der neunten Jahrgangsstufe denken, dass die Leute Hauptschüler als unsozial wahrnehmen. Diese Zahlen erwachen zum Leben, wenn man sie mit Zitaten der Schüler zu ihrer kollektiven Identität unterfüttert: „Die Leute denken, Hauptschüler sind irgendwelche Hirnamputierten, die nichts zustande bringen.“ „Sie haben schon in der Grundschule nichts begriffen.“ Und als letztes Beispiel ein mündliches Statement aus dem Gruppeninterview mit den Grundschülern, die kurz vor dem Übergang auf die Hauptschule standen: „Die Leute denken, dass sie meistens auch nur Blödsinn machen. Zum Beispiel Alkohol trinken, dass sie, hier, kleinere Kinder ärgern und schlagen, dass sie ihr Geld haben wollen.“ Der Begriff Stigma, der nach Goffman eine beschädigte Identität beschreibt, ist hier angesichts solcher Zahlen und Aussagen meines Erachtens völlig angebracht.

Man könnte nun sagen, dass es einfach der Realität entspricht, dass Hauptschüler dümmer, unsozialer und fauler als beispielsweise Gymnasiasten sind, so dass die Schüler einfach lernen müssen, mit dieser kollektiven Identität umzugehen. Dem soll hier entgegengehalten werden, dass selbst bezüglich des eigentlichen Selektionskriteriums – der Leistungsfähigkeit – eine solche Aussage vor allem im Hinblick auf den Einzelfall wenig zulässig ist. Die Ergebnisse sowohl der PISA- (Baumert, 2002; Prenzel et al., 2004) als auch der IGLU-Studie (Bos, 2003, 2004; Schwippert et al., 2003) zeigen, dass die Zuweisung zu einem der weiterführenden Schultypen (Gymnasium, Realschule, Hauptschule und / oder nach Bundesland verschiedene Verbundsysteme) vor allem im mittleren Bereich nur wenig trennscharf dem Kriterium der objektiven Leistungsfähigkeit folgt (vgl. Abbildung 4.1, vgl. auch Baumert, 1997, S. 361). Welcher der drei Schultypen besucht wird, hängt keineswegs nur mit der Leistungsfähigkeit, sondern z. B. ebenfalls sehr stark mit dem Herkunftsmilieu zusammen (Baumert, 2001; Prenzel et al., 2004; Schwippert et al., 2003). Auch die Übergangsempfehlungen der Lehrer und die Bildungsaspirationen der Eltern spielen eine große Rolle (Ditton, 1992). In der vorliegenden Arbeit zeigten sich zwischen Stigmaerleben und Leistungstestergebnissen sowohl in Studie 4 als auch in Studie 2 keine starken Zusammenhänge. Das bedeutet, dass auch leistungsfähige Hauptschüler ein hohes Stigmaerleben aufweisen können.

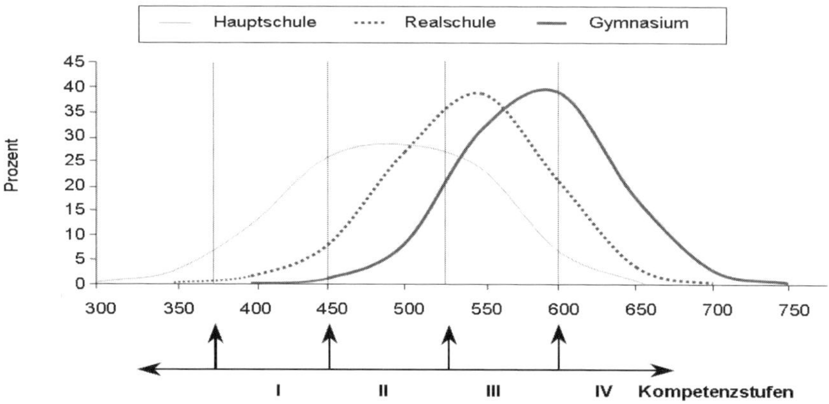

Abbildung 4.1: IGLU: Kompetenzstufen nach Übergangsempfehlung (Bos, 2003, S. 131)

Der im mittleren Bereich wenig trennscharfe Zusammenhang zwischen Leistung und weiterführendem Schulbesuch ist auch im Hinblick darauf wichtig, dass es bezogen auf die Leistungsentwicklung der Schülerinnen und Schüler Befunde gibt, die einen deutlichen Effekt der Schulform nachweisen (vgl. z. B. Baumert, Lehmann et al., 1997b). So konnte gezeigt werden, dass bei Kontrolle des individuellen Vorwissens und des sozialen Hintergrunds der Lernzuwachs von Schülern auf dem Gymnasium am höchsten und auf der Haupt- und Gesamtschule am niedrigsten ist. Der Unterschied entspricht nach drei Schuljahren am Ende der zehnten Jahrgangsstufe in Mathematik dem, was zwei Schuljahre im Durchschnitt an Leistungszuwachs ausmachen (Baumert & Köller, 1998; vgl. auch Hosenfeld et al., 1999; Köller & Baumert, 2002). Im Zusammenhang zwischen sozialer Herkunft und standardisierter Testleistung in PISA 03 (Prenzel et al., 2004) nimmt Deutschland international den vierten Platz ein.[16] Nach Baumert, Watermann und Schümer (2003, S. 53) ist der soziale Gradient in Deutschland steiler als in allen anderen OECD-Staaten. Bei

16 Als Vergleichswert wird hier der Varianzanteil in der Testleistung herangezogen, der durch die Summe der Indikatoren für die soziale Herkunft erklärt werden kann. Dies sind in Deutschland 21,1% (Prenzel et al., 2004, S. 276).

der Messung des Zusammenhangs zwischen sozialer Schichtzugehörigkeit und Leistung ist der soziale Gradient ein weit verbreitetes Maß. Er gibt die Steigung der Regressionsgeraden zwischen Leistung und Sozialstatus an. Überspitzt kann man also sagen, dass ursprünglich für den Realschul- oder sogar den Gymnasialbesuch ausreichend leistungsfähige Schüler auf der Hauptschule relativ dumm gemacht werden. Wir haben es also mit zwei Formen sozialer Benachteiligung zu tun. Erstens haben Schüler aus sozial schlechter gestellten Elternhäusern in Deutschland allgemein schlechtere Schulleistungen. Zweitens werden über diese primären sozialen Disparitäten hinaus durch Selbst- und Fremdselektionsprozesse, bei denen der soziale Status auch eine große Rolle spielt, sekundäre Disparitäten erzeugt (Baumert, Cortina & Leschinsky, 2003; Solga, 2005, vgl. auch Abschnitt 2.3.5 in dieser Arbeit).

Analoge Befunde finden sich in der Stichprobe von Studie 4 wieder. Im siebten Jahrgang sind über fünf Prozent der getesteten Hauptschüler besser als der Durchschnitt der Gymnasiasten. In der neunten Jahrgangsstufe erreichen immerhin noch über zwei Prozent Leistungswerte oberhalb des Durchschnitts ihrer Jahrgangskameraden auf der höheren Schulform. Bedenkt man, dass es sich um einen sprachlichen Test handelt und auf der Hauptschule der Migrantenanteil höher ist, liegen diese Anteile in anderen Bereichen vermutlich darüber. Nur fünf Prozent der Gymnasiasten im siebten und zehn Prozent im neunten Jahrgang sind besser als alle Hauptschüler des gleichen Jahrgangs. Die geringeren Anteile an Hauptschülern im neunten Jahrgang mit Leistungen, die das Mittel der Gymnasiasten übertreffen, ist vermutlich eine Folge der schlechteren Leistungsentwicklung von Schülern auf der Hauptschule im Verhältnis zum Gymnasium. Grundsätzlich zeigt sich also auch in der hier vorliegenden Untersuchung ein ähnliches Bild wie in Abbildung 4.1, die die Lesekompetenz nach Übergangsempfehlung am Ende der Grundschulzeit abbildet. Es kann daher vehement verneint werden, dass die kollektive Identität von Hauptschülern ausschließlich auf personalen Eigenschaften fußt und daher gerechtfertigt ist.

Die Berücksichtigung der kollektiven Komponente als neue Informationsquelle beim Verständnis von schul(typ)bezogenem Selbstwissen ist vielversprechend. Nach den vorliegenden Ergebnissen ist sie als ein eigenständiger Faktor zu sehen, der nicht durch bisher in der pädagogisch-psychologischen Selbstkonzeptforschung eingesetzte Konstrukte ersetzt werden kann. Als wichtiger Validitätshinweis ist dabei zu werten, dass das Stigmaerleben tatsächlich den Effekt des Schultyps auf die schulbezogene Motivation in Studie 4 erklären kann. Ich beurteile dies so, dass es gelungen ist,einen wichtigen Teil der schultypbezogenen kollektiven Selbstkognitionen zu erfassen. Sollten sich die Befunde in Bezug auf den Zusammenhang zwischen Motivation und Stigmaerleben im Längsschnitt erhärten lassen, so ist es denkbar, dass so auch die ungünstigere Leistungsentwicklung auf der Hauptschule teilweise erklärt werden könnte. Dies ist hier jedoch nur eine Spekulation und muss in weiteren Studien überprüft werden.

4.2 Diskussion der Hypothesen

In Tabelle 4.1 sind die zentralen Hypothesen dieser Arbeit wiederholt aufgelistet. Sie sollen nun der Reihe nach besprochen werden.

Tabelle 4.1: Wiederholung der zentralen Hypothesen

Hypothese 1:	Gymnasiasten und Hauptschüler unterscheiden sich bezüglich ihrer öffentlichen kollektiven Identität derart voneinander, dass diese bei Hauptschülern negativer und bei Gymnasiasten positiver ausgeprägt ist.
Hypothese 2:	Das Stigmaerleben wird bei Hauptschülern im Verlauf der Schulzeit stärker. Dies liegt in der Integration dieser kollektiven Identität in das bestehende Selbstwissen begründet.
Hypothese 3:	Das akademische Selbstkonzept hängt mit dem Stigmaerleben positiv zusammen, da a) mit höherer Stigmawahrnehmung negative Rückmeldungen stärker den (vermeintlichen) Vorurteilen der Urteiler zugschrieben werden und b) leistungsfähigere Hauptschüler sich stärker mit dem Stereotyp über ihre Gruppe auseinandersetzen.
Hypothese 4:	Lehrerstereotype beeinflussen die Ausprägung des Stigmaerlebens bei ihren Schülern sowie Zusammenhänge zwischen dem Stigma und Motivation und Bildungsaspirationen.
Hypothese 5:	Das Stigmaerleben hängt negativ mit der allgemeinen schulbezogenen Motivation zusammen.
Hypothese 6:	Das Stigmaerleben hängt nach Kontrolle der Identifikation als Hauptschüler negativ mit Bildungsaspirationen zusammen.

Die erste – für die weiteren Hypothesen fundamentale – Hypothese lautet: Gymnasiasten und Hauptschüler unterscheiden sich bezüglich ihrer öffentlichen kollektiven Identität derart voneinander, dass diese bei Hauptschülern negativer und bei Gymnasiasten positiver ausgeprägt ist. Für die Annahme dieser Hypothese liefern die Ergebnisse aus Studie 1 und aus Studie 4 deutliche Evidenz, auf die im vorangehenden Diskussionabschnitt bereits vertiefend eingegangen wurde. Die Verteilungen in Studie 4 sind sogar so unterschiedlich, dass sie sich kaum überschneiden. Hauptschüler weisen in der Regel eine stigmatisierte kollektive Identität auf, Gymnasiasten genießen in der Regel eine positive Reputation. Die deutlich überwiegende Anzahl der Schüler ist sich in der qualitativen Einschätzung bezüglich des eigenen Schultyps einig (also ob die kollektive Identität positiv oder negativ ist, unabhängig von der Stärke dieser Ausprägung). Die erste Hypothese erfährt damit deutliche Evidenz.

Ergänzend ist zu sagen, dass sich entsprechend den theoretischen Annahmen von getrennten kollektiven und personalen Anteilen des Selbstwissens (Abschnitt 2.2) und des Fischteicheffekts (Abschnitt 2.1.4) zeigt, dass sich die akademischen Selbstkonzepte zwischen den Schulen und Schultypen nur wenig unterscheiden. Entsprechend dem sogenannten „Basking-in-reflected-glory-Effekten" fallen die akademischen Selbstkonzepte auf dem Gymnasium etwas höher aus.[17] Für die Untermauerung der Wichtigkeit von kollektiven selbstbezogenen Kognitionen beim Verständnis von Konsequenzen von Leistungsgruppierungen ist dabei vor allem von Bedeutung, dass der Unterschied zwischen Gymnasien und Hauptschulen bezüglich des akademischen Selbstkonzepts – wie in früheren Befunden auch – sehr gering ist im Verhältnis zu den sehr großen Unterschieden, die sich auf der Ebene der kollektiven Identität ausmachen lassen.

Bezüglich der zweiten Hypothese, dass Hauptschüler im Laufe des Übergangs an die Hauptschule mehr und mehr realisieren, wie negativ die Reputation ihrer Schule ist, findet sich nur eine eingeschränkte Bestätigung in den Daten. Im Querschnitt nimmt zwar das Stigmaerleben in Studie 4 von Jahrgangsstufe sieben zu neun zu. In Studie 2 zeigt sich jedoch nur deskriptiv ein kleiner Zuwachs von Klassenstufe sieben zu Klassenstufe acht, der keine statistische Signifikanz erreicht. Da auch der Effekt kleiner ist als in Studie 4, kann dies nicht allein dem in Studie 2 deutlich kleineren Stichprobenumfang angelastet werden. Grundsätzlich sind die Ergebnisse aus Studie 4 auf Grund des deutlich größeren Stichprobenumfangs und der damit verbundenen besserer Repräsentativität als belastbarere Quelle anzusehen. Wenn wir dennoch die Ergebnisse aus Studie 2 und 4 zu einem Gesamtbefund integrieren, so wäre eine mögliche inhaltliche Erklärung, dass die Beschäftigung mit der Frage, was die neue Schultypzugehörigkeit zur Hauptschule für die eigene Identität bedeutet, sich erst im Laufe von Jahrgangsstufe acht bzw. neun (also erst nach etwa 2 Jahren nach dem Schulwechsel) in einer substantiellen Veränderung der kollektiven Identität niederschlägt.

In jedem Fall gilt der Befund einer Veränderung nur für die Hauptschüler. Bei den Gymnasiasten fanden nach den Ergebnissen von Studie 4 keine signifikanten Veränderungen zwischen Klassenstufe sieben und neun statt. Es gab nur eine kleine Tendenz dahin, das nach wie vor positive Urteil über die öffentliche kollektive Identität etwas nach unten zu korrigieren. Eine inhaltliche Erklärung für dieses Ergebnis

17 Ich habe schon im theoretischen Teil darauf hingewiesen, dass ich nicht sicher bin, dass es sich in den Arbeiten zum akademischen Selbstkonzept dabei wirklich um den gleichen psychologische Prozess handelt, wie ihn Cialdini et al. (1976) bezüglich der aktiven und öffentlich zur Schau gestellten Identifikation mit einer siegreichen Universitätssportmannschaft beschrieben haben. Das aber kann hier nicht abschließend geklärt werden, sollte aber m. E. in zukünftiger Forschung Berücksichtigung finden.

kann sein, dass Gymnasiasten sich – als die engagierteren Grundschüler – bereits in der Grundschule stärker mit allem, was mit Schule zu tun hat, auseinandergesetzt haben. So ließe sich erklären, dass sie bereits beim Übergang ein elaboriertes Bild davon haben, wie die Leute Gymnasiasten sehen, welches dann im Mittel relativ stabil bleibt. In der Summe kann man sagen, dass die Ergebnisse zu Hypothese 2 uneindeutig sind und weiterer Präzisierung und Überprüfung bedürfen. Dieses Ergebnis beeinträchtigt jedoch die folgenden Hypothesen nicht.

Die dritte Hypothese nimmt positive Zusammenhänge mit dem akademischen Selbstkonzept aus zweierlei Gründen an: Das akademische Selbstkonzept hängt mit dem Stigmaerleben positiv zusammen, da a) mit höherer Stigmawahrnehmung negative Rückmeldungen stärker den (vermeintlichen) Vorurteilen der Urteiler zugschrieben werden und b) leistungsfähigere Hauptschüler sich stärker mit dem Stereotyp über ihre Gruppe auseinandersetzen. Es zeigen sich in Studie 2 und 4 Belege für beide Sichtweisen, wobei in beiden Studien die Hinweise auf die Reattributionsannahme deutlicher sind. Man kann also annehmen, dass Hauptschüler im Falle von selbstwertbedrohenden Leistungsrückmeldungen das Wissen um die negative Sichtweise der Umwelt – und damit vermeintlich auch ihrer Lehrer – auf ihre Gruppe nutzen, um diese negative Rückmeldung vor sich selbst damit zu begründen, dass Hauptschüler als abgeschrieben gelten. So können sie die Begründung von Misserfolgen von der eigenen Person in die Umwelt verlagern und so negative Konsequenzen für die eigenen Fähigkeitsüberzeugungen mildern. Ob der den Ergebnissen zu Grunde liegenden psychologische Prozess tatsächlich, wie hier angenommen wird, eine Reattribution ist, oder ob es sich gegebenenfalls um eine – ebenfalls selbstwertdienliche – mentale Korrektur bei der Einschätzung des personalen Selbstwissens auf Grund des Wissens um die negative kollektive Reputation handelt oder auch um eine neuen Standardsetzung (z. B. Mussweiler, 2006), kann hier nicht abschließend bestimmt werden und ist weiterer Forschung vorgehalten. Eine mentale Korrektur bzw. eine neue Standardsetzung würde besser zu den in Abschnitt 2.3.2 berichteten Befunden passen, bei denen die Aktivierung der Ethnie bei Afroamerikanern nicht zu gleich hohen sondern höheren Selbstwertangaben führte als ohne Aktivierung. Dies kann hier nicht hinreichend geklärt werden und sollte in weiteren Studien experimentell untersucht werden. Was bleibt ist der Befund, dass die akademischen Selbstkonzepte bei Hauptschülern mit dem Stigmaerleben positiv zusammen hängen, und dass dieser Befund nicht vollständig über eine höhere Leistungsfähigkeit auf Individualebene erklärt werden kann, so dass entsprechende Prozesse angenommen werden können, wenn auch unklar bleibt, um welche Prozesse im Einzelnen es sich dabei handelt.

Der Vergleich der akademischen Selbstkonzepte zwischen Gymnasiasten und Hauptschülern ergibt in der vorliegenden Arbeit, wie bei den Befunden von Köller (2004) und anderen auch, im Mittel ein etwas höheres akademisches Selbstkonzept für die Gymnasiasten. Man kann diesbezüglich annehmen, dass das Wissen um die höhere Leistungsfähigkeit im Sinne des Basking-in-reflected-glory-Effekts auf dem Gymnasium einen etwas stärkeren Effekt auf das akademische Selbstkonzept hat als die Reattributions-, Korrektur- oder Standardsetzungsstrategie auf der Hauptschule.

Cum grano salis kann man sagen, wären akademische Selbstkonzepte eine in ihrem absoluten Wert interpretierbare Größe, so fielen sie nach der gegebenen Befundlage sowohl bei den Gymnasiasten als auch bei den Hauptschülern höher aus, als es die tatsächliche individuelle Leistungsfähigkeit erwarten ließe. Dies sehe ich im Sinne des allgemeinen Motives der Selbstaffirmation, also der aktiven Erhöhung des personalen Selbstwertes, die Individuen in beiden Gruppen anstreben, aber dazu an ihre spezifischen Bedingungen, also eben auch die Gruppenmitgliedschaft, angepasste und daher unterschiedliche psychologische Strategien anwenden. In einer Vielzahl der berichteten Theorien ist das Anstreben eines hohen personalen Selbstwertes ein zentrales Motiv. Von daher ist die Annahme sinnvoll, dass je nach Kontext andere Strategien adaptiert werden, die diesem Motiv dienlich sind und damit letztlich im Mittel bei den verschiedenen Gruppen zu ähnlichen Resultaten führen.

In Hypothese 4 wurde ein Einfluss von Lehrerstereotypen über Hauptschüler auf das Stigmaerleben und den Zusammenhang zwischen Stigmaerleben und Motivation angenommen. Um die Prüfung dieser Hypothese vorzubreiten wurden in Studie 3 Lehrerstereotype untersucht und mit denen von Studierenden verglichen. Es zeigte sich, dass in der Hauptschullehrerschaft deutliche explizite und implizite negative Stereotype bezüglich der Leistungsfähigkeit ihrer Schüler bestehen. Explizit fallen diese im Bereich Leistungsfähigkeit negativer aus als bei den Studierenden. Bei den impliziten Stereotypen sowohl in Bezug auf Leistungsfähigkeit als auch Unsozialität sind jedoch die Lehrkräfte deutlich milder gegenüber ihrer Schülerschaft als die Studierenden. Ebenso gilt dies für das explizite Unsozialitätsstereotyp. Hinzu kommt, dass praktizierende Lehrkräfte die einzelnen Facetten stärker differenzieren als Studierende.

In Studie 4 lag dann ein ausreichend großer Stichprobenumfang mit einer ausreichend großen Anzahl an Schulklassen vor, um Zusammenhänge zwischen den Einstellungen der Leher und der Stigmawahrnehmung der Schüler zu zeigen. Dabei stand aber am Anfang vor allem das Ergebnis, dass nur wenig Variation des Stigmas letztlich auf die Klasse, die besucht wird, zurückgeht. Dies deutet darauf hin, dass das Phänomen des Sich-stigmatisiert-Fühlens bei Hauptschülern große Generalität beanspruchen kann, unabhängig davon, welche spezielle Klasse sie besuchen und welche Lehrer sie haben. Der erste Annahme von Hypothese 4, dass die stereotypen Einstellungen der Lehrkräfte die Stigmawahrnehmung der Hauptschüler beeinflusst, steht dieser Befund deutlich entgegen. Die Lehrer werden dadurch im Zusammenhang mit der Stigmatisierung von Hauptschülern entlastet. Es zeigt sich in den vorliegenden Befunden vor allem von Studie 4 deutlich, dass es sich um ein strukturelles Phänomen zu handeln scheint, das durch das in der

Stichprobe bestehende pädagogische Verhalten der Lehrkräfte nur in kleinem Maße und nicht grundsätzlich verändert werden kann.

Jedoch bedeuten die eben dargestellten Befunde nicht, dass die Lehrkräfte gar keinen Einfluss nehmen können, und die sich ergebenden Spielräume sollten natürlich genutzt werden. Wenn Lehrer Hauptschüler als nicht selbst verantwortlich für ihr Schicksal sehen, dann ist vor allem das Faulheits-, aber auch das Sozialstigma in den betroffenen Klassen niedriger. Je unsozialer die Lehrer Hauptschüler sehen, umso höher ist deren Sozialstigma. Und je positiver die Lehrer über Schulsozialarbeit und ihre Potential entfaltende Wirkung denken, umso weniger Stigma wird erlebt. Aber es sei hier wiederholt, dass die zu erklärende klassenspezifische Varianz sehr gering ist, daher muss man mit diesen Befunden sehr vorsichtig umgehen. Hinzu kommt die – für alle Befunde dieser Arbeit geltende – Einschränkung, dass die querschnittlichen Designs Kausalschlüsse streng genommen nicht zulassen. Es ist nach den gegebenen Befunden möglich, dass – wie es hier angenommen wurde – die Schüler die Vorurteile ihrer Lehrer bemerken und ihre eigene Sicht auf ihre öffentliche kollektive Identität daran anpassen. Es ist aber auch umgekehrt möglich, dass z. B. die Lehrer von sozial besonders auffälligen Klassen, deren Schüler sich auf Grund ihres Verhaltens auch bereits einer stärkeren Stigmawahrnehmung ausgesetzt sehen, stärker negative Vorurteile gegenüber Hauptschülern entwickeln. Ebenso möglich wie plausibel ist die Annahme, dass beide Prozesse eine Rolle spielen.

Gut interpretierbare Zusammenhänge mit den Lehrereinstellungen ergeben sich für die durchschnittliche Identifikation als Hauptschüler in einer Klasse, bei der die Varianz, die auf die Klasse zurück geht, immerhin fünf Prozent beträgt. Je gefährlicher die Lehrer die Schüler finden, umso weniger identifizieren die sich mit der Hauptschule. Auch hier ist der Kausalitätsschluss hypothetisch. Es besteht die Möglichkeit, dass die Lehrer die Schüler beeinflussen, es kann aber aus den Ergenissen nicht sicher abgeleitet werden. Wenn diese Kausalität vorliegt, könnte sie so erklärt werden, dass zwar ein kurzzeitiger Triumph für die Schüler damit verbunden sein kann, wenn ein Lehrer seiner Klasse mit Angst begegnet, aber auf Dauer ist dadurch eine Störung des Affiliationsmotives zu erwarten. Es ist möglich, dass einer solchen Störung eine Reduzierung der eigenen Zugehörigkeitsdefinition zur betroffenen Gruppe als Coping-Strategie folgt.

Die zweite Annahme in Hypothese 4, dass die Lehrereinstellungen die Zusammenhänge zwischen dem Stigmaerleben und anderen Variablen wie der schulbezogenen Motivation beeinflussen, findet in den Ergebnissen von Studie 4 keine Bestätigung. Die wichtigsten Zusammenhänge in dieser Arbeit sind über die Schulklassen hinweg gleich. Lehrereinstellungen beeinflussen also demnach nicht, ob ein hohes Stigmaerleben zu niedrigeren oder höheren Bildungsaspirationen führt. Der Zusammenhang zwischen Stigmaerleben und Motivation variiert in Studie 4 nicht über die Klassen hinweg. Auf dieses Ergebnis wird in der nun folgenden Diskussion zur Hypothese 5 noch einmal eingegangen werden.

Hypothese 5 nimmt einen negativen Zusammenhang des Stigmaerlebens mit der allgemeinen schulbezogenen Motivation an. Wie gerade erläutert wurde, ist dieser Zusammenhang in Studie 4 in mittlerer Stärke zu finden und er variiert nicht über die Klassen hinweg. Bivariat zeigen sich zwar mittelstarke negative Effekte für alle drei Stigmasubskalen. Jedoch nur das soziale – und nicht das leistungsbezogene – Stigmaerleben bringt einen gegenüber den beiden anderen Facetten inkrementellen Effekt hervor. Je mehr die Schüler also denken, dass die Leute Hauptschüler für asozial halten, umso niedriger ist ihre Motivation, sich in der Schule zu engagieren. Dieser Zusammenhang ist stabil über die Jahrgangsstufen hinweg bei Schülern mit und ohne Migrationshintergrund vorhanden.

Dies ist das vielleicht wichtigste Ergebnis dieser Arbeit. Denn tatsächlich zeigt sich, dass Effekte der Schulform auf die Motivation ganz und Effekte des Jahrgangs teilweise durch das Sozialstigma erklärt werden können – wohlgemerkt auf querschnittlicher Datenbasis. Insgesamt neun Prozent Varianz klärt diese Variable von der Motivation auf. Wenn man Ausreißer in den Daten von Studie 4 ausschließt (dies sind insbesondere einige wenige Gymnasiasten, die sich als maximal stigmatisiert angegeben haben), steigt dieser Anteil sogar auf elf Prozent an. Dieser Anteil an aufgeklärter Varianz ist zwar immer noch geringer als der durch das akademische Selbstkonzept erklärte, aber dies ist nicht zwingend so zu interpretieren, dass durch Schultypzuweisung entstehende motivationale Effekte vermittelt über das akademische Selbstkonzept bedeutsamer sind als die über die kollektive Identität vermittelten: Erstens ist das akademische Selbstkonzept sowohl vom Skalentyp (Likert mit vier Stufen) als auch von der Aussagenart (Ich-Aussagen) mit der Messung zur Motivation identisch, während die gemessene öffentliche kollektive Identität mit Semantischen Differentialen in einer „Die Leute denken, typische Hauptschüler/innen sind …“-Aussage-Form erhoben wurde. Diese methodische Distanz lässt den gefundenen aufgeklärten Varianzanteil psychologisch bedeutsamer erscheinen. Zweitens ist es wichtig, sich zu verdeutlichen, dass nicht die gesamte gemeinsame Varianz von Motivation und akademischem Selbstkonzept als Effekt der positiven Konsequenzen durch den Fischteicheffekt – also der Schultypzuweisung – gesehen werden darf. Dies lässt sich daran verdeutlichen, dass die Aufnahme des Schultyps als Variable in das Regressionsmodell nur wenig an dem Zusammenhang zwischen akademischem Selbstkonzept und Motivation ändert. Anders verhält es sich mit dem Stigma. Es kann – wie auch das Verschwinden der Signifikanz des Schultyps bei Aufnahme der Stigmaskalen in das Regressionsmodell in Studie 4 zeigt – als zu einem sehr großen Anteil auf die Schultypzugehörigkeit zurückgehend angenommen werden.

Es lässt sich mit der vorliegenden Befundlage nicht bestimmen, ob der Nettoeinfluss der Leistungsgruppierung auf die Motivation vermittelt über die negative kollektive Identität größer oder kleiner oder gleich groß ist wie der positive Nettoeinfluss des Fischteicheffekts vermittelt über die personale Identität. Hinzu kommt, dass eben auch die Kausalannahme auf Grund der querschnittlichen Datengrundlage nicht gesichert ist. Es soll hier aber deutlich darauf hingewiesen werden, dass der geringere Anteil an erklärter Varianz an der Motivation durch das Stigmaerleben keineswegs als geringere psychologische Bedeutsamkeit im Zusammenhang mit Leistungsgruppierungen interpretiert werden sollte. Dabei ist auch zu bedenken, dass die Auflösung der in den verwendeten Messungen leider gegebenen Deckeneffekten der Stigmavariablen zusätzliche Varianzerklärungen ermöglichen würde, die auch den Anteil an erklärter Varianz der schulbezogenen Motivation und der Bildungsaspirationen erhöhen könnte.

Die Annahme eines negativen Zusammenhangs zwischen Motivation und Stigmaerleben in Hypothese 5 findet in den vorliegenden Ergebnissen von Studie 4 eine deutliche Bestätigung. Der gefundene Zusammenhang variiert nicht über dic Klassen hinweg, was darauf hindeutet, dass zur Milderung dieses negativen Effekts des Schultyps auf die Motivation vor allem die schulbezogene öffentliche kollektive Identität der Hauptschüler verbessert werden müsste. Dies gilt natürlich nur unter der Maßgabe, dass sich die hier angenommene Kausalität, dass die kollektive Identität die Motivation beeinflusst, in weiteren experimentellen und längsschnittlich angelegten Forschungsarbeiten empirisch erhärten lässt. Wenn man davon ausgeht, dass diese kausale Verknüpfung besteht, so könnte eine Maßnahme dazu natürlich die Abschaffung des Hauptschulbildungsganges sein, so dass die Hauptschüler alle zu Realschülern bzw. Verbundschülern werden (wie in einigen Bundesländern bereits üblich). Es ist jedoch aus der vorliegenden Arbeit auch bei angenommener Kausalität nicht mit absoluter Gewissheit zu sagen, welche Konsequenzen dies genau hätte. Nicht zuletzt auch daher, weil Real- und Verbundsschüler nicht untersucht wurden. Auch andere Reputationserhöhungen sind denkbar. Vielleicht würde auch eine groß angelegte Werbekampagne helfen. So lange jedoch die Medienberichterstattung von negativen Nachrichten über die Hauptschule geprägt ist, dürfte dies jedoch wenig Aussicht auf Erfolg haben. Ich möchte an dieser Stelle noch einmal darauf hinweisen, dass ich persönlich die Negativität des Stereotyps über Hauptschulen zu extrem finde. Dennoch ändert dies nichts daran, dass die gesellschaftliche Sichtweise sehr negativ ist, und diese natürlich teilweise auch zutreffend ist. Im Sinne der Hypothesen dieser Arbeit ist festzuhalten, dass die Schüler unter dieser negativen kollektiven Identität zu leiden haben, und dass man das nicht vorrangig den Lehrern anlasten kann.

Mit Hypothese 6 wird angenommen, dass die Bildungsaspirationen von Hauptschülern, höhere Schulen besuchen zu wollen, über die Motivation hinaus (also zusätzlich zu dem im Zusammenhang mit Hypothese 5 gezeigtem negativen Zusammenhang von Stigma und Motivation) negativ durch das Stigmaerleben beeinflusst werden. Um diese Frage bearbeiten zu können, musste die Identifikation mit der Hauptschule zu kontrollieren. Denn, wie man plausibler Weise annehmen konnte, zeigte sich in den Daten von Studie 4, dass identifiziertere Hauptschüler weniger Aspirationen haben, einen anderen Schultyp besuchen zu wollen. Bei Kontrolle der Identifikation, des akademischen Selbstkonzepts und der Motivation findet sich erwartungskonform bei den Hauptschülern der neunten Jahrgangsstufe in Studie 4 ein negativer Zusammenhang des Leistungsstigmaerlebens mit den Bildungsaspirationen, vor allem eine Realschule besuchen zu wollen. Entgegen den Erwatungen hängt jedoch das Faulheitsstigma positv mit den Aspirationen zusammen. Während das Sozialstigma bei Hauptschülern ohne Migrationshintergrund bei Kontrolle der Motivation keinen weiteren Einfluss auf die Bildungsaspirationen nimmt, finden sich bei Hauptschülern mit Migrationshintergrund zusätzliche negative Konsequenzen des Sozialstigmas auf die Aspirationen, ein Gymnasium und eine Realschule besuchen zu wollen. Dieser Befund wurde bereits in der Diskussion zu Studie 4 so interpretiert, dass die Migranten sich als prototypische Vertreter der Hauptschule sehen, und daher nicht damit rechnen, diese Zuschreibung nach einem Schulwechsel ablegen zu können, so dass daher bei ihnen insbesondere das Sozialstigma negativ auf die Bildungsaspirationen wirkt. Als asozial beurteilt zu werden, kann als eine besonders schmerzhafte Erfahrung gewertet werden. Es ist daher denkbar, dass die Hauptschüler mit Migrationshintergrund auf Grund der selbst wahrgenommenen Prototypikalität als Hauptschüler mit einem Schultypaufstieg eine Erhöhung der Salienz dieser Gruppenmitgliedschaft antizipieren, der sie sich auf Grund des damit verbundenem intensivierten Stigmaerleben möglichst entziehen wollen. Diese Erklärung ist allerdings nur hypothetischer Natur und muss in weiteren Studien überprüft werden.

Ein möglicher Einwand, dass der letzte Befund darauf hindeuten würde, dass tatsächlich das Migrantenstigma (und nicht das von Hauptschülern) gemessen wurde, ist nicht stichhaltig. Zunächst ist dabei auf die Befunde zur Motivation für den deutlich größeren Anteil deutscher Schüler in der Stichprobe zu verweisen, die einen konsistenten negativen Effekt des Stigmaerlebens zeigen. Hinzu kommt, dass wenn man die Werte im Stigmaerleben der Schüler im siebten und neunten Jahrgang danach miteinander vergleicht, ob ein Migrationsstatus vorliegt oder nicht, Migranten im siebten Jahrgang in allen drei Stigmabereichen Leistung, Soziales und Motivation höhere Werte als ihre Mitschüler ohne Migrationsstatus aufweisen. Im neunten Jahrgang ist es umgekehrt. Die Jugendlichen mit Migrationshintergrund weisen im Querschnitt nur kleine Zuwächse ihres Stigmaerlebens oder sogar eine Reduktion (im Falle des Leistungsstigmas) auf, während die Schüler ohne Migrationshintergrund im Mittel massive Zuwächse verzeichnen. Ich interpretiere dies so, dass die Migranten eine Basisstigmatisierung bereits mitbringen, die sie auch mit ihrem Hauptschülerdasein assoziieren. Dies deckt sich auch mit dem Erklärungsansatz des negativen Effekts des Sozialstigmas auf die Bildungsaspirationen bei Migranten. Da das Niveau von Beginn an sehr hoch ist, steigert es sich nicht mehr deutlich. Dies kann zum Teil auch durch den Deckeneffekt bedingt sein. Psychologisch kann auch das mit der Prototypen-Sichtweise erklärt werden. Hauptschüler mit Migrationsstatus haben sich im übertragenen Sinne schon auf der Grundschule als Vertreter der Hauptschule – im Sinne von Personen, die am Rande der Gesellschaft stehen – gesehen, so dass sich mit dem Wechsel für sie bezüglich ihrer kollektiven Identität nicht viel ändert. Die deutschen Schüler hingegen realisieren erst im Verlaufe des Wechsels, was diese neue kollektive Identität als Hauptschüler eigentlich bedeutet. Mit der sich steigernden Wahrnehmung des Stigmas sinkt dann die Motivation, sich in der Schule zu engagieren. Im Resultat fühlen sich die deutschen Hauptschüler der neunten Jahrgangsstufe stigmatisierter als die mit Migrationshintergrund, wobei diese Differenz nur für das Leistungsstigma 2-seitige Signifikanz erreicht. Der Zuwachs im Querschnitt weist darauf hin, dass es sich um eine Aneignung der neuen kollektiven Identität handelt, die nicht auf einen Migrationsstatus zurückzuführen ist.

Zusammenfassend soll das zentrale Ergebnis noch ein mal hervor gehoben werden: Das gezeigte Zusammenspiel von positiven personalen Selbstkonzepteffekten mit negativen Effekten durch das kollektive Stigma lässt erwarten, dass die Gruppierung als Hauptschüler netto einen maximal schwach positiven, eventuell gar keinen oder sogar einen negativen Effekt zumindest auf die hier gemessene schulbezogene Motivation und akademische Aspirationen haben könnte. Damit ist nicht gemeint, dass nicht auch bei Hauptschülern die akademischen Selbstkonzepte positiv mit Motivation und Aspirationen zusammenhängen. Jedoch ist, wie vorhin bereits erläutert wurde, nicht der gesamte positive Effekt des akademischen Selbstkonzepts auf diese Outcomes auf die Gruppierung als Hauptschüler und den damit verbundenen Fischteicheffekt zurückzuführen, sondern nur der Anteil, um den sich die Selbstkonzepte der Hauptschüler durch die Gruppierung im Sinne des Fischteicheffekts erhöht haben. Ich bin der Ansicht, dass die vorgelegten Befunde Anlass genug sein sollten, dieser Frage weiter nachzugehen.

4.3 Bedeutung der Befunde für die Grundlagenforschung

Die Annahmen einer Trennung in mindestens ein kollektives und ein personales Selbst von Turner et al. (1987) und späteren Vertretern (vgl. Abschnitte 2.1.2 und 2.2) erfahren mit der vorliegende Arbeit eine weitere Bestätigung. Es ist gelungen, die öffentliche kollektive Selbstfacette von Hauptschülern zu messen, und es konnte dabei gezeigt werden, dass diese Messung nicht mit Messungen des personalen Selbstwissens redundant ist. Anders ausgedrückt haben das personale und das kollektive Selbstwissen, die in dieser Arbeit unabhängig voneinander gemessen wurden, jeweils große eigenständige Anteile, die nicht durch das jeweils andere Selbstwissen erklärt werden können. Damit ist ein wichtiger Hinweis erbracht worden, dass in der Sozialpsychologie als gültig erachtete Prinzipien in der Organisation des Selbstkonzepts auch in der pädagogisch-psychologischen Forschung Gültigkeit besitzen und Berücksichtigung finden sollten.

Auf der anderen Seite wird in der vorliegenden Arbeit auch deutlich, wie groß der Unterschied in der wissenschaftlichen Elaboration bezüglich der personalen und der kollektiven Selbstkonzepte ist. Die Modelle von Marsh et al. (z. B. Marsh, 1990c) zur Beschreibung des personalen Selbstkonzepts sind in unzähligen Stichproben weltweit immer wieder überprüft worden, und es kann gesagt werden, dass deren Annahmen intern höchste Gültigkeit beanspruchen können. Die Beschreibung von kollektiver Identität ist von einem systematischen empirischen Versuch einer Strukturierung, wie sie das Marsh-Shavelson-Modell für das personale Selbstwissen darstellt, noch weit entfernt. In der vorliegenden Arbeit wurde in dieser Hinsicht ein Beitrag dazu erbracht, dass gezeigt wurde, dass die öffentliche kollektive Identität dabei Berücksichtigung finden sollte, und dass sie zumindest bei Hauptschülern gruppenspezifisch gut messbar ist. Eine offene Frage sind die Beziehungen dieser öffentlichen kollektiven Selbstfacette zu den eigenen Überzeugungen bezüglich der eigenen Gruppe. Hier sind die allgemeinen Beziehungen zu untersuchen. Aber auch Moderatoren zu betrachten, ist vielversprechend. So würde ich beispielsweise annehmen, dass integrierte gruppenspezifische kollektive Identitäten sehr wohl mit dem allgemeinen kollektiven Selbstwert korrelieren, während nicht integrierte dies nicht tun.

Es ist hier nicht angemessen, alle Fragen, die sich auf Grundlage dieser Arbeit im Hinblick auf die Struktur der kollektiven Identität ergeben, erschöpfend diskutieren zu wollen. Sicher erscheint mir, dass eine weitere empirische Systematisierung in Bezug auf die Beschaffenheit kollektiven Selbstwissens wünschenswert ist. Dementsprechend sei hier darauf hingewiesen, dass für die in dieser Arbeit vorgenommene Operationalisierung der öffentlichen kollektiven Identität nicht beansprucht wird, dass sie der bestmögliche Weg sei. Die Ergebnisse zeigen, dass sie funktional ist, was jedoch nicht ausschließt, dass die Entwicklung noch besser geeigneter Instrumente möglich ist. Das inhaltliche Ergebnis dieser Arbeit bleibt unabhängig von anderen Operationalisierungen, dass auf die bisher vernachlässigte Bedeutsamkeit der kollektiven Identität im Zusammenhang mit Leistungsgruppierungen hingewiesen wurde.

4.4 Mögliche situationale Effekte

In diesem Abschnitt soll auf mögliche situationale Effekte hingewiesen werden, die mit der gegeben Datengrundlage leider nicht geprüft werden können, die aber dennoch als erörterungswürdig betrachtet werden. Nicht eindeutig zu klären ist z. B. die Rolle des Wissens darum, dass die eigene Leistungsbewertung im Falle eines Schultypwechsels einem neuen Standard ausgesetzt sein würde (Mussweiler, 2006). Im Sinne des Fischteicheffekts lässt sich dies sehr anschaulich als ein neuer Teich mit größeren Fischen beschreiben. Hannover (1997) nimmt an, dass zur eigenen Selbstdefinition inkonsistente Information umso eher akzeptiert wird, je weniger die jeweilige Selbsteinschätzung chronisch zugänglich ist. Umgekehrt heißt dies, dass eine chronisch hoch zugängliche Selbstzuschreibung vor inkonsistenter Information geschützt werden wird. Für die leistungsfähigeren Hauptschülerinnen und Hauptschüler mit einem höheren akademischen Selbstkonzept könnte dies bedeuten, dass sie mit zwei antagonistischen Informationen über sich selbst konfrontiert sind: einer individuellen, dass sie gut in der Schule sind (akademisches Selbstkonzept), und einer kollektiven, dass sie zur Gruppe der Leistungsschwächsten (unter den Regelschülern) gehören. Die kollektive Identität ist zur personalen Selbstdefinition der leistungsfähigeren Schüler, dass man begabt ist, inkonsistent. Nach dem Befund von Hannover (1997) ist es plausibel, anzunehmen, dass die Aktivierung einer situationalen Bedeutsamkeit der kollektiven Identität als Hauptschüler daher vermieden werden muss, zumindest wenn die chronische Zugänglichkeit des Begabungsselbstkonzeptes hoch ist. In der Konsequenz könnte dieser Effekt chronisch vorhandene Bildungsaspirationen letztlich doch noch situational unterminieren.

Des Weiteren ist es wichtig, sich vor Augen zu führen, dass obwohl in den letzten zehn Jahren eine gewisse Entkoppelung von Schultyp und Schulabschluss stattgefunden hat (Köller et al., 2004), also auch Hauptschüler einen Realschulabschluss auf der Hauptschule machen können, das Verbleiben auf der Hauptschule deswegen keineswegs psychosozial folgenlos bleiben muss. Die beschriebene kollektive Identität als Hauptschüler ist vermutlich dennoch vorhanden, auch wenn ein Realschulabschluss auf der Hauptschule erworben werden kann. Die Arbeiten von Solga (Abschnitt 2.3.5) machen deutlich, dass die wahrgenommene Identität auch nach dem Abschluss zu beruflichen Selbstselektionen führen kann. Auch in der vorliegenden Arbeit finden sich Hinweise auf Selbstselektionen in Bezug auf Besuche höherer Schulen auf Grund des Stigmaerlebens. Situationale Effekte wurden dabei jedoch nicht überprüft. Es ist sehr wahrscheinlich, anzunehmen, dass bestimmte Situationen das Stigma, Hauptschüler (gewesen) zu sein, aktivieren. Dies könnte gegebenenfalls zu Leistungsreduktionen im Sinne der Stereotypenbedrohung (Abschnitt 2.3.3) oder auch zu Vermeidungsverhalten führen. Hinzu kommt, dass starke emotional negative Effekte zu erwarten sind, die per se genommen auch schon ein negatives Outcome darstellen. Dies lässt insbesondere die chronische Bedeutung des Sozialstigmas vermuten. Das Gefühl, abgelehnt zu werden, scheint eine zentrale Rolle in der chronischen Wirkung der Stigmatisierung von Hauptschülern zu spielen.

4.5 Limitationen der vorliegenden Arbeit

Wie in allen empirischen Arbeiten unterliegen auch die vorliegenden Ergebnisse gewissen Einschränkungen, die bei der Interpretation ihrer Bedeutsdamkeit berücksichtigt werden sollten. Vor allem zwei Limitationen sollen im Folgenden besprochen werden: Erstens die ausschließliche Untersuchung Berliner Schüler, die eine bundesdeutsche Generalisierung der Ergebnisse in Frage stellt, und zweitens die querschnittliche Anlage der Datenerhebungen, durch die die hier teilweise vorgenommene kausale Interpretation der Ergebnisse nicht empirisch überprüft werden kann.

Erstens beruhen also alle hier berichteten empirischen Studien ausnahmslos auf in Berlin erhobenen Daten. Daher müssen die hier berichteten Befunde nicht zwangsläufig für alle Bundesländer gültig sein, da sich die Hauptschulen über die Bundesländer hinweg stark unterscheiden (für einen Überblick vgl. Bronder, Ipfling & Zenke, 2000; Zenke, Ipfling & Bronder, 2004). Der Anteil an Hauptschülern hat sich nach fortwährender Ausdünnung im Bundesdurchschnitt bei etwa einem Viertel stabilisiert (Stein, 1998). In ländlichen Regionen sind auf Grund schlechterer Erreichbarkeit von Alternativen größere Hauptschülerpopulationen zu finden als in städtischen Räumen. Wenn Gesamtschulen existieren, ist der Anteil an Hauptschülern deutlich geringer. Der Anteil an Hauptschülern in der Sekundarstufe I variiert über die Bundesländer hinweg von fast 40 Prozent in Bayern und Baden-Württemberg bis etwas über zehn Prozent in Berlin, Hamburg und Mecklenburg-Vorpommern. In vier Bundesländern mit Verbundsschulen – dem Saarland, Sachsen, Sachsen-Anhalt und Thüringen – ist der Anteil nicht eindeutig bestimmbar (Leschinsky, 2003). Es ist demnach gut denkbar, dass sich die kollektive Identität von Hauptschülern z. B. in Bayern und Baden-Württemberg sowohl in der Qualität als auch in der Ausprägung und ihrer Wirkung von den in dieser Arbeit berichteten Befunden unterscheidet. Für in Sozial- und Schulstruktur ähnliche Bundesländer wie Hamburg und gegebenenfalls Bremen können die Befunde vermutlich verallgemeinert werden. Aber natürlich ist auch dies einer empirischen Überprüfung zu unterziehen.

Zweitens sind die Ergebnisse im Hinblick auf ihre kausale Interpretation mit großer Vorsicht zu behandeln. Alle Kausalannahmen, die in dieser Arbeit gemacht wurden, sind hypothetischer Natur. Die quasiexperimentelle Datengrundlage erlaubt ihre empirische Überprüfung nicht. Die gefundenen querschnittlichen Zusammenhänge sind nur ein notwendiges nicht jedoch ein hinreichnendes Kriterium für das Vorliegen von Kausalität. Auf Grund des herangezogenen theoretischen und empirischen Hintergrundes und den darauf fußenden Hypothesen wird das Vorliegen der entsprechenden querschnittlich korrelativen Befunde als ein starkes Indiz für die Existenz der angenommenen Kausalbeziehungen angenommen. Dennoch, das sei nochmals mit Nachdruck gesagt, werden diese Schlüsse nur mit Bezug auf die theoretische Plausibilität gezogen, wenn die gefundenen Ergebnisse sich mit den Erwartungen auf Grund des berichteten Forschungsstandes deckten. Um entsprechend den zentralen Befund dieser Arbeit in diesem Zusammenhang aufzugreifen: Es ist es meiner Ansicht nach auf Grund des referierten Erkenntnisstandes der Stigmaforschung höchst plausibel anzunehmen, dass die Motivation bei den Schülern mit höherem sozialen Stigmaerleben daher niedriger ist, weil sie sich mit steigender Intensität dieser, für die eigene Person negativen, Annahmen umso mehr aktiv von der Schule desengagieren müssen, um ihre Selbstaffirmation zu schützen und sich der andauernden Bedrohung des negativen Stereotyps über Hauptschüler möglichst gut zu entziehen. Es bleibt jedoch dabei, dass es sich dabei um eine Annahme handelt, die durch die vorliegenden Ergebnisse nicht bewiesen worden ist. So sind Alternativerklärungen denkbar. Vielleicht fühlen sich z. B. die unmotivierten Schüler besonders stark stigmatisiert, weil sie das negative Stereotyp auf Grund ihrer Faulheit häufig bestätigen, und ihnen daher auch besonders viel Ablehnung entgegen gebracht wird. Allerdings wäre in einem solchen Fall eine größere Rolle des Faulheits-Stigmas zu erwarten. Letztlich kann mit der vorliegenden Datengrundlage nicht geklärt werden, ob die Kausalität vom Stigma auf die Motivation funktioniert, oder ob es sich umgekehrt verhält, ein reziproker Prozess ist oder gar durch Drittvariablen verursacht wird. Es ist weiterer Forschung vorbehalten, diese Frage hinreichend zu klären.

5 Schlussfolgerungen und Ausblick

Diese Arbeit liefert deutliche Hinweise dafür, dass vor allem Hauptschüler ohne Migrationshintergrund nach dem Übergang auf die Hauptschule eine im Laufe der Zeit immer stärker stigmatisierte öffentliche kollektive Identität entwickeln. Die Befunde deuten darauf hin, dass die Hauptschüler sich als Reaktion auf diese Stigmatisierung von der Schule zurückziehen. Am stärksten korrespondiert dabei die wahrgenommene soziale Ächtung mit einer Motivationsreduktion im schulischen Bereich. Rom Harre und Fathali Moghaddam (2003, S. 6) schreiben zu Effekten dieser Art von gesellschaftlicher Positionierung:

> “Positioning someone as stupid is, at the same time, to deny that person the right to correct one’s cognitive performances. Positioning someone as unreliable is at the same time to exclude the person from certain duties, such as bringing the laundry if it starts to rain. Positioning someone as puritanical denies the person the right for their criticism of one’s louche lifestyle to be taken seriously.”

Ich nehme an, dass Hauptschüler bereits nach kurzer Zeit auf der Hauptschule wissen, dass der Weg in höhere Schulen nahezu versperrt ist. Gleichzeitig haben selbst die eigenen Lehrer deutliche Vorurteile gegenüber ihrer eigenen Schülerschaft, die auch diejenigen realisieren und erleben müssen, auf die diese Stereotype gar nicht zutreffend sind. Da es so Hauptschülern schwer gemacht wird, sich mit einer positiven Perspektive in der Schule zu engagieren, ist es wahrscheinlich, dass sie andere Kontingenzien des Selbstwertes für sich konstruieren (vgl. Crocker, 2002). Dies können dann – stereotypkongruent – z. B. Drogenmissbrauch und/ oder Kriminalität sein. Es ist, wenn man diese Perspektive einnimmt, gut denkbar, dass deviantes Verhalten oft die Folge von und nicht nur die Begründung für Stigmatisierung von Hauptschülern ist.

Zunächst hat die vorliegende Arbeit vermutlich mehr Fragen aufgeworfen als beantwortet. Aber sie hat mindestens gezeigt, dass es sich lohnt, sich mit diesen Fragen vertiefend zu befassen. Abschließend möchte ich nur einige ausgewählte offene Fragen darstellen, deren Erforschung man sich meines Erachtens in näherer Zukunft mit Engagement widmen sollte.

Zuerst möchte ich dabei erneut auf die querschnittliche Anlage der vorliegenden Datenerhebungen verweisen. Da diese Daten keinerlei Kausalitätsschlüsse zulassen, sollten unbedingt längerfristige Längsschnittanalysen mit ausreichend großen Stichproben vorgenommen werden, um weitere Hinweise auf die Genese und Wirkung des Stigmaerlebens an der Hauptschule zu erhalten. Eine solche Studie sollte möglichst vor dem Übergang auf die weiterführenden Schulen beginnen und eine längere Zeit weitergeführt werden. Auch abhängige Variablen wie Schulabstinenz,

Hausaufgabentätigkeiten, Freizeitaktivitäten u. a. sollten dann erhoben werden, um ein deutlicheres Bild von möglichen psychosozialen Konsequenzen der externen Leistungsdifferenzierung zu erhalten. Außerdem sollten Effekte der Stigmatisierung von Hauptschülern auch experimentell untersucht werden.

Zweitens sollten die Perspektive auf mehrere Bundesländer und die mittlere Schule ausgeweitet werden. Dies erscheint besonders vielversprechend, da hier enorme Diskrepanzen zwischen den Ländern denkbar sind. Um diese erfassen zu können, ist zunächst eine Überarbeitung der Instrumente derart notwendig, dass die Deckeneffekte auf beiden Seiten nicht mehr vorkommen.

Drittens sollten weitere Elemente der kollektiven Identität hinzugenommen werden. Eine interessante offene Frage in diesem Zusammenhang ist beispielsweise, wie sich die Relation der eigenen Sichtweise auf Hauptschüler zu der öffentlichen Wahrnehmung verhält, und auch, wie sich diese Diskrepanz oder Deckung dann auswirkt.

Viertens sind die situationalen Effekte der Stigmatisierung von Hauptschülern in den Fokus zu rücken. Dabei sollten sowohl aktuelle als auch ehemalige Schüler untersucht werden. Ein Fokus sollten dabei auch emotionale Reaktionen auf die Aufdeckung des im Allgemeinen verborgenen Stigmas sein und deren Folgen für das weitere Verhalten. Hierbei ist auch das Thema Aggression zu berücksichtigen. Der in dieser Arbeit nur am Rande behandelte kollektive Kompensationsfaktor (bzw. eine Erweiterung dieses Konstrukts) könnte bei solchen Untersuchungen eine zentrale Rolle spielen.

Ich möchte damit schließen, dass die vertiefende Forschungsarbeit um dieses Thema meines Erachtens hohe Dringlichkeit besitzt. Sollten sich die hier gemachten Annahmen weiter erhärten lassen, ist es geboten, für zehntausende Schüler auf Hauptschulen nach Möglichkeiten der Verbesserung ihrer auch durch die Schultypzuweisung psychosozial schwierigen Situation zu suchen. Wenn wir tatsächlich strukturell eine Situation erzeugen, die es diesen Schülern emotional und leistungsbezogen schwierig macht, sich in die Wissensgesellschaft zu integrieren, ist Handlungsbedarf gegeben. In der medizinischen und der klinisch-psychologischen Forschung gilt es im Allgemeinen als unethisch, wenn man einem Teil seiner Probanden das bestmögliche Treatment verweigert. Auch wenn die Entscheidungen diesbezüglich letztlich bei der Politik liegen, glaube ich, dass wir diesen Grundsatz in der pädagogisch-psychologischen Forschung gerade auch in Bezug auf die Schulstrukturdebatte nicht aus den Augen verlieren dürfen.

Literatur

Aijzen, I. & Fishbein, M. (1977). Attitude-behaviour relations: A theoretical analysis and review of empirical research. *Psychological Bulletin, 84*, 888–918.

Aijzen, I. & Madden, T. J. (1986). Prediction of goal-directed behaviour: attitudes, intentions, and perceived behavioural control. *Journal of Experimental Social Psychology, 6*, 466–487.

Allison, P. D. (2002). *Missing data.* Thousand Oaks: Sage Publ.

Allison, P. D. (2003). Missing Data Techniques for Structural Equation Modeling. *Journal of Abnormal Psychology*, 545–557.

Aronson, E., Wilson, T. D. & Akert, R. M. (2004). *Sozialpsychlogie* (4., aktual.). München: Pearson Studium.

Ashmore, R. D., Deaux, K. & McLaughlin Volpe, T. (2004). An Organizing Framework for Collective Identity: Articulation and Significance of Multidimensionality. *Psychological Bulletin, 130*(1), 80–114.

Backhaus, K. (2003). *Multivariate Analysemethoden. Eine anwendungsorientierte Einführung* (10. Aufl.). Berlin: Springer.

Bandura, A. (1997). *Self-Efficacy. The Exercise of Control.* New York: W.H. Freeman and Company.

Bargh, J. A. (1997). The automaticity of everyday life. *Advances in social cognition, 10*, 1–61.

Baumeister, R. F. (Hrsg.). (1999). *The self in social psychology*. Philadelphia: Psychology Press.

Baumert, J. (Hrsg.). (1998a). *Testaufgaben Mathematik TIMSS 7./8. Klasse (Population 2)*. Berlin.

Baumert, J. (Hrsg.). (1998b). *Testaufgaben Naturwissenschaften TIMSS 7./8. Klasse (Population 2)*. Berlin.

Baumert, J. (Hrsg.). (2001). *Pisa 2000. Basiskompetenzen von Schülerinnen und Schülern im internationalen Vergleich* (Rev. Nachdr. der Erstausg.). Opladen: Leske + Budrich.

Baumert, J. (Hrsg.). (2002). *PISA 2000 – die Länder der Bundesrepublik Deutschland im Vergleich*. Opladen: Leske + Budrich.

Baumert, J., Blum, W. & Neubrand, M. (2004). Drawing the lessons from PISA 2000. *Zeitschrift für Erziehungswissenschaft, Beiheft 3/2004*, 143–157.

Baumert, J., Bos, W. & Lehmann, R. (Hrsg.). (2000). *TIMSS III, dritte internationale Mathematik- und Naturwissenschaftsstudie. Mathematische und naturwissenschaftliche Bildung am Ende der Schullaufbahn* (Bd. 1: Mathematische und naturwissenschaftliche Grundbildung am Ende der Pflichtschulzeit). Opladen: Leske + Budrich.

Baumert, J., Cortina, K. & Leschinsky, A. (2003). Grundlegende Entwicklungen und Strukturprobleme im allgemein bildenden Schulwesen. In K. Cortina, J. Baumert, A. Leschinsky, K. U. Mayer & L. Trommer (Hrsg.), *Das Bildungswesen in der Bundesrepublik Deutschland. Strukturen und Entwicklungen im Überblick.* (S. 52–147). Reinbek bei Hamburg: Rowohlt.

Baumert, J., Grühn, S., Heyn, S., Köller, O. & Schnabel, K. U. (1997). *BIJU – Bildungsverläufe und psychosoziale Entwicklung im Jugendalter* (Skalenhandbuch). Berlin, Kiel: MPI und IPN.

Baumert, J. & Köller, O. (1998). Nationale und internationale Schulleistungsstudien: Was können sie leisten, wo sind ihre Grenzen? *Pädagogik, 50*(6), 12–18.

Baumert, J., Lehmann, R., Lehrke, M., Schmitz, B., Clausen, M., Hosenfeld, I. et al. (1997a). *TIMSS – Mathematisch- naturwissenschaftlicher Unterricht im internationalen Vergleich.* Opladen: Leske + Budrich.

Baumert, J., Lehmann, R., Lehrke, M., Schmitz, B., Clausen, M., Hosenfeld, I. et al. (1997b). *TIMSS – mathematisch-naturwissenschaftlicher Unterricht im internationalen Vergleich. Deskriptive Befunde.* Opladen: Leske und Budrich.

Baumert, J., Watermann, R. & Schümer, G. (2003). Disparitäten in der Bildungsbeteiligung und des Kompetenzerwerbs. Ein institutionelles und individuelles Mediationsmodell. *Zeitschrift für Erziehungswissenschaft, 6*(1), 46–72.

Beauducel, A. & Wittmann, W. W. (2005). Simulation Study on Fit Indexes in CFA based on Data with slightly distorted Simple Structure. *Structural Equation Modeling*, 41–75.

Die Deutsche Bibliothek (Hrsg.). (1995). *Meyers großes Taschenlexikon* (5. Aufl. Bd. 21). Mannheim: BI-Taschenbuchverlag.

Blanz, M., Mummendey, A., Mielke, R. & Klink, A. (1998a). Responding to negative social identity: A taxonomy of identity management strategies. *European Journal of Social Psychology, 28*, 697–729.

Blanz, M., Mummendey, A., Mielke, R. & Klink, A. (1998b). Wechselseitige Differenzierung zwischen sozialen Gruppen: Ein Vorhersagemodell der Theorie der sozialen Identität. *Zeitschrift für Sozialpsychologie, 29*(3), 239–259.

Bohl, T. (2003). Anstöße – PISA und Lernende in der Hauptschule. In T. Bohl, H.-U. Grunder, K. Kansteiner-Schänzlin, M. Kleinknecht, C. Pangh, A. Wacker & M. Weingardt (Hrsg.), *Lernende in der Hauptschule – ein Blick auf die Hauptschule nach PISA* (S. 286). Baltmannsweiler: Schneider Verlag Hohengehren.

Bohl, T., Grunder, H.-U., Kansteiner-Schänzlin, K., Kleinknecht, M., Pangh, C., Wacker, A. et al. (Hrsg.). (2003). *Lernende in der Hauptschule – ein Blick auf die Hauptschule nach PISA*. Baltmannsweiler: Schneider Verlag Hohengehren.

Bortz, J. (1993). *Statistik für Sozialwissenschaftler* (4. Aufl.). Berlin: Springer.

Bortz, J. & Döring, N. (1995). *Forschungsmethoden und Evaluation für Sozialwissenschaftler* (2. Aufl.). Berlin: Springer.

Bos, W., Lankes, E.-M., Prenzel, M., Schwippert, K., Walther, G. & Valtin, R. (Hrsg.). (2003). *Erste Ergebnisse aus IGLU. Schülerleistungen am Ende der vierten Jahrgangsstufe im internationalen Vergleich*. Münster: Waxmann.

Bos, W., Lankes, E.-M., Prenzel, M., Schwippert, K., Valtin, R. & Walther, G. (Hrsg.). (2004). *IGLU. Einige Länder der Bundesrepublik Deutschland im nationalen und internationalen Vergleich*. Münster: Waxmann.

Brewer, M. B. & Gardner, W. (1996). Who is this „We"? Levels of collective identity and self representations. *Journal of Personality & Social Psychology, 71*(1), 83–93.

Bronder, D. J., Ipfling, H.-J. & Zenke, K. G. (Hrsg.). (2000). *Handbuch Hauptschulbildungsgang* (Bd. 2: Praxisberichte). Bad Heilbrunn/Obb.: Klinkhardt.

Byrne, B. M. (1984). The general/academic self-concept nomological network: A review of construct validation research. *Review of Educational Research, 54*, 427–456.

Byrne, B. M. (1996). *Measuring Self-Concept across the Lifespan*. Washington, D.C.: American Psychological Association.

Byrne, B. M. & Shavelson, R. J. (1986). On the Structure of Adolescent Self-Concept. *Journal of Educational Psychology, 78*(6), 474–481.

Cameron, J. E. (2004). A three-factor model of social identity. *Self and Identity, 3*(3), 239–262.

Cialdini, R. B., Borden, R. J., Thorne, A., Walker, M. R., Freeman, S. & Sloan, L. R. (1976). Basking in reflected glory: Three (football) field studies. *Journal of Personality and Social Psychology, 34*, 366–375.

Cialdini, R. B. & Richardson, K. D. (1980). Two indirect tactics of image management: Basking and blasting. *Journal of Personality and Social Psychology, 39*, 406–415.

Cohen, G. L. & Steele, C. (2002). A barrier of mistrust: how negative stereotypes affect cross-race mentoring. In J. Aronson (Hrsg.), *Improving academic achievement: impact of psychological factors on education* (S. 303–361). New York: Academic Press.

Cohen, J., Cohen, P., West, S. G. & Aiken, L. S. (2003). *Applied multiple Regression/Correlation. Analysis for the Behavioural Sciences*. Hillsdale NJ: Lawrence Erlbaum Associates.

Cohen, L. L. & Swim, J. K. (1995). The differential impact of gender ratios on women and men: Tokenism, self-confidence, and expectations. *Personality and Social Psychology Bulletin, 21*, 876–884.

Cooley, C. H. (1902 (1964)). *Human nature and the social order*. New York: Scribners.

Cortina, K. & Trommer, L. (2003). Bildungswege und Bildungsbiographien in der Sekundarstufe I. In K. Cortina, J. Baumert, A. Leschinsky, K. U. Mayer & L. Trommer (Hrsg.), *Das Bildungswesen der Bundesrepublik Deutschland* (S. 342–391). Reinbek: Rowohlt.

Crocker, J. (1999). Social stigma and self-esteem: Situational construction of self-worth. *Journal of Experimental Social Psychology*, 89–107.

Crocker, J. (2002). The costs of seeking self-esteem. *Journal of Social Issues*, 597–615.

Crocker, J. & Major, B. (1989). Social stigma and self-esteem: The self-protective properties of stigma. *Psychological Review, 96*(4), 608–630.

Crocker, J. & Major, B. (1994). Reactions to stigma. The moderating roles of justifications. In M. P. Zanna & J. M. Olson (Hrsg.), *The psychology of prejudice* (S. 289–314). New Jersey: Hillsdale.

Crocker, J., Major, B. & Steele, C. (1998). Social stigma. In D. T. Gilbert, S. T. Fiske & G. Lindzey (Hrsg.), *The handbook of social psychology* (S. 504–553). Boston: McGraw-Hill.

Crocker, J. & Quinn, D. (1998). Racism and self-esteem. In J. Eberhardt (Hrsg.), *Confronting Racism* (S. 169–187). Thousand Oaks: Sage Publications.

Croizet, J. C. & Claire, T. (1998). Extending the concept of stereotype threat to social class: The intellectual underperformance of students from low socioeconimic backgrounds. *Personality and Social Psychology Bulletin, 24*(6), 588–594.

Croizet, J. C., Gauzins, M. E., Huguet, P. & Leyens, J. P. (2004). Stereotype Threat Undermines Intellectual Performance by Triggering a Disruptive Mental Load. *Personality & Social Psychology Bulletin, 30*(6), 721–731.

Croizet, J. C., Dutrevis, M. & Desert, M. (2002). Why do students holding non-prestigious high school degrees underachieve at the university? *Swiss Journal of Psychology. 61*(3), 167–175.

Curran, P. J., West, S. G. & Finch, J. F. (1996). The robustness of test statistics to nonnormality and specification error in confirmatory factor analysis. *Psychological Methods*, 16–29.

Davis, J. A. (1966). The campus as a frog pond: An application of the theory of relative deprivation to career decisions of college men. *American Journal of Sociology, 72*, 17–31.

Deaux, K. (1996). Social Identification. In E. T. Higgins & A. W. Kruglanski (Hrsg.), *Social Psychology. Handbook of basic principles* (S. 777–798): The Guilford Press.

Devine, P. (1989). Stereotypes and prejudice: Their automatic and controlled components. *Journal of Personality & Social Psychology, 56*, 5–18.

Dickhäuser, O., Schöne, C., Spinath, B. & Stiensmeier-Pelster, J. (2002). Die Skalen zum akademischen Selbstkonzept: Konstruktion und Überprüfung eines neuen Instrumentes. *Zeitschrift für Differentielle und Diagnostische Psychologie, 23*, 393–405.

Diefenbach, H. K., Michael. (2002). Bringing Boys back in. *Zeitschrift für Pädagogik, 48*(5), 938–958.

Dion, K. L. (2003). Prejudice, racism, and discrimination. In T. Millon & M. J. Lerner (Hrsg.), *Handbook of psychology: Personality and social psychology, Vol. 5* (S. 507–536). New York: John Wiley & Sons.

Ditton, H. (1992). *Ungleichheit und Mobilität durch Bildung. Theorie und empirische Untersuchung über sozialräumliche Aspekte von Bildungsentscheidungen.* Weinheim: Juventa.

Eccles (Parsons), J. S. (1983). Expectancies, values, and academic choice: Origins and changes. In J. Spence (Hrsg.), *Achievement and achievement motivation* (S. 87–134). San Francisco: W.H. Freeman.

Eccles, J. S., Lord, S. E., Roeser, R. W., Barber, B. L. & Jozefowicz, D. M. H. (2002). The Association of School Transitions in Early Adolescence with Developmental Trajectories through High School. In J. Schulenberg, J. Maggs & K. Hurrelmann (Hrsg.), *Health Risks and Developmental Transitions During Adolescence*. New York: Cambridge University Press.

Eccles, J. S., O'Neill, S. A. & Wigfield, A. (2005). Ability Self-Perceptions and Subjective Task Values in Adolescents and Children. In K. A. Moore & L. H. Lippman (Hrsg.), *What do children need to flourish* (S. 237–249). New York: Springer Science and Buisiness Media.

Elliot, A. J. & Mapes, R. R. (2005). Approach-Avoidance Motivation and Self-Concept Evaluation. In A. Tesser, J. Wood & D. Stapel (Hrsg.), *On Building, Defending and Regulating the Self* (S. 171–196). New York: Psychology Press.

Felson, R. B. (1993). The (somewhat) social self: How others affect self-appraisals. In J. Suls (Hrsg.), *Psychological perspectives on the self* (Bd. 4, S. 1–26). Hillsdale: Erlbaum.

Ferring, D. & Filipp, S.-H. (1996). Messung des Selbstwertgefühls: Befunde zur Reliabilität, Validität und Stabilität der Rosenberg-Skala. *Diagnostica, 42*(3), 284–292.

Festinger, L. (1954). A theory of social comparison processes. *Human Relations, 7*, 117–140.

Festinger, L. (1978). *Theorie der kognitiven Dissonanz*. Bern: Huber.

Fink, M. (2003). Jugendliche in erschwerten Lebenslagen – Beschreibungen und Deutungen im Spiegel empirischer Forschungsbefunde. In L. Duncker (Hrsg.), *Konzepte für die Hauptschule. Ein Bildungsgang zwischen Konstruktion und Kritik* (S. 200–211). Bad Heilbrunn/Obb.: Klinkhardt.

Fiske, S. T. (1998). Stereotyping, prejudice, and discrimination. In D. T. Gilbert, S. T. Fiske & G. Lindzey (Hrsg.), *Handbook of social psychology* (4. ed., S. 357–411). New York: McGraw-Hill.

Fiske, S. T., Cuddy, A. J. C., Glick, P. & Xu, J. (2002). A model of (often mixed) stereotype content: Competence and warmth respectively follow from perceived status and competition. *Journal of Personality and Social Psychology, 82*(6), 878–902.

Flick, U. (1996). *Qualitative Forschung. Theorie, Methoden, Anwendung in Psychologie und Sozialwissenschaften* (2. Aufl.). Reinbek bei Hamburg: Rowohlt.

Folkman, S., Lazarus, R. S., Gruen, R. J. & DeLongis, A. (1986). Appraisal, coping, health status, and psychological symptoms. *Journal of Personality and Social Psychology, 50*, 571–579.

Gawronski, B. & Conrey, F. R. (2004). Der Implizite Assoziationstest als Maß automatisch aktivierter Assoziationen: Reichweite und Grenzen. *Psychologische Rundschau, 55*(3), 118–126.

Goffman, E. (1963). *Stigma: Notes on the management of a spoiled identity.* Englewood Cliffs: Prentice-Hall.

Goffman, E. (1980). *Stigma. Über die Techniken der Bewältigung beschädigter Identität.* Frankfurt: Suhrkamp.

Graham, J. W., Cumsille, P. E. & Elek Fisk, E. (2003). Methods for handling missing data. In J. A. Schinka, W. F. Velicer & I. B. Weiner (Hrsg.), *Handbook of Psychology* (S. 87–114). Hoboken, NJ: Wiley.

Greenwald, A. G., Banaji, M. R., Rudman, L., Farnham, S., Nosek, B. A. & Mellott, D. (2002). A Unified Theory of Implicit Attitudes, Stereotypes, Self-Esteem, and Self-Concept. *Psychological Review, 109*(1), 3–25.

Greenwald, A. G., Nosek, B. A. & Banaji, M. R. (2003). Understanding and using the Implicit Association Test: I. An improved scoring algorithm. *Journal of Personality & Social Psychology, 85*(2), 197–216.

Greve, W. (Hrsg.). (2000). *Psychologie des Selbst*. Weinheim: Beltz.

Hannover, B. (1997). *Das dynamische Selbst. Die Kontextabhaengigkeit selbstbezogenen Wissens. The dynamic self. Context dependency of selfrelated knowledge.* Bern: Huber.

Hannover, B., Brirkner, N. & Pöhlmann, C. (2006). Self-discrepancy and self-esteem in people with independent or interdependent self-construal. *European Journal of Experimental Social Psychology, 36*, 119–133.

Hannover, B. & Kühnen, U. (2002). Der Einfluss independenter und interdependenter Selbstkonstruktion auf die Informationsverarbeitung im sozialen Kontext. *Psychologische Rundschau, 53*(2), 61–76.

Hannover, B., Kühnen, U. & Birkner, N. (2000). Inter- vs. independentes Selbstwissen als Determinante von Assimilation und Kontrast bei kontextuellem Priming. *Zeitschrift für Sozialpsychologie, 31*(1), 44–56.

Hannover, B., Pöhlmann, C., Roeder, U., Springer, A. & Kühnen, U. (2005). Eine erweiterte Version des Semantisch-Prozeduralen Inteface.Modells des Selbst: Funktion des mentalen Interface und Implikationen des Modells für motivierte Prozesse. *Psychologische Rundschau* (56), 99–112.

Hansel, T. (Hrsg.). (2000). *Hauptschule – Auslaufmodell oder Herausforderung?* Herbolzheim: Centaurus.

Harre, R. & Moghaddam, F. (Hrsg.). (2003). *The self and others. Positioning individuals and groups in personal, political, and cultural contexts.* Westport: Praeger.

Hattie, J. (1992). *Self-Concept.* Hillsdale: Lawrence Erlbaum.

Heatherton, T. F. & Polivy, J. (1991). *State Self Esteem Scale.*Verfügbar unter: http://www.mike-stalkfleet.com/downloads/State_Self-Esteem.pdf

Heckhausen, H. (1977). Motivation: Kognitionspsychologische Aufspaltung eines summarischen Konstrukts. *Psychologische Rundschau, 28*, 175–189.

Heckhausen, H. (1989). *Motivation und Handeln* (2). Berlin: Springer.

Helmke, A. (1992). *Selbstvertrauen und schulische Leistungen.* Göttingen: Hogrefe.

Helmke, A. (1998). Vom Optimisten zum Realisten? Zur Entwicklung des Fähigkeitsselbstkonzeptes vom Kindergarten bis zur 6. Klassenstufe. In F. E. Weinert (Hrsg.), *Entwicklung im Kindesalter*. Weinheim: Beltz.

Higgins, E. (2001). Promotion and prevention experiences: Relating emotions to nonemotional motivational states. In J. P. Forgas (Hrsg.), *Handbook of affect and social cognition.* Mahwah: Lawrence Erlbaum.

Hofer, M. (1986). *Sozialpsychologie erzieherischen Handelns*. Göttingen: Hogrefe.

Hofer, M. (1997). Lehrer-Schüler-Interaktion. In F. E. Weinert (Hrsg.), *Psychologie des Unterrichts und der Schule*. Göttingen: Hogrefe.

Hogg, M. A. & Abrams, D. (1988). *Social identifications*. London: Routledge.

Horton, N. J. & Lipsitz, S. R. (2001). Multiple Imputation in Practice: Comparison of Software Packages for Regression Models With Missing Variables. *The Amercian Statistician, 55*(3), 244–254.

Hosenfeld, I., Köller, O. & Baumert, J. (1999). Why Sex Differeneces in Mathematics Achievement Disappear in German Secondary Schools: A Reanalysis of the German TIMSS-Data. *Studies in Educational Evaluation, 25*(2), 143–161.

Hu, L. T. & Bentler, P. M. (1999). Cutoff criteria for fit indexes in covariance structure analysis: Conventional criteria versus new alternatives. *Structural Equation Modeling*, 1–55.

James, W. (1890 (1950)-a). *The principles of psychology* (Bd. 1). Dover (Orig.: New York): Dover Publications (Orig.: Holt).

James, W. (1890 (1950)-b). *The principles of psychology* (Bd. 2). Dover (Orig.: New York): Dover Publications (Orig.: Holt).

James, W. (1892). Psychology: Briefer course. In F. H. Burkhardt, F. Bowers & I. K. Skrupskelis (Hrsg.), *The works of William James (1984)*. Cambridge: Harvard University Press.

Jerusalem, M. (1983). *Selbstbezogene Kognitionen in schulischen Bezugsgruppen.* Dissertation, Freie Universität Berlin.

Jones, E. E., Farina, A., Hastorf, A. H., Markus, H., Miller, D. T. & Scott, R. A. (1984). *Social stigma: The psychology of marked relationships.* New York: Freeman.

Jungermann, H., Pfister, H.-R. & Fischer, K. (1998). *Die Psychologie der Entscheidung.* Heidelberg; Berlin: Spektrum Akademischer Verlag GmbH.

Kanders, M., Rösner, E. & Rolff, H.-G. (1996). Das Bild der Schule aus der Sicht von Schülern und Lehrern. Ergebnisse zweier IFS-Repräsentativbefragungen. In H.-G. Rolff, K.-O. Bauer, K. Klemm & H. Pfeiffer (Hrsg.), *Jahrbuch der Schulentwicklung* (S. 57–113). Weinheim und München: Juventa.

Katz, J., Joiner, T. E., Jr. & Kwon, P. (2002). Membership in a devalued social group and emotional well-being: Developing a model of personal self-esteem, collective self-esteem, and group socialization. *Sex Roles, 47*(9/10), 419–431.

Kessels, U. (2002). *Undoing Gender in der Schule. Eine empirische Studie über Koedukation und Geschlechtsidentität im Physikunterricht.* Weinheim: Juventa.

Köller, O. (2004). *Konsequenzen von Leistungsgruppierungen.* Münster: Waxmann.

Köller, O. & Baumert, J. (2001). Leistungsgruppierungen in der Sekundarstufe I. Ihre Konsequenzen für die Mathematikleistung und das mathematische Selbstkonzept der Begabung. *Zeitschrift für Pädagogische Psychologie, 15*(2), 99–110.

Köller, O. & Baumert, J. (2002). Entwicklung von Schulleistungen. In R. Oerter & L. Montada (Hrsg.), *Entwicklungspsychologie* (S. 756–786). Weinheim: Beltz/PVU.

Köller, O., Baumert, J., Cortina, K., Trautwein, U. & Watermann, R. (2004). Öffnung von Bildungswegen in der Sekundarstufe II und die Wahrung von Standards. *Zeitschrift für Pädagogik, 50*(5), 679–700.

Köller, O., Daniels, Z., Schnabel, K. U. & Baumert, J. (2000). Kurswahlen von Mädchen und Jungen im Fach Mathematik: Zur Rolle von fachspezifischem Selbstkonzept und Interesse. *Zeitschrift für Pädagogische Psychologie, 14*(1), 26–37.

Köller, O., Klemmert, H., Möller, J. & Baumert, J. (1999). Eine längsschnittliche Überpruefung des Modells des Internal/External Frame of Reference. *Zeitschrift für Pädagogische Psychologie, 13*(3), 128–134.

Köller, O. & Möller, J. (2006). Selbstwirksamkeit. In D. H. Rost (Hrsg.), *Handwörterbuch Pädagogische Psychologie* (3., überarb. Aufl., S. 693–699). Weinheim: Beltz.

Köller, O., Schnabel, K. U. & Baumert, J. (2000a). Der Einfluss der Leistungsstärke von Schulen auf das fachspezifische Selbstkonzept der Begabung und das Interesse. *Zeitschrift für Entwicklungspsychologie und Pädagogische Psychologie, 32*(2), 70–80.

Köller, O., Schnabel, K. U. & Baumert, J. (2000b). Der Einfluss der Leistungsstärke von Schulen auf das fachspezifische Selbstkonzept der Begabung und das Interesse. *Zeitschrift für Entwicklungspsychologie und Pädagogische Psychologie, 32*(2), 70–80.

Lazarus, R. S. & Folkman, S. (1984). *Stress, appraisal, and coping*. New York: Springer.

Le Bon, G. (1910). *Psychologie der Massen*. Leipzig: Kröner.

Leschinsky, A. (2003). Die Hauptschule – Sorgenkind im Schulwesen. In K. Cortina, J. Baumert, A. Leschinsky, K. U. Mayer & L. Trommer (Hrsg.), *Das Bildungswesen in der Bundesrepublik Deutschland* (S. 392–428). Reinbek: Rowohlt.

Leschinsky, A. & Cortina, K. (2003). Zur sozialen Einbettung bildungspolitischer Trends in der Bundesrepublik. In K. Cortina, J. Baumert, A. Leschinsky, K. U. Mayer & L. Trommer (Hrsg.), *Das Bildungswesen in der Bundesrepublik Deutschland* (S. 20–51). Reinbek: Rowohlt.

Leyens, J.-P. & Schadron, G. (1994). *Stereotypes and social congnition*. London: Sage.

Luhtanen, R. & Crocker, J. (1991). Self-esteem and intergroup comparisons: Toward a theory of collective self-esteem. In J. Suls & T. A. Wills (Hrsg.), *Social comparison: Contemporary theory and research* (S. 211–236). Hillsdale: Erlbaum.

Luhtanen, R. & Crocker, J. (1992). A collective self-esteem scale: Self-evaluation of one's social identity. *Personality and Social Psychology Bulletin*, 302–318.

Lukesch, H., Mayrhofer, S. & Kormann, A. (2004). *PSB-R 6–13: Prüfsystem für Schul- und Bildungsberatung für 6. bis 13. Klassen – revidierte Fassung*. Göttingen: Hogrefe.

Maaz, K. (2006). *Primäre und sekundäre Disparitäten des Hochschulzugangs.* Dissertation, Freie Universität Berlin.

Major, B., Spencer, S., Schmader, T., Wolfe, C. & Crocker, J. (1998). Coping with negative stereotypes about intellectual performance: The role of psychological disengagement. *Personality & Social Psychology Bulletin, 24*(1), 34–50.

Markus, H. (1977). Self-schemata and processing information about the self. *Journal of Personality and Social Psychology*, 63–78.

Markus, H. & Kitayama, S. (1991). Culture and the self: Implications for cognition, emotion, and motivation. *Psychological Review, 98*(2), 224–253.

Markus, H. & Wurf, E. (1987). The dynamic self-concept: A social psychological perspective. *Annual Review of Psychology, 38*, 299–337.

Marsh, H. W. (1988). *Self Description Questonaire: A theoretical and empirical basis for the measurement of multiple dimensions of preadolescent self-concept: A test manual and a research monograph.* San Antonio: Psychological Corporation.

Marsh, H. W. (1990a). Influences of Internal and External Frames of Reference on the Formation of Math and English Self-Concepts. *Journal of Educational Psychology, 82*(1), 107–116.

Marsh, H. W. (1990b). A multidimensional, hierarchical model of self-concept: Theoretical and empirical justification. *Educational Psychology Review*, 77–172.

Marsh, H. W. (1990c). The structure of academic self-concept: The Marsh/Shavelson model. *Journal of Educational Psychology, 82*, 623–636.

Marsh, H. W., Craven, R. G. & McInerney, D. M. (Hrsg.). (2005). *International Advances in Self Research. New Frontiers for Self-Research* (Bd. 2). Greenwich: Information Age Publishing.

Marsh, H. W. & Hau, K. T. (2003). Big fish little pond effect on academic self-concept: A crosscultural (26 country) test of the negative effects of academically selective schools. *American Psychologist, 58*, 364–376.

Marsh, H. W., Kong, C. K. & Hau, K. T. (2000). Longitudinal multilevel models of the big-fish-little-pond effect on academic self-concept: Counterbalancing contrast and reflected-glory effects in Hong Kong schools. *Journal of Personality & Social Psychology, 78*(2), 337–349.

Marsh, H. W. & O'Neill, R. (1984). Self Description Questonaire III: The construct validity of multidimensional self-concept ratings by late adolescents. *Journal of Educational Measurement, 21*, 153–174.

Marsh, H. W. & Parker, J. W. (1984). Determinants of student self-concept: Is it better to be a relatively large fish in a small pond even if you don't learn to swim as well? *Journal of Personality & Social Psychology, 47*(1), 213–231.

Marsh, H. W. & Shavelson, R. J. (1985). Self-Concept: Its multifaceted, hierarchical structure. *Educational Psychologist, 20*, 107–125.

Marsh, H. W., Trautwein, U., Lüdtke, O., Köller, O. & Baumert, J. (2005). Academic Self-Concept, Interest, Grades, and Standardized Test Scores: Reciprocal Effects Models of Causal Ordering. *Child Development, 76*(2), 397–416.

Marsh, H. W., Trautwein, U., Lüdtke, O., Köller, O. & Baumert, J. (2006). Integration of Multidimensional Self-Concept and Core Personality Constructs: Construct Validation and Relations to Well-Being and Achievement. *Journal of Personality, 74*, 403–456.

Mead, G. H. (1914). 1914 class lectures in social psychology. In D. L. Miller (Hrsg.), *The individual and the social self. Unpublished work of George Herbert Mead* (S. 27–105). Chicago: University of Chicago Press.

Mead, G. H. (1927 (1982)). *The individual and the social self. Unpublished work of George Herbert Mead* (D. L. Miller, Trans.). Chicago: University of Chicago Press.

Mead, G. H. (1934 (1955)). *Mind, self and society from the standpoint of a social behaviourist* (C. W. Morris, Trans. 10. impr.). Chicago: University of Chicago Press.

Miller, C. T. & Major, B. (2000). Coping with stigma and prejudice. In T. F. Heatherton, R. E. Kleck, M. R. Hebl & J. G. Hull (Hrsg.), *The social psychology of stigma* (S. 243–272). New York: Guilford Press.

Moschner, B. (1998). Selbstkonzept. In D. H. Rost (Hrsg.), *Handwörterbuch Pädagogische Psychologie* (S. 460–464). Weinheim: Psychologie Verlags Union.

Moschner, B. & Dickhäuser, O. (2006). Selbstkonzept. In D. H. Rost (Hrsg.), *Handwörterbuch Pädagogische Psychologie* (3. überarb. Aufl., S. 685–692). Weinheim: Psychologie Verlags Union.

Mummendey, A. & Otten, S. (2002). Theorien intergruppalen Verhaltens. In D. Frey & M. Irle (Hrsg.), *Theorien der Sozialpsychologie* (2. überarb. Aufl., Bd. 2: Gruppen-, Interaktions- und Lerntheorien, S. 95–119). Göttingen: Huber.

Mussweiler. (2006). Sozialer Vergleich. In Bierhoff & Frey (Hrsg.), *Handbuch der Psychologie Band III: Sozialpsychologie und Kommunikationspsychologie* (S. 103–112). Göttingen: Hogrefe.

Nario Redmond, M. R., Biernat, M., Eidelman, S. & Palenske, D. J. (2004). The Social and Personal Identities scale: A measure of the differential importance ascribed to social and personal self-categorizations. *Self and Identity, 3*(2), 143–175.

Nosek, B. A. (in Vorbereitung). *Moderators of the Relationship between Implicit and Explicit Evaluation.* Unveröffentlichtes Manuskript.

Nosek, B. A., Greenwald, A. G. & Banaji, M. R. (2005a). Understanding and Using the Implicit Association Test: II. Method Variables and Construct Validity. *Personality and Social Psychology Bulletin, 31*(2), 166–180.

Nosek, B. A., Greenwald, A. G. & Banaji, M. R. (2005b). Understanding and using the Implicit Association Test: II, Supplementary Study A: Do the exemplars that represent a category influence IAT effects? Erhältlich durch die Autoren.

Osborne, J. W. W., Christopher; Rausch, John L. (2002). *Identification with academic outcomes, and withdrawal from school in high school students: Is there a radical paradox?* Paper presented at the AERA, New Orleans, LA.

Osgood, C. E. (1979). *Focus on Meaning*. The Hague: Mouton Publishers.

Osgood, C. E. (1990). *Language, Meaning, and Culture. The Selected Papers of C. E. Osgood*. New York: Praeger.

Otten, S., Mummendey, A. & Blanz, M. (1996). Intergroup discrimination in positive and negative outcome allocations: Impact of stimulus valence, relative group status, and relative group size. *Personality and Social Psychology Bulletin, 22*(6), 568–581.

Prenzel, M., Baumert, J., Blum, W., Lehmann, R., Leutner, D., Neubrand, M. et al. (Hrsg.). (2004). *Pisa 2003. Der Bildungsstand der Jugendlichen in Deutschland – Ergebnisse des zweiten internationalen Vergleichs*. Münster: Waxmann.

Quinn, D. M., Kahng, S. K. & Crocker, J. (2004). Discreditable: Stigma effects of revealing a mental illness history on test performance. *Personality and Social Psychology Bulletin*, 803–815.

Rekus, J. & Ladenthin, V. (1998). *Die Hauptschule. Alltag, Reform, Geschichte, Theorie* (D. Hintz, Trans.). Weinheim: Juventa.

Roeser, R. W. & Eccles, J. S. (1998). Adolescents' perceptions of middle school: Relation to longitudinal changes in academic and psychological adjustment. *Journal of Research on Adolescence, 8*(1), 123–158.

Rosenberg, M. (1965). *Society and the Adolescent Self-Image*. Princeton: Princeton University Press.

Rost, D. H. (1987). Leseverständnis oder Leseverständnisse? *Zeitschrift für Pädagogische Psychologie, 1*, 157–196.

Rost, J. (2004). *Lehrbuch Testtheorie – Testkonstruktion* (2., vollst. überarb. und erw. Aufl.). Bern: Huber.

Ruble, D. N. (1994). A phase model of transitions: Cognitive and motivational consequences. In M. P. Zanna (Hrsg.), *Advances in experimental social psychology, Vol. 26* (S. 163–214). San Diego: Academic Press.

Ruble, D. N. & Seidman, E. (1996). Social transitions: Windows into social psychological processes. In: E. Higgins & A. Kruglanski (Eds.), *Social Psychology. Handbook of Basic Principles* (S. 830–856). New York: Guilford Press.

Ruggiero, K. M. & Taylor, D. M. (1995). Coping with discrimination: How disadvantaged group members perceive the discrimination that confronts them. *Journal of Personality and Social Psychology*, 826–838.

Schäfer, J. (1995). *Glossar qualitativer Verfahren*. Berlin.

Schäfer, J. L. & Graham, J. W. (2002). Missing data: Our view of the state of the art. *Psychological Methods, 7*(2), 147–177.

Schäfer, J. L. & Olsen, M. K. (1998). Multiple imputation for multivariate missing-data problems: A data analyst's perspective. *Multivariate Behavioral Research*, 545–571.

Schilling, S., Sparfeldt, J., Rost, D. H. & Nickels, G. (2004). Schulische Selbstkonzepte – Zur Validität eilner erweiterten Version des Differentiellen Selbstkonzept Gitters (DISK-Gitter). *Sonderdruck aus: Diagnostica, 51*(1), 21–28.

Schmidt, C. (2003). „Am Material": Auswertungstechniken für Leitfadeninterviews. In B. Friebertshäuser & A. Prengel (Hrsg.), *Handbuch Qualitative Forschungsmethoden in der Erziehungswissenschaft* (S. 544–568). Weinheim: Juventa.

Schmidthals, K. (2005). *Wie das Selbst unser Wissen formt. Der Einfluss independenten und interdependenten Selbstwissens auf die Kontextabhängigkeit mentaler Repräsentationen.* Dissertation, Freie Universität Berlin.

Schümer, G. (2004). Zur doppelten Benachteiligung von Schülern aus unterprivilegierten Gesellschaftsschichten im deutschen Schulwesen. In G. Schümer, K.-J. Tillmann & M. Weiß (Hrsg.), *Die Institution Schule und die Lebenswelt der Schüler. Vertiefende Analsysen der PISA-2000-Daten zum Kontext von Schülerleistungen* (S. 73–114). Wiesbaden: Verlag für Sozialwissenschaften.

Schwanzer, A. (2002). *Entwicklung und Validierung eines deutschsprachigen Instruments zur Erfassung des Selbstkonzepts junger Erwachsener*. Berlin: Max-Planck-Institut für Bildungsforschung.

Schwarzer, R. (1981). *Streß, Angst und Hilflosigkeit.* Stuttgart: Kohlhammer.

Schwarzer, R. & Jerusalem, M. (1983). Selbstkonzeptentwicklung in schulischen Bezugsgruppen – eine dynamische Mehrebenenanalyse. *Zeitschrift für personenzentrierte Psychologie und Psychotherapie, 2*(1), 79–87.

Schwippert, K., Bos, W. & Lankes, E.-M. (2003). Heterogenität und Chancengleichheit am Ende der vierten Jahrgangsstufe im internationalen Vergleich. In W. Bos (Hrsg.), *Erste Ergebnisse aus IGLU. Schülerleistungen am Ende der vierten Jahrgangsstufe im internationalen Vergleich* (S. 265–302). Münster: Waxmann.

Sedikides, C. & Brewer, M. B. (2001). Individual self, relational self, and collective self: Partners, opponents, or strangers? In C. Sedikides & M. B. Brewer (Hrsg.), *Individual self, relational self, collective self* (S. 1–4). Philadeplphia: Psychology Press.

Seibt, B. & Förster, J. (2004). Stereotype Threat and Performance: How Self-Stereotypes Influence Processing by Inducing Regulatory Foci. *Journal of Personality & Social Psychology, 87*(1), 38–56.

Shavelson, R. J., Hubner, J. J. & Stanton, G. C. (1976). Self Concept: Validation of Construct Interpretations. *Review of Educational Research, 46*(3), 407–441.

Shrauger, J. S. & Schoeneman, T. J. (1999). Symbolic interactionist view of self-concept: Through the looking glass darkly. In R. F. Baumeister (Hrsg.), *The Self in Social Psychology* (S. 25–42). Philadelphia: Psychology Press.

Simon, B. (2004). *Identity in modern society: A social psychological perspective.* Malden.

Simon, B. & Klandermans, B. (2001). Politicized Collective Identity: A Social Psychological Analysis. *American Psychologist, 56*(4), 319–331.

Singelis, T. M. (1994). The measurement of independent and interdependent self-construals. *Personality and Social Psychology Bulletin*, 580–591.

Skaalvik, E. M. & Skaalvik, S. (2002). Internal and external frames of reference for academic self-concept. *Educational Psychologist, 37*, 233–244.

Solga, H. (2005). *Ohne Abschluss in die Bildungsgesellschaft. Die Erwerbschancen gering qualifizierter Personen aus soziologischer und ökonomischer Perspektive* (1. Aufl.). Opladen: Budrich.

Stahlberg, D. & Frey, D. (1996). Einstellungen: Struktur, Messung und Funktion. In W. Stroebe, M. Hewstone & G. M. Stephenson (Hrsg.), *Sozialpsychologie. Eine Einführung* (2 ed., S. 219–252). Berlin: Springer.

Stangor, C. (Hrsg.). (2000). *Stereotypes and prejudice: Essential readings. Key readings in social psychology*. Philadelphia: Psychology Press.

Steele, C. M. (1988). The psychology of self-affirmation: Sustaining the integrity of the self. In *Advances in experimental social psychology* (Bd. 21, S. 261–302). San Diego: Academic Press.

Steele, C. M. (1997). A threat in the air: How stereotypes shape intellectual identity and performance. *American Psychologist, 52*(6), 613–629.

Steele, C. M. & Aronson, J. (1995). Stereotype threat and the intellectual test performance of African Americans. *Journal of Personality and Social Psychology, 69*(5), 797–811.

Steele, C. M. & Aronson, J. A. (2004). Stereotype Threat Does Not Live by Steele and Aronson (1995) Alone. *American Psychologist, 59*(1), 47–48.

Steele, C. M., Spencer, S. J. & Aronson, J. (2002). Contending with group image: The psychology of stereotype and social identity threat. In M. Zanna (Hrsg.), *Advances in experimental social psychology* (Bd. 34, S. 379–440). San Diego: Academic Press.

Stein, R. (1998). *Hauptschule als Herausforderung. Notwendigkeit und Integration im Bildungswesen*. Neuwied: Luchterhand.

Stoeber, J. (Hrsg.). (2002). *Skalendokumentation „Persönliche Ziele von SchülerInnen"* (Bd. 3). Halle: Martin-Luther-Universität Halle-Wittenberg.

Stouffer, S. A., Suchman, E. A., De Vinney, L. C., Star., S. A. & Williams, R. M. (1949). *The american soldier*. Princeton: University Press.

Stoutemyer, K. & Steele, C. (1996). *Unpublished Paper.* Paper presented at the Annual meeting of the American Psychological Society, San Francisco.

Streblow, C. (2005). *Schulsozialarbeit und Lebenswelten Jugendlicher. Ein Beitrag zur dokumentarischen Evaluationsforschung*. Opladen: Budrich.

Stroebe, W., Jonas, K. & Hewstone, M. (2002). *Sozialpsychologie. Eine Einführung* (4. Aufl.). Berlin: Springer.

Swim, J. K., Cohen, L. L. & Hyers, L. L. (1998). Experiencing everyday prejudice and discrimination. In J. K. Swim & C. Stangor (Hrsg.), *Prejudice. The Target's Perspective* (S. 37–60). San Diego: Academic Press.

Tajfel, H. (1978). *Differentiation between social groups: Studies in the social psychology of intergroup relations*. London: Academic Press.

Tajfel, H., Billig, M. G., Bundy, R. P. & Flament, C. (1971). Social categorization and intergroup behaviour. *European Journal of Social Psychology, 1*(2), 149–178.

Tajfel, H. & Turner, J. C. (1979). An integrative theory of intergroup conflict. In W. G. Austin & S. Worchel (Hrsg.), *The social psychology of intergroup relations*. Monterey: Brooks/Cole.

Tajfel, H. & Turner, J. C. (1986). The social identity theorie of intergroup behaviour. In S. Worchel & W. G. Austin (Hrsg.), *Psychology of intergroup relations*. Chicago: Nelson-Hll.

Taylor, D. M., Bougie, E. & Caouette, J. (2003). Applying Positioning Principles to a Theory of Collective Identity. In R. Harre & F. Moghaddam (Hrsg.), *Self and others. Positioning individuals and groups in personal, political, and cultural contexts*. Westport: Praeger.

Taylor, D. M. & McKirnan, D. J. (1984). Theoretical contributions: A five-stage model of intergroup relations. *British Journal of Social Psychology, 23*, 291–300.

Tesser, A. (1988). Toward a self-evaluation maintenance model of social behavior. In L. Berkowitz (Hrsg.), *Advances in experimental social psychology* (Bd. 21, S. 181–227). New York: Academic Press.

Trafimow, D. & Sheeran, P. (1998). Some tests of the distinction between cognitive and affective beliefs. *Journal of Experimental Social Psychology*, 378–397.

Trautwein, U. (2007). The Homework-Achievement Relation Reconsidered: Differentiating Homework Time, Homework Frequency, and Homework Effort. *Learning and Instruction, 17*, 372–388.

Trautwein, U., Köller, O., Lüdtke, O. & Baumert, J. (2005). Student tracking and the powerful effects of opt-in courses on self-concept. Reflected-glory effects do exist after all. In H. W. Marsh, R. G. Craven & D. M. McInerny (Hrsg.), *New frontiers for self-research* (S. 307–327). Greenwich: IAP.

Trautwein, U., Lüdtke, O., Köller, O. & Baumert, J. (2006). Self-Esteem, Academic Self-Concept, and Achievement: How the Learning Environment Moderates the Dynamics of Self-Concept. *Journal of Personality and Social Psychology, 90*, 334–349.

Trautwein, U., Lüdtke, O., Marsh, H. W., Köller, O. & Baumert, J. (2006). Tracking, Grading, and Student Motivation: Using Group Composition and Status to Predict Self-Concept and Interest in Ninth-Grade Mathematics. *Journal of Educational Psychology, 98*(4), 788–806.

Turner, J. C., Hogg, M. A., Oakes, P. J., Reicher, S. & Whetherell, M. S. (1987). *Rediscovering the social group: A self-categorization theory*. Oxford: Blackwell.

Ulich, K. (1998). Schulische Sozialisation. In K. Hurrelmann & D. Ulich (Hrsg.), *Handbuch der Sozialisationsforschung* (5., neu ausgestattete Aufl., Studienausg. ed., S. 377–396). Weinheim: Beltz.

Wagner, J. W. L. (1999). *Soziale Vergleiche und Selbsteinschätzungen. Theorien, Befunde und schulische Anwendungsmöglichkeiten*. Münster: Waxmann.

Wigfield, A. & Eccles, J. S. (2000). Expectancy – Value Theory of Achievement Motivation. *Contemporary Educational Psychology, 25*(1), 68–81.

Winston, C., Eccles, J. S., Senior, A. M. & Vida, M. (1997). The utility of expectancy/value and disentification models for understanding ethnic group differences in academic performance and self-esteem. *Zeitschrift für Pädagogische Psychologie, 11*(3/4), 177–186.

Wissinger, J. & Rademacker, H. (2003). Schulabsentismus in der Hauptschule – Zum Verhältnis von Jugendhilfe und Schule. In L. Duncker (Hrsg.), *Konzepte für die Hauptschule. Ein Bildungsgang zwischen Konstruktion und Kritik* (S. 96–116). Bad Heilbrunn: Klinkhardt.

Zenke, K. G. (1998). Hauptschulbildungsgang zwischen eigenständiger Schulart, verbundenen und integrierten Systemen. In D. J. Bronder, H.-J. Ipfling & K. G. Zenke (Hrsg.), *Handbuch Hauptschulbildungsgang* (Bd. 1: Grundlegung, S. 9–14). Bad Heilbrunn: Klinkhardt.

Zenke, K. G., Ipfling, H.-J. & Bronder, D. J. (Hrsg.). (2004). *Handbuch Hauptschulbildungsgang* (Bd. 3: Länderberichte). Bad Heilbrunn: Klinkhardt.

6 ANHANG

6.1 Studie 1

6.1.1 Beispielfrage Fragebogen Hauptschüler männlich

Zuerst soll es um Jungen gehen, die eine Hauptschule besuchen.

Was glaubst du:

Was denken die Leute, wie Hauptschüler typischerweise sind?

Du liest nun einige Fragen.

Schreibe bitte auf, was **die Leute** über Hauptschüler denken.

Auch wenn du darüber selbst anders denkst!

Schreibe zu jeder der folgenden Fragen so viele Wörter oder Sätze auf, wie dir einfallen. Wenn der Platz nicht ausreicht, benutze bitte auch die Rückseite!

Es gibt hierbei **keine richtigen oder falschen Antworten**. Nur deine Meinung ist wichtig!

Danach sollst du rechts jeweils ankreuzen, ob du denkst, dass die Meinung der Leute richtig ist. Stimmt das mit deiner Meinung überein?

Was denken die Leute?	Stimmt das mit deiner Meinung überein?	
Was denken die Leute, was Hauptschüler gern in ihrer Freizeit machen?	stimmt	stimmt nicht
1)	☐	☐
2)	☐	☐
3)	☐	☐
4)	☐	☐

6.2 Studie 2

6.2.1 Liste der Semantischen Differentiale für Schüler

Die Leute denken, typische Hauptschüler/innen sind ...

robust	empfindlich	gesittet	frech
fleißig	faul	angeberisch	bescheiden
aggressiv	friedlich	friedfertig	streitsüchtig
schnell	langsam	kultiviert	primitv
naiv	klug	unternehmungslustig	langweilig
flexibel	unflexibel	still	laut
offen	verschlossen	integriert	ausgegrenzt
interessiert	gelangweilt	gut erzogen	ohne Manieren
sportlich	unsportlich	vorlaut	zurückhaltend
ausdauernd	wechselhaft	Schmarotzer	leistungsbereit
freundlich	feindselig	leistungsunfähig	leistungsfähig
cool	uncool	nicht kriminell	kriminell
chancenlos	Erfolg versprechend	arbeitsfähig	arbeitsunfähig
diszipliniert	undiszipliniert	überheblich	kameradschaftlich
direkt	höflich	schlampig	gründlich
mutig	ängstlich	sozial	asozial
ehrlich	hintertrieben	gleichgültig	bemüht
unbegabt	begabt	gefährlich	harmlos
benachteiligt	bevorzugt	ohne Ziel	ehrgeizig
intelligent	dumm	aktiv	am Rumhängen
gerecht	ungerecht	hilfsbereit	eigennützig
simpel	gewitzt	ungezogen	artig
selbstständig	abhängig	respektvoll	respektlos
beschützt	vernachlässigt	Drogen nah	Drogen fern
ehrgeizig	unmotiviert	unanständig	anständig
konzentriert	fahrig	aufmerksam	unaufmerksam
unfair	fair	fies	freundlich

54 Items – siebenstufig mit Nullpunkt

6.3 Studie 3

6.3.1 Kategorien mit Exemplaren der IATs

Haupt-schüler/innen	Gymnasiast/innen	warm	kalt	leistungs-unfähig	leistungs-fähig
nur Sekundar-stufe I	Sekundar-stufe II	liebevoll	distanziert	dumm	klug
Arbeitslehre	Latein	freundlich	unfreund-lich	unmotiviert	motiviert
9 Schuljahre	13 Schuljahre	zuge-wandt	herab-lassend	faul	fleißig
Erweiterter Hauptschul-abschluss	Abitur	nahbar	abweisend	inkompe-tent	kompetent
höchstens zwei Fremd-sprachen	mindestens 2 Fremd-sprachen	interes-siert	des-interessiert	unkundig	kundig
nur Berufs-ausbildung	Studium	aufge-schlossen	lieblos	abgelenkt	konzent-riert
Arbeiter-laufbahn	Akademische Laufbahn	offen	verschlos-sen	zerstreut	ziel-orientiert
Fachober-schule	Humanisti-sche Bildung	friedlich	aggressiv	des-interessiert	interessiert
Praxis-klassen	Philosophie	respekt-voll	respektlos	unbegabt	begabt

6.3.2 Liste der Semantischen Differentiale für Lehrer

Typische Hauptschüler/innen sind ...

robust	empfindlich	*realistisch*	*träumerisch*
fleißig	faul	ehrlich	hintertrieben
aggressiv	friedlich	unbegabt	begabt
schnell	langsam	benachteiligt	bevorzugt
naiv	klug	intelligent	dumm
flexibel	unflexibel	gerecht	ungerecht
offen	verschlossen	simpel	gewitzt
interessiert	gelangweilt	*vielseitig*	*schlicht*
sportlich	unsportlich	*resigniert*	*motiviert*
ausdauernd	wechselhaft	selbstständig	abhängig
freundlich	feindselig	beschützt	vernachlässigt
cool	uncool	ehrgeizig	unmotiviert
beliebt	*unbeliebt*	konzentriert	fahrig
fantasievoll	*fantasielos*	unfair	fair
chancenlos	Erfolg versprechend	gesittet	frech
diszipliniert	undiszipliniert	angeberisch	bescheiden
musikalisch	*unmusikalisch*	friedfertig	streitsüchtig
plump	*scharfsinnig*	kultiviert	primitv
direkt	höflich	unternehmungslustig	langweilig
mutig	ängstlich	still	laut
egoistisch	*hilfsbereit*	integriert	ausgegrenzt
praktisch	*theoretisch*	gut erzogen	ohne Manieren
handwerklich	*tollpatschig*	vorlaut	zurückhaltend
wortgewandt	*wortkarg*		

47 Items – siebenstufig mit Nullpunkt; *kursiv sind die Items, die es bei den Schülern in Studie 2 nicht gab*; die 18 Items, die in Studie 2 nach vorlaut-zurückhaltend kommen, sind in der Lehrerstudie nicht berücksichtigt worden, da diese zeitlich früher erfolgen musste und diese Items noch nicht vorlagen.

6.3.3 Liste der Items zur Einstellung zur Schulsozialarbeit

Stellen Sie sich folgende Hauptschule vor:

Die Schule legt besonderen Wert auf die (sozial-)pädagogische Arbeit mit ihren Schüler/innen. Dabei steht Bewältigungsarbeit im Vordergrund, d. h. der Versuch, die Schülerinnen und Schüler im Umgang mit ihren oft belasteten und problematischen Biografien zu unterstützen. Um dies zu gewährleisten, wird auch Unterrichtszeit verwendet, um inner- und außerschulische Probleme in der Klasse zu besprechen.

Solche Hauptschulen
... können bei Jugendlichen günstige Lernvoraussetzungen schaffen.
... sind bei der Vermittlung von Fachinhalten besonders erfolgreich.
... stehlen den Schüler/innen wichtige Lernzeit.
... werden ihrem Bildungsauftrag nicht wirklich gerecht.
... sind Verwahranstalten.
... verwechseln Beschäftigungstherapie mit Ausbildung.
... können Kinder mit schwierigem Hintergrund auf das Leben vorbereiten.
... kompensieren Benachteiligungen.
... schaffen soziale Gerechtigkeit.
... legen Potentiale frei, die sonst verschüttet bleiben.
... können den Teufelskreis, dass schlechte Herkunft zu wenig Bildung führt, durchbrechen helfen.
... sind Vorbilder für alle Hauptschulen.
... garantieren besseren Kompetenzerwerb.
... werden Hauptschüler/innen in besonderem Maße gerecht.
... ermutigen ihre Schüler/innen zur Entwicklung eigenständiger Interessen.
... fördern leistungsstarke Schüler/innen zu wenig.
... helfen den Schüler/innen, ihr Potential zu entfalten.
... können ihre Schüler/innen nicht auf ein hohes Leistungsniveau bringen.
... lassen die Schüler/innen zeigen, was sie können.
... fordern ihre Schüler/innen nicht genug.
... fördern ihre Schüler/innen genau nach ihren Möglichkeiten.

21 Items – siebenstufiges Likert-Format

6.4 Studie 4

6.4.1 Liste der neuen Semantischen Differentiale für Schüler

Die Leute denken, typische Hauptschüler/innen sind ...

intelligent	nicht intelligent (l)	artig	ungezogen (s)
blöd	klug (l)	gründlich	schlampig (s)
können was	können nichts (l)	gesittet	frech (s)
clever	doof (l)	freundlich	fies (s)
dumm	schlau (l)	anständig	unanständig (s)
leistungsfähig	leistungsunfähig (l)	zurückhaltend	vorlaut (s)
faul	fleißig (m)	uncool	cool (k)
passen im Unterricht nicht auf	hören im Unterricht zu (m)	mutig	ängstlich (k)
quatschen im Unterricht	sind still im Unterricht (m)	ganz normal	außergewöhnlich (k)
konzentrieren sich im Unterricht	denken an andere Dinge (m)	langweilig	gut drauf (k)
strengen sich in der Schule nicht an	bemühen sich in der Schule (m)	Schleimer	aufrichtig (k)
hören auf ihre Lehrer	kümmern sich nicht um ihre Lehrer (m)	witzig	öde (k)

24 Items nach vier Inhaltsbereichen: Leistung (l), Motivation (m), Sozialität (s) und Kompensation (k) – siebenstufig mit Nullpunkt

Tabelle 6.1: Studie 4: Regression mit Standardfehlerkorrektur auf die Motivation für die Schule; Teilstichprobe: nur Gymnasien, 7. und 9. Jg., Migranten und Deutsche (**fett=signifikant**, *kursiv=marginal signifikant)*

	Modell 1	Modell 2	Modell 3	Modell 4	Modell 5
Sk. Intel. Fähigk.	**.226**	-.003	-.021	-.021	-.012
Schul. Ak. SK.		**.490**	**.485**	**.487**	**.483**
Jahrgang			**-.120**	**-.118**	**-.117**
Leistung PSBr				.000	.000
Geschlecht					.034
R-Quadrat	.058	.196	.241	.241	.242

	Modell 6	Modell 7	Modell 8	Modell 9
Sk. Intel. Fähigk.	-.011	-.019	-.019	.001
Schul. Ak. SK.	**.482**	**.369**	**.370**	**.375**
Jahrgang	**-.118**	**-.075**	**-.075**	**-.076**
Leistung PSBr	.000	-.001	-.002	-.002
Geschlecht	.035	.068	.066	*.091*
Migrationshg.	-.015	.048	.045	.061
Stigma Leistung		-.044	-.032	.000
Stigma Anstreng.		.023	.019	.016
Stigma sozial		-.058	-.065	-.053
Identifikation S-Typ		**.223**	**.231**	**.258**
Intera. StigLei * Id			.037	.055
Intera. StigAns * Id			-.049	-.044
Intera. Stigsoz * Id			.014	.005
Singelis Interdep.				**-.042**
Intera. StigLei * Int.				.001
Intera. StigAns * Int				.001
Intera. Stigsoz * Int				**.103**
Intera. Id * Int.				.148
3Intera. Sso*Id*Int				.016
R-Quadrat	.242	.296	.298	.343

6.4.2 Zusätzliche Regressionsmodelle zur Motivation

Die Regressionen für die Gymnasiasten separat sind in Tabelle 6.1 dargestellt. Der negative Effekt des Selbstkonzepts intellektueller Fähigkeiten verschwindet hier. Es handelt sich dabei also vermutlich um einen für Hauptschüler spezifischen Effekt. Die Identifikation mit dem Gymnasium hat einen positiven Effekt auf die Motivation, während die Stigma-Skalen, die am Gymnasium von der mittleren Ausprägung eine positive Reputation darstellen, keinen Effekt haben. Ein Interaktionseffekt zwischen der Interdependenz und der wahrgenommenen kollektiven Unsozialität von Gymnasiasten zeigt sich auch hier, nur ist er größer und in umgekehrter Richtung als bei den Hauptschülern. Es sei hier angemerkt, dass die Interaktionseffekte nicht auf Random Slopes getestet wurden. Je unsozialer ein interdependenter Gymnasiast die eigene Gruppe gesehen sieht, umso höher ist die schulbezogene Motivation. Dieser Effekt erklärt zusammen mit der Interdependenz als negativen Haupteffekt fast fünf Prozent zusätzliche Varianz.

Die gleichen Analysen werden nun noch für das Hauptsample der Hauptschüler der neunten Jahrgangsstufe gerechnet und in Tabelle 6.2 wiedergegeben. Die Ergebnisse entsprechen weitestgehend denen des Gesamt-Hauptschülersamples. Jedoch erreichen die positiven Effekte des Geschlechts und des Migrationshintergrundes keine Signifikanz mehr. Auch der Interaktionseffekt Interdependenz*Stigma sozial ist nicht mehr vorhanden.

Tabelle 6.2: Studie 4: Regression mit Standardfehlerkorrektur auf die Motivation für die Schule; nur Hauptschulen, nur 9. Jahrgang, Migranten & Deutsche (**fett=signifikant**, *kursiv=marginal signifikant)*

	Modell 1	Modell 2	Modell 3	Modell 4	Modell 5
Sk. Intel. Fähigk.	.012	**-.164**	**-.161**	**-.149**	**-.154**
Schul. Ak. SK.		**.571**	**.590**	**.590**	**.584**
Leistung PSBr			-.003	-.003	-.003
Geschlecht				.075	.081
Migrationshg.					.112
R-Quadrat	.000	.161	.165	.168	.172

	Modell 6	Modell 7	Modell 8
Sk. Intel. Fähigk.	**-.127**	**-.129**	**-.117**
Schul. Ak. SK.	**.587**	**.592**	**.589**
Leistung PSBr	-.005	**-.006**	**-.005**
Geschlecht	.074	.068	.064
Migrationshg.	.101	.088	.076
Stigma Leistung	.019	.007	.020
Stigma Anstreng.	-.040	-.032	-.040
Stigma sozial	**-.073**	**-.065**	**-.071**
Identifikation S-Typ	.004	.001	-.003
Intera. StigLei * Id		.064	.064
Intera. StigAns * Id		-.030	-.016
Intera. Stigsoz * Id		-.028	-.030
Singelis Interdep.			**-.056**
Intera. StigLei * Int.			.036
Intera. StigAns * Int			.009
Intera. Stigsoz * Int			-.034
Intera. Id * Int.			.020

Nun werden noch zwei getrennte Analysen für die Hauptschüler der neunten Jahrgangsstufe danach vorgenommen, ob sie einen Migrationshintergrund aufweisen oder nicht. Tabelle 6.3 zeigt die Analysen für Hauptschüler des neunten Jahrgangs ohne Migrationshintergund. Dabei zeigt sich trotz eines dreiprozentigen Zuwachses an erklärter Varianz nur ein marginal signifikanter negativer Effekt des sozialen Stigmas auf die schulbezogene Motivation. Gleichzetig sinkt das Beta des Selbstkonzepts intellektueller Fähigkeiten bei Aufnahme der Stigmavariablen. Sein negativer Effekt scheint teilweise auf den positiven Zusammenhang mit dem Stigmaerleben zurückzugehen.

Tabelle 6.3: Studie 4: Regression mit Standardfehlerkorrektur auf die Motivation für die Schule; nur Hauptschule, nur 9. Jahrgang, nur Deutsche (**fett=signifikant**, *kursiv=marginal signifikant)*

	Modell 1	Modell 2	Modell 3	Modell 4
Sk. Intel. Fähigk.	.000	**-.177**	**-.176**	**-.159**
Schul. Ak. SK.		**.559**	**.568**	**.566**
Leistung PSBr			-.001	-.002
Geschlecht				.099
R-Quadrat	.000	.154	.155	.161

	Modell 5	Modell 6	Modell 7
Sk. Intel. Fähigk.	**-.128**	**-.131**	**-.120**
Schul. Ak. SK.	**.560**	**.565**	**.568**
Leistung PSBr	-.004	*-.004*	*-.003*
Geschlecht	.078	.075	.071
Stigma Leistung	.047	.034	.041
Stigma Anstreng.	-.064	-.059	-.065
Stigma sozial	*-.069*	*-.061*	*-.061*
Identifikation S-Typ	.025	.026	.024
Intera. StigLei * Id		.060	.060
Intera. StigAns * Id		-.036	-.018
Intera. Stigsoz * Id		-.026	-.031
Singelis Interdep.			**-.055**
Intera. StigLei * Int.			.035
Intera. StigAns * Int			.001
Intera. Stigsoz * Int			-.026
Intera. Id * Int.			.022
3Intera. Sso*Id*Int			-.004
R-Quadrat	.195	.201	.213

In Tabelle 6.4 werden nun nur die Hauptschüler der neunten Jahrgangsstufe einbezogen, die einen Migrationshintergrund aufweisen. Da auch die Migrationshintergrundsvariable imputiert wurde, sind dies durchschnittlich über alle zehn Datensätze 94 anstatt der 83 Personen, die in Jahrhang neun einen Migrationsstatus angegeben haben. Zunächst werden die Effekte der Stigmavariablen nicht signifikant. Dies ist aber wohl auch auf den deutlich kleineren Stichprobenumfang zurückzuführen. Denn die Effekte sind massiv: fast zehn Prozent zusätzlich erklärter Varianz bei Aufnahme der Stigma- und Identfikationsvariablen. Gleichzeitig erhöht sich das Beta des schulischen Selbstkonzepts, und das des Selbstkonzepts intellektueller Fähigkeiten sinkt. Jedoch erst bei Aufnahme der Interdependenz und der korrespondierenden Interaktionseffekte ergeben sich zumindest marginale Signifikanzen für das soziale Stigma und die Interaktion dieses Stigmas mit der eigenen Interdependenz.

6.4.3 Zusätzliche Regressionsmodelle zu Bildungsaspirationen

Hier werden zusätzliche Regressionsmodelle zu den Bildungsaspirationen mit der Gesamthauptschulstichprobe einmal mit und einmal ohne die Variable Migrationshintergrund gerechnet. Außerdem werden die Modelle für den siebten Jahrgang berichtet. Dies geschieht der Vollständigkeit halber. Mit Bezug auf Ruble (vgl. Abschnitt 2.4.1) wurde davon ausgegangen, dass erst nach Integration der neuen kollektiven Selbst-Facette konsistente Zusammenhänge zu erwarten sind. Wenn man die folgenden Analysen betrachtet, kann man diese Annahme als bestätigt ansehen.

Tabelle 6.4: Studie 4: Regression mit Standardfehlerkorrektur auf die Motivation für die Schule; nur Hauptschule, nur 9. Jahrgang, nur Migranten (**fett=signifikant**, *kursiv=marginal signifikant)*

	Modell 1	**Modell 2**	**Modell 3**	**Modell 4**
Sk. Intel. Fähigk.	.033	-.119	-.140	-.148
Schul. Ak. SK.		**.623**	**.689**	**.685**
Leistung PSBr			*-.013*	*-.013*
Geschlecht				-.053
R-Quadrat	.001	.194	.251	.253

	Modell 5	**Modell 6**	**Modell 7**
Sk. Intel. Fähigk.	-.119	-.125	-.155
Schul. Ak. SK.	**.712**	**.713**	**.748**
Leistung PSBr	**-.013**	**-.013**	**-.015**
Geschlecht	-.029	-.026	-.002
Stigma Leistung	-.085	-.092	-.080
Stigma Anstreng.	.075	.085	.086
Stigma sozial	-.080	-.082	*-.125*
Identifikation S-Typ	-.120	-.127	-.173
Intera. StigLei * Id		.012	.010
Intera. StigAns * Id		.035	.006
Intera. Stigsoz * Id		-.035	.013
Singelis Interdep.			-.033
Intera. StigLei * Int.			.003
Intera. StigAns * Int			.206
Intera. Stigsoz * Int			*-.130*
Intera. Id * Int.			-.004
3Intera. Sso*Id*Int			.031
R-Quadrat	.343	.346	.384

Die Ergebnisse für die gesamte Hauptschulstichprobe sind in Tabelle 6.5 dargestellt. Das schulische Selbstkonzept und die Motivation für die Schule haben erwartungsgemäß einen positiven Einfluss und erklären zusammen um die neun Prozent der Varianz, ob eine höhere Schule besucht werden will oder nicht. Für das Gymnasium ist ein deutlicher Zuwachs bei der Aufnahme des Geschlechts derart zu verzeichnen, dass Mädchen geringere Aspirationen haben, ein Gymnasium zu besuchen. Ebenfalls vor allem auf die Gymnasialaspiration wirkt sich der Migrationshintergund aus, jedoch in positiver Richtung. Für die Gymnasialaspiration konnte kein Random Slope gefunden werden, also ist dieser Befund als solide zu betrachten. Migranten haben demnach bei Kontrolle der akademischen Selbstkonzepte und des Geschlechts eine höhere Aspiration, ein Gymnasium zu besuchen. Bei Aufnahme von Stigma und Identifikation zeigt sich vor allem ein starker negativer Effekt der Identifikation wie auch schon in den bivariaten Zusammenhängen. Von den Stigma-Skalen erreicht allein das Stigma der Anstrengung Signifikanz. Erstaunlicherweise ist der Effekt positiv. Das bedeutet, je mehr die Schüler glauben, dass die Leute denken, Hauptschüler seien faul, umso mehr wollen sie eine Realschule besuchen. Zu diesem Effekt kommt ein negativer Interaktionseffekt der Interdependenz mal dem Leistungsstigma auf die Gymnasialaspiration. Interdependente Hauptschüler wollen dann weniger auf das Gymnasium, wenn sie sich dem Stereotyp der Dummheit ausgesetzt sehen. Die Tripelinteraktion mit der Identifikation erreicht jedoch keine Signifikanz und ist in der Tendenz sogar umgedreht.

Um ausschließen zu können, dass artifizielle Effekte auf Grund des Random Slope zwischen Migrationshintergrund und der Bildungsaspiration Realschule entstanden sind, werden die gleichen Analysen noch einmal ohne diese Variable gerechnet. Tabelle 6.6 zeigt die Ergebnisse. Im Großen und Ganzen bleiben die

Tabelle 6.5: Studie 4: Regression mit Standardfehlerkorrektur auf die Bildungsaspirationen Realschule und Gymnasium (vor und hinter dem Schrägstrich); nur Hauptschule, 7. und 9. Jg., Migranten & Deutsche (**fett=signifikant**, *kursiv=marginal signifikant)*

	Modell 1	Modell 2	Modell 3	Modell 4	Modell 5
Sk. Intel. Fähigk.	**.126**/ *.063*	.012/-*.070*	.052/-.026	.054/-.025	.044/-.059+
Schul. Ak. SK.		**.378**/ **.441**	**.285**/ **.316**	**.297**/ **.326**	**.292**/ **.310**
Motivation Schule			**.128**/ **.195**	**.125**/ **.193**	**.131**/ **.211**
Jahrgang			-*.078*/-.049	-*.071*/-.043	-*.070*/-.040
Leistung PSBr				-.002/-.002	-.002/-.001
Geschlecht					-.076/**-.259**
R-Quadrat	.012/ .003	.062/ .067	.085/ .095	.086/ .096	.088/ .121

	Modell 6	**Modell 7**	**Modell 8**	**Modell 9**
Sk. Intel. Fähigk.	.038/**-.075**	-.023/**-.105**	-.022/**-.104**	-.029/**-.103**
Schul. Ak. SK.	**.288/ .300**	**.179/ .225**	**.179/ .226**	**.184/ .225**
Motivation Schule	**.123/ .190**	**.146/ .193**	**.145/ .193**	**.151/ .196**
Jahrgang	-*.067*/-.031	**-.119/-.055**	**-.117**/-*.051*	-.121/-*.054*
Leistung PSBr	-.002/-.001	.000/-.001	.000/-.002	.000/-.002
Geschlecht	-*.070*/**-.244**	-.033/**-.217**	-.036/**-.223**	-.037/**-.231**
Migrationshg.	**.143/ .397**	-.041/ **.330**	.040/ **.327**	.035/ **.343**
Stigma Leistung		-.023/ .004	-.025/ .003	-.027/-.017
Stigma Anstreng.		**.061**/-.043	**.063**/-.039	**.058**/-.017
Stigma sozial		-.025/ .004	-.023/ .006	-.021/ .003
Identifikation S-Typ		**-.393/-.276**	**-.395/-.279**	**-.391/-.285**
Intera. StigLei * Id			.008/ .007	.002/ .021
Intera. StigAns * Id			.019/ .035	.044/ .020
Intera. Stigsoz * Id			-.026/-.034	-.031/-.025
Singelis Interdep.				.021/-.001
Intera. StigLei * Int.				.018/**-.086**
Intera. StigAns * Int				-.048/ .043
Intera. Stigsoz * Int				.014/ .035
Intera. Id * Int.				-.021/-.026
3Intera. Smo*Id*Int				-.027/-.053
3Intera. Sle*Id*Int				.018/ *.061*
R-Quadrat	.094/ .158	.279/239	.280/ .241	.285/ .254

Ergebnisse gleich. Der negative Effekt der Jahrgangsstufe wird deutlicher und durchgängig signifikant. Es könnte sein, dass die Jahrgangsvariable negative Stigma-Effekte bindet, denn erst mit der Aufnahme der Stigmavariablen wird der Effekt des Jahrganges signifikant. Der negative Interaktionseffekt der Interdependenz und des Leistungsstigmas bleibt erhalten. In Modell 10 wird explorativ das Geschlecht weggelassen, um auch hier Verzerrungen auszuschließen. Es zeigen sich aber keine bedeutsamen Veränderungen der Effekte. Die Ergebnisse sind schwierig zu greifen. Das Stigma der Faulheit ist konsistent positiv mit dem Wunsch, die Realschule besuchen zu wollen, verbunden. Das Stigma der Dummheit wirkt sich zumindest in Interaktionen negativ auf die Gymnasialaspirationen aus.

Tabelle 6.6: Studie 4: Regression mit Standardfehlerkorrektur auf die Bildungsaspirationen Realschule und Gymnasium (vor und hinter dem Schrägstrich); nur Hauptschule, 7. und 9. Jg., Migranten & Deutsche, ohne Variable Migrationshintergrund (**fett=signifikant**, *kursiv=marginal signifikant)*

	Modell 1	Modell 2	Modell 3	Modell 4	Modell 5
Sk. Intel. Fähigk.	**.126/** *.063*	.012/-*.070*	.052/-.026	.054/-.025	.044/-*.059*
Schul. Ak. SK.		**.378/ .441**	**.285/ .316**	**.297/ .326**	**.292/ .310**
Motivation Schule			**.128/ .195**	**.125/ .193**	**.131/ .211**
Jahrgang			-*.078*/-.049	-*.071*/-.043	-*.070*/-.040
Leistung PSBr				-.002/-.002	-.002/-.001
Geschlecht					-.076/**-.259**
R-Quadrat	.012/ .003	.062/ .067	.085/ .095	.086/ .096	.088/ .121

	Modell 6	Modell 7	Modell 8	Modell 9	Modell 10
Sk. Intel. Fähigk.	-.021/**-.095**	-.021/**-.094**	-.028/**-.093**	-.023/*-.064*	
Schul. Ak. SK.	**.180/ .229**	**.180/ .231**	**.185/ .233**	**.187/ .247**	
Motivation Schule	**.148/ .212**	**.148/ .211**	**.153/ .215**	**.151/ .201**	
Jahrgang	**-.120/-.064**	**-.119/-.059**	**-.122/-.063**	**-.123/-.068**	
Leistung PSBr	.000/-.001	.000/-.002	.000/-.002	.000/ .002	
Geschlecht	-.035/**-.226**	-.038/**-.234**	-.038/**-.240**		
Stigma Leistung	-.024/-.003	-.026/-.005	-.028/-.024	-.029/-.033	
Stigma Anstreng.	**.061**/-.039	**.063**/-.033	**.058**/-.015	**.057**/-.021	
Stigma sozial	-.024/ .007	-.023/ .009	-.021/ .007	-.019/ .018	
Identifikation S-Typ	**-.395/-.294**	**-.397/-.298**	**-.393/-.303**	**-.394/-.310**	
Intera. StigLei * Id		.009/ .018	.003/ .031	.003/ .027	
Intera. StigAns * Id		.018/ .030	.044/ .022	.044/ .023	
Intera. Stigsoz * Id		-.026/-.033	-.031/-.026	-.030/-.022	
Singelis Interdep.			.022/ .001	.023/ .006	
Intera. StigLei * Int.			.019/**-.076**	.019/*-.072*	
Intera. StigAns * Int			-.048/ .040	-.048/ .042	
Intera. Stigsoz * Int			.014/ .031	.013/ .027	
Intera. Id * Int.			-.020/-.023	-.020/-.020	
3Intera. Smo*Id*Int			-.027/-.052	-.026/-.049	
3Intera. Sle*Id*Int			.017/ *.058*	.017/ .053	
R-Quadrat	.278/ .214	.279/ .217	.285/ .227	.284/ *.207*	

Die Ergebnisse für die siebte Jahrgangsstufe sind in Tabelle 6.7 dargestellt. In der siebten Jahrgangsstufe ergibt sich ein negativer Effekt des Anstrengungsstigmas auf die Gymnasialaspiration. In Interaktion mit einer ausgeprägten Identität als Hauptschüler ist dieses Stigma jedoch positiv mit der Gymnasialaspiration korreliert. Bei den weiteren Interaktionseffekten zeigen sich entgegengesetzt ein positiver Zusammenhang vom Leistungsstigma*Interdependenz auf die Realschulaspiration, aber ein negativer mit der Interaktion des Anstrengungsstigmas. Auch diese Ergebnisse erscheinen eher verwirrend. Auch hier greift die Erklärung, dass am Anfang der Sekundarschulzeit die Zusammenhänge auf Grund der geringen Wissensgrundlage noch nicht ausgereift sein können.

6.4.4 Neue Liste der Semantischen Differentiale für Lehrer

Typische Hauptschüler/innen sind ...

mutig	ängstlich (h)	angeberisch	bescheiden (h)
belastet	*unbelastet (o)*	beschützt	vernachlässigt (o)
unfair	fair (s)	gerecht	ungerecht (s)
diszipliniert	undiszipliniert (f)	faul	fleißig (f)
ehrlich	hintertrieben (s)	still	laut (h)
wortkarg	wortgewandt (l)	*unsicher*	*selbstbewusst (h)*
intelligent	dumm (l)	konzentriert	fahrig (f)
egoistisch	hilfsbereit (s)	ehrgeizig	unmotiviert (f)
naiv	klug (l)	fantasievoll	fantasielos (f)
freundlich	feindselig (s)	vielseitig	schlicht (l)
vorlaut	zurückhaltend (h)	benachteiligt	bevorzugt (o)
für ihr Schicksal selbst verantwortlich	*Opfer ihrer Lebensumstände (o)*	unflexibel	flexibel (l)
von ihren Eltern allein gelassen	*von ihren Eltern gut umsorgt (o)*		

25 Items – siebenstufig mit Nullpunkt nach fünf Kategorien: Leistung (l), sozial (s), Faulheit (f), Höflichkeit (h) und Opfer (o); *kursiv sind die Items, die es in Studie 3 noch nicht gab.*

Ziel der Auswahl von Items war vor allem die Kürzung der Skala, um die Bereitschaft zur Mitarbeit zu erhöhen. Es sollte dabei aber auch die Struktur noch einmal

Tabelle 6.7: Studie 4: Regression mit Standardfehlerkorrektur auf die Bildungsaspirationen Realschule und Gymnasium (vor und hinter dem Schrägstrich); nur Hauptschule, nur 7. Jahrgang, Migranten & Deutsche (**fett=signifikant**, *kursiv=marginal signifikant)*

	Modell 1	**Modell 2**	**Modell 3**	**Modell 4**	**Modell 5**
Sk. Intel. Fähigk.	**.168/ .086**	.065/-.023	.078/-.010	.079/-.009	.074/-.030
Schul. Ak. SK.		**.320/ .341**	**.229/ .243**	**.253/ .251**	**.229/ .222**
Motivation Schule			**.181/ .196**	**.179/ .194**	**.184/ .218**
Leistung PSBr				-.003/-.004	-.003/-.004
Geschlecht					-.052/**-.245**
R-Quadrat	.020/ .004	.056/ .038	.074/ .056	.076/ .057	.077/ .075

	Modell 6	**Modell 7**	**Modell 8**	**Modell 9**
Sk. Intel. Fähigk.	.070/-.039	.003/-.053	.012/-.048	-.008/-.046
Schul. Ak. SK.	**.224/ .211**	*.168/* .149	*.172/* .155	.164/ .133
Motivation Schule	**.170/ .188**	**.170/ .192**	**.183/ .204**	**.194/ .208**
Leistung PSBr	-.003/-.005	-.005/-.005	-.005/-.004	-.004/-.005
Geschlecht	-.053/**-.246**	.006/**-.193**	.008/**-.187**	.012/**-.193**
Migrationshg.	*.200/* **.431**	.058/ **.337**	.061/ **.345**	.069/ **.359**
Stigma Leistung		.043/ .023	.037/ .029	.026/ .034
Stigma Anstreng.		.036/-.096	.026/-*.109*	.025/**-.115**
Stigma sozial		-.051/ .045	-.039/ .048	-.026/ .051
Identifikation S-Typ		**-.354/-.253**	**-.357/-.260**	**-.354/-.257**
Intera. StigLei * Id			.026/-.060	-.012/-.056
Intera. StigAns * Id			.049/ **.086**	.105/ *.093*
Intera. Stigsoz * Id			-.051/-.010	-.065/-.026
Singelis Interdep.				.018/-.047
Intera. StigLei * Int.				**.091**/-.039
Intera. StigAns * Int				**-.093**/ .005
Intera. Stigsoz * Int				.004/ .072
Intera. Id * Int.				-.035/-.024
R-Quadrat	.087/ .116	.236/ .186	.241/ .192	.264/ .202

überprüft werden, vor allem auch in Hinblick auf die neuen Items, die aus offenen Antworten durch die befragten Lehrer in Studie 2 stammen. Im Hinblick auf diese Angaben und die Faktorlösungen wurden Items ausgewählt, die in Studie 2 gute Ladungen auf einem der drei Faktoren hatten. Gleichzeitig wurde für ein Gleichgewicht in der Anzahl von Items gesorgt, die zu verschiedenen Bereichen gehören, um diese erneut einer explorativen Faktorenanalyse zu unterziehen. Nach Kaiser-Guttman-Kriterium sind maximal sieben Faktoren zu extrahieren. Der Screeplot weist zwei oder vier aus. Das Fünf-Prozent-Kriterium vor der Extraktion fünf danach jedoch nur vier Faktoren.

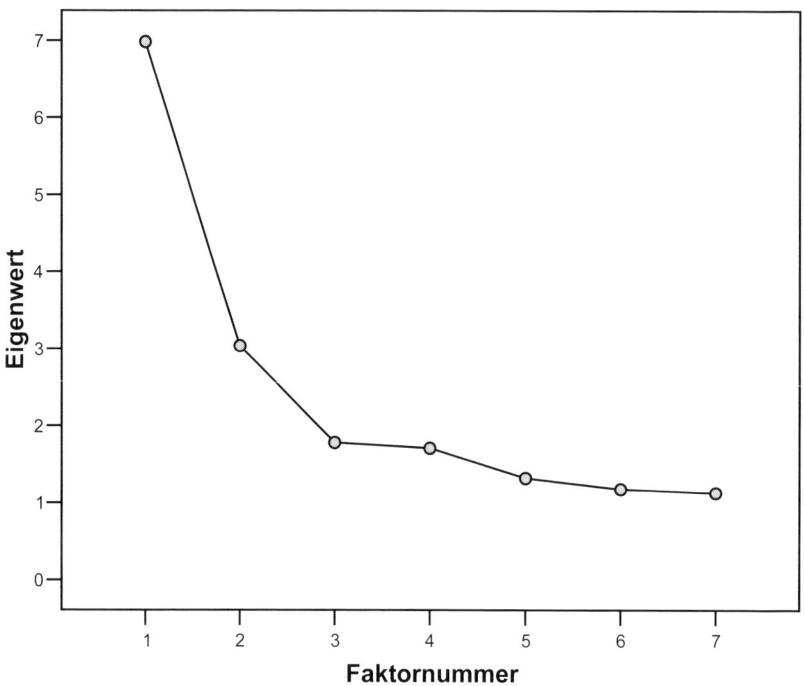

Abbildung 6.1: Studie 4: Screeplot des Lehrerstereotyps mit Angabe aller nach Kaiser-Guttmann-Kriterium potentiellen Faktoren

Es wird auf dieser Grundlage eine vierfaktorielle Struktur gewählt. Nach Ausschlus aller Items, die die Fürntratt-Kriterien nicht erfüllen, werden folgende Skalen gebildet: Hauptschüler sind dumm und faul, Hauptschüler sind feindselig-gefährlich, Hauptschüler sind unsozial und Hauptschüler sind Opfer ihrer Lebensumstände. Conbachs Alpha liegt zwischen .771 und .801. Die Trennschärfen liegen zwischen .392 und .750.

6.4.5 Neue Liste der Items zur Schulsozialarbeit

Stellen Sie sich folgende Hauptschule vor:

Die Schule legt besonderen Wert auf die (sozial-)pädagogische Arbeit mit ihren Schüler/innen. Dabei steht Bewältigungsarbeit im Vordergrund, d.h. der Versuch, die Schülerinnen und Schüler im Umgang mit ihren oft belasteten und problematischen Biografien zu unterstützen. Um dies zu gewährleisten, wird auch Unterrichtszeit verwendet, um inner- und außerschulische Probleme in der Klasse zu besprechen.

Solche Hauptschulen
... schaffen soziale Gerechtigkeit.
... werden ihrem Bildungsauftrag nicht wirklich gerecht.
... sind Vorbilder für alle Hauptschulen.
... können bei Jugendlichen günstige Lernvoraussetzungen schaffen.
... kompensieren Benachteiligungen.
... werden Hauptschüler / innen in besonderem Maße gerecht.
... fördern ihre Schüler / innen genau nach ihren Möglichkeiten.
... helfen den Schüler / innen, ihr Potential zu entfalten.
... können ihre Schüler / innen nicht auf ein hohes Leistungsniveau bringen.
... lassen die Schüler / innen zeigen, was sie können.
... sind Verwahranstalten.
... fordern ihre Schüler / innen nicht genug.

Die Skalen wurden ebenfalls gekürzt, um die Bereitschaft zur Mitarbeit zu erhöhen. Bei den Items zur Skala „SSA entfaltet Potentiale“ wurde jedes zweite Item entfernt. Bei der Skala „SSA verhindert Lernzuwächse“ wurde die Streichung eines Items als hinreichend angesehen. Die Alphas der neuen Skalen liegen in dieser Stichprobe bei .881 und .898, die Trennschärfen zwischen .370 bis .801.

Abbildungsverzeichnis

Tabellenverzeichnis

Pädagogische Psychologie und Entwicklungspsychologie

Herausgegeben von Detlef H. Rost

Frühere Bände finden Sie unter www.waxmann.com

Band 32

Detlef Urhahne
Motivation und Verstehen
Studien zum computergestützten Lernen in den Naturwissenschaften
2002, 190 S., 25,50 €, ISBN 978-3-8309-1177-7

Band 33

Susanne R. Schilling
Hochbegabte Jugendliche und ihre Peers
Wer allzu klug ist, findet keine Freunde?
2002, 262 S., 25,50 €, ISBN 978-3-8309-1074-6

Band 34

Ingmar Hosenfeld
Kausalitätsüberzeugungen und Schulleistungen
2002, 210 S., 25,50 €, ISBN 978-3-8309-1073-8

Band 35

Tina Seidel
Lehr-Lernskripts im Unterricht
Freiräume und Einschränkungen für kognitive und motivationale Lernprozesse
– eine Videostudie im Physikunterricht
2003, 196 S., 25,50 €, ISBN 978-3-8309-1248-X

Band 36

Ulrich Trautwein
Schule und Selbstwert
Entwicklungsverlauf, Bedeutung von Kontextfaktoren und Effekte auf die Verhaltensebene
2003, 270 S., 25,50 €, ISBN 978-3-8309-1296-X

Band 37

Olaf Köller
Konsequenzen von Leistungsgruppierungen
2004, 300 S., 25,50 €, ISBN 978-3-8309-1205-6

Band 38

Corinna Schütz
Leistungsbezogenes Denken hochbegabter Jugendlicher
„Die Schule mach' ich doch mit links"
2004, 242 S., 25,50 €, ISBN 978-3-8309-1355-9

Band 39

Joachim Wirth
Selbstregulation von Lernprozessen
2004, 274 S., 25,50 €, ISBN 978-3-8309-1352-4

Band 40

Tina Hascher
Wohlbefinden in der Schule
2004, 321 S., 25,50 €, ISBN 978-3-8309-1354-0

Band 41

Stephanie Schreblowski
Training von Lesekompetenz
Die Bedeutung von Strategien, Metakognition und Motivation für die Textverarbeitung
2004, 156 S., 25,50 €, ISBN 978-3-8309-1356-7

Band 42

Lilian Streblow
Bezugsrahmen und Selbstkonzeptgenese
2004, 146 S., 25,50 €, ISBN 978-3-8309-1353-2

Band 43

Oliver Böhm-Kasper
Schulische Belastung und Beanspruchung
Eine Untersuchung von Schülern und Lehrern am Gymnasium
2004, 284 S., 25,50 €, ISBN 978-3-8309-1383-4

Band 44

Margarete Imhof
Zuhören und Instruktion
Empirische Ansätze zu psychologischen Aspekten auditiver Informationsverarbeitung
2004, 206 S., 25,50 €, ISBN 978-3-8309-1423-7

Band 45

Petra Wagner
Häusliche Arbeitszeit für die Schule
Eine Typenanalyse
2005, 175 S., 25,50 €, ISBN 978-3-8309-1435-0

Band 46

Britta Kohler
Rezeption internationaler Schulleistungsstudien
Wie gehen Lehrkräfte, Eltern und die Schulaufsicht mit Ergebnissen schulischer Evaluationsstudien um?
2005, 377 S., 25,50 €, ISBN 978-3-8309-1466-2

Band 47

Cornelia S. Große
Lernen mit multiplen Lösungswegen
2005, 200 S., 25,50 €, ISBN 978-3-8309-1467-9

Band 48

Anne Levin
Lernen durch Fragen
Wirkung von strukturierenden Hilfen auf das Generieren von Studierendenfragen als begleitende Lernstrategie
2005, 228 S., 25,50 €, ISBN 978-3-8309-1473-0

Band 49

Britta Pohlmann
Konsequenzen dimensionaler Vergleiche
2005, 188 S., 25,50 €, ISBN 978-3-8309-1441-9

Band 50

Christiane Pruisken
Interessen und Hobbys hochbegabter Grundschulkinder
Formeln statt Fußball?
2005, 248 S., 25,50 €, ISBN 978-3-8309-1472-3

Band 51

Mareike Kunter
Multiple Ziele im Mathematikunterricht
2005, 296 S., 25,50 €, ISBN 978-3-8309-1559-1

Band 52

Dietmar Grube
Entwicklung des Rechnens im Grundschulalter
Basale Fertigkeiten, Wissensabruf und Arbeitsgedächtniseinflüsse
2005, 188 S., 25,50 €, ISBN 978-3-8309-1572-0

Band 53

Oliver Lüdtke
Persönliche Ziele junger Erwachsener
2006, 298 S., 25,50 €, ISBN 978-3-8309-1610-9

Band 54

Thiemo Müller-Kalthoff
Vorwissen und Navigationshilfen beim Hypertextlernen
2006, 182 S., 25,50 €, ISBN 978-3-8309-1583-6

Band 55

Jörn R. Sparfeldt
Berufsinteressen hochbegabter Jugendlicher
2006, 282 S., 25,50 €, ISBN 978-3-8309-1672-7

Band 56

Susanne Narciss
Informatives tutorielles Feedback
Entwicklungs- und Evaluationsprinzipien auf der Basis instruktions psychologischer Erkenntnisse
2006, 304 S., 25,50 €, ISBN 978-3-8309-1641-3

Band 57

Andrea Lenzner
Women in Mathematics
A Cross-Cultural Comparison
2006, 216 S., 25,50 €, ISBN 978-3-8309-1642-0

Band 58

Silvio Herzog
Beanspruchung und Bewältigung im Lehrerberuf
Eine salutogenetische und biografische Untersuchung im Kontext unterschiedlicher Karriereverläufe
2007, 448 S., 29,90 €, ISBN 978-3-8309-1770-0

Band 59

Andrea Heiß

Desorientierung beim Lernen mit Hypermedien

Förderung struktureller und konzeptioneller Orientierung

2007, 256 S., 25,50 €, ISBN 978-3-8309-1826-4

Band 60

Ulrike-Marie Krause

Feedback und kooperatives Lernen

2007, 230 S., 25,50 €, ISBN 978-3-8309-1806-6

Band 61

Maria Bannert

Metakognition beim Lernen mit Hypermedien

Erfassung, Beschreibung und Vermittlung wirksamer metakognitiver Strategien und Regulationsaktivitäten

2007, 300 S., br., 25,50 €, ISBN 978-3-8309-1872-1

Band 62

Uwe Heim-Dreger

Implizite Angstdiagnostik bei Grundschulkindern

2007, 192 S., br., 25,50 €, ISBN 978-3-8309-1886-8

Band 63

Erwin Beck, Matthias Baer, Titus Guldimann, Sonja Bischoff, Christian Brühwiler, Peter Müller, Ruth Niedermann, Marion Rogalla, Franziska Vogt

Adaptive Lehrkompetenz

Analyse und Struktur, Veränderung und Wirkung handlungsstreuenden Lehrerwissens

2008, 214 S., br., 25,50 €, ISBN 978-3-8309-1936-0

Band 64

Nele McElvany

Förderung von Lesekompetenz im Kontext der Familie

2008, 298 S., br., 25,50 €, ISBN 978-3-8309-1899-8

Band 65

Katrin Rakoczy

Motivationsunterstützung im Mathematikunterricht

Unterricht aus der Perspektive von Lernenden und Beobachtern

2008, 240 S., br., 25,50 €, ISBN 978-3-8309-1897-4

Band 66

Katrin Lohrmann

Langeweile im Unterricht

2008, 236 S., br., 25,50 €, ISBN 978-3-8309-1896-7

Band 67

Tobias Ringeisen

Emotions and coping during exams

A dissection of cultural variability by means of the tripartite self-construal model

2008, 300 p., pb., 25,50 €, ISBN 978-3-8309-1898-1

Band 68

Isabelle Hugener

Inszenierungsmuster im Unterricht und Lernqualität

Sichtstrukturen schweizerischen und deutschen Mathematikunterrichts in ihrer Beziehung zu Schülerwahrnehmung und Lernleistung – eine Videostudie

2008, 262 S., br., 25,50 €, ISBN 978-3-8309-2023-6

Band 69

Zoe Daniels

Entwicklung schulischer Interessen im Jugendalter

2008, 426 S., br., 25,50 €, ISBN 978-3-8309-2022-9

Band 71

Günter Ratschinski

Selbstkonzept und Berufswahl

Eine Überprüfung der Berufswahltheorie von Gottfredson an Sekundarschülern

2009, br., 25,50 €, ISBN 978-3-8309-2101-1

Band 72

Detlef H. Rost

Hochbegabte und hochleistende Jugendliche

Befunde aus dem Marburger Hochbegabtenprojekt

2009, 2. erweiterte Auflage, 508 S., br., 25,50 €, ISBN 978-3-8309-1997-1

Waxmann
Münster / New York
München / Berlin
www.waxmann.com